木球教学与训练

陈 亮 朱作庆 高中玲⊙著

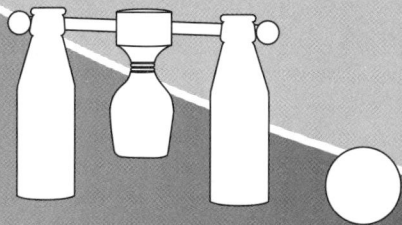

九 州 出 版 社
JIUZHOUPRESS

图书在版编目（CIP）数据

木球教学与训练 / 陈亮，朱作庆，高中玲著．
北京：九州出版社，2024.7.
ISBN 978-7-5225-3228-8

Ⅰ．G849.9

中国国家版本馆 CIP 数据核字第 20244AR292 号

木球教学与训练

作　　者	陈　亮　朱作庆　高中玲　著	
责任编辑	姬登杰	
出版发行	九州出版社	
地　　址	北京市西城区阜外大街甲 35 号 (100037)	
发行电话	(010)68992190/3/5/6	
网　　址	www.jiuzhoupress.com	
印　　刷	河北赛文印刷有限公司	
开　　本	710 毫米 ×1000 毫米　　16 开	
印　　张	28.5	
字　　数	397 千字	
版　　次	2025 年 1 月第 1 版	
印　　次	2025 年 1 月第 1 次印刷	
书　　号	ISBN 978-7-5225-3228-8	
定　　价	98.00 元	

代序

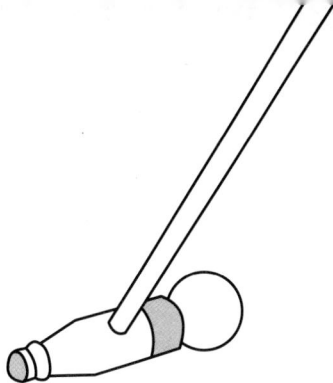

木球作为一项新兴休闲与竞技的运动，在中国大陆从无到有，从小到大，经历了许许多多。从 1997 年 6 月 30 日木球运动发明人翁明辉先生个人出资在北京举办首届全国高校木球邀请赛，到 2023 年的第 12 届亚洲杯木球锦标赛在浙江绍兴成功举办，在不知不觉中已经度过了 26 个春秋风雨。在此期间，我国先后承办了木球世界杯、亚洲杯锦标赛、亚洲沙滩运动会和国际木球公开赛等国际大型赛事，共同见证了木球运动的发展历程。在国际木球总会、亚洲木球总会的大力推广下，该项目已经成为亚洲沙滩运动会的正式比赛项目。这项真正由中国人发明的现代体育运动，丰富了大众健身、休闲竞技的内容，正在蓬勃发展。

在木球运动快速发展的同时，专家学者们意识到木球教学与训练应该在理论与实践方面形成相对完整的体系。本书作者之一陈亮副教授在实践中摸索木球运动发展点滴，不断学习世界先进技术与战术，作为国家队教练员、队员参加过不同的国际赛事，积累了一定的比赛经验，现潜下心来总结提炼木球运动理论，愿成为木球运动的践行者。本书翔实地阐述了木球教学、技战术训练理论，木球运动心理、体能与康复训练理论，木球实战经验分享，木球规则、木球运动管理等，内容丰富，通俗易懂，适合木球初学者、大众选手及专业院校学生学习使用，也可以作为各层级体育社会指导员必读参考书。

在与陈亮因木球结缘近 20 年之际，为陈亮、朱作庆、高中玲共同撰写的《木球教学与训练》一书写序，我感到快乐而荣幸，自当欣然命笔。愿借此书出版，积极推动木球运动事业快速发展。

红色的木球、绿色的运动，在浪奔浪流中，在健身、休闲、竞技体育中得到向上的力量，已是我们最大的快乐。恰逢木球运动风雨花开大陆 26 年，借此向木球发明人翁明辉先生致敬！整装待发，踔厉前行！

林拓

2022 年 6 月 30 日于沈阳体育学院

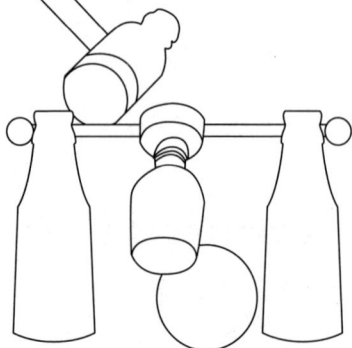

序言：木球·人生

一人一杆一球，远离尘嚣，琐事暂抛一边。或三五朋友一起，潜心来切磋一下球技，或在球场上走来走去的过程中思考着人生，这应该是所有木球人心目中最完美的画面。

喜欢木球，最初是因为它简单易学，上手比较快，而且时不时能够打出一记好球，并能够让自己兴奋很长一段时间，总感觉自己很快就要成为一个高手。但随着时间的推移，却发现这事并不是想象的这么简单，似乎没有一个体育项目能像木球这样难以把握，在木球面前，我们每个人都像一个孩子，总感觉有犯不完的错。回顾自己打球的经历，辛酸与欢愉、失落与激情、纠结与释然交汇。

中学时自己有一个梦想，就是能在田径场上有所成就。然而在大学二年级的一次比赛中，发生了意外伤病，使我遭受了莫大的打击，以至于整个大学生活到现在想起来还都是灰暗的，不堪回首，失落、消沉、颓废，很长时间走不出来……梦中经常会出现自己在跳远比赛时的画面，高清，慢放，成绩都能精确到厘米，这种情境一直持续了十几年，直到遇见了木球。它让我找到了竞技的快乐，过了不惑之年依然能活跃在赛场上，让自己时常以一个运动员的身份自居。"我应该还能做得更好！"这种情结和非凡的体验或许是我对木球不能割舍的理由。

我常常提醒队员，打球要专注、自信、睿智，做到心神合一。说来简单，可要做到这些实在是太难了，很多时候自己也都把持不住，指导别人的同时却犯着低级的错误。要打好木球真的就这么难吗？木球看起来是再简单不过的运动了，挥杆、调球、攻门几乎代表了木球技术的全部。每次比赛下来都会听到有人在说："要是那个球……，那我就……""要是……，我……"明明是再普通不过的一次击球，平时完成了成百上千次，它怎么就失误了呢？决定是自己做的，球是自己打的，赛场上没有那么多假设和为什么。木球是身体与精神相结合的运动，想打好木球，仅仅注重充足的体能储备和精湛的技法是远远不够的，更为重要的是要提升自己的心理和智能。实践证明，体能与技法易于提升，而心智却往往难以驾驭，时而想赢怕输，时而鲁莽冲动，这才是导致我们痛失好局的"罪魁祸首"。

木球比赛没有激烈的身体对抗和精彩的配合，更多的是对自我的挑战和认知，一个貌似肤浅和平淡的游戏隐含着极为丰富的哲理，比赛的过程犹如人生的缩影，处处展现人生的智慧。起起落落、曲曲折折，人总是要面对失败和成功，但不能失掉信心与希望，时刻保持前进的欲望。执着，锲而不舍，迎难而上，走向成功。打球要有目标，人生要有方向，成功没有捷径，唯有用心、努力。木球用"教训"来教育人，用"经历"来影响人的性格。无论是初学者还是身经百战的老手，都要切记，没有人生来就是强者。浮躁的人注重比赛的结果而不重视比赛的过程，最终欲速则不达；欣然接受挫折、爬起来继续前进的人，才能窥到胜利的曙光。是就是是，非就是非，心存侥幸可能博来一些机会，但更可能会以惨败而收兵。别等碰壁了才去思考改变，会舍才能得，"高手"和"莽夫"之间，往往只有一念之差。

木球精神是人生态度的浓缩体现，其自律、守信、礼让与包容的内涵，更赋予了这项运动独有的魅力。球场犹如人生赛场，人性的弱点或强项、品格的高尚或低俗展露无遗。木球之所以有众多追随者为之痴迷，就是因为它不仅仅是一项运动。在机遇面前，是选择稳扎稳打还是冒险一搏？没有标准的答案，了解自己、掌控时局才能做出大智慧的选择。专注于自己的表现，木球场上所有的努力都是为了超越自我，而不仅仅是为了战胜别人。暂时的领先和落后并不意味着最终的结局，只有直面挫折与挑战、在顺逆境中都能保持微笑的强者，才能笑到最后。好运时顺势前进，背运时宽容释怀，学会享受比赛，享受人生。

人生没有捷径，更不会有魔法，需要脚踏实地、保持激情，不断地完善自我。有心练功，无心成功，功到自然成！——致所有喜欢木球的朋友。

陈亮

2024 年 6 月

前　言

在 2016 年全国高校思想政治工作会议上，习近平总书记强调："把思想政治工作贯穿教育教学全过程，实现全程育人、全方位育人，努力开创我国高等教育事业发展新局面。"2020 年，中共中央办公厅、国务院办公厅印发了《关于全面加强和改进新时代学校体育工作的意见》提出，学校体育教材体系建设要扎根中国、融通中外，充分体现思想性、教育性、创新性、实践性，根据学生年龄特点和身心发展规律，围绕课程目标和运动项目特点，精选教学素材，丰富教学资源。2020 年教育部印发的《高等学校课程思政建设指导纲要》提出，培养什么人、怎样培养人、为谁培养人是教育的根本问题，立德树人成效是检验高校一切工作的根本标准。落实立德树人根本任务，必须将价值塑造、知识传授和能力培养三者融为一体。全面推进课程思政建设，就是要寓价值观引导于知识传授和能力培养之中，帮助学生塑造正确的世界观、人生观、价值观，这是人才培养的应有之义，更是必备内容。临沂大学提出的"坚持立德树人创新创业人才培养模式"改革，将沂蒙精神融入育人体系，将创新创业理念贯穿人才培养全过程，传承红色基因，培养学生创新精神和创业能力，开阔学生国际视野，全面提高教育教学和人才培养质量的办学理念，与国家关于高校人才培养的要求高度吻合。《木球教学与训练》正是依据以上国家与学校政策要求撰写而成。

《木球教学与训练》以"培养什么人、怎样培养人、为谁培养人"为出发点，围绕"价值塑造、知识传授和能力培养"的教育目标设置每一章节具体的内容，既有木球基础理论知识，也有木球教学与训练的实践指导，同时也增加了关于木球教学与训练的科学研究、木球运动队管理实践等。木球的起源与发展、木球竞赛规则、木球文化与礼仪、木球比赛等基础理论，既能丰富学生的知识结构体系，也能培养学生正确的世界观、人生观和价值观，遵纪守法、爱岗敬业和诚实守信的品质，良好的职业道德和团队精神，良好的心理素质，健全的人格等；木球技术、战术、心理、体能的教学与训练实践部分内容，可以使学生进一步把理论与实践相结合，既能培养学生哲学思辨的能力，使德育更生动化、具体化，也能培养学生实际操作、实践创新的能力；木球教学与训练的科学研究对拓展学生的学习能力，探究合作的、科学严谨的学习态度等会起到关键性的作用；临沂大学木球运动队管理实践，对我国中小学、高校以及木球协会组建木球运动队伍具有最直接的参考价值。

《木球教学与训练》力求科学实用、浅显易懂。整个内容贯穿了作者多年参加教学、训练与比赛的点点滴滴感悟以及实践经验。充分挖掘木球运动思政元素，加入了国内外木球人的精彩故事，使内容体系变得更生动，用这些身边的故事去感染学生，从而培养他们良好的学习动机，达到润物无声的效果，让木球习练者掌握基本理论知识的同时，能够把爱好变为终身受益的健身项目并受用一生。

《木球教学与训练》不仅可以作为各级各类学校开展木球课程的教学用书，可以作为各级代表队进行训练与参加比赛的指导用书，也可以用于指导木球爱好者进行规范的技术、战术学习，并参加实践锻炼，增进其身心健康。

目　录

第
一
章

木球运动
发展概况

第一节 木球运动概述

一、木球运动的起源

体育是为国争光的事业，能极大地激发人们的民族自信心、凝聚力、自豪感和爱国情怀；体育是公平公正的事业，生动体现着崇尚公正、平等的价值观；体育是规则至上的事业，体育精神与法治精神天然契合，追求诚信，崇尚秩序，尊重规则；体育是团结友爱的事业，能有效增强人与人之间的认同感、归属感，促进了家庭和美、邻里和睦、社会和谐、世界和平。正因为如此，当代体育已经成为一个国家和地区综合实力特别是文化软实力的重要体现，成为观察其政治经济环境、社会文明程度和未来发展潜力的重要窗口，成为文化交流与传播的重要载体和一种蔚为壮观的文化现象。

现代体育，比如短跑、中距离跑、长距离跑、跨栏跑、障碍跑、竞走、赛艇、现代曲棍球、现代足球、乒乓球、举重项目等起源于英国，跳高、撑竿跳高、跳远、三级跳远、链球、皮划艇、拳击等类型的比赛发源于英国的苏格兰和爱尔兰；高尔夫球也是起源于 15 世纪的苏格兰。当时的牧羊人常用赶羊的棍子玩一种击石子的游戏，比比谁击得远、击得准。"高尔夫"是荷兰文 kolf 的音译，意思是"在绿地和新鲜氧气中的美好生活"。网球、自行车、举重、蹦床比赛起源于法国；橄榄球、篮球、棒球、垒球等项目源于美国；柔道、羽毛球项目源于日本；帆船是西班牙人和葡萄牙人共同创造的项目；跆拳道是韩国为摆脱殖民统治带来的消极影响、重新塑造民族精神而发明的项目。综合来看，运动项目起源于古代人类生活和劳动、狩猎或逃避野兽攻击、战争和娱乐的需要。客观上讲，目前被列入奥运会正式比赛的运动项目没有一项是起源于中国的，大部分都起源于欧洲，尤其是英国，因为欧洲是最早完成第一次工业革命的大洲，而英国则是最早完成第一次工业革命的国家，国家整体上发达了，不愁吃穿了，那么各种形式的体育运动自然而然地就多了起来。英国人也被誉为世界上最会玩的民族，他们制定了一系列的玩法和规则。[①]英国诸多的体育项目的发明都是为了满足民众的休闲娱乐的需求，具有广泛的生命力，这也为英国竞技体育的崛起提供了充足的人才基础和民意力量。

中国台湾实业家翁明辉先生常常思索一个问题，为何中国文化源远流长，可在体育项目上基本没有发言权呢？究其原因，是没有一项由中国人发明并制定游戏规则且在世界上推广开来的体育项目。翁先生胸怀中国情、家国梦，希望能够通过一项体育运动让全世界进一步了解中华民族优秀文化，在这样强烈的责任感和使命感驱使下，先生决心即便是倾注全部心力和财力，也要发明一项由华人创造并享有国际影响力的运动项目。

二、木球运动在实践探索中成形

一切事件的发生都是必然性与偶然性的结合。木球运动的产生源于翁先生的中华民族美德传承——孝道。百善孝为先，孝是善的凝粹。1990 年初，翁先生看上台北士林内双溪的一块被荒废但环境清幽的山坡地，计划进行开垦并种植多种花草，让年迈的父亲平常可以在这里活动并赏花娱乐。翁先生雇工整理山坡地、修砌荒废的梯田，将原本杂草丛生的荒地进行了重建。这片山坡地在后来也被大家认为是木球运动诞生的"后花园"。

"历览前贤国与家，成由勤俭破由奢。"勤俭节约是中国人的一种传统美德，是中华民族的优良传统。修身、齐家、治国也都离不开勤俭节约。"静以修身，俭以养德"须作为修身之道；"半丝半缕，恒念物力维艰"须当作"齐家、治国"的训言。翁先生平时喜欢打高尔夫球，但总感觉打高尔夫球在财力支出及时间上的付出皆不够经济。后来发现整理好的山坡地及周围有很多树林的环境很像高尔夫场地，于是就联想到除了种花外，如果能利用这些树木、梯田等自然环境条件

---

① 谢荣.英国竞技体育的崛起探源及其启示 [J].南京体育学院学报（社会科学版），2017，31(01)：75-78+84.

来研发一种类似于高尔夫的可在户外运动的项目，这样就可以经常邀得三五好友来此聚会，于谈笑间挥杆漫步，既可以休闲娱乐，也能锻炼身体，一举多得。于是，翁先生就开始在梯田上栽植不用施肥、不洒农药又耐踩的蜈蚣草，在弯曲的田埂上种植花木当作球道界线，设计出类似于"高尔夫球场"的球道。

图 1-1　翁明辉家最早的树木、梯田等自然环境条件下的木球场地

　　有了可以挥杆的场地，还需要有相关的球具。翁先生及其朋友根据头脑中对此运动的设计构思，开始自行制作简单的球具器械。他们借鉴高尔夫、门球的场地设计、技术特征，吸收、糅合棒球、网球的球具设计特点，将"高尔夫球"体积变大，将重量提高，这样球就飞不高，落地之后能呈现滚动前行状态。高尔夫需要将球攻入果岭区直径 4.25 英寸、深度至少为 4 英寸的球洞才被视为完成每一球道的比赛。翁先生认为，在草地上挖坑，容易积水，并且对老年人来说，如果地面有坑洼，还容易受伤，于是参照足球项目设置"球门区"的规则，设定了"球门"。

　　在多次的球具设计实践中，球具大小、重量、形状的设计灵感都来源生活中日常物品，均采用自然原木材料。以"球"的直径长度为例。是翁先生注意到自家木质楼梯扶手上直径 10 厘米的圆形木球，大小适中，且能以一手轻易拿起，就决定采用直径 10 厘米的木球为标准（后木球规则采用更适宜的直径 9.5 厘米）。球杆造型采用了台湾啤酒酒瓶的外观作为球杆杆头，经过制作样品且试打过后，不论是挥杆或推杆效果都很好，而且造型优美。球门设计参考了足球球门外形，将两侧门柱皆换成木制啤酒瓶状的门柱，并且希望能方便移动，两侧门柱底部装有20厘米长钉，以利于随时于草地上布设、拆卸球门。在球门中央设置倒挂的木酒杯，以减缓木球滚动的惯性。当木球通过球门时，木酒杯会向上翻转，象征着干杯庆祝，同时可减少过门与否之争议。中国台湾版的啤酒瓶、高脚酒杯和楼梯扶手上的圆木球，这三样东西的形状最后形成了木球球具的雏形。木球运动器材从设计理念形成，又经从理论到实践的探索，前后约用了一年时间才基本确立下来，之后又经过一年的改良、试运动，终于制定了现如今所使用的木球、球杆、球门的标准指标。至此，这项运动就正式被命名为木球运动。

三、木球运动推广路径

孝道，以爱国为要，从小家延伸为大家，爱国就是孝的灵魂拓展和思想革新与拔节。翁先生把对亲人的孝爱融入对祖国无限的热爱之中，拳拳赤子心，日月可鉴。中国文化讲究天人合一，顺其自然。木球以天地为场馆，一杆一球尽显中华文化的博大精深和民族文化的自信自强。推广木球、发扬木球，让更多的人了解并参与木球项目，让木球成为一项由华人创造并享有国际影响力的运动项目，进而弘扬中华民族优秀文化，成为翁先生推广木球的不竭动力。从1994年开始，在中国台湾进行了一系列的木球推广活动，并在台北护理学院、东吴大学、台北商专等高校广泛开展木球运动。

1995年，翁先生开始实施在中国大陆以及日本、韩国、新加坡、马来西亚、泰国等地的木球推广计划。1997年，进一步扩大推广范围，包括奥地利、匈牙利、意大利、英国、加拿大、美国等欧美国家。经过多年努力，目前全世界范围内成立了木球协会的43个国家和地区，开展木球运动的国家和地区有46个（见表1）。1999年5月成立国际木球总会、亚洲木球总会和欧洲木球联盟，标志着木球运动真正融入了世界，揭开了其发展的新纪元。2000年，世界奥林匹克委员会及亚洲奥林匹克委员会也相继承认了木球项目。为了表彰木球项目开展在促进人类健康与和平中所作出的突出贡献，2002 年 6 月国际奥林匹克委员会向国际木球总会颁发了"运动与健康幸福"奖杯。2004 年 10 月在台北市举办了第一届木球世界杯和世界大学木球锦标赛，完成了木球运动发展的第一个十年规划——向天下播种。

表 1-1　开展木球运动的国家和地区

国家和地区	数量（个）	所属洲
波兰、保加利亚、乌克兰、瑞典、匈牙利、比利时、英国、丹麦、芬兰、俄罗斯、意大利、爱沙尼亚、奥地利、克罗地亚	14	欧洲
中国、韩国、泰国、马来西亚、蒙古国、日本、越南、新加坡、印度尼西亚、斯里兰卡、沙特阿拉伯、巴勒斯坦、阿曼、孟加拉国、哈萨克斯坦、叙利亚	16	亚洲
美国、加拿大、墨西哥	4	北美洲
智利、巴西	2	南美洲
澳大利亚	1	大洋洲
乌干达、南非、喀麦隆、加蓬、肯尼亚、塞拉利昂、马拉维、毛里求斯、坦桑尼亚	9	非洲

2005 年开始，木球运动国际比赛增多，很多国家固定每年举办国际木球公开赛，国际木球总会举办两年一届的木球世界杯，亚洲木球总会举办木球亚洲杯。2006 年开始向非洲各国推广此项目，2010 年成立非洲木球联盟。2014 年，在三亚举办了第六届木球世界杯，这是木球发展的第二个十年，木球运动在各国生根发展。2015 年 4 月，"木球之父"翁明辉先生荣获"世界因你美丽；2014—2015 影响世界华人盛典大奖"。

经过各国木球朋友二十几年的合作发展，木球已成为很多人生活方式的一部分，各会员国也培养出了很多木球人才，包括领导发展型和技术型的人才。

四、木球运动的发展

(一) 世界范围的发展和推广

1993 年 9 月，台湾木球协会成立。1994 年底，成立台湾大专院校体育总会木球委员会，并制订木球规则。进而开始在台湾进行一系列的推广活动，并在台北各高校广泛开展。据统计，中国台湾地区一年内能够举办 100 多场木球比赛，每年 3—9 月间举办"全民运动木球联赛"，平均有 2500 支队伍 20 多万人报名参赛。木球运动在中国台湾经过大量的实践，积累了丰富的推广经验，为在世界各地的推广奠定了坚实的基础。

1. 国际木球组织基本情况

（1）国际木球总会

国际木球总会（IWBF）成立于 1999 年，现任会长是中国台湾翁启祥先生。国际木球总会成立后，开始在中国台湾以外的地区进行了一系列的推广活动，包括在世界各地陆续举办木球研讨会、讲习会和各级各类赛事，为各地区培训教练员、裁判员以及管理人员，并且对赛事组织等方面进行相应的指导。2003 年，国际木球总会通过决议，定于 2004 年由中国台湾承办第一届"世界杯"木球锦标赛。目前，国际木球总会每年在世界各国举办国际木球公开赛、邀请赛 10 多次，并建立了成熟的巡回赛积分机制。

（2）亚洲木球组织

亚洲木球总会（AWBF）成立于 1999 年，会长是马来西亚郭增嘉先生。1999 年，木球运动获亚洲奥林匹克理事会（OCA）承认。从 1999 年至今，已先后举办过 8 届亚洲杯木球锦标赛、7 届亚洲大学木球锦标赛。沙滩木球已成为亚洲体育四大赛事之一——亚洲沙滩运动会的正式竞赛项目。另外，每年还举办多次亚洲木球邀请赛。

2. 木球国际主要赛事

（1）木球世界杯锦标赛

木球世界杯锦标赛（World Cup Woodball Championship），是世界规格、知名度最高的木球比赛。每届比赛由国际木球总会主办，比赛地木球协会承办，具有广泛的影响力。目前已举办 8 届（见表 1-2）。

表 1-2 木球世界杯锦标赛举办基本情况

时间	届数	举办地
2004 年 9 月	第一届	中国台北市
2006 年 8 月	第二届	马来西亚
2008 年 5 月	第三届	新加坡
2010 年 3 月	第四届	泰国
2012 年 8 月	第五届	马来西亚
2014 年 9 月	第六届	中国三亚
2016 年 5 月	第七届	韩国济州岛
2018 年 7 月	第八届	泰国清迈
2022 年 7 月	第九届	马来西亚玻璃市

（2）世界大学木球锦标赛

2002 年，国际大学生运动总会（FISU）通过 2004 年第一届世界大学木球锦标赛（World University Woodball Championship）由中国台湾承办的决议。这是国际木球总会取得的又一重大成果。世界大学木球锦标赛的举办，旨在为木球运动项目在青少年中的推广普及，吸引更多高校学生了解、喜爱并投身木球运动，培养青年学生积极进取的精神，建立良好的人际关系、陶冶情操，全面提升身心素质，发挥重要的促进作用。至今已举办了 7 届。

表 1-3 世界大学木球锦标赛举办基本情况

时间	届数	举办地
2004 年 9 月	第一届	中国台北
2006 年 9 月	第二届	泰国曼谷
2008 年 6 月	第三届	保加利亚
2010 年 8 月	第四届	乌干达坎帕拉
2014 年 10 月	第五届	马来西亚玻璃
2016 年 10 月	第六届	中国台北
2018 年 10 月	第七届	马来西亚吉隆坡

（3）国际木球公开赛

国际木球公开赛（Open International Woodball Championship）是国际木球总会旗下的常规赛事之一，也是比赛场数最多的比赛。通常于每年的不同月份在世界各国进行。以 2010—2019 年木球赛事为例，泰国在曼谷、清迈、芭达雅、清岛 4 个城市；新加坡在国家公园、狮城；马来西亚在吉隆坡、玻璃市州、马六甲、彭亨、云冰、怡保 6 个城市；印度尼西亚在雅加达、民丹；中国在北戴河、三亚、吐鲁番、浙江、深圳、河源、贵州、绍兴 8 个城市；印度在孟买、哈里亚纳邦、戈刚、斋浦尔 4 个城市；中国台湾在台北、金门、高雄、新竹、马祖 5 个城市；韩国在束草、公州、济州岛、报恩郡、江陵 5 个城市；中国香港；日本在福岛举行了国际木球公开赛巡回赛，涉及 15 个国家和地区，公开赛已成规模，宣传影响力较大。

（4）国际巡回赛

国际木球总会所认定的国际木球公开赛，皆可列为国际巡回赛（International

Tour）之站别，取优胜者予以不同积分，年终公布世界男、女前30排名者并予以奖励。这一举措规范了国际木球比赛，使运动员排名有据可依，并大大促进了各国举办国际比赛的积极性。

（5）世界杯沙滩木球锦标赛

世界杯沙滩木球锦标赛（Beach Woodball World Cup Championship）是国际木球总会推出的又一重磅赛事，从2017年开始，每两年举办一次。

2017年7月，第一届世界杯沙滩木球锦标赛在印度尼西亚民丹岛举行。

2019年5月，第二届世界杯沙滩木球锦标赛在乌干达恩德培市举行。

2023年7月，第三届世界杯沙滩木球锦标赛在马来西亚Phahang举行。

此外，还有各种形式的国际邀请赛、精英赛、交流赛等。

3. 亚洲木球组织赛事

（1）亚洲沙滩运动会

亚洲沙滩运动会（Asian Beach Games）与亚运会、亚冬会、亚洲室内运动会、亚洲青年运动会并称为亚洲五大体育综合赛事，每两年举办一届，参赛国家和地区45个以上，共设置沙滩运动、水上运动两大类数十个项目，历届亚沙会都体现"绿色、阳光、和平"的发展思想。木球是亚洲沙滩运动会的正式比赛项目之一。

表1-4　亚洲沙滩运动会举办基本情况

时间	届数	举办地	主题
2008年10月	第一届	印尼巴厘岛	以沙滩运动为主题的洲际运动会
2010年12月	第二届	阿曼马斯喀特	竞技的热爱和执着；公平竞争、团队合作和传授他人；承诺、忍耐和友好。土地、空气和海洋三者共同构成了人类生存的世界
2012年6月	第三届	中国海阳	"快乐在一起"，"海韵、阳光、激情、时尚"
2014年11月	第四届	泰国普吉岛	赞美迷人的阳光
2016年10月	第五届	越南岘港	团结与和平

续表

时间	届数	举办地	主题
2020 年 11 月	第六届	中国三亚	久久不见久久见（因新冠疫情取消）

2010 年，中国木球队第一次代表国家出征亚洲沙滩运动会，真正踏上了世界级综合运动会的舞台。在代表我国出征亚沙会的队伍中，木球队是一支由业余队员组成的队伍。赛前进行了两个月的集训。本次比赛获得女子团体第 3 名，男子团体第 4 名的突破性成绩。

（2）亚洲杯木球锦标赛

亚洲杯木球锦标赛（Asian Cup Woodball Championship）是由国际木球总会指导、亚洲木球总会主办、亚洲各国木球协会承办的亚洲最高规格的木球比赛，每两年举办一次。由于世界木球优秀团队大都集中在亚洲，所以比赛竞争激烈，竞技水平一流，目前已举办 12 届。

表 1-5　亚洲杯木球锦标赛举办基本情况

时间	届数	举办地
1999 年 8 月	第一届	马来西亚
2001 年 2 月	第二届	泰国
2003 年 10 月	第三届	中国南京
2005 年 8 月	第四届	新加坡
2007 年 11 月	第五届	中国台湾彰化
2009 年 8 月	第六届	印度尼西亚巴厘岛
2011 年 7 月	第七届	马来西亚玻璃市
2013 年 10 月	第八届	中国金门
2015 年 6 月	第九届	泰国曼谷
2017 年 11 月	第十届	中国广东河源
2019 年 6 月	第十一届	韩国报恩郡

续表

时间	届数	举办地
2023 年 10 月	第十二届	中国浙江上虞

（3）亚洲大学木球锦标赛

亚洲大学木球锦标赛（Asian University Woodball Championship）是协助亚洲大学运动总会（AUSF）举行的，此赛事进一步推动木球运动在亚洲大学中的普及与发展。

表 1-6　亚洲杯大学生木球锦标赛举办基本情况

时间	届数	举办地
2000 年 6 月	第一届	中国金门
2002 年 10 月	第二届	日本福岛
2003 年 8 月	第三届	马来西亚
2005 年 9 月	第四届	蒙古国特勒吉国家公园
2007 年 8 月	第五届	马来西亚彭亨州关丹
2009 年 7 月	第六届	中国浙江杭州
2011 年 8 月	第七届	印度尼西亚雅加达
2013 年 10 月	第八届	马来西亚玻璃市
2015 年 9 月	第九届	印度尼西亚巴厘岛
2017 年 10 月	第十届	中国台湾新竹
2019 年 6 月	第十一届	韩国报恩郡

（二）在中国大陆的发展和推广

1995 年初，在首都体育学院前任院长孙民治教授的引荐下，木球运动开始在大陆院校推广。同年 8 月 10 日，在首都体育学院举办了全国第一期木球培训班。

2001 年，木球运动被国家体育总局社会体育指导中心定为正式推广项目。

2008年7月，国家体育总局将木球运动设定为我国试行开展的体育运动项目，归属国家体育总局社会体育指导中心管理，由门球协会兼管。

从2006年开始到2020年，全国木球锦标赛已举办15届，水平越来越高，规模越来越大，2016年全国木球锦标赛规模一度近600人。

从国内发展趋势来看，参与人数越来越多，参与人群由原来的老年人占据主导地位逐渐向多元化过渡，越来越多的学生群体加入木球运动中，并已成为木球运动的主力军。

1. 中国木球组织

中国木球协会（筹），主管单位是国家体育总局社体中心。近年来在主管部门的领导下，相继在各地举办木球研讨会、讲习会和各级各类赛事，为各地培训教练员、裁判员以及进行赛事方面的指导。

2. 举行的比赛

（1）全国木球锦标赛

全国木球锦标赛是国内有最高影响、体现最高水平、参赛人数最多的木球比赛，从2006年开始每年举办一次。从第1届几十人到第15届600多人，办赛规格不断提升，运动员竞技水平不断提高，参与人群由原来的中老年人占主导发展到现在少年儿童、青年、中年、老年4个组别。目前，参加比赛的运动员既有年逾花甲的老球员，也有总角之龄的小球员。举办地点覆盖9个省10个市：广东省河源市、河北省承德市、浙江省宁波市、浙江省绍兴市上虞区、江苏省泰兴市、安徽省池州市、海南省三亚市、贵州省龙里县、河南省商丘市、山东省临沂市。全国木球锦标赛是全国木球好友相聚的盛会，对木球运动的发展起到了不可忽视的作用。

（2）中国国际木球公开赛

1999年以来，相继在全国8省10地市举办18次，包括浙江省宁波市、云南省昆明市、江苏省南京市、河北省北戴河市、海南省三亚市、浙江省奉化市、广东省深圳市、广东省河源市、贵州省贵阳、浙江省绍兴市等地，办赛规模和办赛水平逐步提高，对于促进木球运动在群众体育中大力开展有重要的意义。

（3）大漠健身运动大赛

全国大漠健身运动大赛创建于2007年，其宗旨是深入推动全民健身活动的开展，2014年开始此项赛事定为每两年举办一次，已举行了4届。2017年开始，宁夏中卫市依托腾格里沙漠和黄河，开发探索出穿越、徒步、滑沙、沙漠木球、漂流等集健身与娱乐于一体的沙漠运动项目，开拓了全民健身与全民健康融合发展新领域。健身运动大赛由国家体育总局社会体育指导中心、宁夏回族自治区体育局和中卫市人民政府联合主办，以"落实全民健身国家战略，丰富全民健身项目活动"为主旨，近年来受到社会的广泛赞誉和深度认可，已成为宁夏回族自治区乃至全国有名的群众体育活动。

健康是人类永恒的主题。《健康中国2030》《健康中国行动2019—2030》等系列政策出台，强调把人民健康放在优先发展的战略地位，树立"大健康、大卫生"理念。全民健身行动计划是健康中国行动计划的板块之一、是提升人民健康水平的最主要途径。全民健身需要解决两个问题，即去哪里健身与如何健身。国家体育总局为了解决人们健身场所的问题，在农村建设"农民体育健身工程"，社区里建设健身中心、健身路径、体育公园等，但依然供不应求。但因为场地设施统一配置，也会出现"供不应需"的状况，一定程度上影响了居民体育锻炼的积极性。借鉴木球项目成功经验，各地可以充分利用自然环境资源，因地制宜开展一部分休闲体育项目，引导居民积极参与体育活动，强健体魄，为健康生活奠定了坚实的基础。

3. 木球基地建设

国家体育总局社会体育中心近年来审批挂牌了一些器械生产基地、培训基地、教学与科研基地、训练基地等，成为加强木球运动人才培养，提高竞技水平，加大木球运动推广普及的有效保障措施。

2005年5月，宁波金键体育器械厂被确定为"中国木球生产基地"；2008年，全国第一个国家级"木球培训基地"签约落户宁波城市职业技术学院。2009年10月，浙江工业大学被批准为"木球教学与训练基地"；2011年、2018年、2019年，临沂大学、广东河源、贵州中铁国际生态城太阳谷先后被批准为"中国木球训练基地"；2017年4月，商丘市第二高级中学获批"中国木球培训基地（国家队实训基地）"；2009年10月、2012年6月，河北北戴河、山东海阳先后被批准为"中国沙滩木球基地"。

4.各省木球运动开展情况

北京市是开展木球项目较早的省市之一。1995年，我国《全民健身计划纲要》颁布，其中指出群众体育运动和竞赛活动要突出"群众性、健身性、民族性、趣味性和科学性"。适逢此时，国际木球总会在北京举办木球运动讲习班，翁明辉先生亲自担纲主讲。木球运动的特点与《计划纲要》要求非常契合，讲习班结束后，北京语言大学第一时间引入了此项目。

通过不懈的努力，北京语言大学木球队成为国内赫赫有名的老牌劲旅，多年雄踞国内榜首，多人次代表国家参加亚洲杯、亚沙会、世界杯等，取得骄人成绩。2012年，中华全国总工会授予北京语言大学木球团队"工人先锋号"称号，这是中华全国总工会授予一所大学体育团队的最高荣誉。翁明辉先生曾经评价"北京语言大学是大陆少数从木球创始时期就参与并持续到现在的高校之一"。近几年北京林业大学木球队也开始在国内崭露头角。

1998年，浙江省引进木球运动，经过近20年的发展开拓，已成为木球项目普及及推广最具代表性的省份。宁波市是浙江省木球运动开展最好的城市。在宁波城市职业技术学院的带动下，一批木球同仁把宁波市的木球运动推向了一个新高度，在社区、在高校、在中小学相继成立了木球社团和木球队，成为全国木球推广的样板。宁波市有自己完善的竞赛体系，有市锦标赛、联赛、大学生锦标赛，甚至都有区级比赛，"海峡杯"两岸青年（大专院校）木球邀请赛每年举行一次，成为联络两岸情感、木球交流的经典赛事。宁波有着全国最好的木球教练和队伍，代表着国内最高水平，历届中国木球队的半数以上队员都来自宁波市。除了学校木球大力开展外，社区群众木球运动也不甘落后。宁波鄞州区木球协会从2001年成立到现在，木球组织遍布区内17个乡镇、5个街道，共拥有42支代表队。木球运动在杭州开展已有10多年，目前有10多所高校开设木球课程，推广也颇具成效。杭州市木球协会成立后，整合各区县社会木球爱好者，以公益的形式进行送教木球课程，成为大家交流切磋球技的一个平台；同时，与杭城中小学合作推进木球运动进校园，让社会木球、校园木球和精英木球三个体系并驾齐驱。2016年初，木球运动被引入上虞，同年4月，区职教中心成立上虞区木球队，木球运动正式在上虞扎根，且发展迅速。2019年4月，绍兴市木球协会在上虞成立，协会针对老年和学生两个群体，通过开展"进社区、进乡村、进校园、进公园"活动，在全市各县市区推广普及，目前全市已有2000多人加入木球运动。木球运动正在逐步成为绍兴体育和上虞体育的一张新名片。2019年，上虞承办中国国际木球公开赛，比赛地永和镇目前正在积极创建绍兴市木球基地和浙江省木球基地。2023年，承办亚洲杯木球锦标赛，为促进高水平球员之间的技术交流和互动，筹建木球精英选手人才库，助力中国木球竞技水平的提升，高质量推进"杭绍甬"一体化贡献体育力量。至2022年，浙江省已成功举办8届全省木球锦标赛、11届大学生木球锦标赛。

海南省木球运动经过多年推广，已经有了很好的群众基础。举办木球世界杯、国际木球公开赛、全国木球锦标赛等一系列高水平比赛，使木球这个小众项目在海南得到飞快发展。海南大学木球队10多年称霸国内高校，为中国木球队培养了数十名优秀运动员，许多队员至今仍然活跃在国内外赛场。海南热带海洋学院木球队近几年成绩斐然，多次创造佳绩。

山东省校园木球推广成效较为突出。临沂大学、临沂职业学院、临沂市高级财经学校木球运动发展势头较好，屡屡在国内外比赛中获得佳绩，为中国木球队培养了数十名优秀运动员。2018年11月以来，威海市环翠区体育局举办了数次环翠区木球推广培训班。2023年9月，山东大学（威海）引进木球课程。

在商丘市木球协会的带动下，河南省木球运动近几年发展较快，成立了十几支代表队。商丘市第二高级中学非常重视该项目的发展，率先在校园里修建了专用木球场，2017年4月24日，被国家体育总局社体中心授予"中国木球培训基地（国家队实训基地）"称号。该校2019年6月组队代表中国参加第二届沙滩木球世界杯锦标赛，获得优异成绩。

安徽省阜阳市木球队是长期活跃在国际、国内赛场上的一支老年队伍，近年来多次在国内外大赛中获奖。2019年11月25日，安徽省老体协木球运动推广委员会成立，并对来自全省8个县市区的130多名木球爱好者进行了培训。阜阳市老年木球协会从2009年开始每月出一份"阜阳木球简讯"，对推广与宣传木球运动，促进木球文化的形成，起到了不可忽视的作用。2020年5月15日，合肥市高新区、包河区老体协分别举办了木球运动员骨干培训班。

江苏省泰兴市木球队也是一支以老年人为主的强队，屡次斩获国内大奖。2017年，江苏省社会体育管理中心成功举办江苏省木球项目一线体育指导员培训班，极大促进了木球项目的推广。

此外，山西省（稷山县）、江西、辽宁、新疆、天津、安徽、深圳等地也成立了自己的木球组织。

木球运动符合新时代体育发展的大趋势，符合中国乃至世界发展绿色体育的潮流，符合国家以人为本、科学发展、建设生态中国的基本国策，有着强大的生命力。相信随着经济的发展和社会的进步，一定会有越来越多的人喜欢并参与木球运动。

5. 学校木球开展情况

高校是我国木球运动开展的生力军，1995年以来，首都体育学院、北京语言大学、海南大学、宁波城市职业技术学院等60多所高校先后接触或引进了木球项目，但由于种种原因，目前仅有30所左右的高校长期开展。其中，1998年海南大学和 2001 年沈阳体育学院、2006 年宁波城市职业技术学院、2009 年浙江工业大学、2014 年宁波工程学院先后在学生中开设了木球选修课程或者木球公共体育课程；2011 年临沂大学面向全校学生开设选修课程并为社会体育专业开设木球必修课程；2013 年海南热带海洋学院体育与健康学院开设木球必修课程。近年来，浙江医药高等专科学校、宁波经贸学校、河南师范大学、临沂职业学院、商丘师范学院、沈阳城市学院、浙江外国语学院等多所高校开始尝试开设木球公共课。木球在宁波城市职业技术学院已成为一个特色项目，该校《木球运动》精品课程是我国乃至全世界高校，第一次将该课程作为精品项目发展的学校。在高校队伍里，宁波工程学院木球队近几年无论是比赛成绩还是球队文化建设，一直是走在全国前列，成为其他高校学习的榜样。

木球运动在中小学的开展和推广也正在蓬勃进行。浙江省是中小学木球推广最好的省份，宁波市很多中小学也开始在体育课中教授木球，相继建立了自己的木球队。鄞州区横溪镇正始中学把木球作为学校体育课程的特色项目进行培育，2015 年开始组建木球队、木球社团，球队管理以全面发展为理念，注重队员综合素质培养。近几年，正始中学通过落实专项经费、队员特招、比赛历练等途径促进了木球项目更好地开展，实现了从量的发展到质的飞跃。宁波海曙区横街中学以课题研究为引领，打造特色课程，其中木球课程已经取得显著成果，开发的校本教材《木路奇缘》获评区级精品拓展课程，木球运动已经成为该校一张靓丽的名片，学校也先后在国内各级别的赛事中屡创佳绩。宁波海曙区高桥镇博泽学校将木球作为学校发展的特色，6 年时间在国内外赛场上成绩优异，已成为宁波乃至全国一支颇具竞争力的青少年木球队。2017 年，宁波市咸祥镇中心小学成立木球社团，目前，社团约有 60 人，在宁波及全国举行的青少年木球比赛中，多次获得冠军。木球运动在河南省中小学的开展，以商丘市为中心正向全省辐射开来。商丘市第二高级中学把木球项目做成本校的特色项目，学校在全国率先建设了高规格的专用木球场。星星之火，可以燎原。中小学已成为中国木球的新生力量和希望。

对于我国如何进一步开展木球运动，木球界人士有诸多共识：一是要着重抓好青少年的培养，重点支持和鼓励青少年的参与；二是要探索并积极实践市场化的体制机制；三是要积极主动为地方的经济社会发展搭台唱戏，争取政府相关部门和企业的支持；四是要加强媒体的宣传，特别是要加强利用新媒体形式进行宣传；五是各地区各团体要发挥各自的地缘优势和经济条件等方面的优势，形成既有良性竞争又有相互协作的氛围，同心协力，互相支持，共同促进木球运动可持续发展。

・木球小故事・

木球表情包中的故事

翟明星

我与木球的缘分早早结下，一路走来，它已成为生命中不可或缺的一部分。

备战、训练的无数次循环，是一次又一次地用身体感受木球的魅力。为了让更多人也能体味这难以言表的绝妙感受，我萌生了为木球设计一套表情包的念头。在创作的过程中，我将表情包分为专业用语和日常问候语两个类别。对于专业用语，我在绘制每一帧动作分镜时，都会在脑海中反复慢速回放运动中的种种细节，不断打磨；而对日常问候语，我更倾向于将木球满含正能量的竞技精神融入其中，如"好球""打call"和"冠军非你莫属"等。

小小的木球中蕴含着大大的人生智慧，我与木球的情愫也在这套表情包中得以抒发。

第二节 木球基础理论概述

一、木球项目属性

木球运动是以身体练习为基本手段，增强体质、促进人的身心健康全面发展的体育项目。经常参与木球运动，能够提高人的应变能力和自律性，达到休闲娱乐、竞技和人际交往的目的。木球运动具有休闲体育和竞技体育的双重特征。

我国学者从不同角度对"休闲体育的基本特征"进行了分析。有学者以人们参与活动时间和参与目的为出发点，进行论证。刘一民（1996）、常朝阳（2006）等认为，休闲体育是指在人们在工作、学习余暇参与的以健身、娱乐、宣泄、交往等为目的的体育活动方式；休闲体育以满足个体的发展需要，享受身心为主要目的，所属范围是一种大众化的体育活动、具有群聚的特点。[1][2] 有学者以休闲体育归属类别为出发点，进行论证。叶小瑜等（2016）认为，休闲体育作为一种健身、娱乐、消遣、怡养等的活动，应该归为社会体育（或群众体育）的范畴，以丰富群众文化生活为目的。[3] 也有学者从休闲体育对参与者身心发展的功能为出发点，对其进行分析。于涛（2000）、曹卫（2004）认为，休闲体育可以使人们从抑郁和克制中解放出来，是一种在现代社会中享受生活的放松行为，是参与者获取最佳心理体验的一种手段；[4][5] 李相如等（2012）认为，休闲体育是一种

---

① 刘一民.余暇体育：一种文明、健康、科学的余暇生活方式 [J].天津体育学院学报，1996(01)：59-64.

② 常朝阳.五年来我国休闲体育研究状况的综述 [J].首都体育学院学报，2006（01）：112-116.

③ 叶小瑜，李海.中国休闲体育研究进展及热点评析 [J].上海体育学院学报，2016，40(06)：37-44.

④ 于涛.余暇体育？还是休闲体育？关于 Leisure sport 概念和定义的批判性回顾 [J].天津体育学院学报，2000(01)：32-35.

⑤ 曹卫.体育休闲的理想与现实 [J].体育与科学，2004(05)：29-31.

有意识的、自给自足的社会和文化活动。[①]

木球运动是表现个人竞技能力的球类运动。木球比赛不是运动员之间身体和技能直接的对抗，而是依靠个人技战术的发挥来创造成绩和超越自我，比赛成绩主要受自身因素的影响。运动员以挑战各种难度的球场为目标，所以要熟悉场地和气候条件对比赛的影响，学会应对瞬息万变的场上形势，在心理上勇于面对种种挑战。综合专家学者对休闲体育运动的研究观点以及木球比赛竞技性的特征，木球运动具有如下特点。

1. 强大的健身功能

木球运动属于有氧运动，是进行身体锻炼最好的运动方式之一，运动强度不大，但运动量很大。木球场 12 条球道长度均在 700 米以上，完成一场比赛走动的距离大概在 2000 米。击球动作需要全身多数肌肉群共同参与，经常练习可以修身塑形，增强机体各项机能，还能够使身心的疲劳得以消除、提高人的心理素质。木球运动过程中没有身体对抗，受伤的概率小。木球是户外运动，在环境宜人、富含氧气的大自然环境中打球，对于增强练习者心肌供氧能力、调节血液循环、改善心脑功能有着重要的作用。

2. 释放压力，享受生活——娱乐性

当今社会发展日新月异，经济快速增长，在城市化进程加快的同时，也给人们的生活、工作和学习带来了许多无形的竞争和压力，长此以往，会使人产生焦虑、压抑、悲观、情绪低落等现代文明病。运动则能够促进神经递质分泌，产生多巴胺、肾上腺素、内啡肽等让人感到愉快、幸福的物质，使人倍感身心愉悦。木球场地大部分设在风景秀丽的山坡、草地、海边沙滩等，打球时，运动员置身在鸟语花香之中，漫步于宽广的草坪上，在阳光的照射下，呼吸着清新的空气，精神倍增、心旷神怡，与自然融为一体。长期坚持木球运动，可以帮助人们释放压力、转移不良情绪，缓解焦虑与抑郁，从而达到维持心理平衡，达到心理健康

---

① 李相如，凌平，卢锋.休闲体育概论 [M].北京：北京体育大学出版社，2012.

的目的，改善和提高人的心理发展水平，使人朝气蓬勃，充满激情。

3.磨炼坚强的意志品质

木球比赛虽不像体能类项目那样有剧烈的身体对抗，但是受天气状况的影响很大，加上场地设计富于变化，场上形势复杂多变，对运动员注意力、想象力、创造力、思维能力和时空感知觉等心理品质的形成有较好影响。长期参加木球运动可以使练习者学会在困难的环境中控制自己的情绪和冲动、克服心理障碍，重新唤起自我认知，还可以培养练习者勇敢顽强、坚韧不拔、拼搏进取的意志品质和果断的决策能力。

4.培养良好的人际关系，提升社交能力

当今社会生活节奏空前加快，人人忙于生计、疏于交往，心与心之间的距离越来越远。木球运动为人们提供了一个非常好的社交平台，让一群志同道合的木球爱好者在这里结识，在平等、公正、规范的氛围里相互挑战，共同成长。打球的过程又是联络感情、巩固友谊的过程。朋友们敞开心扉进行切磋球技、交流心得，增进了解，从而加深彼此的友谊。木球运动能使个体更好地融入社会，有利于建立良好的人际关系、推进和谐社会建设。

二、木球文化及其内涵

木球运动的兴起与发展是社会经济的发展、人们追求健康生活方式和提高生活质量的必然选择。木球运动所特有的文化和内涵是决定其生命力和存在价值的主要因素。

(一) 木球运动是一种生活文化

物质文明高度发展的今天，人们的生活水平和生活质量都有了很大的提高，物质生活高档次、精神生活高格调、生活规律高节奏、文化知识高结构的趋势正在开始形成，对传统生活方式造成了强有力的冲击。在物质利益和精神享受驱使下，人们似乎变得越来越功利化，信仰危机、友情缺失。而木球运动俨然一股清流，把一众志趣相同的球友拉到了球场上，打球、交友、公平竞争，舞动的球杆

让人忘却了尘世的喧嚣与纷争。在享受着大自然恩赐的同时，木球运动培养了人们敢于直面和接受挑战，在挑战中锻炼和提升自己的竞争意识。这种挑战性塑造了人们对待生活和人生的态度，使人们领悟到人生的真谛，这正是木球运动的自然性和社会性的完美结合。

（二）木球运动是一种大众文化

木球运动之所以在世界范围内得以广泛推广，是由于木球运动对参与者生活方式的改变和生活质量的提高起到了积极的作用，加之规则简单、对场地设施要求低、参与成本不高，所以有着较强的亲和力，是真正接地气的大众项目。每个参与者都可以在木球运动中找到一片完全属于自己的天地和精神感受，不同国家、民族、性别、年龄的人都乐在其中，女性参与率和家庭参与率更高，已成为一项广受欢迎的大众运动。

（三）木球运动是一种休闲文化

"红色的木球，绿色的运动。"随着木球运动的发展，它不仅仅作为一项竞技运动存在，同时还作为一种独特的休闲文化进入大众化的休闲生活，成为一种生活方式和生活自觉。尤其生活在闹市的人们，将木球休闲视作个性与品位、健康与休憩、自然与生态的生活象征，表现出了丰富多彩的休闲文化。木球运动对场地设施要求不高，绿色环保，融入自然。参与者充分利用闲暇时间娱乐休闲、放松身心，活动形式不拘一格，将旅游、运动、度假有机结合起来，把生活工作的琐事抛于脑后，远离城市的喧嚣。这种主动的有氧运动方式，对于增强身心健康、提高文化素养、丰富生活内容、加强人际关系，以及促进人的社会化与个性形成等都有着积极的意义和作用。因此，木球休闲文化可以描述为以木球运动为载体、以身心愉悦为目的的一种高雅的休闲文化活动。身心合一、物质与精神高度统一是木球文化的重要组成部分，体现了人与人、人与自然的和谐关系。

（四）木球运动是一种社交文化

谦逊礼让、文明自律是木球精神的重要组成部分，参与者在球场上着装整洁大方，彼此之间相互尊重、诚实守信，有时还会相互切磋球技，这种轻松和谐的情境拉近了参与者之间的距离。木球运动没有直接的身体对抗，体力消耗相对较少，节奏相对较慢，因此更适合于社交活动。在和谐融洽的氛围中切磋球技的同时，球友们还可以进行情感交流，加强了解，增进友谊，不失为一种高雅的文明的社交文化。木球活动的绝大多数时间都是在球友们敞开心扉探讨技术、思想沟通、情感交流中度过的。在木球圈里一直保持着一个很好的传统，在每次比赛闭幕式或者欢送晚宴上，球友们都互送纪念品、互留联系方式，拍照留念，成为老朋友相聚、结识新朋友的盛会。

（五）木球运动是一种竞技文化

现实生活中处处充满着竞争，竞争是人的天性，有竞争才会充满活力。竞争能使人精神振奋，激发人的进取心，不甘平庸。木球运动能够提供一个公平竞争的平台，每个参与者都是在与人比技术、比心理、比成绩的经历中成长，竞争和挑战是木球爱好者喜欢木球的一个主要原因。在木球比赛中，最大的竞争对手往往是自己，运动员在挑战自我、超越自我的过程中体验着运动带来的无限乐趣。在竞技参与的过程里，运动员的心理素质会得到历练。一个运动员如果能够代表单位、地区、国家参加比赛，他的责任感、荣誉感、团队精神、民族自豪感会得到进一步升华。

（六）木球运动是一种旅游文化

木球是一项亲近自然的户外运动，比赛场地大都建在环境优美的地方。有的球场本身也是一道风景，比如，鲁能三亚湾球场、贵州龙里中铁国际生态城球场等；有的球场以独特风格著称，比如，被誉为"魔鬼赛道"的广东河源巴伐利亚庄园木球场，有着最大坡度的韩国报恩郡木球场等；有的场地具有独特的地理风貌，比如，宁夏中卫沙漠木球场；有的场地则是以异国风情吸引着运动员，比如马来西亚马六甲球场、印度尼西亚巴厘岛球场等。另外，比赛场地大都处于旅游胜地，周边旅游资源丰富、美食众多，很多比赛组委会都会提供附近景区门票的优惠政策，还有的会组织运动员到景区旅游。运动员在参加比赛的同时，游览了当地的名胜古迹，品尝了当地的美食，体验了当地的风土人情。随着中国经济高速增长和收入阶层差异变化带来的市场需求变化，近几年国内兴起了体育旅游，这种体育和旅游相结合的健身方式深受有一定经济基础的木球爱好者的喜爱，很多人都会提前设计好自己的竞赛和旅游计划，带着自己的家人既健身又旅游，不亦乐乎。

（七）木球运动是一种生态文化

目前，全球面临变暖、生物多样性丧失等挑战，世界上每年有900万人因患有与污染有关的疾病过早死亡。人类进入工业文明时代以来，在创造巨大物质财富的同时，也加速了对自然资源的攫取，打破了地球生态系统平衡，人与自然深层次矛盾日益凸显。应对全球性环境挑战唯一的答案是可持续性发展，生态建设呼唤绿色体育回归。木球运动具有天然的生态理念，重视阳光、绿地、空气等自然资源对人体健康的重要价值，强调人与自然和谐共生，是植根于大自然又最亲近最爱护大自然的运动，是融入生态文明建设、为全民健身提供绿色环保的体育项目。最有代表意义的是中铁国际生态城木球场，2018年的国际木球公开赛、2019年的全国木球锦标赛、2023年的全国木球锦标赛都在该场地举办。这里具有一流的办赛环境，青山环绕，绿树成荫，气温变化小，冬暖夏凉，空气清新，气候宜人，是康养胜地。木球运动追求运动健康、亲近自然的精神，与其推崇的绿色生态的理念非常契合。

三、木球礼仪

木球是一种文明时尚的运动，在球场上，运动员球技固然重要，但球场礼仪更能体现一个人的人品及球品。木球礼仪是人们在木球运动中应当遵守的一系列行为规范，它既有规则对运动员行为加以规定，也有人们在运动实践中"约定俗成"的规矩。

（一）着装的基本要求

木球是一项优雅的休闲运动，穿戴要既庄重又不失雅致，大方得体，便于运动。草地比赛时，要求运动员身着有袖和领的运动服，脚穿运动鞋，不能穿圆领汗衫、吊带背心、牛仔系列服装、超短裙、过短的短裤等。沙滩比赛，则要求运动员穿着要体现阳光、时尚、休闲的风格，可以穿短衣短裤沙滩鞋，也可以光脚，不得穿长衣长裤、运动鞋和袜子，但为了防日照风吹，运动员可以搭配太阳镜、防晒套袖和腿套等装备。

团体球道赛要求同队队员穿着同一款式的运动服装。

（二）乘车及用餐

比赛乘车要拿好自己的装备，运动员要尊老爱幼，有序上下车，不要拥挤。上车就座注意礼让他人。下车时注意安全，遵守交通规则，过路口一站二看三通过。

有序用餐，不争不抢，自觉排队，注意节约，不大声喧哗。

（三）适应场地

运动员适应场地时，一要注意安全，二要礼貌谦让，三要适可而止，四要爱护场地。打完球后要在球道外边前进，不要随意穿越球道。

（四）球场安全

球场上运动员有保证自身和他人安全的义务。在确保自我安全的情况下，击球或试挥杆前应先确认挥杆动作或球的滚动不会伤及他人，及时提醒处于危险区域的队员、裁判或观众。并检查地面有无石块、树枝等，以防木球与之碰撞改变路线而伤及他人。不要随意走入他人的发球区及球道之内，以免造成危险。

（五）参加比赛

运动员在比赛中要依照顺序击球，提前做好打球准备，到达击球位置后，在规定时间内完成击球，击球结束后要及时离开，避免拖延时间。不要对自己的击球喋喋不休而影响他人。在其他运动员打球时，要保持距离和安静，避免在开球区练习挥杆，以免产生干扰。球场上应听从裁判员的判罚，如有争议时可向裁判员依据比赛事实进行陈述或请裁判长裁定，切勿争执或发生肢体冲突。偶遇运动员比赛球丢失，同组运动员应一同寻找，这样可以节约时间，增进友谊。运动员要诚信自律，勿因裁判未察觉而私自移动球位或少报杆数。爱护场地，打完球后要及时予以修复因挥杆、走动等造成的场地破损划痕等，草皮断片，踏入原位；沙滩划痕，恢复原样。攻门完成后，用手扶稳球杯，切勿用脚或球杆碰触。比赛结束，运动员、裁判员应相互握手致意，合影留念。

（六）观看比赛

观众在观看比赛时穿着也要合乎公共场所要求，不要穿能伤及场地的鞋子；不要距离场地太近或进入比赛场地，以免发生危险或干扰比赛。当运动员击球时，观众应保持肃静，不要任意喧哗，以免扰乱。运动员打出好球，应鼓掌鼓励；运动员打出差球，切勿起哄。球场上不能有抽烟等不文明行为。

四、木球精神

更高、更快、更强、更团结是奥林匹克运动员不断进取、永不满足的奋斗精神，也是不畏艰险、敢攀高峰的拼搏精神。实现体育强国目标，需要把体育健身同人民健康结合起来，把弘扬中华体育精神同坚定文化自信结合起来，努力开创新时代我国体育事业新局面。

木球精神是对木球参与者积极健康、团结向上精神的总概括，其具体表现为：诚信自律，博爱谦让，和谐团结，时尚健康。

（一）诚信自律

诚信是诚实无欺，信守诺言，言行相符，表里如一，是做人的基本要求。自律是指在无人监督的情况下，自己主动、自觉地遵循法度，来约束自己的言行。诚信自律是一种信仰、一种觉悟，是一种不可或缺的人格力量。在木球运动中，无论竞争多么激烈的比赛，所有运动员都应自觉约束自己的行为、表现出礼貌谦让和良好的体育精神。运动员若有作弊行为，不但不利于自己球技水平的提高，而且还会有损自己的形象。诚信自律方能使自己的人生收放自如。

（二）博爱谦让

博爱是指广泛地关爱所有人。谦让即谦逊礼让，是指礼貌相待。博爱谦让是人与人之间在平等的基础上的互相关心、互相勉励和互相帮助，达到共同提高和共同进步。具体体现在球场上是尊重他人，举止文雅，礼貌谦让；生活中有礼有节，处处为他人着想。所谓"人无礼则不立，事无礼则不成"。木球与中国传统文化倡导"静以修身，宁静致远"的个人修行，以"礼让、谦和"为核心的社会特征，以"诚信"为立身处世之本，追求"公平、平等"的道德文化有着异曲同工之妙。

（三）和谐团结

和谐指和睦协调；团结就是凝心聚力，相互无条件地配合。和谐团结是指每个人都要努力提升自我修养，公平竞争，共同进步，追求人与人之间的和谐共生。礼之用，和为贵；人心齐，泰山移。团结就是力量，志同道合，真诚面对，把困难踩在脚下，把责任扛在肩头，把理想化作风帆。

（四）时尚健康

木球运动健康理念符合当今潮流，人们相互追随仿效，更有利于身体、精神和社会适应性都保持良好的状态。时尚健康体现在习练者穿着得体，庄重又不失雅性，阳光时尚，引领潮流；技术动作流畅潇洒，尽显运动之美；运动环境优美舒适、贴近自然，运动形式低碳环保，在实现对所崇尚事物参与的同时，获得一种心理上的满足，有益身心健康。

木球的发明源于孝道，翁先生的初衷是创造一种经济适用的运动项目，以此来修养身心，也作为好友聚会联络感情的平台。在场地球具的设计里更是处处彰显着生态文明、人与自然和谐共处的理念，渗透着中华文化的智慧，这些都是木球运动的文化之源。木球运动在发展过程中，继承和借鉴了高尔夫运动"诚信，自律，礼让"的精神，凭借接地气的文化理念和休闲、竞技的项目特点，短短几年就吸引了众多拥趸。大家共享木球文化的同时有效地沟通磨合、消除隔阂、交流合作，慢慢形成被普遍接受认同、遵从共享的价值观，整合和丰富了木球运动的文化内涵。

木球文化是在其30多年的发展中全体木球爱好者智慧和创造力的结晶，与时俱进，日渐精深与博大。正因为木球文化的包容和向上，才使其跻身于众多的体育强项之林，自强不息，生机勃勃。全世界不同种族、不同民族的爱好者都是木球文化的创造者，也是享受者和改造者，每个木球人都有责任传承木球精神，把木球文化发扬光大，惠及芸芸众生。

第二章

木球教学基本理论概述

随着木球文化的推广和普及，全国多地的大中小学都有了木球运动的影子，木球正以其独特的项目特点和教育功能逐渐被接受，各学校先是从组建运动队开始，后来逐渐被引入课堂教学。木球是技能主导类表现准确性项目的运动，是一项不断超越自我的运动，具有很强的可参与性和休闲健身价值，同时又具有竞技体育的特征。木球运动强度虽然不是很大，但对于增强身体素质以及培养斗志和毅力等有着独到的作用，是名副其实的终身体育选项之一。木球课程注重"礼让、诚信、自律"的品质教育，能够培养学生形成文明举止和良好的精神风貌。通过木球课程的学习还可以加强学生的人际交流，培养社会适应性，促进身心健康。我国校园木球课程先是从课余训练开始，经过多年开展，逐渐发展为特色选修课程，很多学校逐渐将其建设成为必修课程。木球课程已成为部分学校为实现培养目标而进行的有目的、有计划的特色教育活动。

木球课程是一个新兴的教学项目，从无到有，众多从事木球课程教学的一线老师都在摸索中开展工作，形式各异，各成一体。要想做精做强木球课程，有必要规范一下常规的教学材料。

第一节 木球课程建设

一、木球课程建设的理论依据

2014 年，教育部颁布《教育部关于全面深化课程改革、落实立德树人根本任务的意见》，首次以官方文件的形式将"课程改革""核心素养"与"学科教学"联系起来。[①]2016 年，教育部发布了《学生发展核心素养》的体系与框架，指出核心素养主要是指学生应具备的，能够适应终身发展和社会发展需要的必备品格和关键能力，综合表现为人文底蕴、科学精神、学会学习、健康生活、责任担当、实践创新 6 大素养[②]。将学生核心素养体系与体育专业学科教学结合起来，是我国体育领域深化各学科课程改革与创新的重要手段和路径。木球课程建设也是以此为据，深挖课程教育功能、课程思政元素。[③]德育既需要大张旗鼓、旗帜鲜明，更要润物无声、细水长流，解决好专业教育和思政教育的相互融合关系。

在木球运动教学活动中，要处理好学生、教师与课程之间的相互关系。学生是主体，要激发其学习的积极性、主动性；教师为主导，既要传道、授业、解惑，还要完善自我、提升自我，做到"德高为师，身正为范"。课程只有通过教师的实施、学生的理解，才能实现其内含的价值和意义。

木球课程建设的理论依据遵循教育部关于高校专业课程开展的基本要求，符合体育专业技能课程开设的基本规律，对木球课程建设所应准备的资料与信息进行详细的分析。对课程的定位、课程规律的认识、对课程现状的了解、对课程发

① 教育部. 教育部关于全面深化课程改革落实立德树人根本任务的意见 [EB/OL].http：//www.nioe.edu.cn/publicfiles/businesss/htmfiles/moe/s7054/201404/167226.html，2014-03-30.

② 中国学生发展核心素养 [EB/OL].http：//edu.people.co/cl053-28714261.m.cn/nl/2016/0914html，2016-09-04.

③ 赵富学，程传银 . 体育学科核心素养的理论基础及结构要素研究 [J]. 沈阳体育学院学报，2018，37(06)：104-112.

展的预测都是建立和完善木球课程体系的重要依据。

(一) 木球课程的定位

从总体来看，木球课程是研究体育教学的普遍规律和木球教学的自身规律以及两者之间关系的一门学科，是从文化礼仪、技战术教学、训练以及教学比赛等方面来诠释木球运动的一门课程。从学科角度看，木球运动既涉及运动训练学、运动生物力学、运动生理学、运动解剖学、运动心理学等人体科学基础知识，也涉及社会体育学、休闲体育学、体育美学、运动竞赛学等人文学科的理论知识；从专业角度看，木球课程可以成为运动训练、体育教育、社会体育、休闲体育等专业技能课程体系的一个建设方向。

(二) 木球课程教学的基本规律

木球虽是一门普及度不高的小众项目，但从体育教学的普遍规律来看，各类体育学科的一切教学现象、各类体育项目教学的共性问题，都会在木球课程中得到体现。木球教学与其他运动项目教学一样，也都是以传授基本知识、基本理论和基本技能为主。木球项目以其简单易学、普适性、趣味性的特点以及对练习者身心、礼仪的影响作用已被国内越来越多的大中小学接受。随着亚洲沙滩运动会的正式设项和大众健身运动的深入开展，木球运动势必会以不同形式向各级各类学校逐步延伸。不过，木球项目受场地条件等限制较大，很多学校在开展该项目上尚存有一定难度。

(三) 木球运动课程开展的基本现状

我国较为正规的木球课程，是率先从高等学校开始的，较早开设木球课程的是海南大学、宁波城市职业学院、北京语言大学、辽宁师范大学等高校[1]。近几年木球课程开始被首都体育学院、临沂大学、海南热带海洋学院、池州学院、商丘师范学院等引入体育专业教育课程。木球课程是临沂大学体育与健康学院社会

---

① 胡晓强，陈亮，高中玲．木球运动在临沂市中小学开展的可行性分析[J].科学大众（科学教育），2016(06)：172+186.

体育指导与管理专业的一门专业必修课程。木球健身理论与方法课程是首都体育学院社会体育指导与管理专业、休闲体育专业所开设的专项提高选修课程。

现如今又有更多的高等学校、职业院校、中小学校开始开设木球课程。但开设时间相对较短、教学交流相对封闭，又加上师资力量、上课形式、教学能力和研究水平等方面的欠缺，使得木球项目课程建设相对落后，已与木球运动快速发展的新形势不相适应，急需在借鉴国内外木球教学经验的基础上，把我国木球教学推上一个新的高度。

（四）木球课程的发展动向

我国是人口众多的统一的多民族国家，全民健身运动在全国各地蓬勃开展。随着经济和社会的不断发展和人民物质文化生活的不断改善，人们对运动项目的需求越来越多样化，木球项目以其独具的特点将会被越来越多的大众所接受，成为人们健身、娱乐、休闲、竞技的新宠。学校是改变人们健身观念、宣传木球文化的主战场，形成完善的木球教学和训练课程体系对于木球项目推广意义非同小可。

木球运动起源于中国台湾，30多年来已经推广到全世界50多个国家和地区，得到了亚奥理事会的承认，是亚洲沙滩运动会的正式项目之一。木球不仅仅是可以在标准的比赛场地进行的运动，在房前屋后、绿化草地、沙滩公园等场所，也都可以尽情享受此项运动带来的乐趣。我们在为这项由华人发明的体育项目感到由衷自豪的同时，也不免对该项目在国内的发展现状感到困惑。各地域间的不平衡发展、技术的不规范性是目前影响该项运动推广和发展的主要因素之一。因此，培养木球运动人才、规范技术教学、制订一套实用可行的木球课程是目前亟待解决的问题。

二、木球课程目标

课程目标是教育目的在课程教学中的具体化要求。它取决于社会对人才的需求，也因受教育对象所处的不同教育阶段而有所区别，任何一门课程目标都要服务于本专业的人才培养要求。中小学教育以培养兴趣、掌握技能、强健身心、养成良好的社会适应性为主，职业院校和高校的公共体育以培养兴趣、掌握技能、强健身心、培养终身体育为主，体育院校则是以掌握技能、培养教学训练基本能力为主。当前，木球项目在群众体育中发展速度较快，部分地区把木球运动作为全民健身项目进行大力推广，各类人才相对欠缺。相信在不久的将来，随着木球项目的普及和赛事的推广，具有木球项目教学与训练能力的人才将会大有用武之地。

本章将以临沂大学社会体育指导与管理专业木球课程为例进行探讨，其他高校、职业学校以及各中小学木球课程开展可以借鉴。

临沂大学社会体育指导与管理专业木球课程的目标总体是：适应社会发展需要，培养德、智、体、美全面发展，掌握木球运动课程基本理论知识和基本技战术，具有较强的实践创新工作能力，能从事木球教学、训练、组织管理的工作，能服务于"地区全民健身计划"的开展。

（一）适应社会需求

目前，社会体育指导与管理专业学生就业去向，包括升学、出国、学校体育教育、国企、文化体育、部队、公司、村干部、行政机关、待业和灵活就业，毕业生入职体育教师岗位比例较高，且以初中、小学为主。[①]"厚基础"培养理念造成学生学习结构与社会需求不适应的现象，基础理论知识掌握得较好，专业技术能力不足，很难适应社会的需求。无论是社会体育指导与管理专业也好，还是休闲体育专业也好，学生必须"一专多能"，至少要有一项技能掌握得"精"，不仅要自身水平高，还要具备教学、训练、组织活动的能力。

（二）适应岗位需要

具有木球特长的人才是开展木球项目的学校、事业单位和各级各类群众体育组织等部门的生力军。随着木球运动的进一步推广和普及，具备教学、训练与管理能力的复合型人才，在未来就业市场会更受欢迎。通过木球课程的学习，要使学生具备在各类学校担任木球教学的能力，具备在各级运动队、各类木球俱乐部

---

① 徐大鹏，陈燕.基于就业视角的休闲体育专业与社会体育专业培养方案修订的研究：以首都体育学院为例 [J].首都体育学院学报，2017，29(01)：39-45.

担任教练员的能力，具备在各级比赛中从事赛事组织、裁判、工作人员等工作的能力，具备在企事业单位和城镇社区承担健身指导工作的能力等。除此之外，在木球课程的学习过程中，还要提升学生待人处世之道，促进学生心智的提高。

（三）适应人才发展需要

实施课程教学的主体是学生。木球课程不仅要教会学生提高球技，还得教会学生用所学知识指导别人、组织教学与训练。在教学过程中对于部分学生重视技能和比赛成绩、轻视对基本理论方法和教学管理能力的学习这类现象，应该引起足够的重视。通过木球课程的学习，使学生掌握以下知识和技能：一是木球基础知识、基本理论；二是木球基本技战术；三是木球健身指导、教学、训练理论与方法；四是赛事组织能力；五是熟悉木球运动发展趋势，积极推广木球运动。

三、木球课程的内容框架

教材是在木球教学过程中实现培养计划、制定教学方案、选择教学内容、完成教学任务的主要依据。国内木球教材有一个"从无到有"的过程。宁波城市职业学院梁久学教授、海南大学王晓青教授早年都有过木球教材的出版，为木球运动的推广作出了巨大的贡献。本教材在借鉴国内外木球理论、技战术、教学、训练等研究成果的基础上，认真总结了近些年来临沂大学和其他院校木球教学与实践的成功做法，本着利于教学训练和木球推广的原则，形成了现在的基本框架：木球运动发展概况、木球教学基本理论概述、木球训练基本理论概述、木球技术教学与训练、木球战术教学与训练、木球运动心理教学与训练、木球体能教学与训练、木球规则、木球运动队管理。

四、木球课程的开出形式

木球课程作为一种新生事物，对于教师和学生来说是一个相对陌生的领域，其课程形式没有固定的模式可以借鉴。从开课的学校来看，有体育高等院校、普通高校、职业院校和中小学学校；从课程形式看，有公共课和专业课，课程性质又分为必修课和选修课等；从学制看，有四年制本科、三年或两年制专科以及不同时段的中小学。所以，基础的木球课程应具备满足不同学校、不同时段、不同课程类型教学需要的功能。在教学中教师应根据实际情况作出调整，用学生乐于接受的形式完成教学任务。不管选择何种课程形式，应注意以下两条原则：第一，因地制宜，敢于创新。近些年来，各类学校不断尝试新的课程形式，教学改革初见成效。一些高校和职业院校围绕培养应用型、技能型人才，强调思政教育进课堂，中小学则大力推进素质教育，严格执行"双减"政策，使得木球项目有了用武之地。各类学校应该结合自身实际，整合校内外资源，优化课程形式，力争得到学生、家长和社会的广泛认可。第二，教师为主导，学生为主体。一方面，教学是人类有目的、有计划、有组织地培养人的活动，教师要预先储备和设计教学的内容、形式、方法、进程和结果等，教师教学风格、学养和学识会对学生产生深远的影响，要给教师留有充足的空间来施展自己的教学心得、训练经验等；另一方面，学生是学习的主体，对于教育来讲，教材以及教师是外因，学生是内因。知识的认知和感悟，往往在学生的现实体验中得到升华。所以也要给学生留有思索的空间，时刻关注学生学习的精神状态。

·木球小故事·

难度最大的球场

临沂大学　陈亮

广东河源巴伐利亚庄园作为中国木球运动训练基地，承办过 2015 国际木球精英赛、2016 年全国木球锦标赛、2017 年亚洲杯木球锦标赛，为中国木球乃至国际木球的发展作出了巨大的贡献。这里优美的环境、完善的设施、高规格的场地给每一位参与者留下了深刻的印象。对于每一位运动员来讲，记忆深刻的应该是其高难度的赛道。巴伐利亚庄园木球场依山而建，坡度变化较大，这使得在地上滚动的木球变得难以控制，惊险而又刺激，很多高手都有"爆杆"出现，被誉为"魔鬼赛道"，名副其实。

第二节 木球教学的目标与内容

学科结构理论以"教什么、什么时候教、怎样教""学什么、什么时候学、怎么学"两大主线为出发点，探讨学科课程教学过程中的目标、内容、过程和方法等问题。

一、木球教学的目标

木球教学目标是指对即将进行的木球教学活动可以达到的教学效果的预期设定，是开展木球教学活动的一项重要依据。木球教学目标主要有 4 个。

（一）掌握木球基本理论

通过本课程的教学，使学生了解木球运动的起源与发展、木球文化、木球运动技术原理、木球场地条件、竞赛规则等，为今后从事木球教学、训练和推广打下基础。

（二）提高木球技能

扎实的木球技战术水平是教师从事教学和训练的基础。木球运动技术虽不很多，看起来不像其他运动那样复杂多样，但是简单重复的技术需要日复一日地磨炼才能稳定下来；木球战术也不像其他球类那样复杂，但也需要经过系统的学习才能逐步掌握。学生不仅要掌握技战术，还要学会去教授和指导他人，具备从事木球教学与训练的能力。

（三）促进身心发展

系统的木球课程学习会使学生的力量、速度、耐力、灵敏性等身体素质有全面的提升，能够促进学生的生长发育。学生具备了最基本的运动能力才能更好地提高自身的技战术能力。所以，在木球课程里要安排有针对性的体能练习内容。

木球项目的特点要求参与木球运动的人要具有超强的意志品质，在打球时要高度集中自己的注意力，要学会控制自己的情绪和心理，要学会正确地面对成功与失败，要学会与人交往。通过木球教学过程能够较好地塑造学生的世界观、人生观以及价值观，形成"诚信、自律、礼让"的优良品质。优秀心理品质的培养贯穿于木球教学的全过程。

（四）为终身体育打下基础

木球项目属于技能主导类项目，对体能要求不高，适合各年龄段人群用来强身健体、陶冶情操，还能够缓解紧张的情绪、释放压力。随着人们的生活水平的不断提高和闲暇时间的增多，越来越多的群体认识到体育在人们生活中的作用，木球项目以其独特的健身价值得到了大众的认可，成为提高生活质量、追求精神生活的手段之一，逐渐融入人们的生活方式。学校体育是终身体育的基础环节，通过有计划有目的的学习，培养学生兴趣、爱好，使学生养成自觉锻炼身体的习惯，树立正确的自我体育意识，进而积极自觉地、主动地参加体育锻炼，使体育锻炼成为自觉主动的行为。

二、木球教学的内容

有了具体的教学目标作为指导，便可以选择制定木球的教学内容了。对木球教学内容的选择，主要应以教学对象的层次水平和教学目标为依据，主要包括木球理论知识、木球基本技术、木球基本战术、木球体能教学与训练 4 个方面。

（一）木球理论知识

首先，木球对于大部分人来说属于新生事物，所以学习木球就要从基础理论学起。只有对木球的起源和发展、场地、器材及配套装置、木球文化等有了初步的了解，才能激发学习热情，更好地去掌握技战术。其次，实践需要理论做指导，挥杆技术的基本原理、战术的基本理论、体能训练恢复理论能够为木球技战术的学习和运用奠定良好的理论基础。最后，木球规则和礼仪知识有助于学生更好地去掌握木球技战术和提高社会适应性。教师要深刻领会木球理论知识的重要性，精通相关理论知识，努力提高自己讲授理论知识的能力和效率，在有限的学时内让学生尽快掌握。

木球的理论知识主要包括木球的起源与发展、木球文化、技战术、心理、教学与训练理论、竞赛规则等方面。

（二）木球基本技术

木球技术教学是木球教学活动中最基本的内容之一。专项技术需要长时间地学习和巩固才能稳固掌握。在木球教学中，木球挥杆和攻门的技术要领以及合理运用等都是重点内容。特别是在初学阶段，要格外注重学生基本功的夯实，对站姿、握杆、挥杆等技术一定要规范要求，切不可因为盲目追求教学进度而违背教学规律。教师在进行木球技术教学时，应注意示范的规范性和讲解的精确性，以使学生掌握正确的技术要领，形成规范动作。

（三）木球基本战术

木球战术是木球技术在实战中的合理运用。运动员需要根据自身能力、场地情况、对手特点和场上形势合理地运用比赛策略，达到扬长避短的战术目的。杆数赛的战术是以我为主的策略，综合考虑场地等客观条件，以获取自己最好的成绩为目的，力求打出最低杆数。球道赛的战术则是要斟酌对手特点和场上形势，先以单个球道为单位争取最大的利益，最终力求在规定数量的球道内胜出对手。教师在进行木球战术的教学时，应通过合理有效的教学方法使学生理解和掌握基本战术理论，指导学生学会调整自己的心理，在比赛中能够结合实际情况做出最佳选择，灵活运用各种战术。

（四）木球体能教学与训练

良好的体能是技战术的基础。通过体能教学与训练可以使学生掌握热身活动、体能训练、运动恢复理论与方法，有效提高速度、力量、耐力、灵敏和协调、柔韧等素质，在运动中获得更好的表现，磨炼意志力，降低受伤风险；有助于提高学生健康水平；有助于更好地掌握复杂的技术动作和提高运动成效，不断提高技战术水平；有助于充实学生今后教授和指导木球教学与训练的知识体系；有助于保持积极态度，增强意志力和自信心，提高逆境应对能力。

我的木球故事

乌鲁木齐　汪洪洋

本人汪洪洋,网名独孤客,从2010年接触木球活动,至今已有10多年了。随着对木球运动的不断深入了解,我深深地爱上了这项运动。多年来,我加盟过全国各地多支球队,多次参加全国赛事,既交了朋友,也提高了球技。在河南夏邑县赛场,还有幸得到亚洲木球协会秘书长翁启祥先生手把手指导,教给我木球挥杆、击球等动作要领。通过学习,我又考取了木球项目国家一级裁判员证书。

现在我也有了自己的木球队伍,带领队员夏练三伏,冬练三九,准备到全国赛场一展身手。我们的信念是:背着球杆走天下,处处都是朋友家。小小木球传友谊,赛场竞争传佳话。

第三节 木球运动教学的原则与方法

一、木球运动教学的原则

教学原则是指导教学工作的基本要求，是根据教育教学目的，为反映教学规律而制定的教学实践中具有普遍意义的规范，是教学规律以及教学内容本身规律的客观反映。体育教学原则是体育教学过程中必须遵循的要求和规律，是人们在长期的体育教学实践过程中宝贵经验的总结，反映了人类对体育教学规律的把握和认识。木球教学过程中必须遵循如下原则。

（一）直观性原则

直观性原则是指在教学活动中，通过教师直观演示与讲解，引导学生开展多种形式的感知，获得生动的表象，丰富学生的感性认知，从而全面、深刻地掌握木球技战术，为形成正确而深刻的理性认识奠定基础。

在木球教学中，教师应注意根据教学目的来选择合适的直观教学方法，最大限度地激发学生的积极性。直观教学形式主要表现为动作示范、图片展示、视频播放等。

（二）循序渐进原则

循序渐进原则是指教学中根据技能掌握的规律，合理安排教学内容和运动负荷，选择教学方法，由浅入深、循序渐进、逐步深化，使学生能系统地学习和掌握知识和技能。

在木球教学活动中，教师首先要认真研究教材，把握好各种教学内容之间的关系，制定切实可行的、科学系统的教学文件，以保证木球教学高效、有序地开展。教学文件主要包括教学大纲、教学日历、教案等。教师在编制教学文件时，应注意教材内容前后的衔接。

教学内容和组织教法的安排要层层推进、由简到繁、由易到难、逐渐提高。比如，挥杆练习从无球钟摆练习开始，再进行有球练习。挥杆距离由近及远，力量和幅度由小到大。攻门练习先从近距离正对球门开始，然后慢慢过渡到远距离偏对球门。

运动负荷也应逐步提升，练习强度和密度由小到大，练习时间逐渐增长，以使学生有一个逐步适应的过程，这既符合身体素质增长的规律，也有利于运动技能的掌握和提升。

(三) 积极主动原则

积极主动原则是指在教学过程中使学生能够自觉主动地参与到教学活动中，发挥主体作用，敢于开拓创新，积极地完成学习计划，使学习成为自觉行为。这需要教师通过采取一些有效的方法和手段来充分启发学生的主动性和创造性，培养学习兴趣，明确学习目标。只有最大限度地激发起学生的内部动力，才能形成良好的学习氛围，使学习效果获得质的飞跃。

兴趣是最好的老师，学生只有明确学习目标，了解木球项目的价值后，才会提高学习的自觉性和积极性，进而会主动克服各种困难、在技战术上精益求精。因此，课程的组织形式也要新颖多样，多通过游戏、比赛等增加对学生的吸引力，使木球课变得生动活泼。在教学目标的设计上也要注意考虑学生的学习能力，使学生在学习中能够感受到进步带来的成就感。另外，教师应该努力提高自己的业务能力，以自己的言行举止感染学生，建立良好的师生关系。和谐的师生关系有利于学生学习兴趣的培养。

(四) 区别对待原则

区别对待原则是指在教学过程中，根据学生的个人特点来确定教学任务、内容、方法和运动负荷的原则。学生是教学过程的学习主体，每个学生的身体状况、接受能力、意志品质、运动能力、木球基础等都是有所区别的，即使是同一位学生在不同的学习阶段学习能力也会有所不同。因此在教学中，既要针对全体学生提出统一要求，又要根据个体差异区别对待，有针对性地选择最适宜的教学方法以及教学进度。把集体教学与个别指导相结合，使每个学生的潜能和身心健康都得到全面发展。避免出现有的学生因为学习内容"太简单"而吃不饱、有的学生因为学习内容"太复杂"而难以消化的现象。

想要贯彻这一原则，教师必须要深入了解每个学生的实际学习情况，注意听取学生的意见，做到对每一个学生都了如指掌。

（五）与实战相结合原则

理论与实战相结合原则是指在教学过程中，教师结合教学比赛进行教学，以促进学生更好地掌握教学内容。木球项目是体能、心理和智能并重的运动，这个特点决定了只有通过竞争性的活动才能真正检验学生的木球技战术掌握的情况。很多人在平时练习时打得一手好球，动作潇洒稳定，但一到赛场就输得一塌糊涂，突然间感觉尽失，跟换了一个人似的，这种原因很大程度上与个人心理有重要关系。心态的失衡会使人的思路变窄，进而影响到技战术能力的发挥。因此在木球教学中，教师要坚决贯彻和实施技战术学习与实战相结合的教学原则，为确保已有的技战术能力在各种条件下的稳定发挥，以赛代练，以赛促学。

二、木球教学的方法

教学方法是教师为了实现教学任务，在教学中传授给学生知识技能时所采用的技术手段，是联结教师教与学生学的重要纽带，也是实现教学目标的重要保证。木球教学方法一般有以下几种。

木球课程教学中，要研究"教师教的方法"和"学生学的方法"。

（一）讲解法

讲解法是教师通过精练、生动的讲述向学生系统地传授理论知识和运动技术的手段与方法。讲解的科学性和艺术性，是衡量教师教学能力的一个重要指标。讲解法主要用于教师向学生讲解教学目标、课堂要求、动作要领、动作要求等内容，其本质是教师通过科学高效的讲解使学生正确认知技术动作的概念与表象。

讲解法的基本要求是简明精练、重点突出、形象生动，并结合动作示范、图示、视频进行。生动形象的讲解配合正确的动作示范，可以使学生的直观感觉和理性思维更好地结合在一起，提高教学效果。木球的挥杆技术相对复杂，三言两语很难表述清楚，学生接受的过程也相对较长。教师要紧扣木球课程教学目的和要求，有针对性地选择合适的讲解方式，加深学生印象，激发学习兴趣，帮助他们快速掌握动作要领，建立正确的动作概念，力求达到最佳的讲解效果。教师在教学过程中要不断总结经验，在语言表达上做到精益求精。

（二）示范法

示范法是木球教学的最基本教学手段之一，让学生通过视觉直观地感知动作结构、要领和方法，形成整体的动作概念，以帮助学生掌握正确的木球技术。教师完美、准确的示范可以激发学生的学习欲望，提高他们的学习兴趣。一位优秀的教师应该具备一流的运动能力，经常钻研业务，不断提高自己动作示范的质量。

教师在示范时应注意学生队形组织，不要让学生面对强光。教师应选择适当的示范位置，让每名学生都便于观察。教师根据教学意图选用适宜的示范面对技术动作进行演示，示范一般以中速为宜，必要时可以放慢速度。教师示范要有针对性，做到有主有次，突出重点，并对学生提出观察的重点和任务，遇到较难的动作时，可进行分解动作示范或重点动作示范。为了更形象地让学生了解自己的问题所在，教师示范完正确动作技术后，还可以模仿一下学生的错误动作，通过对比让学生加深印象，从而形成正确的动作概念。

（三）完整法和分解法

完整法是指从开始到结束，不分部分和段落完整、连续地进行教学和练习的方法。其优点是能够保持动作结构的完整性和各环节要素间的联系，有利于形成完整的动作概念；缺点是在进行难度较大的技术动作教学时，不利于学生尽快掌握。比如，在进行动作相对简单的攻门教学时，教师应完整地进行示范，使学生建立起完整的动作表象。

分解法是指为了更好地进行完整技术动作教学，把技术动作按照先后顺序分成若干环节或依照身体部位的不同分成几个部分，按照"环节"或"部分"进行教学，最后再进行完整技术动作学习的方法。该方法的优点是降低了动作技术的难度，便于"各个击破"，对重点和难点更易于把握，有利于技术动作困难部分的学习，使教学进程加快，但缺点在于有可能形成对动作分解掌握的习惯，妨碍完整动作的顺利掌握。因此，在进行分解教学时，必须考虑到各环节部分间的有机联系，不要破坏动作本身的结构，要让学生明确各环节部分在完整动作中的位置和作用。例如，在进行动作相对复杂的全挥杆初期阶段的教学时，教师完整地进行示范后，再按照上挥杆、下挥杆、击球、收杆4个阶段来进行示范和讲授，使学生更容易对各个阶段的动作建立正确的表象。分解教学法有4种形式：单纯分解练习法、递进分解练习法、顺进分解练习法和逆进分解练习法。

在木球教学中，无论是分解法教学还是完整法教学，都很难孤立地存在，一名优秀的教师总能很好地处理好二者之间的关系，出色地完成教学任务。对于简单技术的学习，使用完整法相对更有优势；而对于较为复杂动作的学习，使用分解法相对更有优势。木球教学通常使用把完整法和分解法很好地结合起来的"完整、分解、再完整"的教学方法，一开始教师完整示范、讲解，让学生初步建立完整的动作概念，然后再进行分解练习，把动作分成若干环节，逐一去掌握，然后再合起来进行完整动作的练习，最终达到掌握完整动作技术的目的。分解法只是一种手段，完整掌握才是最终的目标。

（四）启发探究学习教学法

探究学习教学法既是教法又是学法，是教法与学法的有机结合。从教法的角度看，教师在教学过程的作用是要注意激发学生的探究意识，引导、帮助学生解决探究学习过程中的问题，肯定学生的探究成果和创造精神，起到"催化剂"的作用，而不是对探究活动不管不问。教师还要及时对自己的探究教学法进行反思，总结经验和改进不足。从学生的角度看，充分发挥学生的主体作用，通过自身体验和主动参与，创造性地分析和处理问题，在探究中掌握知识，开阔视野，而不能单纯地模仿，流于形式；学生要对学习充满信心，真正收获探究成果，积极参与，还要有合作意识。教学是师生的双边活动，教与学要有机结合，因此教师和学生在教学过程中需要进行积极交流。教师是探究学习的设计者，通过创设一定的情境，激发学生的学习合作；通过设置引导性的问题，使学生认识到合作探究必要性；多进行与学生的双边互动，提高学习效率，完成教学计划。

（五）视频反馈教学法

知名的美国心理学家布鲁纳被称为认知—发现学习理论的开山鼻祖。该理论认为，教学视频让学习内容变得直观易懂，利于学生理解和接受，教师引导学生使用"发现学习"的方法去掌握知识点，去主动学习，而不仅仅是填鸭式的教学。通过视频的反馈手段，让学生在具体的教学情境中对知识或技能进行再认知，引导学生在此过程中锻炼自己的理解和认知能力。具体做法是：教师利用电子设备拍摄学生的技术视频，找出有代表性的跟学生共同观看研究，通过慢放以及暂停的形式对技术动作的关键点进行重点分析，找出优缺点。结合视频反馈的情况，学生可以有针对性地进行改进和提高。科技的快速发展使得手机、电脑等电子产品已经融入我们的生活，为灵活运用视频反馈教学提供了基本条件。教师要学会与时俱进，敢于尝试新的教学方法和手段，更好地搞好教学。

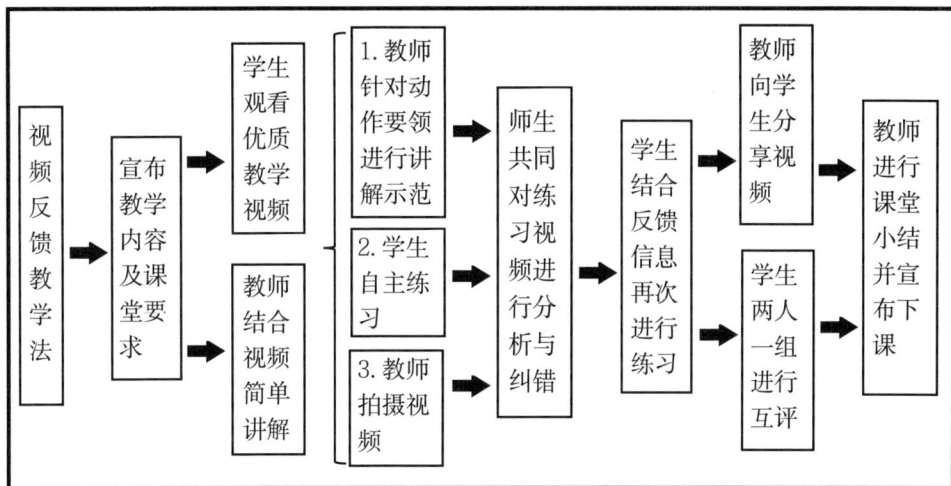

图 2-1　视频反馈教学法教学流程

三、木球练习方法

木球练习方法是在教师的指导下，学生依靠自觉的控制和校正，反复地完成一定动作或活动方式，借以形成运动技能的教学方法。其生理机制是通过练习使学生在大脑中形成一定的动力定型，以便更好地掌握技能方法。一般有重复、变换、比赛、合作练习等方式。

（一）重复练习法

重复练习法是指不改变动作结构和外部负荷表面数据，在相对固定的条件下，按照既定的间歇要求，在机体完全恢复的情况下反复进行练习的方法。任何一种技能的形成都没有捷径可走，需要练习者通过不断地重复练习，简单的事情重复做，重复的事情坚持做，坚持的事情用心做。重复练习法的作用是通过重复相同的身体练习和技战术来强化条件反射，达到使学生提高身体素质、掌握和巩固技战术的目的。木球是使用重复练习法最多的项目之一，专项技术天天练，练习者从第一次接触木球开始，每天都会重复着预挥杆、挥杆和攻门动作，每个环节、细节都要熟稔于心并付诸实践。不同场地、不同球道、不同形势的比赛策略各有不同，需要练习者通过无数次的实践来确定。反复刺激相对稳定的负荷强度的重复练习，可以加快运动员的身体训练适应过程，有利于提高身体素质。在重复练习中，会消耗大量的能源物质和体能，造成疲劳不断积累，但有助于培养运动员的顽强的意志品质。

（二）变换练习法

变换练习法指在不断变换练习的条件下进行反复练习的方法。主要用于巩固、提高动作技能，提高身体素质。变换练习法可以增加训练的趣味性，提升练习者的积极性，进而提高训练质量。如变换挥杆练习的方向和力度、攻门练习的形式与组合、教学内容、场地器材等。

（三）比赛练习法

比赛练习法是依据人类具有的先天竞争意识、学生技战术掌握的基本规律和适应比赛原理等而采用的比赛形式为主的练习法。比赛练习法具有鲜明的竞争性，能够有效地激发学生学习参与兴趣、提高练习的专注度，可以帮助学生提高学习的效率、调动学习的积极性；公共性和开放性的比赛练习，能有效地培养学生良好的心理品质；比赛练习法也是检验训练与学习效果的主要手段，可以通过比赛发现问题，促进技战术水平的提高。木球比赛练习法分为教学性、检查性、模拟性和适应性 4 种。

（四）合作练习法

合作练习法是以合作方式进行的一种练习法，主要特点就是学生之间共同学习、相互指导，改变强调学生个体练习和相互竞争的练习的传统模式，强调学生通过合作促进练习。比如，在进行攻门练习时，一名同学攻门，另一名同学在一边观察，及时反馈出现的问题，然后一起探讨如何改进和提高。合作练习可以提高学生的学习效率；培养学生的合作精神，增进学生之间的了解与信任，有利于学生掌握人际交往的能力；增强团队意识，发展学生的主体意识和责任感；充分挖掘学生的潜能，使每个人的长处得到发挥，大家在一起取长补短，共同提高；从组织形式上更利于教师对学生的指导。合作学习改变了传统的教学方式，转变了教师与学生的教育观念。在教学过程中，教师由施教者变成了学生学习的引导者，学生也由受教者变成了主动学习者，通过生动有趣的学习方式，在完成学习计划的同时，体验到了成功的快乐，也促进了学生的社会化发展。

• 木球小故事 •

加赛最多的球道赛

临沂大学　陈亮

2013 年木球亚洲杯比赛在中国金门举行。在中国和越南的男子团体球道赛中，我跟张新胜（现临沂职业学院老师）组成双打，对阵越南的一对选手，由于其他的两场个人比赛已经结束，双方都是一胜一负，打成平局，焦点自然就落到了我们的双打比赛上来，引来了很多人围观。本场比赛的胜者将会进入决赛，双方都非常重视。

在比赛打完第 10 球道时，形势对我们较为有利，只要在接下来的两球道比赛中打平或胜出一球道，我们这一点就可以胜出，中国队即可晋级决赛。可能是初次参加大型比赛心理紧张的原因，我出现了几次严重失误，结果我们连输 2 道，打成平局，局势瞬间变得紧张起来。双方的成员都密切关注着接下来的局势，越南队的领队在不远处踱来踱去，有的女队员双手合十为自己的队友祈祷，中国队的成员也是表情凝重，或近或远驻足观望。加赛进行到第 6 道，结果越南队笑到了最后，赢下了比赛。

我来了～

懊恼和自责久久不能让自己释怀，是自己的原因导致比赛失利，使得中国木球队错失了一个绝佳的机会。这是我遇见过的加赛最多的球道赛，也是自己最为失意的比赛，永久地留在了自己的记忆深处。

第四节　木球教学文件的制定

木球教学文件是实施木球教学的依据，制订教学文件是教学工作的重要环节。木球教学文件主要包括木球课程教学大纲、木球课程教学进度（包括木球理论课程和技术课程教学进度）和教案（包括理论课教案和技术课教案）3 种。以下以临沂大学社会体育指导员管理专业的木球专业必修课为例，介绍木球教学文件的制定。

一、木球课程教学大纲

木球教学大纲是根据木球学科知识、教学计划和学校实际情况编写的教学指导性文件，是教师进行教学的主要依据。它以纲要的形式，规定了木球课程的教学目标、基本内容和要求、教学进度、课程教学时数的安排，是教师编写教案讲义和进行木球教学工作的重要依据，也是衡量教师教学质量、检查和评定学生学业成绩的重要依据。其中，包括教学目标、教学要求、教学内容以及讲授和实习、实验、作业的时数分配、参考书目等。示例如下。

（一）课程介绍

木球是为临沂大学社会体育指导与管理专业本科学生开设的一门专业必修课程。作为一项新兴的休闲体育运动，木球有"红色的木球，绿色的运动"之美誉，没有性别和年龄的限制，可休闲可竞技，是强身健体的好项目，被称为"平民高尔夫球"。木球对于提高大学生的身体素质、增进健康、塑造形体、陶冶情操有着积极的作用。

（二）木球课程教学目的与教学要求

1.木球课程教学目的

（1）通过对木球的学习，使学生基本了解木球运动的基本理论知识，掌握木球基本运动方法以及木球竞赛活动的组织与裁判等基本知识，使学生具备从事木球教学、训练指导和竞赛裁判工作的基本能力。

（2）通过木球锻炼和学习，修身塑形，全面提高身体的力量、耐力、灵敏、柔韧、协调等基本素质，改善身体健康水平。掌握了科学锻炼身体的方法，养成锻炼习惯，真正了解休闲体育的作用和意义，形成"健康第一"的意识，为终身体育的发展奠定良好的基础。

（3）在木球运动中培养学生稳定的心理素质、良好的社会适应性、高尚的体育道德，使学生学会正确看待竞争与合作，培养学生自信坚持、团结协作、勇于创新的精神，同时陶冶情操、促进交往，培养学生正确的审美观念。

2. 木球课程教学要求

本课程主要学习木球的基本理论和技术技能，把教学重点放在技术技能实践教学环节上，结合教学比赛进行技能提高，通过课余练习和参加木球比赛进行技能培养。通过木球项目，让学生掌握科学锻炼身体的方法，培养独立锻炼的能力，为终身体育打下坚实的基础。

（三）选用教材（含辅助教材）

教材选用程慎玲、梁久学《木球运动学》，人民体育出版社 2010 年版。

（四）木球教学内容及学分、学时安排

表 2-1　木球教学内容及学分、学时安排

分类	教学内容	学时	百分比
理论部分	木球运动概述	4	12.5%
	木球运动技术原理		
	木球教学理论与方法		
	木球训练理论与方法		
	木球健身锻炼理论与方法		
	木球场地的基本知识		

分类	教学内容	学时	百分比
实践部分与能力培养部分	木球基本技术	12	75%
	木球基本战术	8	
	木球运动的身体素质、心理素质训练	2	
	竞赛组织与裁判工作能力	2	
考　核		4	12.5%
总　计		32	100%

（五）教学内容纲要

1. 理论教学内容纲要

（1）木球运动概述；（2）木球运动技术原理；（3）木球运动教学、训练、健身锻炼理论与方法。

2. 技术（技能）教学内容纲要

（1）木球运动基本技术：准备姿势、攻门技术；（2）短、中、长杆挥杆技术。

3. 木球的基本战术

（1）第1杆策略；（2）调整球策略；（3）攻门区策略；（4）球道赛特有的战术。

4. 木球运动的身体、心理素质训练

（1）木球运动的身体素质训练；（2）木球运动的心理素质训练。

5. 竞赛裁判工作能力

（1）木球场地设计与布置；（2）现场裁判工作能力：①比赛记录，②裁判术语与手势。

（六）考试考核

学生的学业成绩实行结构化成绩，即由平时、期中和期末成绩构成。平时成绩考核主要由考勤和平时表现构成。期中成绩考核是2米攻门，期末成绩考核由40米挥杆和教学比赛构成。

二、木球课程考核方案

课程考核方案是依据教学大纲制定的对学生某课程掌握程度的考核命题计划和实施细则，由课程组老师制定，在学期结束之前上交教学办公室存档。内容包括课程基本信息、授课情况、考核要求、考试内容、考试方法及评分标准等。

（一）木球课程考试命题及考核方案

1. 课程目标与考核要求

课程目标1：根据学生身心发展和养成教育规律，正确理解体育学科的育人价值，充分挖掘木球运动的育人元素与功能，树立"以体育人"的教育理念，培养学生努力拼搏、团结协作的精神品质，具备从事体育教育事业的情感倾向和社会责任感。

课程目标2：系统了解木球运动的基本理论知识，熟练掌握基本技术与技能；正确理解木球比赛的战术原则，基本掌握杆数赛、球道赛战术的主要方法与要求，并运用到教学比赛实践中；学会基本技术的动作原理与方法，具备木球教学和训练的专业知识体系。

课程目标3：强化学生在木球教学、课余体育活动和运动训练过程中发现、分析和解决问题的基本能力，突出表现在课堂队列队形的组织能力、讲解与示范的教师能力、指导与纠错能力、教学设计与方法能力；培养能够胜任木球竞赛组织与管理工作、木球裁判的基本能力。

本课程考试遵循"全面要求、突出重点、注重能力、强化平时、理论与实践相结合"的原则。依据课程教学大纲中对知识、能力的基本要求，重点考查学生对基础知识、基本技术与技能的掌握水平，强化学生在木球教学、课余体育活动和运动训练过程中发现、分析和解决问题的基本能力，同时兼顾学生学习态度和学习习惯的养成。

（二）考试内容与评价标准

本课程的考试考核由平时成绩、副卷成绩和主卷成绩3部分组成。

1.平时成绩（100分）

平时成绩考核由考勤成绩和课堂表现构成，占总成绩的10%。

（1）考勤（满分100分，占平时成绩的50%）

考勤成绩：旷课一次扣20分；迟到或早退一次扣10分；事假一次扣5分；病假一次扣2分；公假不扣分。凡旷课累计4次（8学时）及以上者，或病假、事假缺课三分之一及以上者，不得评定成绩，须重修。

（2）课堂表现（满分100分，占平时成绩的50%）

对学生在课堂上的学习态度、学习积极性、团队精神、吃苦精神等表现给予赋分。

2.副卷成绩（100分，占总成绩的30%）

（1）综合能力（占期中成绩的50%）

按照教师上课布置的角色分工，根据学生的学习态度、课堂组织能力、团队合作意识、分析与解决问题的能力、管理创新能力等课堂表现打分。

（2）期中考试：2米攻门（占期中总成绩的50%）

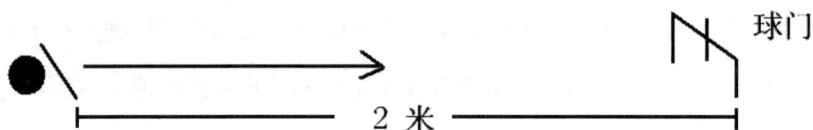

组织方法：在木球场地进行，考生按照点名册的顺序依次进行考试，任课教师自行组织学生参加考试并记录成绩。距球门2米，每生10次，每进1球10分。

评分标准：

成绩	10	9	8	7	6	5	4	3	2	1
得分	100	90	80	70	60	50	40	30	20	10

3.主卷成绩（100分，占总成绩的60%）

（1）30米调整球（占期末成绩的40%）

组织方法：在木球场地进行，考生按照点名册的顺序依次进行考试，2 名教师组织学生参加考试并记录成绩。开球区距有效区 30 米，每生 3 次，至少一次进入有效区方可进行技评，根据技术动作规范程度及传球准确度予以技评。

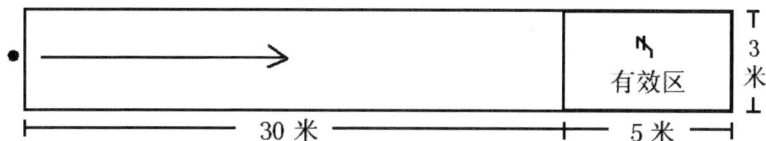

评分标准：

30 米调整球评分标准	得 分
准备姿势标准，挥杆动作连贯；技术规范，传球准确度高	90~100
准备姿势较为标准，挥杆动作连贯，技术较为规范，传球准确度较高	80~89
准备姿势一般，动作质量一般，动作不太连贯，传球准确度不太高	70~79
准备姿势一般，动作质量不太好，传球准确度不太高，个别动作存在小错误	60~69
技术动作有严重错误，不能将球传进有效区	60 分以下

（2）教学比赛（占期末总成绩的 60%）

考试方法：考生按名单顺序入场，4 人一组教学比赛，待监考教师查验身份证件并示意后，考试开始，由 1 名监考教师监考（裁判），考试结束后待监考教师示意后考生退场。

评分标准：

教学比赛评分标准（12 球道）					
杆数	男生得分	女生得分	杆数	男生得分	女生得分
47	100	100	81	67	73
48	100	100	82	66	72
49	99	100	83	65	71
50	98	100	84	64	70

续表

杆数	男生得分	女生得分	杆数	男生得分	女生得分
51	97	100	85	63	69
52	96	100	86	62	68
53	95	100	87	61	67
54	94	100	88	60	66
55	93	99	89	59	65
56	92	98	90	58	64
57	91	97	91	57	63
58	90	96	92	56	62
59	89	95	93	55	61
60	88	94	94	54	60
61	87	93	95	53	59
62	86	92	96	52	58
63	85	91	97	51	57
64	84	90	98	50	56
65	83	89	99	49	55
66	82	88	100	48	54
67	81	87	101	47	53
68	80	86	102	46	52
69	79	85	103	45	51
70	78	84	104	44	50
71	77	83	105	43	49
72	76	82	106	42	48
73	75	81	107	41	47

教学比赛评分标准（12 球道）

续表

教学比赛评分标准（12球道）					
杆数	男生得分	女生得分	杆数	男生得分	女生得分
74	74	80	108	40	46
75	73	79	109		45
76	72	78	110		44
77	71	77	111		43
78	70	76	112		42
79	69	75	113		41
80	68	74	114		40

要求：技能考试实行教考分离，考评组由两名教师组成，采用技评与达标相结合的方法进行统一考试，技评成绩按两名教师评分的平均值确定。技能考试单项及格方可计算整个结业成绩，对不及格的考试内容均须补考。

（三）课程目标与考试内容的关联度

课程目标	考试内容	权重
课程目标1	平时考核：考勤情况、课堂表现	0.1
课程目标2	副卷考核：2米攻门	0.75
	主卷考核：30米调整球	
	主卷考核：教学比赛	
课程目标3	副卷考核：综合能力	0.15

（四）学业成绩形成方案

学生的学业成绩实行结构化成绩，即由平时成绩、副卷成绩和主卷成绩3部分构成，按百分制计算学业成绩。其中平时成绩占总成绩的10%，副卷成绩占总成绩的 30%，主卷成绩占总成绩的 60%。

三、教学日历

教学日历，又称教学进度表，是以课程的教学日程安排为主要内容的具体授课计划，由课程组教师集体制订，并在学期开始上课前上报教学办公室存档。教学日历是跟踪教学质量的重要参考依据。教学日历的制订要明确授课内容、讲授的重难点、辅导与课后自学训练内容、教学进度和学时分配，任课教师要严格按照教学日历进行授课。

表 2-2　木球教学日历

周次	授课内容	讲授的重点、难点	课后自学、训练内容
一	1. 课程介绍 2. 握杆、准备姿势、瞄球 3. 小挥杆 4. 攻门（正面）	重点：握杆、准备姿势 难点：准备姿势和挥杆的规范性	握杆 准备姿势 小挥杆 攻门
二	1. 规则介绍：有关攻门 2. 小挥杆 3. 半挥杆 4. 攻门（有角度）	重点：半挥杆 难点：挥杆的规范性和方正击球	挥杆 攻门
三	1. 规则介绍：场地器材 2. 各种挥杆 3. 攻门（不同角度、近距离）	重点：半挥杆 难点：挥杆的发力顺序	挥杆 攻门
四	1. 规则介绍：球场礼仪 2. 半挥杆和全挥杆 3. 不同角度等距攻门练习 4. 调球攻门技术	重点：调球攻门技术 难点：调球的方向和力度	挥杆 攻门 调球
五	1. 规则介绍：出界球 2. 边线（出界）挥杆击球 3. 挥杆平衡练习 4. 攻门（正面渐远）	重点：边线（出界）挥杆击球 难点：边线挥杆击球的方向和击球的准确性	挥杆 攻门 调球

续表

周次	授课内容	讲授的重点、难点等内容	课后自学、训练内容
六	1. 规则介绍：参加比赛 2. 攻门（有角度，渐远） 3. 各种挥杆击球 4. 短球道个人杆数教学比赛	重点：各种挥杆击球 难点：攻门力度和方向	挥杆 攻门 小比赛
七	1. 规则介绍：球的标记 2. 攻门（不同角度，中远距离） 3. 各种挥杆击球 4. 挥杆平衡练习 5. 个人杆数教学比赛	重点：各种挥杆击球 难点：挥杆平衡	挥杆 攻门 比赛
八	1. 规则介绍：杆数赛 2. 各种挥杆击球 3. 复习2米攻门 4. 推杆攻门介绍 5. 回形道调球攻门比赛	重点：各种挥杆击球 难点：拐角调球	挥杆 攻门 比赛
九	1. 攻门练习 2. 期中考核：攻门 3. 个人杆数教学比赛	重点：期中考核	挥杆 攻门 比赛
十	1. 规则介绍：个人球道赛 2. 坡面攻门练习 3. 各种挥杆击球 4. 挥杆平衡练习 5. 个人球道教学比赛	重点：坡面攻门练习 难点：坡面攻门的方向和力度	挥杆 攻门 比赛
十一	1. 规则介绍：杆数赛双打 2. 坡面调球攻门练习 3. 坡面挥杆击球 4. 杆数赛双打教学比赛	重点：坡面调球攻门练习 难点：坡面调球点的选择和方向力度的把握	挥杆 攻门 比赛
十二	1. 规则介绍：球道赛双打 2. 精准距离挥杆击球 3. L形球道拐角调球 4. 双打球道教学比赛	重点：双打球道教学比赛 难点：双打的配合	挥杆 攻门 比赛

61

续表

周次	授课内容	讲授的重点、难点等内容	课后自学、训练内容
十三	1. 规则介绍：球道赛团体 2. 循环攻门练习 3. 多点轮转挥杆击球 4. 团体球道教学比赛	重点：团体球道教学比赛 难点：团队意识	挥杆 攻门 比赛
十四	1. 规则介绍：裁判工作 2. 远距离攻门练习 3. 备考练习：40 米挥杆 4. 团体杆数教学比赛	重点：个人杆数教学比赛 难点：远距离攻门方向力度控制	挥杆 攻门 比赛
十五	1. 考前复习 2. 期末考核：40 米挥杆 3. 个人杆数教学比赛	重点：期末考核	挥杆 攻门 比赛
十六	1. 考前复习 2. 期末考核：个人杆数赛	重点：期末考核	比赛

四、课时教案

课时教案是教师为顺利高效地完成教学任务，根据课程标准、教学大纲、教学日历、教材以及学生的具体情况，以课时为单位对教学内容、教学步骤、组织方法、教学方法等进行设计和安排的一种教学文件。教案包括授课内容、重难点、教学过程、教学内容、教学方法、教学组织、学练设计、场地器材等，上课结束后应及时对上课出现的情况进行总结。木球教学内容（基本部分）课时设计。

木球课时教案（部分）

周次：1　课次：1　人数：20　任课教师：陈亮　上课地点：木球场

授课内容	课程介绍 握杆、准备姿势、瞄准 小挥杆 正面攻门
重点难点	重点：握杆、准备姿势 难点：准备姿势和挥杆的规范性

课的部分	教学内容	时间	组织、教法、要求
准备部分	一、集合整队、师生问好 二、1.宣布上课要求及注意事项 2.宣布本课内容、安排见习生 三、准备活动 1.慢跑400米	5分钟 15分钟	"一"和"二"组织如图：二列横队 ♟♟♟♟♟♟♟♟ ♟♟♟♟♟♟♟♟ ♟ 要求：集合做到快、静、齐，一切行动听指挥

课的部分	教学内容	时间	组织、教法、要求
准备部分	2.徒手操 （1）扩胸运动（2）振臂运动 （3）体侧运动（4）体转运动 （5）腹背运动（6）正压腿 （7）侧压腿 （8）膝关节绕环 （9）手腕脚踝绕环 3.专项准备活动（持球杆） （1）腕部运动（2）转身运动	5分钟 15分钟	"三"的组织 1.带领学生绕木球场慢跑400米 2.成体操队形散开，教师领做 ♟♟♟♟♟♟♟♟ ♟♟♟♟♟♟♟♟ ♟

续表

| 基本部分 | 一、课程介绍
1.木球运动概述
（1）木球发展简史
（2）国际国内木球组织及主要赛事
2.木球课程
（1）目的意义
（2）课堂要求及结课要求
二、握杆、准备姿势、瞄准
1.握杆：左手在上右手在下（左势相反），四指并拢拇指分开，自然握在杆上端。讲授几种握杆姿势
2.准备姿势：两脚开立同肩宽，两膝微屈脚站稳。重心稳定稍偏右，上体微倾（前）莫弯腰。人与球间成直角,球距脚跟（左）两瓶长
3.瞄准：杆头、球中心与球门，瞄准三点成一线。握好杆站好位，集中精力为挥杆 | 20分钟
15分钟
20分钟
15分钟 | "一"的组织如图：二列横队 

"二"的组织：体操队形散开
1.握杆要求：右手小指侧紧贴左手拇食指，握杆力争自然与协调
2.准备姿势要求：左臂与杆成一线，全身放松是关键。重心稳定，姿势规范大方
3.瞄准要求：反复校正，确保准确
"三"的组织 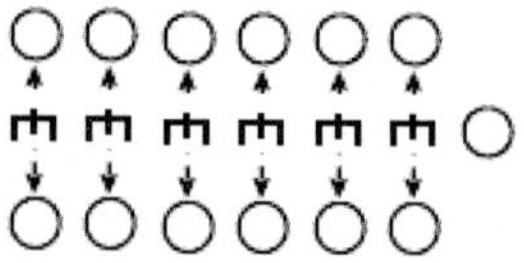

要求：
1.挥杆者将球击到同伴两脚之间
2.同伴及时提示挥杆者力度、方向以及技术规范 |

课的部分	教学内容	时间	组织、教法、要求
基本部分	三、小挥杆 　　挥杆击球：在准备姿势和瞄准的基础上，两臂握杆在体前，以肩为轴似钟摆，预摆挥杆不过肩。眼睛直视球中央，腰腿千万莫起伏。预摆结束下挥杆，保持肩臂轻松力，原路挥杆走椭圆。重心平行向左移，毫不犹豫把球击 四、攻门（正面） 　　准备姿势时两脚左右开立，应比小挥杆略宽，脚底踏实，全脚掌贴紧地面，身体重心平均落在两脚。两手握杆比小挥杆稍往下一点，以增加对球杆的控制。手臂和肩膀是一个完美的三角形状，上下杆时保持这个角度尽量不变。攻门时屏住呼吸，以脊椎为轴转动双肩，平稳地挥动球杆击中球的正后方。注意杆头的指向性 	20分钟 15分钟 20分钟 15分钟	"四"的组织 "二""三""四"的教法： 1. 教师示范、讲解动作要领 2. 教师提示，集体徒手模仿练习 3. 学生持器械练习，教师巡回指导 4. 集中讲解，纠正主要错误 5. 学生按要求练习 6. 教师巡回指导，纠正错误动作
结束部分	一、集合整队，放松活动 1. 颈部肌群拉伸 2. 手指关节拉伸 3. 腕关节及小臂拉伸 4. 肩关节拉伸 5. 肩关节肌群拉伸 6. 小腿后侧肌群拉伸 二、教师小结，值日生归还器材，下课，师生再见	5分钟	"一"的组织如图：二列横队成体操队形散开 要求： 1. 动作到位，达到放松效果 2. 小结本课完成情况，并指出存在的问题

续表

课后学练	握杆、准备姿势、瞄准、小挥杆练习
场地器材	沙滩木球场，1杆1球/人，球门10个
课后小结	

周次：4　课次：4　人数：20　任课教师：陈亮　上课地点：木球场

授课内容	规则介绍：球场礼仪 半、全挥杆 不同角度等距攻门练习 调球攻门技术
重点难点	重点：调球攻门技术 难点：调球的方向和力度

课的部分	教学内容	时间	组织、教法、要求
准备部分	一、集合整队、师生问好 二、1.宣布上课要求及注意事项 2.宣布本课内容、安排见习生 三、准备活动 1.慢跑400米 2.球杆热身操 （1）上肢运动（2）肩部运动 （3）体转运动（4）体侧运动 （5）腹背运动（6）提膝转体 （7）弓步压腿（8）仆步压腿 （9）压肩运动（10）腕部运动 3.专项准备活动： （1）腰部转动（2）转髋练习	5分钟 15分钟	"一""二"的组织如图：二列横队  要求：集合做到快、静、齐，一切行动听指挥 "三"的组织： 1.带领学生绕木球场慢跑400米 "2"和"3"成体操队形散开 

续表

课的部分	教学内容	时间	组织、教法、要求
基本部分	一、规则介绍 1.着装的基本要求 2.乘车及用餐 3.适应场地 4.球场安全 5.参加比赛 6.观看比赛 二、小挥杆 三、半、全挥杆击球 1.上挥杆：手腕带动球杆沿挥杆平面向后转动，紧接着是双臂保持自然伸直持球杆以脊椎为轴的转动也随即进行，重心右移，保持左臂伸直，逐渐弯曲右肘，平稳挥杆至上挥杆顶点 2.下挥杆：与上挥杆的用力顺序相反，杆头到上挥杆顶点的瞬间，向左转髋，重心左移。转肩，转腕，头保持原位，双手持球杆沿挥杆平面以鞭打之势挥向木球，击球时三个转动轴同时落在球后与目标方向垂直的平面内 3.收杆：击球结束，身体重心进一步左移，左脚保持不动形成左侧支撑，身体逐渐左转，双手继续较紧握杆，借助击球后球杆的惯性，继续保持沿挥杆平面随前挥动。球杆最后经由左肩收至左肩上方或肩后	10分钟 10分钟 20分钟 15分钟 15分钟	"一"的组织如图：二列横队 要求： 1.集合迅速，听从指挥 2.认真听讲 "二"和"三"的组织 教法： 1.示范、讲解，纠正动作要领 2.教师口令提示，集体徒手模仿练习 3.学生持器械练习，教师巡回指导 4.集中讲解，纠正错误 5.学生按要求练习 6.教师巡回指导，纠正错误动作 要求： 1.传球者将球传于对方两脚之间 2.被传者及时提示对方力度、方向、技术规范

课的部分	教学内容	时间	组织、教法、要求
基本部分	四、复习攻门、学习不同角度等距攻门 与球门平行摆放若干球，逐个连续攻门练习。此练习旨在体会攻门角度不同站位的调整，提高应变能力 五、调球攻门技术 调球时应沿斜线调整，注意控制力度，把球调整在攻门的有利位置	10分钟 10分钟 20分钟 15分钟 15分钟	"四"的组织：每球门2人分组 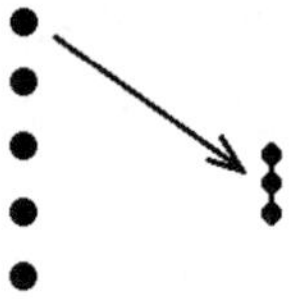 "五"的组织：每球门2人分组 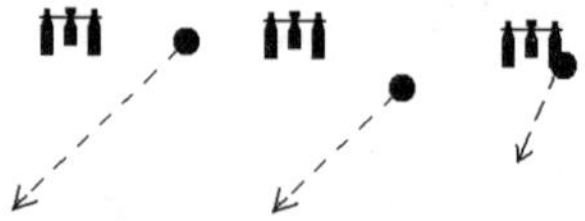
结束部分	一、集合整队，放松活动 1.颈部肌群拉伸 2.手指关节拉伸 3.腕关节及小臂拉伸 4.肩关节拉伸 5.肩关节肌群拉伸 6.小腿后侧肌群拉伸 二、教师小结，值日生归还器材，下课，师生再见	5分钟	"一"的组织如图： 全班集合、二列横队成体操队形散开 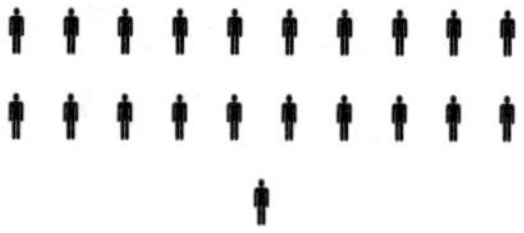 要求： 1.动作到位，达到放松效果。 2.小结本课完成情况，并指出存在的问题
课后学练	半、全挥杆击球练习 攻门		
场地器材	沙滩木球场，1杆1球/人，球门10个		
课后小结			

周次：15　课次：15　人数：20　任课教师：陈亮　上课地点：木球场

授课内容	考前复习 期末考核：30米调整球 个人杆数教学比赛		
重点难点	重点：期末考核		
课的部分	教学内容	时间	组织、教法、要求
准备部分	一、集合整队、师生问好 二、1.宣布上课要求及注意事项 2.宣布本课内容、安排见习生 三、准备活动 1.慢跑400米 2.球杆热身操 （1）上肢运动（2）肩部运动 （3）体转运动（4）体侧运动 （5）腹背运动（6）提膝转体 （7）弓步压腿（8）仆步压腿 （9）压肩运动（10）腕部运动 3.专项准备活动： （1）腰部转动（2）转髋练习	5分钟 15分钟	"一"和"二"的组织如图： 二列横队 要求：集合做到快、静、齐，一切行动听指挥 "三"的组织： 1.带领学生绕木球场慢跑400米 2和3.成体操队形散开
基本部分	一、考前练习：30米调整球 开球区距有效区30米打进有效区域 二、30米调整球考试 90~100分：准备姿势标准，挥杆动作连贯，技术规范，调整球准确度高		"一"的组织方法： "二"的组织方法： 1.在木球场地进行，考生按照点名册的顺序依次进行考试。 2.两名教师检查证件、组织学生参加考试并记录成绩

课的部分	教学内容	时间	组织、教法、要求
基本部分	80~89 分：准备姿势较为标准，挥杆动作连贯，技术较为规范，调整球准确度较高 70~79 分：准备姿势一般，动作质量一般，动作不太连贯，调整球准确度不太高 60~69 分：准备姿势一般，动作质量不太好，调整球准确度不太高，个别动作存在小错误 60 分以下：技术动作有严重错误，不能将球调整进有效区域 三、个人杆数赛教学比赛 1. 讲解规则 2. 讲解场地分布 3. 组织比赛	10 分钟 10 分钟/人 50 分钟	3. 开球区距有效区 30 米，每生 3 次，至少一次进入有效区方可进行技评 4. 取最好的一次，根据技术动作规范程度及传球准确度予以技评 "三"的组织： 1. 分组，4 人一组排好击球顺序 2. 从不同球道同时开始比赛，循环完成 6~10 道比赛。记好个人成绩
结束部分	一、集合整队，放松活动 1. 颈部肌群拉伸 2. 手指关节拉伸 3. 腕关节及小臂拉伸 4. 肩关节拉伸 5. 肩关节肌群拉伸 6. 小腿后侧肌群拉伸 二、教师小结，值日生归还器材，下课，师生再见	5 分钟	"一"的组织如图： 全班集合、二列横队成体操队形散开 要求： 1. 动作到位，达到放松效果 2. 小结本课完成情况，并指出存在的问题
课后学练	各种挥杆击球练习、攻门 木球比赛		
场地器材	沙滩木球场，1 杆 1 球/人，球门 10 个		
课后小结			

第
三
章

木球训练
基本理论概述

木球具有休闲体育和竞技体育的双重特征。当木球被人们作为娱乐健身的一种手段时，它所展现的是休闲体育运动的特征；如果是以正式比赛的形式出现时，那么木球又属于竞技体育运动项目。

竞技体育的本质就是最大限度地挖掘和发挥运动员在体能、心理和智能等方面的潜力，通过激烈的竞争获取比赛的优胜、创造优异运动成绩。运动训练是在教练员指导或运动员自主选择的条件下进行的有组织、有计划的体育活动过程，是提高运动员竞技能力和成绩的最有效途径。木球训练的任务是提高运动员各器官系统的机能，发展运动素质，掌握和提高木球运动的技战术和相关理论知识，培养运动员独立进行训练和比赛的能力，在训练过程中进行道德和意志品质教育。运动员竞技能力发展变化，既是对训练和比赛效果进行科学诊断的客观标准，也是对训练和比赛过程实施科学控制的重要依据。①

---

① 田麦久. 先进训练理念的认知与导行：兼论东京奥运会备战与参赛的首选策略 [J]. 上海体育学院学报，2019，43(02)：1-5+48.

第一节　木球运动成绩及竞技能力基础理论

运动训练是竞技体育的重要组成部分。教练员通过有针对性的训练内容、适宜的训练负荷以及有效的训练方法与手段等执行训练计划，提高和改善运动员的竞技能力水平。训练的目的首先是提高运动员的竞技能力，最终目标是在比赛的过程中把平时训练的成果转化为运动成绩。因此，教练员在训练过程中对训练内容的选择、训练方法及训练手段的应用等方面都应具有针对性，应该与运动项目相一致。

一、木球运动成绩及其影响因素

（一）木球运动成绩释义

运动成绩是竞技体育的首要社会产品，创造优秀的运动成绩自然也是运动训练和竞技参赛活动主要的行为目标。木球运动成绩是运动员参加比赛的结果，是裁判员根据现场记录数据对运动员及其对手的竞技能力在比赛中发挥状况及竞技结果的综合评定，即运动员比赛中表现出的竞技水平，包括胜出球道的多少（球道赛）和完成比赛所用的杆数（杆数赛），运动员在比赛中的排位则以"名次"予以表述。

（二）木球运动成绩影响因素

运动员运动成绩的影响因素包括客观因素和主观因素。运动员所具备的竞技能力是主观因素、是内因，起决定性作用，包括体能的发展程度、技能的熟练程度、战术执行力、心理承受力等，此外，运动员参与同类赛事的过往经历、参加比赛的定位、预期目标、赛前本人竞技状态、对场地和器材适应度等也是影响运动员发挥的关键因素。客观因素包括对手和同伴竞技能力水平的发挥程度、比赛地方条件（吃住行）、竞赛环境、竞赛组织和规则、教练员战术预案的制定以及临场指挥、裁判员的业务水平、媒体报道、观众支持度、参赛形式、比赛密集度等。需要说明的是，比赛所具备的条件、竞赛规则与组织、成绩的评定手段等客观存在的因素，不会因哪位运动员的意志而改变。要想成为赛场上的强者，就需要调整自己去适应这些现实存在的环境条件。

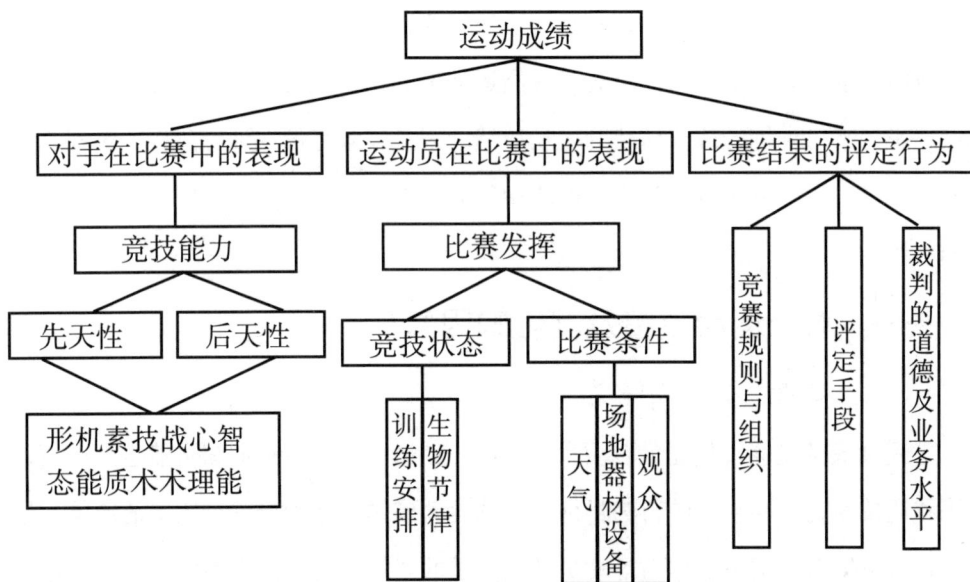

图 3-1　运动员运动成绩决定因素

1. 影响运动员比赛成绩的赛制特征分析

木球赛制包括杆数赛与球道赛。杆数赛以 n×12 条（沙滩 n×6）球道总杆数为运动员比赛成绩，球道赛是以 12 条（沙滩 6 条）球道中双方运动员胜出道数的多少来评定成绩。两者是截然不同的胜负机制，运动员采用的比赛策略是不一样的。全国木球锦标赛三天赛程里，既有球道赛又有杆数赛，既有个人赛又有团体赛，很多运动员会多线作战，[①]密集的比赛安排会使运动员体能、心理经受很大的考验。

---

① 陈亮，高中玲. 基于 AHP 方法的优秀木球运动员竞技能力结构评价指标体系构建 [J].
运动精品，2020，39(06)：63-65+67.

2.影响运动员比赛成绩的环境特征分析

竞赛的环境包括训练环境、自然环境、社会环境。[①] 自然环境即指地理环境，包括时差、旅途、气候、海拔等；社会环境主要包括饮食、住宿、交通、语言、社会习俗、训练条件、赛场人员环境（裁判、观众）、赛场条件（器材、设备、场地）等（图1）[②]。世界上没有完全相同的木球场，只要满足规则要求，比赛场地可以是人工草皮的足球场，也可以是公园绿化的草地、高尔夫球场、沙滩。不同的场地状况千差万别，赛道设置也不尽相同。即使是同一场地，在不同时间举办的比赛，赛道设计也有差别。赛道的长短、道形（直形球道、L形球道、U形球道、坡形球道）设计灵活多变，可以根据场地的实际情况加设自然障碍和人工障碍，以增加比赛的难度和趣味性。

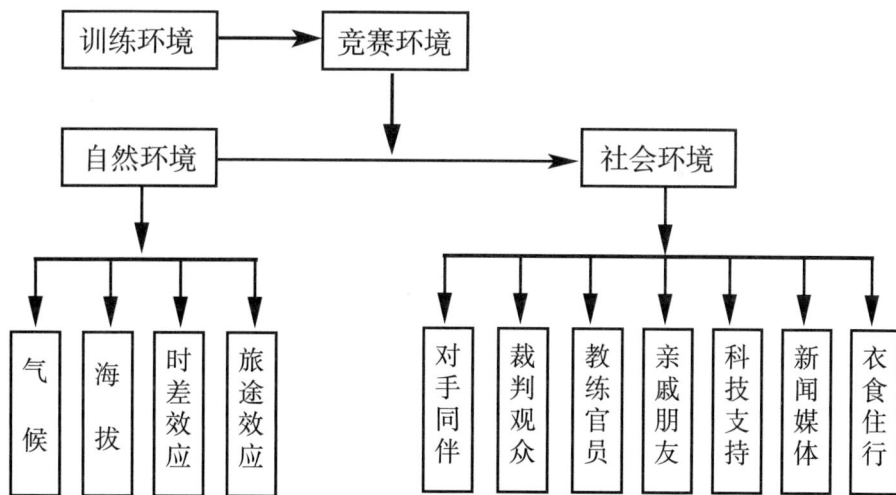

图 3-2　木球竞赛环境的分类

① 马红宇.易地参赛环境及运动员的适应性调节 [M].北京：北京体育大学出版社，2005.

② 马红宇，田麦久.易地参赛环境的理论研究 [J].北京体育大学学报，2002(01)：138-141.

二、木球运动员竞技能力基本理论

(一) 木球运动员竞技能力的概念

1. 国内外学者对竞技能力的概念解析

在运动训练学理论发展早期阶段，我国学者用"训练水平"代替"竞技能力"来描述"运动员参加训练和比赛的本领、教练员组织训练工作水平"。1986年，我国第一部体育院校系统编教材《运动训练学》中，使用了"竞技能力"这一概念[①]，但是，对"竞技能力"概念的内涵、外延等的阐述缺乏体育相关学科理论的支持；教材中对运动员的竞技能力获得途径进行了分析，认为来自两个方面：先天遗传和后天获得（从训练和生活获取）。由于认识体育竞技的视角不同，多年来，对"竞技能力"一直都没有具体的概念界定和准确的表达形式。学者们对运动员在比赛中的表现，提出了以下的表达形式："比赛能力""运动能力""运动能量""竞技能力""成绩表现能力""运动员能力"等，英文翻译为"content ability""sports ability""sports capability""competitive ability""performance ability""athletics ability"等。经过10多年的理论探索和实践研究，田麦久主编的《运动训练学》教材中，对"竞技能力"的概念及内涵进行了全面的诠释：竞技能力即指运动员的参赛能力，由具有不同表现形式和不同作用的体能、技能、战术能力、运动智能以及心理能力所构成，并综合地表现于专项竞技的过程之中。[②]

2. 木球运动员竞技能力释义

综合学者们对于竞技能力的解释，木球运动员竞技能力可概括为：木球运动员参加比赛的能力，是由木球运动员的体能、技能、战术能力、运动智能以及心理能力所构成的稳定的内部训练水平系统，根据比赛的实际情况还需要预先作出相应的调整方案，并综合地表现于木球竞技的过程之中。运动员竞技能力在训练或比赛中所表现的状态称为竞技状态，这是运动训练学和竞技体育学的核心概念

---

① 过家兴. 运动训练学 [M]. 北京：北京体育学院出版社，1986.

② 田麦久，等. 运动训练学 [M]. 北京：高等教育出版社，2000.

之一。就运动员已经具有的竞技能力水平来说，其在参赛时竞技状态的好坏，对于竞技结果有着直接的巨大影响。

（二）木球运动员竞技能力构成及其表现特点

1. 木球运动本质属性

根据田麦久教授提出的项群分类标准体系，木球运动属于技能主导类表现准确性运动项目（以运动员所用杆数的多少来评定成绩，杆数越少成绩越好）。

表 3-1 不同项群运动员竞技能力构成等级判别

类型	体能类			技能类				
	快速力量性	速度性	耐力性	表现性		对抗性		
				难美性	准确性	同场	隔网	格斗
形态	00	00	00	00	0	00	00	00
机能	000	000	000	00	00	00	00	00
素质	000	000	000	00	00	000	000	000
技术	00	00	00	000	000	000	000	000
战术	0	0	0	00	00	000	000	000
心理	00	00	00	00	000	00	00	00
智能	0	0	0	0	00	0	0	0

备注：1个"0"表示基础作用；2个"0"表示重要作用；3个"0"表示决定作用。

从表3-1可以得出，木球运动员竞技能力层次结构为：身体形态起基础作用；身体机能、身体素质起重要作用。技术能力、战术能力、心理能力起决定性作用。竞技体育项目中表现准确性的运动项群有射击、射箭、弓弩，虽然木球运动项目本质上也属于表现准确性的运动项群，但是相比较于射击、射箭、弓弩等项目，还是有较大的差别，主要体现在比赛场地方面。射击、射箭、弓弩等项目场地有统一的标准，木球比赛场地每一次都不一样，根据举办地实际情况可以进行调整，包括球道的数量、宽窄度、长度、形状等，即使是同一场地，不同时间的比赛，球道设计也不尽相同。所以区别于射击、射箭、弓弩等项目对运动员竞技能力的结构要求，木球运动员战术应用能力的水平的高低，也是决定其比赛成绩的关键性因素。木球运动员要根据比赛的实际情况，选择开球战术、调球战术、攻门战术，赛前制定战术预案，同时还需要具备较强的阅读比赛场地的能力和战术应用现场执行力[1]。

2. 木球运动员竞技能力的构成要素

（1）竞技能力构成理论

德国运动训练学专家哈雷博士（Dietrich Harre）等在其研究成果《训练学：运动训练的理论与方法学导论》一书中指出，竞技能力有赖于运动员的身体能力、技术和战术的熟练性、智力以及知识和经验，运动员竞技能力的发展水平受一系列因素（主体因素与客体因素）的影响和制约；[2] 徐本力编写的《运动训练学》中提出，竞技能力的构成为"体能、技能、战术能力、智能、心理能力和思想作风能力"6个要素，将思想作风纳入竞技能力系统[3]，但是，很多专家也提出了质疑，认为"思想作风"指标从"运动训练"专业的角度来分析，不应该是"竞技能力"这一事物的构成要素，不属于同一层次，充其量只能是"竞技能力"系统外部影响因素；田麦久明确指出，竞技能力由"体能、技能、战术能力、运动智能以及运动员心理能力"5个组成部分构成[4]，并且给每个要素以较为明确的定义。竞技能力结构反映了竞技能力内部各要素之间的相互关系。以田麦久教授的研究为契机，代中

---

[1] 陈亮. 我国木球运动开展现状与对策的分析研究 [D]. 山东体育学院，2013.

[2] 哈雷，等. 训练学：运动训练的理论与方法学导论 [M]. 蔡俊五，等，译. 北京：人民体育出版社，1985.

[3] 徐本力. 运动训练学 [M]. 济南：山东教育出版社，1990.

[4] 田麦久，等. 运动训练学 [M]. 北京：高等教育出版社，2000.

善和董晓冰等针对"竞技能力"存在的内涵不清、作用泛化等问题,依据逻辑学原理,运用"巴雷特分析法"揭示了竞技能力基本特征的序位性与层次性,构建了竞技能力结构的 11 个要素(健康体能、竞技体能、动作能力、技术能力、技巧能力、表现能力、对抗能力、应变能力、协同能力、控制能力、承受能力等)。[1][2]

(2)木球运动员竞技能力的构成要素

木球竞技能力包括体能、技术能力、战术应用能力和良好的比赛心理 4 个组成部分。体能包括身体内外部形态身体比例、中枢神经系统指挥肌肉系统工作的能力、球感、心血管系统机能、肌肉力量特别是快速力量发展程度、反应速度与动作速度、关节灵活性、肌腱韧带的弹性和伸展能力;技术能力包括技术稳定性及完成动作的质量;战术能力包括良好的战术意识、协作能力、正确研读裁判的判罚能力;心理能力包括积极动员的能力、比赛中情绪的控制能力、长时间比赛意志品质的保持能力、随时调整心理状态的能力。

(三)木球运动员竞技能力表现特征

1. 木球运动员体能表现特征

(1)木球比赛所需能量代谢特征分析

木球比赛杆数赛分组一般是个人杆数赛 3~5 名运动员、杆数赛双打以 3~4 对运动员一组;球道赛个人 2 名运动员、球道赛双打以 2 对运动员一组。打完一场比赛(12 球道)大约需要 2 个小时,球道赛时间会相对少一些,双方实力悬殊差距较大时,用时可能会更短,但如果有加赛情况出现,时间就会稍长一些。从运动项目功能特点来看,是一个有氧运动过程。但是,从运动员单次击球发力来看,整个动作上挥杆、下挥杆、击球、随挥、收杆,一气呵成,用时 1~2 秒,速度较快,此时,ATP-CP 磷酸元供能系统参与工作。因此,可以将木球比赛看作一项无氧与有氧供能相结合的运动项目。

---

① 代中善.对竞技能力构成要素的审思[D].湖南大学,2007.

② 董晓冰,代中善.竞技能力结构理论架构[J].北京体育大学学报,2010,33(05):110-113.

（2）木球比赛中肌肉系统的特征分析

运动员需要通过中枢神经系统稳定指挥，来协调主动肌与对抗肌，大小肌肉群的工作。运动员完成动作时，除了肌肉系统做功提供动力，还需要在挥杆时，使颈部、肩部、膝和踝关节围绕身体中心轴做不同程度的旋转。旋转范围决定于关节的活动范围和肌腱及韧带的伸展程度，即木球运动员柔韧素质的发展程度。木球挥杆、击球过程中上肢力量、核心力量（集中在腹背部和髋部）、下肢力量（主要是臀肌和股四头肌）是主动肌。木球比赛场地地形富于变化，需要机体有较强的平衡能力，在挥杆击球时，挥杆动作越平稳击球的准确度就越高，质量更好。如果击球时身体重心上下起伏或左右晃动，将会大大影响击球的准确性。

（3）球感

球感是指球类运动员的专门化知觉。木球运动员在长期的训练过程中形成的对球具的大小、重量、质感、性能的把握，对击球力量的大小、木球滚动路线、旋转方式、速度及方向变化等方面的知觉；是运动员在训练过程中对进入视觉分析器、运动分析器和触觉分析器的各种刺激物进行精细分化，并在大脑皮层中形成复杂的稳固的神经联系的结果。球感用来表征人和球之间一种专门化的、敏锐的感觉。球感好的人，能够自如地控制支配球具、打出好球，同时还不用把注意力全部放在控球上，有更多精力进行战术、战略思考。

（4）速度素质表现特点

速度素质包括人体对声音及光线等的反应速度、动作速度、移动速度（周期性以 ATP-CP 供能为主的项目，指人体在特定方向上位移的速度）。木球运动员的速度素质主要是体现在全挥杆的动作速度方面。

（5）柔韧素质表现特点

身体柔软度主要由骨骼结构、肌肉、肌筋膜与周边软组织等综合因素决定，大致上可区分为肌肉柔软度与关节活动度。坐位体前屈是观察肌肉柔软度的重要指标，肌肉柔软度欠佳会限制关节活动，进而影响挥杆整体运动模式，可谓牵一发而动全身。木球是非对称单边运动，长期累积下易造成左右两侧肌肉张力失衡。

柔韧素质的好坏在一定程度上决定了木球运动员的挥杆幅度和挥杆的稳定性。

木球运动员的体能评价指标包括（1）身体形态评价指标：身高、体重、臂长、体脂百分比、腰围、上臂围度、大腿围度；（2）身体机能评价指标：肌纤维类型、感知觉能力（时空判断、节奏感、准确度、内在感知觉）、中枢神经系统指挥能力；（3）身体素质评价指标：握力、上肢爆发力、下肢爆发力、1分钟俯卧撑个数、T测试、30米冲刺速度、柔韧性、12分钟跑、闭眼单足站立时间。

2. 木球运动员技术能力表现特征

木球属于单一动作结构的项目，技术环节固定，木球技术要通过运动员击球过程中准备姿势、握杆、上杆、下杆、击球、随挥等环节表现出来。比赛中，运动员技术的稳定发挥是取得理想成绩的关键。运动员要有相对稳定的挥杆节奏，上、下杆阶段衔接顺畅，遵循"髋—肩—臂—杆"的速度传递顺序。在木球比赛中由于场地原因，赛道有长、中、短距离以及直形、L形、不规则球道之分，运动员需要根据情况来调整自己的挥杆幅度，用力大小。训练过程中要不断完善运动技术的细节，突出有效性以及实效性、相对稳定与即时应变的统一性，同时也要充分考虑运动技术的个体差异性。比赛环境是检验运动员技术掌握程度的最现实的条件。

木球运动员技术评价指标包括同一场地12道平均杆数；身体准备技术稳定性（站位、握杆、瞄球技术准确度）；不同距离、地形挥杆准确度（顺畅度、节奏、单位次数的有效率）；调球准确度；攻门准确度等。

3. 木球运动员战术能力表现特征

木球战术分为个人战术、双打战术。战术要求是执行力坚决、战术意识清晰、不受外界和对手的干扰和影响。木球运动员战术应用能力，取决于运动员的技术水平、战术素养、比赛经验、实战应变能力等；如何用自己长处克制对手的优势；如何与裁判进行现场的沟通。双打比赛中战术质量取决于与同伴的默契配合程度，用两个人的特长互相弥补，达到1+1＞2的效果。扎实的技术能力是运动员战术运用和实现的基本保证。

木球运动员战术能力评价指标有运动员战术意识、战术能力、战术执行力、应变能力、合作能力等。

4. 木球运动员心理能力表现特征

运动心理是影响运动员竞技能力发展水平的决定因素之一。优秀运动员通常具备较强的心理调控能力，能够根据球场上的形势进行心理和策略的调整。木球比赛持续时间较长，对运动员的专注度是一个很大的考验，训练有素的运动员会在挥杆击打过程中屏蔽周围的一切无用信息，击球完成后会很快进入短暂的释放状态，主动转移注意力。比赛中，运动员心理压力来自对自身技战术的否定、比赛成绩的期望值、对手的表现、场地的复杂性、场外观众的围观等。没有良好的心理素质，运动员会出现心理焦虑、自我效能感和自信心的下降，导致击球犹豫、试挥杆次数增多、动作不协调连贯，失误也就随之增多。注意力集中、心态稳定、充满自信和成功的动机等心理特征是运动员创造优异成绩的关键所在。

木球运动员心理能力评价指标有运动员意志品质、注意力集中度、参赛动机水平、状态焦虑水平等。

5. 木球运动员运动智能表现特征

运动智能是指运动员以一般智能为基础，运用包括体育运动理论在内的多学科知识，加深对木球运动技术原理的理解，提高自己战术思维能力和阅读比赛的能力。具有较高运动智能的竞技选手，对于木球竞技的特点有着较为深刻的认识，对于训练的理论和方法也有更为准确的把握和体验。因此，他们在训练中更能够正确地理解教练员的训练意图，以自觉的行为配合教练员高质量地完成训练计划，从而提高自身总体竞技能力，完成训练任务。

木球运动员运动智能评价指标包括对运动技术原理的理解程度、相关的体育理论知识、阅读球场的能力等。

球杆挥动人生，球道铺向未来

临沂职业学院　朱作庆

我是一名木球运动的参与者、爱好者。经过无数次的练习和比赛，我认清了木球最初的样子，木球让人既有怒发冲冠，也有仰天长啸，一次次练习让我有了积极向上的人生态度。每当我打球的时候，首先是让自己的心平静下来，思考该如何去挥动自己的球杆，就像人生的方向一样不能有一点偏差，即使出界了，要及时调整回到正确道路。每一次挥杆又让人激情澎湃，展现一种自信，一种霸气。人生的路需要自己规划，需要自己迈出脚步，脚踏实地，一步一个脚印，中间难免会有失误和失败，我们不能放弃，调整心态，重新规划而让损失减少到最小。在一次次失败中，我有了勇敢的心、坚定的心，不怕困难勇敢拼搏，最终走向成功的大门。木球让人的心情跌宕起伏，从一次次起起落落中体会到人生的不易，面对木球，面对人生，我们"莫等闲，白了少年头，空悲切"，抓住机遇创造佳绩。

一场比赛就是一部人生故事。在一次次比赛中，我经历过失败，收获了成功，收获了经验与人生阅历，更收获了团队精神、师生友谊。木球比赛让我明白，人生需要自己去创造去规划，坦然面对失败是种态度，珍惜眼前的成功，感恩团队的荣誉，对生活充满希望充满阳光，心怀感恩，敬畏"木球"。木球就是人生，伴我成长。

第二节　木球训练原则

原则是人们做事必须遵循的准则，是对行为活动的规范和约束。运动训练原则是指教练员或运动员针对"为何练、练什么、练多少、怎样练"等问题而提出的用以指导训练实践的基本准则，这些准则来自对运动项目规律、训练规律、运动适应规律的不断认识[①]。

木球运动训练原则是依据木球训练规律制定的科学训练原则，是木球教练员和运动员在训练活动中必须遵守的基本准则[②]和行为规范。它是人们通过长期对于运动训练的实践，不断地总结成功的经验和失败的教训并进行科学研究和探索其中的规律，归纳、升华为理论的知识而形成的，并在运动训练实践中发挥了重要的理论指导作用。[③]正确认识人体运动竞技能力的变化、提高与表现的规律，是确立运动训练原则的基本依据。木球运动训练原则的确定，既要遵循竞技体育发展的一般原理，也要与项目特点相结合，充分反映木球运动训练的客观规律。木球运动训练不仅涉及神经肌肉、能量供应、心肺功能等生理机能系统，而且涉及心智、理念、技能等客观知识系统，不同系统之间存在着牵连协作与相互制约的动态关系，人体的复杂性决定了竞技能力系统改造需要从整体角度考虑各生理系统的完善与提升，心理能力变化的特点。木球运动训练活动的多个影响因素之间是紧密联系、彼此促进或者相互制约、相生相克的。辩证地认识事物，辩证地把握运动的进程，是人类各种行为的重要原则，在运动训练活动中更有着特殊的意义。竞技体育活动中运动员健康安全的高风险性与运动训练中运动员机体负荷

---

① 张磊，孙有平.运动训练原则：概念、依据与体系之匡补[J].西安体育学院学报，2014，31(04)：481-487.

② 田麦久.关于运动训练原则的辩证思考[J].北京体育大学学报，2010，33(03)：1-9.

③ 马海峰，吴瑛.基于"竞技状态"的中国特色运动训练过程安排理论[J].上海体育学院学报，2022，46(03)：39-49.

的高挑战性等特点提示我们，训练过程中要准确把握好各种相互矛盾的影响因素之间的联系，遵循人体生理机能发展规律、人体解剖学特征、社会学特征等，保证训练的科学性、系统性。

一、主动训练原则

主动训练原则即正确认识参加训练的目的，发挥主观能动性，积极主动地完成训练任务。运动员参加训练的自觉积极程度是决定训练效果的重要因素。训练过程中运动员要承受很大的生理负荷和心理负荷，任何被动的训练都是不能持久的，必须依靠其自觉、积极的投入才能取得理想的结果。运动员只有自觉积极地投入训练，才能挖掘出自身的潜力。这就要求运动员正确认识参加训练的目的，并转化成训练的动力，克服训练过程中遇到的各种困难，创造性地完成各项训练任务。

二、持续系统原则

持续系统原则是指持续地、循序渐进地组织运动训练过程的训练原则。木球训练中运动员的体能改善提升、技术的掌握应用，比赛中策略的选择运用、战术执行能力、心理调控以及赛场经验积累等，都需要较长的时间去实现。持续系统原则一方面指出运动员只有长时间、持续地进行训练，才有可能达到竞技运动的高峰；另一方面又强调体能训练、技术战术训练必须由易到难，由简单到复杂，循序渐进地进行，才能取得理想的训练效果。

学校木球队属于业余球队，学生的主业是学习，训练时间只能安排在课余时间进行。学校还设有考试周和寒暑假，会造成一定的训练间断，如果处理不好，运动员在常规训练期所累积的训练效应就会暂时性消失。所以教练员要做好训练计划，尽可能使训练保持连续，考试周适当减少训练，在假期里可以布置训练任务让学生在家完成，用线上训练等方式进行。

三、合理负荷原则

合理负荷原则是指在木球训练中，要根据参训者自身的情况，合理地安排运动负荷，使身体产生一定的可承受的疲劳，与休息合理地交替进行，以此达到最佳的训练效果。运动负荷是人体在运动中所承受的生理负荷和心理负荷。竞技能力的提升是运动员在训练过程中完成负荷量、负荷强度的直接结果，其提升的速度直接取决于运动负荷递增的速度和方式。训练强度是运动负荷的核心，负荷量是运动负荷的基础。训练的负荷量与强度过小，引起机体的反应也小，反之运动负荷的量与强度过大，超过了机体承受能力，会对健康不利，甚至造成伤病的危险。木球训练的运动量可用完成练习的数量、次数、组数、时间等来衡量；木球训练的负荷强度可以从动作的速度、练习的密度、间歇时间的长短、负重的重量、打球的杆数、挥杆的距离、攻门的准确性等来衡量。

四、健康训练原则

运动训练的目的是提高运动员的竞技能力和运动成绩，但如果把这种目标唯一化，便不可避免地走向不惜以运动员健康为代价的另一面。[1]2010 年，田麦久将健康保障纳入运动训练原则体系中，他认为竞技体育"对运动员的肌体提出了很高的要求，同时也对运动员的健康带来风险"，而为运动员健康提供保障，"既是对运动员基本健康权的尊重与保护，也是使运动员能够坚持多年系统训练，创造优异运动成绩的必要条件"。对此，他提倡一方面以人为本，加强医务监督；另一方面对训练过程实施目标控制、加强信息反馈、及时进行调节，做到切实关心并保障运动员的身心健康。[2] 在追求最高层次竞技水平的道路上，由于高难度、大强度和高负荷的训练给运动员的身体带来了最大的伤害和严重的后果，伤病经常发生已经是不争的事实。[3] 因为运动项目有着特殊的技术要求，人体存有某些生理解剖弱点的部位，致使不同的运动项目各有其不一样的创伤易发部位和专项多发病。运动损伤的发生类型以及它的发生率，与所从事的运动的专项技术要求有着密切的关系。在运动场上，为了发挥体育的拼搏精神，运动员常常将自己的

---

① 陈燕红. 运动训练中确立身体健康原则可行性和必要性的研究 [D]. 集美大学，2015.

② 陈亮. 现代运动训练原则的演变 [J]. 体育文化导刊，2011(06)：69-73.

③ 田麦久. 关于运动训练原则的辩证思考 [J]. 北京体育大学学报，2010，33(03)：1-9.

健康置身事外，从而增加了运动伤害的发生。维护运动员的身体健康需要的是预防伤病，而不是一味地治疗伤病。

木球运动员挥杆时，在扭转身体的瞬间会对身体产生强大的挤压力，如果用力过猛，躯干部位的各个关节会经受严峻考验。肩周、腰伤、腕管综合征是木球运动员常见的伤病。据统计，超过四分之一的木球运动员都有不同程度的腰伤。关节炎、腰间盘突出、肌肉劳损都有可能引发腰伤。肩部肌肉运动对于运动员挥杆有着举足轻重的作用，错误的挥杆动作和用力过猛都会导致肩部肌肉、肌腱和关节受到损害。腕管综合征发生的原因是腕部神经受压，打球时手腕反复运动会让这种情况发生，握杆太紧、用力过度也会使肌腱长期处于紧张状态，造成腕管压力过大，如果不加以重视，手腕会出现麻木、疼痛、握力下降，甚至丧失触觉等严重后果。木球肘，学名"肱骨内上髁炎"，它和网球肘的发病原理是一样的，运动员挥杆时加速过猛、小臂经常向外旋转，以及屈腕等动作，都会诱发这种伤病。

五、实战训练原则

强队之间的教学比赛实质就是一次高水平的实战训练，它是验证训练成果、发现薄弱环节、积累比赛经验、提高实战能力、增强竞技心理能力、保持较高训练水平和竞技状态的有效训练方法。因此，在小周期的训练过程中，特别是在赛前训练阶段，要有针对性地安排模拟赛和热身赛，以达到"以赛促训"的实战训练目的。在木球训练中，心理素质的提升远远难于木球技术的掌握，很多运动员平时训练成绩很好，一到赛场上却总发挥不出来。比如，美国速滑运动员丹·詹森（Dan Jansen）平时训练特别刻苦，实力较强，可是一旦真正地走上赛场时，他会莫名其妙地连连失利。在木球比赛中，消极的自我暗示会对运动员自身产生很大的负面影响，而积极的自我暗示则能够起到激励和鼓舞作用。有时运动员在比赛中表现不好，并不是因为没有实力，而是总往坏处想，产生了太多的心理负担。"素练之卒，不如久战之兵"，实战化训练可以使运动员在对抗中找到差距。

六、团结协作的原则

团队精神是团队全体成员共同认同和接受的价值追求、集体认知和意志品质的综合表现，它能反映团队所有成员的目标和士气，是推动团队进步和发展的重要力量。《礼记·学记》中有言："独学而无友，则孤陋而寡闻也。"木球队任何时候都需要团结一心、同舟共济，需要取长补短，互相勉励，始终坚持和发扬集体主义精神，无论是教练员、运动员，每个人都要为了集体的荣誉拼搏、奋斗。团队精神作为一种无形的驱动力，可以提高团队凝聚力、团队合作能力和合作意识，发挥团队效应。在木球运动员团队精神的实际训练中，要明确具体目标，实现责任感和使命感的良好结合，将精神力量直接转化为行动力量。

将个人奋斗融入集体智慧之中，集体的力量与个人的努力在团结协作中才能获得高度统一，形成强大的合力，释放出巨大的能量，为团队荣誉而努力。在任何情况下，集体的利益和荣誉必然高于一切，而"团结"更是制胜的核心要义。团结协作传递的是一个团队的信任与默契，能够激发出团队的最大战斗力，催生巨大的前进动力，让团队为实现目标而众志成城，团结奋斗。

●木球小故事●

一触"木球"，自此倾情

宁波市木球协会　邓克洲

"宝剑锋从磨砺出，梅花香自苦寒来。"我坚信，只要通过自己的刻苦训练肯定能够练好木球技术，从酷暑到严寒，在四季的时光流转中，木球成为了我大学生活的一部分。不知不觉中，我对它的情感越来越炙热，那是青春岁月里的伙伴……

人生在勤，不索何获？木球看似简单，但想玩转可不是一件容易的事情，怀揣着对木球的热爱，我经常向教练请教，在教练的指导下反复练习，直到弄懂为止。

2014 年，在全国木球锦标赛暨世界杯选拔赛上，我一举拿下男子个人单打冠军、团体冠军双冠入选国家队，获得了前往世界杯和亚洲沙滩运动会的机会，这也是我第一次代表中国体育代表团参加世界级和洲际级比赛。

"从没想过自己能够进入国家队，木球的梦想越来越近……"说起当时的参赛经历，我依旧难抑兴奋之情，在不可思议的同时深感自豪与感恩。

很多人都在赛后问我，是如何在激烈的比赛中保持平稳的心态以及获胜的决心的。我想，原因是我的教练在日常训练过程中会给我全方位的指导，从技术动作到心态保持，再到如何突破自我。通过长期的训练和各类比赛的积累，去寻找适合自己的最佳方式，让自己更加稳定。每次大赛总会告诉自己，内心不静，赛场上很难真正思考问题，心静使人理智，在冷静的观察中才能做出合乎理性的判断。每临大赛须有静气。在此非常感谢我的教练——梁久学教授像父亲一样对我无私的教导。

第三节　木球训练计划制订

训练计划是对于未来训练过程预先作出的理论设计，是训练组织实施的具体安排和基本依据。根据学校训练大纲和年度比赛计划的要求，结合队员训练水平、场地器材条件和气候特点等实际情况拟制训练计划。制订训练计划就是训练活动之"预"的一个重要内容。[①] 训练计划应尽可能地准确预见训练中的各种问题，但训练过程的实施受内外部多种因素的制约和影响，对这种因素的变化很难作出完全准确预测，因此预先作出的理论设计在实践中常常依主客观情况的变化还需要作出及时的、必要的调整。

一、训练计划在训练过程中的重要作用

训练计划贯穿于训练实践活动全过程，其制定与实施是运动训练过程的中心环节，在训练过程中的重要地位主要表现在以下几个方面。

（一）使训练目标进一步具体化

通过运动训练计划的制订把训练过程的目标具体化，分解为相对独立又彼此关联的若干训练任务，并围绕这些训练任务制定相应的练习手段，训练过程中教练员指导运动员有计划地去完成这些练习，逐一完成训练任务，从而实现总体训练目标。

（二）统一参训团队的认识和行动

训练计划的制订明确了实现训练目标的方法和途径，使训练团队的成员都了解训练阶段的划分、训练内容、阶段的训练目标等，统一了教练员、运动员、后勤人员及管理团队的认识和行动，大家心往一处想，劲往一处使，按部就班地实

---

① 胡海旭，邱锴，李恩荆，等．论运动训练分期理论与板块周期的关系 [J]．上海体育学院学报，2013，37(06)：90-96.

现运动员的现实状态向目标状态的转移，更有利于训练计划的贯彻与实施。

（三）为有效地控制运动训练过程奠定必要的基础

在训练计划的制订和实施过程中，可以对运动训练过程目标的实现情况进行评估和诊断，进而总结训练实施的得失，好的方面继续保持，差的方面应及时作出调整，这是对训练过程实施有效控制的必要基础，也是保证完成运动训练任务和目标的重要条件。

木球训练是一个长期系统、精雕细琢的体育过程，目的是不断提高运动员的运动技术水平，创造优异成绩。木球训练要善于抓细节，细节是木球训练中的一个个小点，众多细节构成了木球训练的整个过程，比如，科学制订训练计划，严格执行训练计划，实时监控训练质量，学会区别对待，学会根据训练中出现的问题合理调整训练内容等，只有抓住这些细节，才能"点滴铸就辉煌"，获得良好的训练效果。对细节的处理体现着做实事的态度和精神，所以要求教练员应具备较高的科学文化水平和组织教学、训练的能力，精通木球项目的科学技术和基础理论。

二、训练计划分类

按运动训练时间跨度长短，训练计划一般分为多年训练计划、年度训练计划、周训练计划及课训练计划等多种类型。多年训练计划是运动队多年训练过程的总体规划，包括队伍的新老交替规划、运动员选材、运动员竞技能力发展趋势预测、科技发展的应用、队伍管理改革、教练员团队建设、运动员多年训练计划的制订等，因此要有前瞻性，应具有框架式、远景式、稳定式的特点。多年训练计划规划用来进一步明确运动员多年训练过程阶段任务、为完成相应的任务安排特定的训练内容以及不同的顺序、为保证运动员能够顺利完成训练内容整体规划运动负荷发展等。木球运动员多年训练计划主要根据"亚沙会、木球世界杯、木球亚洲杯"的周期来制订。年度训练计划的制订是根据运动员竞技能力发展规律、比赛安排的周期性特点进行的。年度训练计划是组织多年训练过程的基本单位。周训练计划是由数堂训练课组成的，训练小周期通常以 7 天为基本单位。

基于高校木球发展的实际，本书以木球年度训练计划、周训练计划和课时训练计划为例进行说明。

（一）木球年度训练计划

年度训练计划是多年训练计划中一个基本的构成单位。年度训练计划在训练内容的安排上要比多年训练计划要更加具体、细化。为使运动员能够在本年度大赛期间拥有最佳的竞技能力状态，并能够取得理想的运动成绩，就需要教练员制订合理的年度训练计划。田麦久、刘大庆教授在《运动训练学》中指出，年度训练计划是指运动训练过程中以年度作为基本时间单位而制订出来的训练计划，这一计划是对该年度训练周期所作出的训练设计与安排。年度训练周期并不是严格按照生活中日历上的年度来进行计量的，如果运动训练过程持续时间的特征符合单年度的时间特征，即 12 个月，通常就可称其为一个年度训练周期。①

年度训练中周期的划分是按准备期、竞赛期和恢复期，3 个时期来进行周而复始的安排的。准备期是为了形成和发展运动员的竞技状态；竞赛期是保持和稳定其竞技状态并将其体现为运动成绩；恢复期是为了防止这一周期中训练和比赛所产生的疲劳效应转变为过度训练，并且确保机体能够进行有效的恢复，同时保证竞技水平完善前后状况之间的衔接性。② 一个年度训练计划中通常包含了各时期的阶段划分、持续时间、训练的主要任务、训练内容及负荷安排、比赛安排、恢复及检查评定等方面的内容。③

木球大型比赛包括亚洲沙滩运动会木球比赛、世界杯木球锦标赛、沙滩木球世界杯木球锦标赛、亚洲杯木球锦标赛、世界大学木球锦标赛等 20 多项国际赛事，国内大型比赛主要是全国木球锦标赛，训练计划的制订要以这些比赛安排为依据。

---

① 田麦久，刘大庆.运动训练学 [M].北京：人民体育出版社，2012.
② 姚颂平，吴瑛，马海峰."运动员培养一般理论"学科的发展与奥运备战 [J].上海体育学院学报，2020，44(01)：1-11.
③ 吕季东，杨再淮.周期训练理论的基本原理及研究中的若干新问题 [J].上海体育学院学报，2001(01)：46-50.

年度训练大周期包括单周期、双周期、多周期。根据历年木球比赛安排的特点，一年以两个重要比赛居多。年度训练计划多采用双周期的安排方式。以2019年比赛安排为例，2019年6月27日全国木球锦标赛在贵州中铁国际生态城举行，2019年11月1日中国国际木球公开赛（2019年国际木球总会巡回赛中国站）在浙江上虞举行。年度训练安排按两个完整的大周期组织实施，它包含两个准备期，两个比赛期和两个过渡期。每个准备期为两三个月时间，任务是提升总体的竞技能力，比赛期一个半月至两个月，逐渐把心理、生理、技能、体能等培养到最佳的竞技状态，在适宜的主观条件下把已具有的竞技能力充分表现出来；恢复期半个月至一个月，主要进行心理和生理上的调整，为下一个训练周期做准备。

1. 年度训练大周期训练时间的安排

2019年度训练大周期是以成功地参加两次重大比赛为目标而设计的。其时间的安排通常采用体现目标控制思想的"倒数时"充填式方法，以主要比赛日期全国木球锦标赛2019年6月27日、国际木球公开赛2019年11月1日为标的，向回程方向依次确定主要比赛期和准备期，比赛后则为恢复期。

2019年临沂大学双周期年度训练计划时间确定为：第一个周期从1—7月份，其中1—5月中旬为准备期，5月中旬—7月为比赛期，7月中旬为恢复期；第二个周期7月底—12月份，其中7月底—10月上旬为准备期，10月中旬—11月为比赛期，12月为恢复期。

2. 准备期的训练任务、训练内容、训练方法、训练负荷

（1）准备期的训练任务

要努力增进健康水平，发展运动员的力量、动作速度、柔韧等运动素质，改进技战术，培养比赛心理能力。

（2）准备期的训练内容安排

生理机能及身体素质训练内容包括：坐位体前屈、30米冲刺、垂直纵跳、杠铃深蹲、杠铃卧推、引体向上、腹肌耐力、背肌耐力等。目的在于有效发展中

枢神经系统的协调指挥能力，提高核心肌群、肩关节处肌肉群、肘关节处肌群腕关节处肌群、膝关节处肌群的力量，改善呼吸系统机能，提升挥杆动作的速度、最大力量、协调性及稳定性等。

技战术训练内容包括：基本技术和基本战术。运动员首先着力于改进或完善技术中主要存在的问题部分，然后在这一基础上逐步向完善技术过渡。技战术训练做到区别对待，在技术各个环节稳定提高的基础上，重点突出弱项（开球不稳、调球不到位、攻门力量大或是小、攻门盲目、攻门困惑等）的专门训练。由于该阶段时间较长，因此允许运动员对自己的技术动作进行较大的"改造"，在破坏旧的技术结构以后，重新建立起新的技术动力定型。

心理能力训练内容包括：培养吃苦耐劳精神，树立良好训练动机，提高长时间心理承受力等。

（3）准备期训练方法手段

身体素质、生理机能的提高以重复训练法、间歇训练法、循环训练法为主；技战术训练以分解训练法、完整训练法、重复训练法、内容变换训练法、循环重复训练法、教学型比赛训练法为主；心理能力训练主要以变换训练法、比赛训练法为主。

（4）准备期的运动负荷安排

该时期无论是哪一方面的训练，都要有一定的运动量积累，保证对机体刺激的广度，没有准备期训练量的储备，就不会实现比赛所需训练强度的突破。训练量在准备期结束时达到运动员所能承受的最大值，训练强度的安排呈现波浪式特征增加幅度小。周训练6次以上，每次不少于2小时。

准备期结束时，运动员的竞技状态已初步形成，主要表现在准备期前期所提高的基础竞技能力开始向专项所需要的方向转化和集中。此时可参加少量比赛，以促进竞技状态进一步发展。

2.比赛期的训练任务、训练内容、训练方法、训练负荷

（1）比赛期训练任务

在准备期训练的基础上，进入比赛期后运动员应努力发展专项竞技能力，为参加比赛做最后的准备。此阶段要把对自己竞技能力影响最大、表现最集中的内容置于训练的首位，把更多的精力用于发展这些能力。安排好负荷的节奏，使自己的体能变化在比赛时处于超量恢复阶段。技战术的掌握达到高度熟练和自动化，但又不因过多的专项技战术练习导致中枢神经系统对专项技术动作的超限抑制和重复泛化。既要通过适当的热身赛和模拟比赛激发运动员参赛欲望，又不能因比赛过多而失去斗志，甚至对比赛产生恐惧。运动员不断激励和鼓励自己，保持适宜的兴奋性水平，以求既能最大限度地发挥机体的潜力，高水平参加比赛，又能保持高度自控能力，有效排除内外消极因素的干扰。

（2）比赛期的训练内容安排

该时期体能的训练以专项体能训练为主，将不同部位肌肉的收缩特性和木球专项运动相结合，形成正确的肌肉记忆，发展双臂握力及关节控制力量、肩带肌群及躯干核心柱动态稳定力量、腰腹旋转爆发力、臀部及内收肌群力量；[1]技战术训练以完整的练习为主，主要是开球稳定性、特殊地形的调球技术、攻门成功率的提升；逐渐提高独立分析场地并作出相应战术决策的能力；掌握赛前情绪的快速动员、赛中情绪的控制及调整方法，树立顽强的意志品质和自信心。双打比赛运动员要提升相互之间配合的默契度。

（3）比赛期训练方法手段

该时期身体素质、技战术训练以重复训练法、模拟性及适应性比赛训练法、形式变换训练法为主；心理能力强化以生物反馈训练、自我暗示训练和放松训练为主。情绪的调节训练以模拟比赛场景、转移注意力（例如可通过听音乐方式）和过程定向（像放电影一样在脑海中再现将要执行的某个技术行为的过程）训练

---

① 张魏磊.中国女子职业高尔夫球员体能训练体系的构建研究[D].北京体育大学，2021.

为主；注意力的提升通过条件反馈（语言提示）、习惯性动作的培养（深呼吸、身体舒张、降低动作速度等方法）来培养。

（4）比赛期间的运动负荷安排

该时期无论是进行哪一方面的训练，都要逐渐提升训练强度，运动强度在赛前达到运动员所能承受的最大值，与此同时相应的降低训练量。周训练8次以上，每次不少于3小时。

3. 恢复期的训练安排

运动员在高强度的训练和比赛中，无论心理还是生理上都长期处于高度动员状态，而这种状态是不可能长时间地持续下去的，机体保护性机制会提出进行休整调节的强烈要求。训练大周期的恢复期或称为过渡期，就是为满足这一要求而组织实施的训练阶段。可分为自然恢复和积极恢复两种。恢复期所需要的不只是单纯的休息或睡眠式的自然恢复，而且还要有保持一定训练活动的积极恢复。通过负荷内容、量度、组织形式及训练环境的改变，以达到从心理上和生理上消除疲劳的目的。

（二）木球周训练计划制订

周训练作为运动员多年训练、年度训练以及阶段训练计划的基本单位，通常每个训练周由7天组成，为了满足训练周期安排的灵活性，训练时长也可介于4至10天即7±3天。[①] 同时根据不同的训练任务及训练内容，周训练的类型可以被划分为4种不同类型，即基础训练周、赛前训练周、比赛周和恢复周。理论上，跟年度计划相对应，多个基本训练周构成年度训练计划的准备期，多个赛前训练周加一周比赛周构成年度训练计划的比赛期，多个恢复训练周构成年度训练计划的恢复期。教练员可以针对不同周训练类型的训练重点和训练要求安排各训练周

---

① 田麦久，刘大庆. 运动训练学 [M]. 北京：人民体育出版社，2012.

计划[①]。

　　周训练计划安排要遵循超量恢复原理。运动训练超量恢复原理，也称超量代偿训练原理，是关于机体运动时和运动后休息期间物质、能量与功能消耗和恢复过程的学说[②③]，是指导训练实践的经典理论。超量恢复过程一般可分为三个阶段：（1）运动时的恢复阶段。运动时能源物质消耗占优势，恢复过程虽然也在进行，但满足不了消耗的需要，体内能源物质逐渐减少，各器官系统机能能力逐渐下降。（2）运动后的恢复阶段。运动停止后消耗过程减少，恢复过程占优势，能源物质和各器官系统的功能逐渐恢复到运动前的水平。（3）超量恢复阶段。运动中消耗的能量物质在运动后一段时间内不仅恢复到原来水平，甚至超过原来水平，在保持一段时间后又回到原来水平上。[④]

　　周训练计划内容安排首先要考虑运动时人体三大能量代谢系统的供能特征。训练内容为速度性内容（单次 30 秒之内）、技战术训练（单次 30 秒之内）以 ATP-CP 供能为主；速度耐力、力量耐力（单次 0.5~5 分钟）、技战术训练（单次 0.5~5 分钟）以无氧与有氧混合供能为主，机体会有大量的乳酸产生；耐力训练、技战术训练（单次 5 分钟以上），人体运动时，3 个供能系统参与不同步，所以能量物质恢复速度也不同步，训练过程中哪种能量物质消耗最多，需要恢复的时间就越长，大概需要 48~72 小时；消耗次多，需要 12~24 小时；消耗最少，8~12 小时能量物质可以达到超量恢复状态。其次，不同的训练内容需要不同的生理系统参与工作，速度素质、柔韧素质、爆发力、最大力量、技战术训练要求肌肉系统、中枢神经系统、心肺系统参与主要工作；速度耐力、力量耐力、耐力需要心

　　① 陈正，陈莉，孙江宁 . 国家女网周课训练安排及训练效果实时监控分析 [J]. 体育学刊，2007(02)：103-107.

　　② 侯桂明，贡新烨，岳建兴，殷劲 . 对周期训练机能的叠加效应与超量恢复原理的审视 [J]. 南京体育学院学报（社会科学版），2010，24(03)：116-118.

　　③ 仇乃民 . 复杂性科学视角下运动训练超量恢复原理的重新解读 [J]. 山东体育学院学报，2018，34(04)：99-104.

　　④ 王步标，华明，邓树勋，等 . 运动生理学 [M]. 北京：高等教育出版社，1992.

肺系统、呼吸系统参与主要工作；再者，不同训练内容要求不同肌群或者是同一肌群不同部位（近侧肌群、远侧肌群）提供主要动力，比如上肢力量、下肢力量、腰腹、背部力量训练以及上肢、下肢靠近躯干或者远离躯干的力量训练。还有，安排不同的训练内容，会给运动员带来不同的心理感受。

（三）训练课安排

训练课计划是根据周计划或阶段性训练计划而制订的，是周计划或阶段性计划的具体体现，也是衔接从纸上文字到运动员实地训练的载体。

1.训练课结构及分类

运动员的训练活动中最基本的组成单位是训练课，所以训练课的安排和训练的质量关系到训练效果以及运动员运动水平的提高。周训练计划的完成必须通过训练课的科学设计来完成。训练课包括课前运动员状态诊断、训练课的任务要求、时间分配、训练内容、负荷设计、方法手段的应用、课后诊断7个要素；3个组成部分，分别是准备部分、基本部分和结束部分。训练课分为体能训练课（单一体能的训练课、多项体能训练课）、技术训练课、战术训练课、心理能力训练课，或者是体能与技术训练课、体能与战术训练课等综合训练课，教学性比赛测验课。

木球训练每次课时长为早晨1.5个小时左右，下午2~3个小时左右。

2.训练课任务

（1）准备部分

准备部分时长30~40分钟，分为一般准备活动和专项准备活动；一般性准备活动包括全方位慢跑热身(10~15分钟)、各种跑跳及动力性及静力性拉伸练习（20分钟左右）；动态拉伸和激活核心区肌肉，目的是加快主动肌和拮抗肌之间的收缩与放松、改善肌肉的力量和爆发力、降低肌肉的黏滞性、提高体温有利于氧运输、增加肌肉供血量激活肌纤维等；使运动员的肌肉、韧带的黏滞性下降，弹性提高，肌肉中酶的活性提高，从而提高肌肉张弛的幅度及代谢能力，以迅速适应即将进行的训练；使运动员的中枢神经系统的兴奋性提高，神经传导速度加快，反应式缩短。专项准备活动需要根据每一节的训练内容的安排有所不同，专门性准备活动则应使运动员的机能进一步做好承受训练负荷的准备，所以专门性准备活动应与基本部分的训练内容紧密结合起来，练习的内容为运动员进入基本部分的训练做好充分的身体和心理准备，使人体充分动员起来。

（2）基本部分

基本部分内容为 70 分钟左右，基本部分的结构和持续时间因训练任务的不同而异。每次训练课都必须纳入总体的训练计划，必须使每次课的训练效果能承上启下，使前次课的效果得以延续，使本课的效果得到累积，课的内容、练习手段和负荷等各项指标必须符合训练过程的发展趋势，这就必须根据运动员训练水平发展的需要而决定本课基本部分的训练安排，单一内容训练课与综合内容训练课的基本部分有着各自不同的组织特点。

（3）结束部分

结束部分一般时长 20~30 分钟，主要手段为慢跑、动态和静态牵拉练习以及按摩。但事实上这部分的训练效果并不理想，因为运动员有时会忽视该部分的练习。结束部分也常叫作整理活动。其主要目的是加速排除负荷时体内积存的乳酸，补偿运动时的氧债，使参与运动的肌肉尽快恢复到运动前的状态，同时使运动员的心理过程从应激状态中逐渐退出。结束部分实际上已是负荷后恢复过程的开始，正确地组织实施训练课的结束部分，对负荷后的恢复有着重要的促进作用。研究表明，负荷后做轻度运动时，乳酸排出的速度要比保持安静时约快两倍。如训练强度为 65%VO2max，其吸氧量通常在运动后 10 分钟，平均血压约 20 分钟可恢复到安静时水平，因此可以认为在训练课的结束部分中完成约 15 分钟的轻松活动是适宜的。结束部分最经常采用的手段有轻跑、集体游戏、圆圈式传球或踢传足球、放松体操等。练后的放松整理活动，训练后特别重视牵拉肌肉和放松肌筋膜，最快速地促进机体恢复，同时有利于伤病预防。此外，动作的时效性和经济性是提高运动成绩的主要因素之一。

三、木球竞技参赛理论的系统构建

运动竞赛是竞技体育的重要特征,也是运动成绩社会生产流程的终端环节。[①] 运动成绩的具体生产者是运动员,运动员通过参加运动竞赛活动最终完成生产运动成绩的社会职责。运动员及其组织与保障团队的参赛活动是竞技体育中一个具有明显独立特征的社会行为,需要有相应的理论指导参赛的实践。

竞技体育系统中的运动竞赛由两个板块组成,即竞赛组织与竞技参赛。前者是竞技体育管理者的工作,而后者则主要是参赛者,包括教练员、运动员及相关团队的活动。[②] 运动竞赛是否能够成功举办主要取决于赛事的组织管理与运动员的赛场表现两个板块的工作成效。严密高效的赛事组织管理可以为运动员高水平的竞技表现创造良好的条件,而高水平的竞技表现则会给人们留下最为深刻的印象,并使运动竞赛活动的社会功能得到充分的发挥。应该说,运动员、教练员的参赛活动在运动竞赛系统中,占有核心地位。

竞技参赛是竞技体育中不可缺少的组成部分,具有无可替代的重要性和独立性。竞技参赛是一项有着鲜明独立性的社会行为,既不等同于运动竞赛,也与运动训练有着明显的区别。无论是具体的行为目标,还是行为的方法,无论是行为的时间特征,还是行为的空间特征,竞技参赛与运动训练都有着明显的差异。二者既不能相互取代,也不能相互包容。赛前准备、赛程控制和赛后认知3个部分是竞技参赛理论体系的基本构架。

(一)赛前训练调控

运动员、教练员及其团队的赛前活动是为了迎接比赛而进行的专门性、针对性的训练准备行为,这些行为虽然仍然具有训练活动的性质,但跟参赛紧密联系,

---

① 田麦久,田烈,高玉花.运动训练理论核心概念的界定及认知的深化 [J].天津体育学院学报,2020,35(05):497-505+512.

② 田麦久.我国运动训练科学化进程的审视与评析 [J].上海体育学院学报,2023,47(02):1-12+36.

为赛前准备期[①]。赛前训练是为了实现训练和赛事活动的链接，整合运动员通过训练获得的个体竞技能力和组合竞技能力，使之趋于完善、平衡和协调，为即将到来的赛事活动发展适宜的竞技状态，为成功参赛做好准备。赛前准备期的主要任务是进一步整合运动员（队）的竞技能力，针对运动员（队）、对手、场地器材、天气等环境的特殊性，进行专门性的训练准备。赛前准备是实现由训练向比赛顺利过渡的专门活动或阶段。运动员平时的体能训练、技战术训练的效果，都需要通过竞技参赛准备来进行整合，力求使运动员进入最佳的竞技状态，取得理想的比赛成绩。

竞技参赛准备是一项系统工程，我国很多优秀运动队在多年组织参赛的实践过程中，积累、总结了丰富的实践经验，对于竞技参赛准备的工作内容有着成功的概括。竞技参赛准备分为信息准备、体能准备、心理准备、技术准备、战术准备和物品准备等[②]。

信息准备是竞技参赛准备工作的第一步，为竞技参赛所有准备工作提供不可缺少的信息基础。赛前收集的各种信息包括比赛的环境与条件、竞赛组织管理的要求与特点、参赛选手的水平和状态等。心理准备包括建立正确的比赛心理定向、帮助运动员调整好赛前心理状态、制定详细的心理准备方案等。技术准备和战术准备方面，恰当选择和安排一些场次的热身赛和模拟赛，检验技术与战术的应用效果。物品准备方面，核查物品清单，防止忘带必要的参赛物品，提高参赛物品管理的有效性等内容。

（二）赛中调控

经由为实现运动训练顺利过渡到竞技参赛而专门进行的赛前准备，就进入了高水平运动队实质的竞技参赛阶段。参加比赛，并力求在比赛中表现出理想的竞技水平、获得满意的比赛名次是参赛过程的核心目标。因此，赛中阶段就是在参赛目标的引导下，在运动员（队）赛前竞技能力储备的基础上，合理有效地发挥

[①] 田麦久.高水平竞技选手的科学训练与成功参赛[M].北京：人民体育出版社，2014.
[②] 田麦久，熊焰.竞技参赛学[M].北京：人民体育出版社，2011.

自身的竞技能力，逐步实现参赛目标的过程。

（三）参赛总结与评价

参赛总结，是一种有目的、有计划的，以参赛过程中发生的事实为依据，通过观察、访问和调查搜集经验性材料，并进行思维加工的研究活动[1]。随着赛事的进程，分析研究参赛过程中的各种经验或情况，归纳出带有规律性的东西，并做出有指导性的结论。依照参赛过程的实践事实，对参赛过程中球队的活动进行归纳、分析、概括参赛现象，揭示其内在联系和规律，以便更好地指导球队，达到成功参赛的目的。按照不同的分类标准，总结的类型多种多样。但是在木球训练中应用最多的是日总结和阶段总结，总结的主体是教练员和运动员。

评价是评价者依据评价标准对评价对象在参赛过程中的表现进行的定性或定量的判断，最终得出一个可靠的并且合乎逻辑的结论。同样，参赛评价也分为对赛前训练的评价、对比赛中表现的评价和对赛事活动表现的评价。

·木球小故事·

比赛最少的球道赛

临沂大学　陈亮

2016 年木球世界杯比赛在美丽的韩国济州岛举行。比赛期间一场大雨持续了两天，导致场地湿滑泥泞、气温骤降，严重地影响了赛程。为了顺利完赛，组委会作出决定，把球道赛团体由原来的 12 球道决胜改为 2 球道决胜，这是我见过的正式比赛中比赛最少的球道赛。

---

[1] 高瞻.我国高水平竞技篮球队参赛过程及调控的理论与实证研究 [D]. 苏州大学，2014.

第四章

木球技术
教学与训练

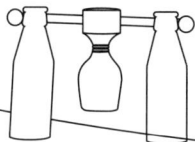

第一节　木球运动技术概述

一、木球运动技术概念

木球运动技术是指在木球运动中为有效完成击球动作、取得优异成绩而采用的符合人体运动科学原理、能充分发挥身体潜在能力的方法，是木球运动员竞技能力水平的重要决定因素。木球挥杆、攻门等技术，要符合人体运动力学基本原理的标准技术及规范的技术要求。技术的合理、有效是相对的，随着教法的革新、规则的完善、木球器材的改进和运动员身体素质的提高，部分旧技术势必会被淘汰或更新，新技术就会形成。

说到木球，很容易让人联想到高尔夫球。尽管很多人不愿意听到把木球叫作"平民高尔夫"，甚至不想把木球和高尔夫球联系在一块，但木球发明是从高尔夫运动借鉴而来的事实是不可改变的，它们在技术和规则上有很多相似之处。高尔夫运动从起源发展到现在600多年时间里，有着自己完善的技战术体系和文化层面的积淀，这些宝贵的财富对于年轻的木球运动来讲，有些是可以直接借鉴的。不过，两项运动毕竟属于不同项目，它们之间还有很大差异，要注意区分。著者认为，有选择地借鉴高尔夫运动优秀的成果为木球所用，可以促进木球运动的发展。

认识木球与高尔夫球的一些主要差异，可以使我们更好地去学习木球技术：

表4-1　木球与高尔夫球球具、规则、场地对比分析

内容	木球	高尔夫
球杆数量	运动员在比赛中大都是使用一支球杆，在打球时针对不同情况调整握杆姿势	各种型号球杆十几支之多，在打球时针对于不同情况选用不同型号球杆
球杆重量	球杆较重，杆头重量较大，杆面距握杆约10厘米，且杆头重心偏于杆面一侧，挥杆流畅性受一定影响，大幅度挥杆保持杆面的中心点方正击球难度较大	相对较轻，杆面与球杆连接较近，精密程度高，不同的球杆杆面重量、大小、角度不同，挥杆流畅性较好
球杆握把	握把较粗，使用重叠法和互锁法有难度	握把较细，采用手指和手掌握杆，可以使用重叠式、互锁式、棒球式
球	较重，体积较大，多数在场地表面滚动，全挥杆时对球杆反作用力较大，球杆击球后降速明显	较轻，多数在空中飞行，长杆挥杆时对球杆阻力较小，动作流畅
场地	主要有草坪和沙滩两种场地，可设置若干障碍，球场有12（沙滩6）球道，球道相对短窄，有明显边界	主要是草坪场地，借助于水塘、丘壑等自然地貌，场地有沙坑、树木等障碍，球场有18球道，场地相对宽阔，地形富于变化
完成比赛	过门。球门只能从前后两个方向通过，门柱两侧有攻门盲区，并不是木球越接近球门越有利	进洞。球越接近球洞越有利
礼仪	与高尔夫相似，应向高尔夫学习	有相对规范的礼仪要求
规则	与高尔夫相似	比木球规则复杂

　　木球挥杆技术是木球技术的主体。木球挥杆技术动作由上挥杆、下挥杆、击球和收杆4个基本环节组成。这些基本环节按特定的顺序形成动作基本结构。挥杆技术是沿纵轴（脊椎）的旋转运动，以两臂、两手挥动球杆围绕纵轴运动，从上挥杆开始，到最后完成收杆动作，都以这个轴为中心转动。著者认为，优秀的动作技术有着相似的动作要素和技术结构，总结和整理优秀技术共性的元素用于

教学和训练，远比习练者自己尝试和摸索简单直接。

二、木球运动技术分类

（一）以"技术风格"特征分类

一是以新生代和部分从事过高尔夫运动的选手为代表的类高尔夫式动作，其动作幅度大、流畅美观，与高尔夫有着相似的动作结构，更易于年轻运动员接受。该技术容易定义和规范，更适合于"批量"教学。目前泰国、印度尼西亚、中国台湾等地区年轻一代运动员大都采用此技术。但此技术动作相对复杂，在初学时稳定性较差，较难掌握。动作特点是舒展大方，挥杆幅度较大，手腕运动幅度大，鞭打动作明显，杆头速度快。

二是以老一代选手为代表的传统式动作，这些元老级选手从事木球运动多年，每人对木球运动都有着自己的理解，通过长时间摸索，形成了适合自己的技术风格，无论从站姿、握杆、挥杆等都与教科书上存在一定差别，但此类动作凭借其超强的稳定性也屡屡创造优异成绩，至今仍是木球场上的主流技术之一。动作特点是挥杆幅度相对小，双手握杆力量较大，手腕运动幅度小，动作稳定性强。

（二）以"挥杆幅度"分类

表4-2　以"挥杆幅度"分类

类别	挥杆距离（视场地情况而定）	特点
小挥杆	草坪场地约25米以内，沙滩场地约15米以内	力量小，动作幅度小
半挥杆	草坪场地约25~45米，沙滩场地约15~35米	力量中，动作幅度中
全挥杆	草坪场地约45米以上，沙滩场地约35米以上	力量大，动作幅度大

（三）其他分类方法

从站位（准备姿势）的高低可分为高姿势挥杆、普通姿势挥杆和低姿势挥杆。从挥杆平面与地面的角度可分为扁平式挥杆、普通式挥杆、高直式挥杆。

图 4-1　以"站姿"分类

以上是著者对挥杆技术肤浅的分类，主要是为了便于在教学和训练中使用。优秀的技术动作都有着共同的特点，那就是稳定、准确，符合人体和生物力学原理，更有利于帮助运动员创造优异成绩、修身塑形提升气质，给人以美的享受。目前在国内外比赛中运动员的技术动作可谓百花齐放，不同地域的球队、不同年龄段的运动员技术风格不尽相同，即使是同一球队的队员也会存在一些差异。对于每名运动员来说，必须依据个体的生理学特点，选择和掌握具有个人特征的运动技术，这样才能扬长避短，创造最佳成绩。

本书涉及技术动作部分，如无特殊说明，皆以右势选手为例。

使用杆数最多的球道

临沂大学　陈亮

2019年6月，第11届亚洲杯木球锦标赛在韩国报恩郡举行，有两块场地建在山谷里，沿谷底一路直上数百米，部分球道坡度较大，有一定难度。

为了增加比赛竞争性，组委会决定不再设立每条球道10杆上限的规定，以完成进门的实际杆数计入总成绩。B区第12球道是一条长直球道，从开球区到球门区，总共有连续4个大坡，每一个坡都稍具难度，如果球打不上坡，就会滚回到起点，只能从头再来。

比赛过程中，很多运动员在该球道栽了跟头，打到10杆以上的大有人在，造成了严重的比赛拥堵。有个运动员打了45杆，这是我见过的杆数赛单个球道所用杆数之最。

第二节 木球挥杆原理

木球也许是世界上看起来最简单但实际上又具有很大难度的运动之一了。说它简单，是因为从外观上看木球球具简单粗放，杆头和木球个头都那么大，想打不到都难；对体能似乎也没有太高的要求，下至六岁顽童，上至八旬老人，都可以从容参与，从未接触过的新手短时间内就能打得有模有样。说它有很大难度，则是指真正熟练掌握木球技术却不容易，不但要求运动员有出色的协调控制和平衡能力，还要具备超强的体能和心理能力。即使是打球多年的高水平运动员稍有不慎也会出现离奇失误的现象，甚至有时候连新手也打不过的情况也不足为怪。任何技术环节的纰漏和心理上的波动都可能导致运动员失误频发，一时间感觉全无。想要成为木球高手，需要精通木球挥杆的基本原理，从打好基础开始。

一、木球技术形成基本原理

（一）运动技术的生物学原理

1. 生理学原理

木球运动技术形成的生理机制，是运动条件反射的暂时性神经联系，是以大脑皮质运动为基础的。我们用大量的时间去练习挥杆和攻门等，其生理学本质就是建立运动条件反射。

2. 生物力学原理

木球运动技术形成的生物力学原理就是以下基本要素适宜匹配的结果，即身体姿势、关节角度，身体及肢体的位移、运动时间、速度及加速度，用力大小及方向、用力的稳定性及动态力的变化速率，人体各环节的相互配合形式与方式，增大动力的利用率及减少阻力的技巧。木球挥杆技术是一个相对复杂的运动过程，参与运动的身体部位较多，而且对用力顺序和用力大小等有着精准的要求，各部位必须相互协调配合，遵循生物力学的原理，才能产生接近完美的技术动作。

（二）运动技术的心理学原理

木球是一项集体能、心理和智能于一体的运动，心理和智能是决定运动员能否成为一名高手的重要因素。近年来，木球运动技术的心理学机制逐渐受到人们的广泛关注。运动员的自我控制能力、意志力、心理品质对其学习和掌握运动技术有着重要的作用。面对比赛中瞬息变化的各种情况，运动员应该具有临场应变的能力，管控好自己的情绪，在合适的时间做出最明智的决策，表现出合理的技术，灵活应对所有情况。

（三）运动技术的社会学原理

木球运动技术主要遵循社会学原理中的美学原理。木球运动属于技能主导类表现准确性项群，对技术美的要求尤为严格。木球"运动之美"体现在技术之美、动作之美，遵从运动训练的科学规律，尽可能少消耗而多做功，才能充分表现训练有素的运动美，也才能创造优异的运动成绩。技术熟练、轻松自如、稳定流畅、舒展大方、完美无瑕是对完美木球挥杆技术最贴切的描述，运动之美的核心要素，离不开技术与美的结合，运动技术表现出来的节律和和谐是吸引众多爱好者参与的主要原因之一。木球运动提倡健康、高雅、完善人性的娱乐方式和审美趣味，让人们在感受轻松和自由的美感同时感受愉悦，获得体验的乐趣。

二、木球挥杆原理

球场上，伴随着一声清脆的击球声，运动员潇洒一挥，木球在场地上疾速滚进，既远又准，画面定格在稳定自信的收杆动作上，如此生动的场景成为球友们对木球全挥杆最理想的定义。

击球时适宜的杆头速度、清晰的挥杆轨迹、精准的球体与杆面接触是获得理想挥杆效果的基本条件。习练者只有真正地认识挥杆中人体力学原理以及身体各部位运动规律，才能更快掌握挥杆技术。把挥杆技术转化成生动具体的文字描述来科学指导训练和教学，无疑会使我们少走弯路。

（一）挥杆平面

所谓挥杆平面，是指在挥杆过程中，球杆头在手臂的作用下以躯干为中心挥动形成的虚拟的近似圆形的斜向平面（如图4-2）。球杆挥动是以我们的脊椎为轴的，除了收杆的结束部分偏离挥杆平面以外，其余都在同一个挥杆平面内。让球杆沿着自然的弧线挥动，保持良好的挥杆平面，是实现完美挥杆的先决条件。

我们可以很形象地把木球挥杆想象成一种圆周运动。挥杆时，我们以前倾的脊椎为轴心，以手臂及球杆为挥杆半径，杆头沿着挥杆平面运行的运动模式。挥杆过程中，除了在收杆的后期，上体前倾的角度几乎是保持不变的，我们的脊椎轴就是挥杆中心。

图 4-2　木球挥杆平面

运动员都有自己的挥杆平面。每个人的身材不同、习惯不同，挥杆平面也就会有所差异。球杆的长短、准备姿势和运动员手臂的长短决定挥杆平面的倾斜度和挥杆平面的大小。一般来说，与地面形成的夹角较小的挥杆平面称为扁平式挥杆平面；挥杆平面与地面形成的夹角较大一般称为高直式挥杆平面。脊椎轴是挥杆平面的中心点，挥杆半径则是由球杆杆头通过挥杆平面到脊柱之间的连线长度决定的。

我们把挥杆平面想象成一个斜放的钟表表盘，把挥杆平面用钟表时间予以定义，无疑使挥杆的教学变得更加形象和便于讲授。

图 4-3　用表盘定义挥杆幅度

通常，像钟表指针一样绕圆心运动被认为是一种最为稳定的运动方式，半径不变的情况下指针每次都重复着同样的运动轨迹，即使我们人为地将指针调快。幅度较小的近距离的直臂攻门，就类似于钟摆动作，手腕运动的幅度相对较小，动作的稳定性高。然而，这一稳定的运动方式很难应用到所有的挥杆技术中，尤其是幅度较大的半挥杆和全挥杆。原因很简单，挥杆动作是身体多个部位的协同作用，人体不是固定不变的机械，受人体关节等限制，很难维系钟摆运动这种理想的运动方式。我们的握杆是由两臂通过双手上下交错抓握球杆形成的"指针"，两臂保持伸直握杆的"指针"形状只能维持到 4：00 到 8：00 位置，为了获得更大的挥杆幅度和维持身体平衡，我们必须在上挥杆阶段通过右移重心、弯曲右臂、内旋左臂、转动手腕等来实现，在收杆阶段通过左移重心、弯曲左臂、内旋右臂、转动手腕等来实现，以保持挥杆的流畅性。

　　杆头轨迹是球杆在挥动中杆头运行的轨迹。由于挥杆过程中肩、肘、腕关节角度的变化，从双肩到杆头的挥杆半径并不是固定不变的，一般来说，准备姿势时的挥杆半径最长，随着上挥杆手腕的转动逐渐变短，上挥杆结束时达到最短。下挥杆时由于用力顺序的变化，髋关节、手臂先行，手腕转动稍滞后，杆头的轨迹会小于上挥杆时的轨迹，直至击球瞬间杆头才以鞭打之势挥向木球，回到准备姿势时的挥杆半径。

　　击球后杆头的惯性跟进以及身体重心的左移使杆头的轨迹朝着击球方向左移，依然是以一个椭圆的轨迹运行。收杆阶段随着重心的左移、髋关节的转动、左臂的弯曲、手腕的转动而使挥杆半径逐渐缩短。在收杆的后半段，球杆不再作用于木球，运动员需要调整自己的身体维持以左腿为支撑的身体平衡，在收杆的后期，身体趋于直立，杆头轨迹也会随着脊柱与地面角度的变化偏离挥杆平面而转向身体右侧。球杆杆头的运行轨迹除了收杆的最后阶段外，都在几乎一个近似椭圆的平面轨迹上运行。

图 4-4　挥杆平面与杆头轨迹

（二）木球挥杆转动的动力来源

木球杆头速度来源于人体带动球杆转动的速度，这种由小到大的转动速度是在下挥杆过程中由人体持续作用于身体各相关部位以及球杆的转动驱动带来的。包括双腿的交错移动形成大腿对髋关节一推一拉的转动驱动；腰肌及肩背肌群的拉扭对肩臂的转动驱动；两手腕及右肘的协调转动形成两手对球杆握把的转动驱动。人体挥杆过程中三个转动作用都能给球杆带来转动力量，但三个转动作用的转动方位不同，施加作用所需的时间也不同。完整的挥杆动作需要发动多个肌肉群和关节，三个转动按照特定的顺序协同用力，才能确保动作协调与稳定，保持一个良好的动态挥杆平衡。

图 4-5 木球挥杆

（三）控制球杆杆头速度方向的条件

钟摆式挥杆类似于直臂挥杆，与下图所示相似；其转动时的杆头速度方向一定是沿杆头与轴心连线的垂直方向。杆头的速度取决于杠杆（手臂与球杆）移动的角速度。

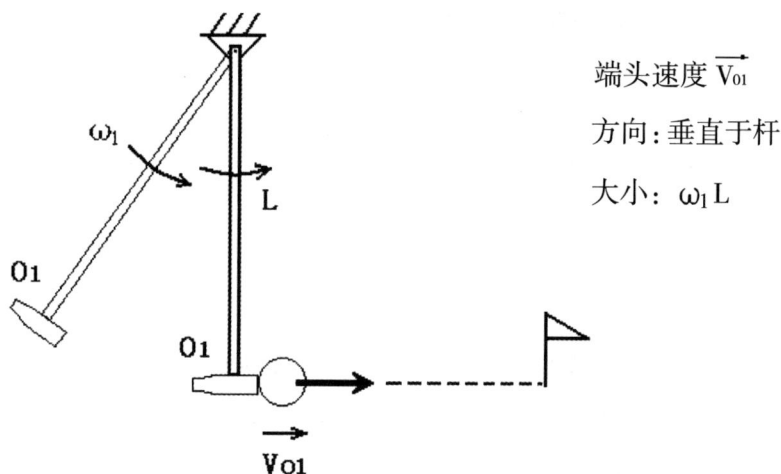

端头速度 $\vec{V_{01}}$

方向：垂直于杆

大小：$\omega_1 L$

图 4-6　钟摆式挥杆原理

但是，类高尔夫式的挥杆动作杆头速度方向就不一样了，在类高尔夫动作挥杆中，手腕转动幅度较大，下挥杆前半段球杆与手臂形成一定的夹角，见下图。

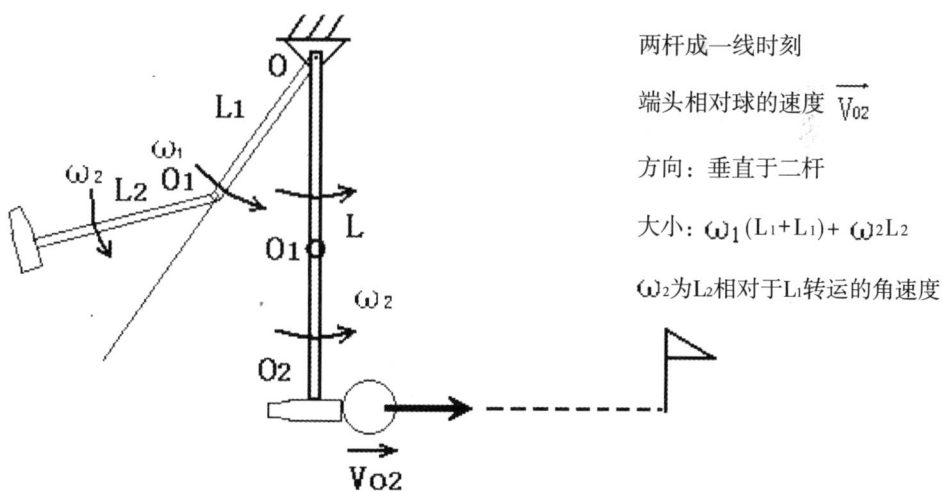

两杆成一线时刻

端头相对球的速度 $\vec{V_{02}}$

方向：垂直于二杆

大小：$\omega_1(L_1+L_1)+\omega_2 L_2$

ω_2 为 L_2 相对于 L_1 转运的角速度

图 4-7　类高尔夫式挥杆原理

当手臂与球杆成一条直线时，球杆杆头的绝对速度正好垂直 O~O2。此时，杆头 O2 被转动的 L1 杆所牵连的速度其方向与 L1 杆垂直，其大小等于 L1 杆转

115

动角速度乘 L1+L2。此刻杆头 O2 相对 O1 转动的速度其方向也与 L1 垂直，其大小等于 L2 绕 O1 转动的角速度乘以 L2。根据速度合成定理，此时杆头相对静止的木球的速度方向一定正好对准杆头与固定转轴连线的垂直方向，其大小等于上述两个速度之和。

可见，只有两个转动物体的转动轴及外端点在同一条直线上时，外端点的绝对速度方向正好垂直转动轴与外端点的连线。

通过力学分析可以得出一般性的结论：多个相连刚体被分别转动情况下，只有全部这些转动物体的转动轴及外端点在同一平面时，外端点的绝对速度的方向一定垂直这一平面。将这一结论应用到木球挥杆中，我们发现与类高尔夫式挥杆较为相似，球杆的鞭打动作是获得球杆速度的又一动力来源。

结合前面挥杆的三个转动驱动我们可以得出，只要击球时髋绕左腿转动的轴线、肩绕脊椎转动的轴线、球杆绕左手腕转动的轴线同时落在左脚脚跟与木球垂直的平面，则杆头速度一定指向目标方向。所以在挥杆时我们必须确保与击球瞬间形成这个平面，才能达到最佳的击球效果。在三个转动中，转髋力量最大，速度最慢，所需时间最长，扭腰转肩次之，手腕转动力量最小，速度最快，所需时间最短。下挥杆时要遵循依次转髋、转肩、转腕的用力顺序，三个转动轴同时到达左侧平面。

当然，简化的力学模型与实际挥杆是有差异的。人体的关节骨骼、肌肉韧带的运动是有一定形变的，而不是完全不变的刚性物体。我们从正面观察优秀运动员在击球瞬间的照片，看到击球瞬间左脚、左胯、左肩、左手以及杆头基本在同一个平面内。这和理论上的结论有一点点的偏差，但运动原理是基本一致的。因此，根据理论分析的基本规律，考虑实际挥杆与理论分析模型的差异，参考优秀运动员的标准结果，控制木球杆头速度方向对准目标的条件可以更直观地表述如下：只要杆头击球时，左髋、左臂、左手以及杆头都同时到达木球后沿与目标方向垂直的平面，杆头运动的方向就一定会指向目标方向。

图 4-8 挥杆击球瞬间

尽管大家都期望在击球瞬间都能像准备姿势时杆头正对木球一样方正击球，但实际击球时的动作和准备姿势还是有一定区别的，尤其是幅度较大的半挥杆和全挥杆。仔细观察优秀选手击球瞬间会发现如下两点。

1. 从正面看，击球时双手的位置较准备姿势时左移 5~10 厘米，球杆还没回到准备姿势时与手的位置关系，杆面也还没有正对球体。

图 4-9 击球时的双手左移

　　这是因为杆头与木球的接触并不是瞬间的事情，杆头从接触木球发生形变到恢复原状与木球分离需要一定的时间，只要确保在木球与杆面分离时杆面正对木球，就保证了出球方向的正确性。

　　2.击球时双手的位置较准备姿势时前移5~10厘米，即击球时双臂与球杆的角度增大，左肩比准备姿势时的高度有所增加。

图4-10　准备姿势和击球时的手臂位置对照

　　击球时虽然身体重心上下没有变化，但随着身体重心的左移，上体在以脊椎为轴的转动中呈现右肩向下左肩向上的转动，加上髋关节的左转，击球时会使左肩与木球的距离增大，双手位置的前移使双臂与球杆的角度增大，左肩到杆头的长度增加，可以弥补这一变化，确保方正击球。

（四）增大转动作用效果的条件

　　杆头动能越大，击球距离越远。杆头动能主要来源于三个转动驱动持续作用于人体及球杆的结果。动能的增加不仅与力的大小有关，还与动作幅度有很大关系。挥杆时，在转动驱动的作用下，转动的角度越大、挥杆半径越长，则系统获得的动能越大。因此，为使杆头获得最大的动能，在人体结构允许、不影响击球精确度的条件下，挥杆施力过程应尽量增大转动的角度和提高站位的高度。

另一方面，挥杆过程中身体及双臂带动的杆头位置的相对改变也能增大杆头的动能。挥杆过程中，球杆与左手臂构成"✔"造型夹角随身体转动（见下图），转髋及转肩驱动使转动的身体及球杆获得动能。当手腕转动发生后，杆头离身体转动中心的转动半径增加了接近一个杆身的长度，这时杆头随身体转动的线速度必然增加，形成鞭打动作，杆头速度骤增，动能随之增大。

图 4-11　球杆与左手臂成"✔"夹角图

　　理论上讲，木球杆头要获得尽量大的传输动能，必须做到以下几点：身体的转动幅度尽量大，也就是尽量增大转动的角度和提高站位的高度；下挥杆时加快身体转动速度；将"✔"造型尽量保持到最后阶段释放，击球前将"✔"造型中的球杆尽量展开打直。

　　下挥杆开始后，髋关节转动随即开始，身体重心从右侧向左侧转移，击球前左脚以及左腿对身体的制动能借此增大杆头的速度。所以，我们在击球前尽力控制住左脚紧贴地面，进而控制左腿形成支撑，不随身体移动，这对增加杆头的速度会有显著的效果。

木球由于受到杆头撞击而获得速度。按照动量定理，木球行进时的初始动量（木球质量与木球速度的乘积）等于撞击时间与撞击期间内杆头对木球的平均撞击力的乘积。人体挥杆不可能在极短的击球时间内增加撞击力，但撞击时间的增加对木球的动量的影响是明显的，特别是对于这种有弹性的木球杆头。因此，击球时双手适度握紧球杆，会增加撞击时间进而提高击球的远度。

（五）挥杆节奏的控制

上挥杆的启动是从双手手腕沿挥杆平面向后上方的转动和双臂以脊椎为轴的转动开始的，接着是髋关节的转动，保持平稳挥杆至上挥杆顶点。下挥杆的用力顺序则与上挥杆相反，是按照髋、臂、腕的顺序进行。下挥杆形成的从下到上、从大关节到小关节、从大肌肉群到小肌肉群的挥杆节奏，可以使动作更为自然流畅，"鞭打效应"更为明显。

为了控制好挥杆节奏，切记不要大力或蛮力挥杆，因为对于木球而言，击球准度比远度更为重要。事实证明，用70%~80%的最大力量进行挥杆是确保挥杆稳定性和击球距离的最佳选择。

（六）方正击球

扎实准确的击球是挥杆技术的关键，也就是我们所说的方正击球。所谓方正击球，就是在杆头撞击到木球的一瞬间，作用力通过杆头中轴线正对木球重心点与目标线方向一致，杆瓶头和杆瓶底沿着挥杆平面运动以瞄球时的状态撞击木球就是方正击球的正确描述。但由于受身体关节的限制，在幅度较大的上挥杆时，多数运动员会采用右移重心、弯曲右臂、内旋左臂、转动手腕等来增加挥杆幅度和维持平衡，导致杆身转动使杆瓶头和杆瓶底偏离挥杆平面，这就大大增加了方正击球的难度。另外，从木球球杆结构的特点来说，杆面在杆身中轴线前约10厘米，杆身中轴线也并未与啤酒瓶状的球杆杆头的重心点相连，而是有橡胶头的一侧要偏重一点，这些都会使球杆控制的难度增大，击球时球杆轻微的转动都会导致出球方向产生较大的偏差。为了方正击球，必须确保击球时左髋、左臂、左手以及杆头都同时到达木球后沿与目标方向垂直的平面。

·木球小故事·

我的木球情缘

海南大学 王托

曾经年少，拥抱着阳光；逆风奔跑，追逐着梦想；蓦然回首，峥嵘岁月惜多少！岁月未远，春秋常在。我以二十载燃烧着青春和热情，创造了生命里最美的木球情缘。

人的一生，也许是用成千上万次的错过换取一次最美丽的邂逅。感恩与木球的相遇，为我的生命播下了梦想的种子。

"宝剑锋从磨砺出，梅花香自苦寒来。"每落下一滴汗水，实力便增长一分，成功便更近一步。也许我不是一个极有天分之人，但必为一个不懈努力之士！漫漫人生路，我欲一生呵护"奋进"一词，去追寻一双蝴蝶的翅膀，只愿飞在绚丽的时空中，向着梦想的远方去奋进，去拼搏，永无止境。

荣誉载身，愿花开成海。曾经的苦练变成力量，过去的汗水化为奖章，脸颊的微笑是最高的荣耀！在短短的时间里，木球运动从在祖国大地落地生根发芽，逐渐壮大，再到多项木球赛事成功举办，我是木球运动的积极参与者，也是木球运动发展的见证者。自2001年到2021年，我坚持参加全国木球锦标赛、国际木球公开赛、亚洲沙滩运动会木球项目竞赛等系列赛事，以40余枚奖章书写我的木球青春年华。

成功路上少不了荆棘、险阻与困苦，终点处亦少不了鲜花、掌声与奖杯。无论在蓝天白云下还是绿地银滩上，千万次挥杆在我的臂下，翻过山坡，穿越沙地，力挽狂澜总是那一刹那。二十载的不解之木球情缘告诉我：坚持着梦想就会有成功的希望，但放弃梦想却永远到达不了成功的彼岸！

第三节　木球技术的基本结构

一、准备姿势

准备姿势是指运动员在准备击球时，身体各部位所呈现的姿态。完美的准备姿势规整稳定，端庄优雅，可以帮助运动员打出想要的球路，在挥杆中树立自信心。

（一）脚位

运动员挥杆站位时两脚的位置关系称为脚位，一般有平行式、左脚外展式、双脚外展式、开放式 4 种。

平行式脚位，是最常用的基本站位形式，两脚左右开立，约与肩同宽，脚底踏实，全脚掌贴紧地面，身体重心平均落在两脚。两脚脚尖冲前，两脚平行，与挥杆方向垂直。此种站位为绝大多数练习者所采用，动作规整大方，四平八稳，但初学者在收杆阶段髋部和左腿支撑会稍感不适。

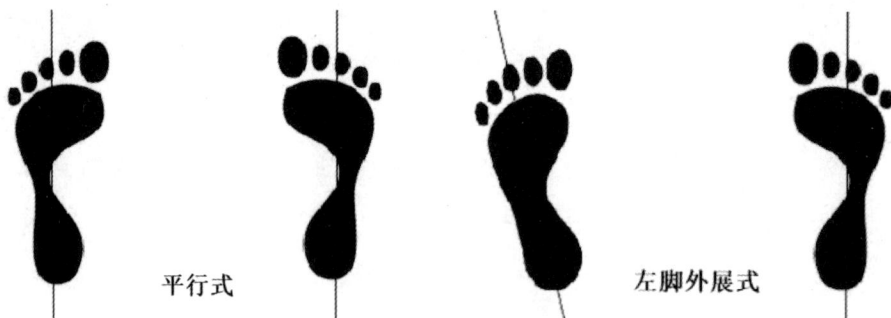

平行式　　　　　　　　　　　　　左脚外展式

图 4-12　平行式和左脚外展式脚位

左脚外展式脚位：两脚左右开立，约与肩同宽，脚底踏实，全脚掌贴紧地面，身体重心平均落在两脚。左脚脚尖外展约 5°~15°，右脚脚尖冲前。左脚外展站位收杆时利于重心转移，在挥杆的后半段，上体左转，左腿支撑更为舒适，挥杆动作更流畅。但由于两脚脚位不同，屈膝时两腿动作会稍有不同。

双脚外展式脚位：两脚左右开立，与肩同宽，两脚尖自然外展，与平时自然站立时两脚的站位一样，脚底踏实，全脚掌贴紧地面，身体重心平均落在两脚。双膝微曲或直立，动作较为随意。

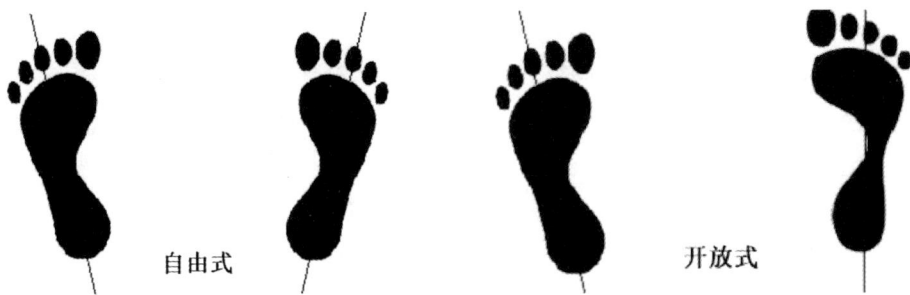

自由式   开放式

图 4-13   自由式和开放式脚位

开放式脚位：左脚稍外展并后撤 1~3 厘米，右脚与挥杆方向垂直。此种站位没有其他站位那么规整，但是在收杆时髋部和左腿支撑会变得舒适很多。此动作多为髋部灵活性不够的运动员采用，也有人会因为挥杆习惯的原因采用此法。

每个人都有自己的脚位习惯。一般来说，较宽的站位会带来更大的稳定性，较窄的站位会给挥杆动作带来更多的灵活性。但过宽的站位容易导致下肢紧张，不利于身体重心的转移，而且会使上肢过度参与击球，结果导致挥杆前半部分稳定有余而后半部分灵活不足；过窄的站位，转髋和重心转移较为顺畅，但也容易造成重心不稳的现象。每个人脚位的宽窄也不是固定不变的，需根据实际情况决定，全挥杆时可适度缩小两脚之间的距离以增加动作的幅度和灵活性，使动作更加流畅；小挥杆和攻门时可适度增加两脚之间的距离，降低重心和双手握杆位置，以增加动作的稳定性。

（二）站姿

站姿是指运动员在挥杆击球准备时身体各部位所处的静态位置。站姿是打好木球的开始和基础，正确与否会影响到运动员技术的发挥。看似简单的站姿里面蕴含了很多道理，所以应格外重视。在平常训练时多进行一些站姿练习，不仅可以提高运动员的球技水平，还能提升在球场上的气质。

1.平地站姿

（1）两脚左右开立，选择合适的脚位，保持两腿伸直，身体重心均匀落于两脚上；

（2）上体前倾，背部自然挺直，两腿微屈，两臂自然下垂于体前；

（3）稍低头，眼睛注视置球点，两臂保持自然伸直，两手掌相对靠在一起，两手拇指斜向下指；

（4）左手食指、中指、无名指、小指半握，右手紧靠左手，握住左手拇指，两手呈"握杆状"。

（5）站姿做好后，双手按要求持球杆，双脚站定稳如泰山，双臂张弛有度，动作规整大方。

（1）　　　　（2）　　　　（3）　　　　（4）　　　　（5）

图 4-14　平地站姿

2.斜坡上的站位

（1）向上（下）坡打球的站位

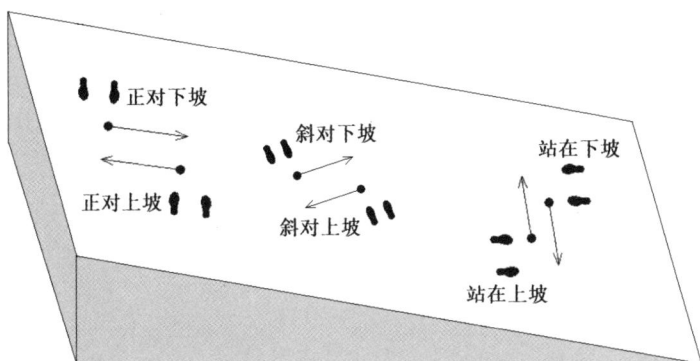

图 4-15 斜坡上的站位

站在斜坡上向上（下）坡打球或者向斜上（斜）坡打球时，站位一脚高一脚低，要根据坡度的大小适当调整站姿，要保持好身体重心在两脚的分布比例，通常高位脚要小于50%，低位脚要大于50%。挥杆时应顺应坡面，身体略向低位一侧倾斜，向上坡击球时身体略向右倾，向下坡击球时身体略向左倾，尽量保持身体与地面垂直或接近垂直。这样才能保证上下坡击球不会受到坡面影响。

（2）站在上（下）坡打球的站位

站在上（下）坡打球时，脚位和球位不在一个平面上，根据坡度的大小适当调整站姿，站在坡下时，球位高于脚位，身体重心应均匀落于两脚，握杆高度适当降低，要减小挥杆半径；站在坡上时，身体重心均匀落于两脚，握杆高度适当增加，要增大挥杆半径。

3. 站姿常见的错误及其纠正方法

（1）身体重心靠前（后）或靠左（右）：站位时身体重心靠前（后），落于前脚掌（后脚跟）上；或者重心靠左（右），落于左（右）上，导致挥杆时重心不稳。

纠正方法：站位时，身体重心应均匀落于两脚。

（2）驼腰弓背：准备姿势不够规范，驼腰弓背，导致挥杆时动作不够顺畅。

纠正方法：站位时，背部自然挺直。

（三）球位

置球的位置根据个人准备姿势和挥杆习惯的不同而有所不同。木球与双脚之间的前后距离一般在15~45厘米不等。鉴于球杆的杆面在握杆前10厘米左右，以及左手上右手下握杆方法，木球一般放在目标线上的偏左脚前方，范围从两脚正前方偏左一球距离至左脚脚后跟外侧5厘米。球位视个人而定，以能顺畅挥杆为准。

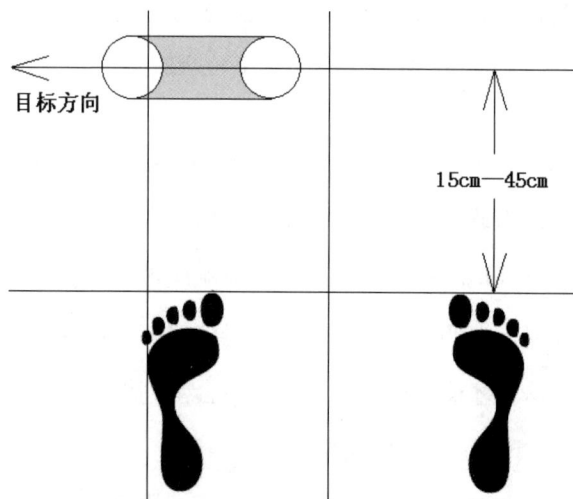

图 4-16　木球与双脚的位置关系

（四）握杆

握杆是指双手持握球杆的动作，是挥杆中相当重要的环节。身体与球杆唯一直接接触的方式就是握杆，起着将身体和手臂运动的力量传递给杆头和调节与控制球杆的作用。没有舒适正确的握杆，就不会有完美的挥杆。正确的握杆有利于完美挥杆和方正击球，从而获得理想的挥杆击球距离和准确度。

1.握杆方法

图 4-17 握杆准备

（1）十指式握杆

十指式握杆是一种比较常用的握杆方法。这种握杆方法，两只手均是五指全握，握法与棒球杆握法类似。具体做法是将球杆斜置于木球后方，与地面呈自己习惯使用的角度。左手在上，稍内旋，杆柄经左手食指第二指节斜向通过手掌至小指的掌指关节与小鱼际之间，以左手五指协同手掌握住球杆，拇指斜扣在杆身上指向食指指尖。右手在下，稍内旋，紧靠在左手下方，右手大鱼际紧贴左手虎口，右手小指与左手食指紧靠，以右手五指协同手掌握住球杆，拇指斜扣在杆身上，指向食指指尖。右手食指与中指留有一定空隙，呈"扣扳机"状。手掌较大的运动员尽量多用手指握杆。

这种握杆方式握杆力量大，对球杆控制较好，适用于手掌较小、握力较弱的运动员。

（2）重叠式握杆法

具体做法是将球杆斜置于木球后方，与地面呈自己习惯使用的角度。左手在上，稍内旋，杆柄经左手食指第二指节斜向通过手掌至小指的掌指关节与小鱼际之间，以左手五指协同手掌握住球杆，拇指紧贴杆身正前方并与杆身平行。右手在下，稍内旋，右手大鱼际将左手拇指压住，右手的小指叠搭在左手食指与中指之间的缝隙上方，五指协同将球杆握住。右手食指与中指留有一定空隙，呈"扣扳机"状。

其优点是能够较好地保持两手握杆的一体感，双肩高度差较小，便于两手均衡用力，挥杆更为流畅。重叠式握法适用于手掌较大、握力较强的运动员。由于木球球杆相对较粗，手小、握力差的运动员慎用。

（3）互锁式握杆法

在重叠式握杆的基础上，右手小指与左手食指交叉握杆，右手将左手拇指握在右手大鱼际下。此握法能使双手结合更为紧密，双肩高度差较小，挥杆更为流畅。

十指式握杆　　　　　　　　重叠式握杆法　　　　　　　　互锁式握杆法

图 4-18　握杆

以上是人们最常用的握杆方法，没有"哪一种比另一种更好"的说法。即使是同一种方法，不同运动员在使用时也会略有区别。就如我们握笔的姿势一样，每个人都有自己的特点和风格。完全掌握最适合自己的握杆方法需要花费一些时间，经过反复练习才能确定下来。

实际上，握杆方法也是在不断变化的。很多人经常怀疑自己的握杆有问题，需要不断地去调整握杆动作，有的要花上数年时间才能固定下来。

2.握杆的要求

（1）握杆力度要适中

握杆应稳定灵活，不能太紧或太松。握杆太紧，容易导致手臂肌肉紧张；握杆太松，则容易使球杆失去控制。握杆的力度需要在平日练习时认真体会。由于木球球杆重量较大，杆柄较粗，相对于高尔夫握杆的力度，木球握杆更应该用力些，这样才能更好地控制球杆。较紧的握杆还可以把身体的力量更好地传递给木球，克服击球时木球对球杆的反作用力，以保证挥杆的流畅性。

（2）握杆要有一体感

双手持握球杆时要有一体感。如果双手分离，就会分散力量，在挥杆击球时打不出理想的球路；如果握杆随意性太大，就容易使球杆失去控制，导致击球失误。

（3）两手用力要均衡

一是两手用力大小相当；二是两手不能出现角力对抗。

3. 握杆的常见错误及其纠正方法

（1）双手用掌心握杆

用掌心紧贴球杆的全手掌抓握，即"满把攥"，常常在初学阶段出现。练习者唯恐握杆不牢，采用全手掌抓握。虽然对球杆有较好的控制，却也使手腕受到了限制，影响到整个挥杆过程的流畅性和准确性。

纠正方法：握杆时，让球杆握把从左手食指中节通过小指指根和小鱼际交会处，尽量用掌指握杆，腕关节尽量放松。如此握杆，会增加挥杆击球的灵活性和协调性。

（2）双手分开距离较大

握杆时，两手不是紧靠在一起，而是分开一段距离，此种握杆易在初学阶段发生，练习者往往以右手握杆为主，导致双肩高度差增大。挥杆时容易造成左右手两点发力，且过分依赖右手推送，对于小挥杆影响较小，但对于全挥杆影响较大，动作极不流畅，还会影响到击球的准确性。

纠正方法：握杆时两手靠紧，两手作为一点跟球杆接触。

（3）握杆太紧或太松

用力太大，会导致手腕手臂紧张，挥杆动作僵硬不流畅，击球准确性降低；用力太小，则会失去对球杆的控制，从而影响击球准确性。

纠正方法：多按要求做握杆、试挥练习，在能够控制挥杆动作的情况下尽量放松握杆。

（4）两手较力

此种错误易在初学阶段发生，练习者唯恐握杆不牢，两手紧握，均向内旋转较力，两臂产生对抗。此握法在静止准备阶段表现较为稳定，但在挥动中受体位变化而使两臂用力不均等，平衡就会被打破，而且动作僵硬，造成球杆转动而影响到击球的准确性。

纠正方法：多按要求做握杆、试挥练习，在能够控制挥杆动作的情况下尽量放松握杆。

（5）两臂过度伸直

此种错误易在初学阶段发生，练习者两臂紧张，过度伸直。此握法动作僵硬，限制了手臂的灵活性，在上挥杆和收杆阶段明显感到不顺畅，从而影响到击球的准确性。

纠正方法：多按要求做握杆、试挥练习，双臂自然伸直，在能够控制挥杆动作情况下尽量放松握杆。

4.两脚与目标方向的位置关系

两脚尖的连线与目标线平行，就像站在田径场百米跑道上打球，站在起点，两脚站在一条跑道分道线上，球放在与其平行的跑道的另一条分道线上，目标方向为木球所在的分道线指向终点的方向。

图 4-19　站在百米跑道上挥杆

尽管大家按照上述要领，一丝不苟地练习着准备姿势，但由于身体条件和挥杆习惯的不同，每个人的准备姿势也会不尽相同。在赛场上，运动员风采各异，动作各具特色，常常给人留下深刻印象。准备姿势可以有所区别，但挥杆技术的基本内涵却应该是相同的。

二、瞄球

瞄球是指运动员通过对场地的观察分析，为把木球击到目标区域而确定目标方向和力度所做的准备。瞄球是击球的第一步，正确地选定目标方向和确定挥杆力度是运动员智能和经验的体现，也是获得优异成绩的关键。运动员对目标方向有了准确的判断，击球时就会信心满满。如果身体接收到瞄球不准的错误信息，就会导致击球方向偏离目标方向。

（一）目标方向及力度的确定

木球的行进绝大多数时间是在地面上滚动前进的，木球的行进路线和场地状况有着密切的关联。场地的高低起伏形态、阻力状况，障碍物的位置、质地和形状等都是影响木球行进路线的主要因素。运动员要从不同的角度反复观察场地，结合自身能力特点设定一个击球的目标方向和击球力度，做到"心中有球路"，达到预期的击球设想。

（二）几种瞄球方法

1. 球后瞄球法

站在球的正后方，两脚左右开立（或成蹲立），两脚间连线与目标方向垂直，球后斜置球杆，球杆的倾斜度与准备姿势时相同，通过调球杆位置与角度，使目标方向、木球重心点、杆头中轴线处在一条直线上。在保持球杆不动的情况下，两脚转移到准备姿势的脚位。移动时用手轻按杆柄，以防止球杆发生移位。此方法能从球后正对目标方向进行瞄准，便于观察方向，瞄球精度高，但在回到准备姿势的过程中，容易使球杆移位而造成误差。

图 4-20　球后瞄球法

2.侧位瞄球法

准备姿势脚位站好后，球后斜置球杆，从球杆头上方侧视击球方向，通过调球杆位置与角度，使目标点、木球、杆头中轴线处在一条直线上。距离目标点较远时，可在目标点和球体之间提前选定一个特殊地物（如枯黄的草叶等）作为第二瞄准点，在瞄球时以木球、第二瞄准点、目标点三点一线确定目标方向，击球时只要木球通过第二瞄准点即可保证方向的准确性，第二瞄准点靠近木球，更利于用余光观察。此瞄球法与准备姿势相结合，瞄球后不用调整脚位，球杆稳定性更强，但侧方站立没有在球后站立观察准确，容易在视觉上产生误差。练习者可以通过变换站姿的高低、身体重心的前后移动等从不同视角进行瞄球，以减小误差的产生。

图 4-21　侧方瞄球法

3. 借线瞄球法

如果置球点靠近边线，瞄球时可以借助边线进行瞄准。方法是确立好目标方向以后，站好脚位，以边线为参照，通过调整杆头，使杆头与木球的位置关系与目标方向一致，平行于边线或与边线偏离一定角度，在此基础上做好准备姿势，此时杆头中轴线指向目标方向。此方法相对简单，对于难度不大的平直球道瞄球较为好用。

图 4-22　借线瞄球法

任何一种瞄球方法稍有不慎都会产生误差，因此需反复练习加以熟练。我们在打球过程中可以多法并用，选一种方法来瞄球，另一种方法来进行检验。如果击球之前运动员对自己的瞄球还不是很满意，可以重新再进行一次，直至确信自己的判断。充分自信地瞄球才是运动员挥杆技术完美发挥的前提和关键。

·木球小故事·

木球打兔子

临沂大学　陈亮

2014 年初秋的一天，我与一帮队友在学校沙滩木球场打球，大家有说有笑，气氛非常融洽。由于时间较长没有养护，场地上长出了一些稀疏的杂草。有一次，我把球开出以后，就看见在远处木球撞到了一不明动物，在长草处扑扑棱棱的，心里不由一惊，大家都以为是撞到了一只大鸟。急忙走近一看，竟然是一只小野兔。于是赶紧把它挪到场地边的草丛里，好在野兔受伤不是太严重，不一会儿就缓了过来，自己跑进了树丛里。真是虚惊一场。慨叹野兔之不幸的同时，也让我们真正感受到了木球运动果然是最贴近自然的运动之一。

从此，自己便多了一个炫耀的资本，每每碰到学生"挑战"，我就先撂下一句话："有能耐先去打个兔子再跟我比。"哈哈，这件事在木球圈是不是能吹一辈子啊！

第四节　木球挥杆技术

挥杆是打木球的主要技术之一，运动员顺畅精准的挥杆会给观众带来视觉的享受，给自己带来自信，是取得优异成绩的保证。挥杆动作可分为上挥杆、下挥杆、击球和收杆 4 个环节。整个挥杆过程大约用时 1.85 秒，其中，击球期小于 0.01 秒，上挥杆、下挥杆与收杆三阶段用时的比例约为 50%、30%、20%。

下面，著者将对当下比较流行的类高尔夫式动作予以说明。

一、试挥杆

试挥杆是指运动员无球的空挥杆练习动作。为获得一次精准的挥杆，除了认真地进行瞄球、做好准备姿势之外，有经验的运动员往往在击球之前先进行几次无球的挥杆练习。试挥杆可以帮助运动员找到并保持良好的手感，体会一下挥杆动作的幅度、力度和节奏，确认球杆运行的轨迹和挥杆方向，使运动员在挥杆击球之前获得充分的自信。

木球试挥杆的出现频率相对较高，不论技术水平高低，运动员大都在挥杆之前试挥几次。如果不进行试挥就好像心里没有底儿一样。对于这类习惯动作或行为，我们把它叫作"试挥习惯"。实验表明，有试挥习惯者的击球效果，比没有试挥习惯者要好。因此有意识地培养初学者的试挥习惯，可以提高学习效率和击球动作的准确性。

（一）小幅度的球后预挥

此种方法是双手持球杆做好准备姿势后，先是小幅度地上挥杆，上挥到 20~50 厘米，然后向下做击球动作，到木球后 5~10 厘米前骤停，动作幅度较小，如此重复几次。目的是体会击球时杆面与球体的正确位置关系和双手握杆及手腕手臂姿势的正确性。

图 4-23　小幅度的球后预挥

（二）大幅度的预挥

准备姿势的脚位往身后方向退约一球距离，做好准备姿势，从上挥杆开始依次进行下挥杆、收杆完整的无球挥杆练习，所有动作技术均与有球时一样。目的是体会一下动作的幅度和力度、球杆运行的轨迹，以及对击球方向的确认，然后再用同样的动作去挥杆击球。大幅度的预挥要与接下来的挥杆有相同的技术要求，是挥杆前的"预演"。

图 4-24　大幅度的预挥

试挥杆的站位最好是在球位后边一球距离进行，此位置靠近击球时的位置，接近击球时的地形，跟挥杆时的身体姿态最为相似，能够更好地进行模拟挥杆。根据试挥杆出现的问题，运动员要及时作出调整。

（三）容易出现的错误及纠正方法

试挥杆与实际挥杆动作不一样。原因是，这种现象一般出现在初学阶段，练习者对预挥杆动作技术掌握不够，预挥前准备不足，站位、握杆等没有做好就开始预挥杆；试挥杆流于形式，没有理解"试挥杆是挥杆的预演，预挥杆是为挥杆服务"的意义。

纠正方法：真正理解预挥杆的作用，做足充分的准备；反复练习，仔细体会预挥杆与实际挥杆之间的区别，逐渐予以修正。

二、半挥杆和全挥杆基本技术

半挥杆和全挥杆是指草坪场地的挥杆距离超过 25 米，沙滩场地的挥杆距离 15 米以上的挥杆技术。动作幅度相对较大、难度较高，对运动员力量和控杆能力有一定要求。打好半挥杆和全挥杆需要多方面的能力，即使具有一定水平的优秀选手也经常受到挥杆失误的困扰。

（一）上挥杆

上挥杆是从准备姿势开始向后上挥杆到顶点的过程，是挥杆动作一个重要的开始，对整个挥杆动作的质量有很大的影响。

1. 上挥杆的要领

将球杆轻轻放到球的正后方位置，肩、手、球杆固定成一体，头部不动，眼睛盯住木球。上挥杆的启动从手腕带动球杆沿挥杆平面向后的转动动作开始，紧接着是双臂保持自然伸直，持球杆以脊椎为轴的转动也随即进行，当双臂形成的"指针"指向约 7：00 方向时，重心开始略向右腿转移，保持左臂伸直，逐渐弯曲右肘，继续匀速向上挥杆，8：00 方向时可以适当内旋左臂外旋右臂保持挥杆的流畅性，平稳挥杆至上挥杆顶点。

上挥杆时头部的位置很重要，它事关挥杆姿势与身体的平衡。然而，许多运动员并不知道挥杆时他们的头部该不该动，动的话应该动多少。小挥杆和半挥杆的时候，在头部完全不动的情况下，向上挥杆，我们可以轻易地做到。但全挥杆的时候，在头部完全不动的情况下，向上挥杆，你会发现这样做会受限制，尤其是上挥杆的末端。所以，在全挥杆的上挥杆末端稍稍将头部向右移动2~5厘米，就会感觉容易很多。

图4-25　上挥杆

2.上挥杆顶点

上挥杆顶点是指上挥杆动作的最后杆头到达挥杆平面最高点的位置。顶点即上挥杆部分的最高点，也是上挥杆部分与下挥杆部分的转换点。半挥杆和全挥杆身体重心右移较多，右脚承担大部分体重，其余部分由左脚内侧承担，髋关节微向右转，左膝微扣并稍向右膝靠近。左臂自然伸直或微弯，右肘弯曲，双臂和左肩向右后转，左肩处于下颌位置，脊柱前倾角度保持和瞄球初始时一样，球杆位于右肩上方或头上。整个身体像拧紧的发条，蓄满了能量。上挥杆的结束同时是下挥杆的开始，转换的瞬间即为挥杆的顶点。

整个上挥杆过程杆头速度均匀，各关节运动平缓稳定，眼睛始终注视木球，身体重心平稳。半挥杆和全挥杆上挥杆期，杆头最大速度约为 4.5 米／秒。

上挥杆顶点的位置高低应与挥杆力量的大小成正比。

3. 容易出现的错误及纠正方法

（1）上挥杆时手臂僵硬，上杆顶点时不舒适

原因分析：这种情况往往是由多种原因造成的，比如双臂过度伸直握杆，双手握杆过于紧张；上挥杆时身体重心没有及时向右转移，转肩幅度不够；上挥杆时右臂太直；杆瓶底和杆瓶头一直沿挥杆平面上挥，导致手腕手臂紧张等。要找到真正的问题所在，才能更好地予以纠正。

纠正方法：

调整握杆方法，手臂自然伸直，力度适中，以能控制球杆为准。

注意上挥杆时的节奏和转髋、转肩、转腕的配合。

上挥杆时保持左臂自然伸直的同时，逐渐弯曲右肘以协调身体，保证上挥杆的顺畅。全挥杆时为提高挥杆的幅度，可以适度弯曲一下左臂。

上挥杆至 8：00 方向时，适当内旋左臂、外旋右臂，使球杆按顺时针稍转动以协调身体，保持挥杆的流畅性。

（2）上挥杆时向内偏离挥杆平面

原因分析：对挥杆平面的概念理解不够；上挥杆时身体向右过度转体；右臂主动发力牵引球杆向内偏离挥杆平面；上挥杆时不能保持双臂与球杆的角度，使双臂与球杆在一个平面上，导致球杆偏离挥杆平面。

纠正方法：

加深对挥杆平面的理解，反复练习上挥杆从起点至上挥杆顶点之间的挥杆轨迹。

注意上挥杆的节奏和用力顺序。

注意保持双臂与球杆的角度，使杆头和双手各自沿着自己的轨迹行进。

图 4-26 挥杆时，双手和杆头沿着自己的平面行进

（3）上挥杆时向外偏离挥杆平面

原因分析：对挥杆平面的概念理解不够；上挥杆时转髋转肩幅度不够；双手离开自己的行进轨迹，主动发力牵引球杆向外偏离挥杆平面。

纠正方法：

加深对挥杆平面的理解，反复练习上挥杆从起点至上挥杆顶点之间的挥杆轨迹。

注意上挥杆的节奏和用力顺序。

理解在上挥杆杆头沿挥杆平面挥动的同时，双手也有自己的挥杆轨迹，不要偏离。

（4）上挥杆时杆头轨迹过小

原因分析：上挥杆时转髋转肩幅度不够，手腕转动幅度大、手臂过早弯曲导致挥杆半径减小，将球杆"卷"上头顶。

纠正方法：

注意上挥杆时的节奏和转髋、转肩、转腕的配合。

注意上挥杆的节奏和用力顺序。

上挥杆前半部分保持左臂的自然伸直状态。

（二）下挥杆

下挥杆是从挥杆顶点沿挥杆平面将球杆回挥到球体正后方击球的挥杆阶段，是一个还原身体右旋拉力和释放运动能量的过程。

1.动作要领

下挥杆与上挥杆的用力顺序相反，它是按照髋、肩、臂、腕的顺序进行。杆头到上挥杆顶点的瞬间，双腿推动髋关节的下挥杆动作随之启动，重心由右向左转移。紧接着以脊椎为轴扭腰转肩的转动开始，当左臂指向大约9：00方向时，球杆绕手腕的转动开始，头保持原位，右肘靠近右肋，重心由右至左移动，保证击球时三个转动轴同时落在球后与目标方向垂直的平面内。下挥杆过程中的用力顺序是由大肌群到小肌群、大关节到小关节，由此而形成的鞭打动作，可以使球杆杆头产生一个较快的速度。因此，下挥杆初期，尽量保持手腕的角度，让杆头的力量延后释放，有利于鞭打动作的形成以增加杆头速度，使下挥杆动作更流畅。全挥杆下挥杆期杆头最大速度约为12.4米／秒。

图 4-27　下挥杆

2.容易出现的错误及纠正方法

（1）下挥杆时偏离挥杆轨迹，向内或向外划"8"字

原因分析：挥杆轨迹是指挥杆过程中杆头运行的路径，其正确与否将对木球初始的行进路线产生影响。通常，我们把木球到目标的虚拟连线称作目标线，以目标线为界，站位的一侧称为内侧，另一侧称为外侧。由于对挥杆平面的概念理解不够，挥杆时挥杆平面发生偏转，由外而内或由内而外去击球，上挥杆与下挥杆的轨迹交叉，形似"8"字。由外而内的挥杆在方正击球的情况下，球会偏向目标线内侧；由内而外的挥杆在方正击球的情况下，球会偏向目标线外侧。

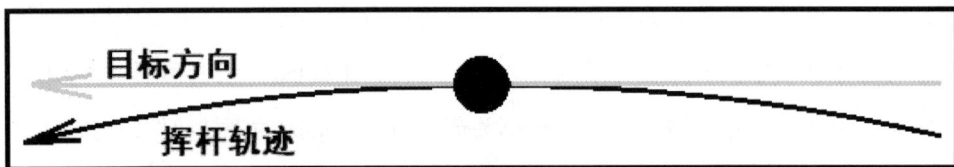

图 4-28   正确的挥杆轨迹

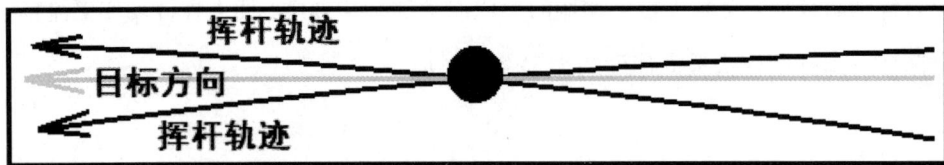

图 4-29   向内或向外的挥杆轨迹

纠正方法：

加深对挥杆平面的理解，"沿什么平面上挥杆就再沿什么平面下挥杆"。反复练习上挥杆和下挥杆的挥杆轨迹，保证挥杆动作的顺畅性。注意杆头和手腕都要沿着各自的挥动平面挥动，不要偏离。

注意下挥杆的节奏和用力顺序。

（2）下挥杆时双臂发力

原因分析：想把球打得更远，下挥杆时双手紧握球杆发力；害怕击不正球，双臂及双手紧张；习惯动作。

纠正方法：

注意下挥杆的用力顺序，加深对挥杆节奏的理解，体会鞭打动作。加大上挥杆幅度，用挥杆幅度决定挥杆力量。改进挥杆技术，减小握杆力量，以能够控制球杆为好。

（三）击球

击球时橡胶材质的杆头受到木球撞击后发生的弹性形变增加了杆头与木球的接触时间。杆头与木球撞击的时间约 0.01 秒，相对于整个挥杆过程时间虽然不长，但对于整个挥杆动作来说是一个至关重要的环节，因为击球质量的好坏将直接决定着挥杆的质量。

1. 球杆头与木球的撞击

通过正确的下挥杆回挥，击球瞬间确保髋绕左腿转动的轴线、左臂绕脊柱转动的轴线、球杆绕左手腕转动的轴线，同时落在球后与目标方向垂直的平面内，此时左腋夹紧，头固定，眼注视球，重心移至左脚，髋关节微向左转，右膝自然扭转，右脚脚跟轻离地面，左脚紧贴地面，杆头沿挥杆平面正对木球，杆头中轴线延长线通过木球重心与目标方向一致，形成方正击球。

方正击球是指球杆杆面以一个正确的姿态撞击木球，作用力通过杆头中轴线正对木球重心点，与目标线方向一致。方正击球的击球效果好，球杆可以将来自身体的力量完整地传递给木球，击球扎实，声音清脆，击球距离远，木球行进轨迹径直且平稳，不会出现侧转现象。

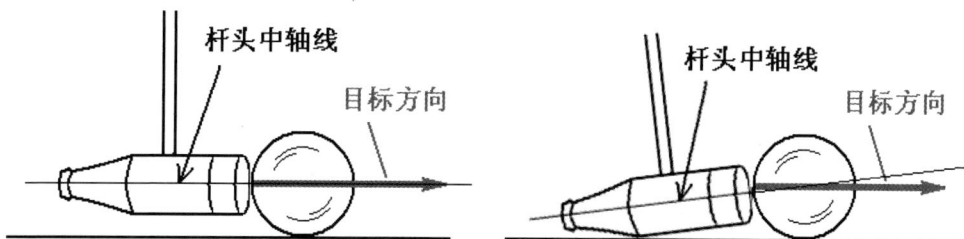

图 4-30　方正击球的条件

球杆杆头分橡胶头或橡胶帽两种，有弹性的橡胶材质使得球杆头在与木球撞击时发生形变，二者会有一定的接触时间。双手较紧的握杆会相应增加球杆与木球的接触时间，使力量更好地通过杆头向木球传递。

由于与木球的撞击，杆头速度会有所降低，全挥杆击球后杆头的速度降为约8米/秒。

2.容易出现的错误及纠正方法

（1）击球时，杆头轨迹稍稍靠前或靠后偏离挥杆平面，不能以杆面中心点撞击木球正后方

原因分析：挥杆轨迹与挥杆平面不在同一平面。打完球后注意观察一下杆面，可以清晰地看到偏离杆面中心点的木球撞击痕迹。撞痕偏离中心点不多的时候对出球方向影响不大，但如果向前或向后偏出太多，则出球方向会出现很大偏差，出球距离不远并产生少许向内或向外的侧旋球，严重时会明显感觉到球杆的转动。

纠正方法：

击球时注意两手的位置，双手有自己的挥杆轨迹，击球时注意不要远离或靠近身体。

双手协同用力，但不要过分强调哪一只手用力。

转髋不要太猛。

（2）手臂主动发力，杆面击中球的内侧，木球从右侧偏出

原因分析：片面追求远度，挥杆时发蛮力，击球瞬间双手领先于球杆，导致杆头落后，杆瓶底向外，杆瓶头向内，杆面不能正对木球，以杆面外侧与木球内侧发生撞击，导致木球行进过程中向外侧旋转，一般都过早从球道右侧旋转出界。

纠正方法：

先用较小的力量挥杆，逐渐加大力量和幅度，最大用60%~70%的力量挥杆。

注意挥杆的节奏和用力顺序，学会用身体打球。

不要过早地抬头，击球时眼睛紧盯木球，清晰地目视击球过程。

击球瞬间注意髋部、手腕、杆头要同时到达球后与目标方向垂直的平面，手臂手腕锁紧，保持双肘与双手构成的三角在击球时固定不变。

（3）击球瞬间双手落后于球杆，木球从左侧偏出

原因分析：过分强调杆头的鞭打动作，手腕紧张度不够，导致杆头领先于双手，杆瓶底向内杆瓶头向外，杆面不能正对木球，击球瞬间改变了挥杆轨迹，向内偏离挥杆平面，导致木球从球道左侧出界。

纠正方法：

击球瞬间注意双手握杆保持适度紧张，手臂和手腕锁紧。

击球瞬间，注意髋部、手腕、杆头要同时到达球后与目标方向垂直的平面。

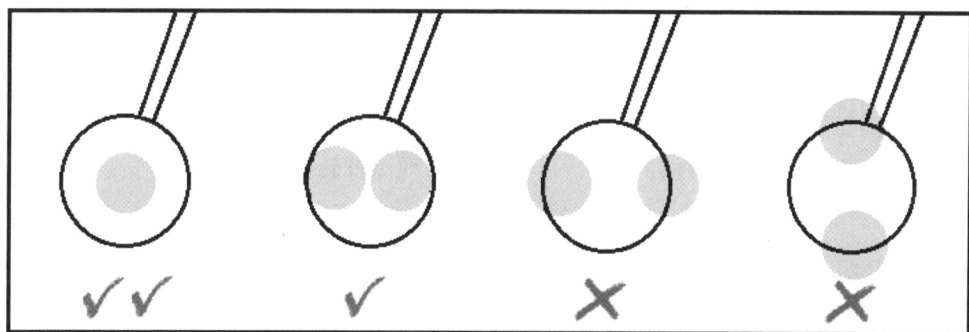

图 4-31　从撞痕分析击球效果

（4）击球时位置偏低或偏高

原因分析：击球时改变了双臂和球杆形成的挥杆半径的长度，或者由于双腿和上体姿势的改变使重心有起伏，导致杆面与木球的撞痕偏高或偏低。杆面上撞痕偏高时，杆面打到球的下半部分，有可能杆头在击球前会在地面上留有打痕，而且打出的球会往往会有"跃起"现象；杆面上撞痕偏低时，杆面打到球的上半部分，击球时木球会与地面有撞击（沙滩场地可以清晰地看到痕迹），而且打出的球也会往往会有跳动现象。

纠正方法：

注意击球时不要抬上体或沉肩等，眼睛注视木球，头部的高度要保持不变。

注意击球时不要蹬地或下蹲，髋部的高度要保持不变。

击球时左臂保持自然伸直，保持挥杆半径不变。

（5）击球时球瓶中轴线不能正对木球

原因分析：击球时手腕没有回到准备姿势时的姿态，使球杆向内或向外发生转动，导致杆面击球时斜对木球，以橡胶垫一侧撞击木球，有时会在木球上留下"月牙状"橡胶印，导致击球失误。经常犯此错误，很容易出现橡胶垫一侧被撞击破损的现象。

纠正方法：

击球时注意手腕要回到准备姿势时的姿态。

上挥杆的前半段和下挥杆后半段（6：00方向至9：00方向之间）要密切注意杆瓶头和杆瓶底均沿挥杆轨迹行进，不要出现球杆转动现象。

图4-32　击球时球瓶中轴线不能正对木球

（6）击球时身体右倾

原因分析：击球时无转髋动作，身体重心没有及时向左脚转移，被迫上体右倾以保证击球时双臂的伸直状态。

纠正方法：

注意髋关节的转动和重心的左移。

击球瞬间确保髋绕左腿转动的轴线、左臂绕脊柱转动的轴线、球杆绕左手腕转动的轴线同时落在球后与目标方向垂直的平面内。

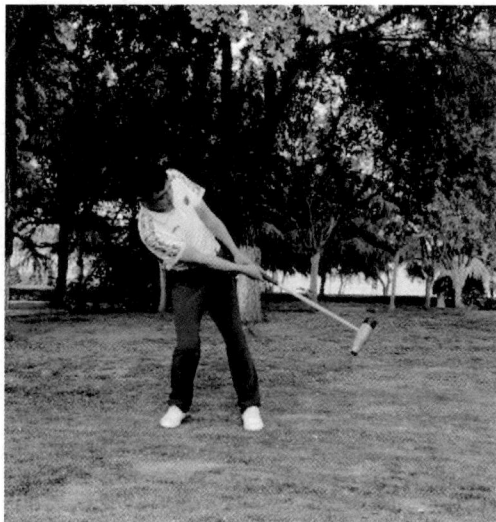

图 4-33　击球时身体右倾

（四）收杆

击球后随着球杆头与木球的分离便进入收杆期，收杆期球杆不再对木球有作用力，只是双臂持球杆的随前动作，以协调身体的平衡。

1. 动作要领

击球结束，目光随木球移动，身体重心进一步左移，左脚保持不动形成左侧支撑，身体逐渐左转，双手继续较紧握杆，借助击球后球杆的惯性，继续保持沿挥杆平面随前挥动。挥至 5：00 方向位置，左臂向外、右臂向内顺势旋转球杆，逐渐让球瓶垂直于挥杆平面，从而使挥杆更为流畅，继续沿挥杆平面挥动。此时，手臂手腕放松，上体、双臂跟随球杆惯性继续转动，球杆最后经由左肩收至左肩上方或肩后。挥杆结束，定格在收杆动作上，目送木球滚动至目标区域。

2. 收杆动作

身体的大部分重心落
在左脚上，保持左脚位置
不动，上身应向右侧稍微
倾斜，身体完全朝向击球
方向，右脚跟抬起，脚尖
着地稍微向左偏，随着身
体左转，右膝向左膝靠拢，
动作幅度大时，右肩朝向
目标方向，球杆随挥至肩
后。整个收杆动作的形成
流畅自然，稳定而又自信。

收杆动作的幅度与挥
杆距离的长短有关。木球
的挥杆技术是一个有机的

每个木球人所追求的是
完美的收杆

杆身——与眼睛保持相同角度。

双手——位于左肩上方，这说明球杆
环绕着身体以理想的平面挥杆。

皮带扣——对准目标或稍微偏离目标
左侧，这说明通过球来控制身体的旋
转。

双肘——从击球准备开始一直到收杆
时保持相同距离，这表明在挥杆过程
中双臂与身体保持"联系"。

重心——重心位于前膝外侧，这说明
你的重心移动与挥杆动作和谐一致。

右脚——垂直于地面，脚尖着地，这
表明在击球过程中身体旋转度掌握得
恰到好处。

图 4-34　收杆

整体。运动员挥杆过程中产生的错误在收杆时会留下痕迹，而完美的挥杆技术也
会通过完整的、平衡的收杆展现出来。收杆动作的正确与否也是检验挥杆技术的
主要指标之一。通过对收杆动作的分析，可以了解到相关运动员挥杆技术的部分
内容。

3. 容易出现的错误及纠正方法

（1）击球后左臂弯曲

原因分析：刻意用手臂发力或者由于髋部转动幅度不够，身体重心向左转移
不到位，右脚全脚掌着地，这使得击球后的随前动作不顺畅，不得已抬高左肩、
弯曲左臂来协调球杆的挥动。

纠正方法：

注意转髋，左移重心。不要用手臂发蛮力击球；注意发力顺序，学会用身体打球。

图 4-35　击球后左臂弯曲

（2）收杆到头顶

原因分析：挥杆时轨迹过于垂直，髋部转动幅度不够，双肩带动手臂直臂发力，击球瞬间双手位置向身前移动，导致杆头轨迹偏外。从出球方向正后观察，挥杆平面变得高直；从出球方向正前观察，收杆时双臂举于脸前。

纠正方法：

调整准备姿势，不要让木球离身体太近、挥杆平面过于高直。

保持手臂与球杆形成的角度，击球瞬间双手位置不要前移。

注意挥杆要利用身体各部位转动的鞭打动作发力，不要用手臂发蛮力。

图 4-36　收杆到头顶

（3）过分收杆

原因分析：过分收杆就是收杆最后阶段把本来已经停下来的球杆又沿着挥杆轨迹的延长线刻意加长，虽然看起来姿势优美，但存有"摆拍"之嫌，存在的意义不大，有点画蛇添足。此多余动作对击球效果一般没什么影响，但如果小挥杆刻意去做，可能会增大击球力量。

纠正方法：

要明确收杆应该依靠球杆的惯性作为动力进行。

收杆的后期手臂手腕适当放松，减少对球杆的控制。

收杆的幅度大致与上挥杆的幅度相当，前后基本对称。

（4）收杆时身体失去重心

原因分析：击球时过分用手臂挥杆，发蛮力，挥杆轨迹由外向内偏离挥杆平面，球杆带动身体向前失去重心，有时右脚会不得已向前迈出一小步，调整身体平衡。

纠正方法：

准备姿势要做到四平八稳，双脚踏实，切勿将重心落于前脚掌上。

不要用手臂发蛮力击球，注意发力顺序，学会用身体打球。

注意挥杆轨迹不要偏离挥杆平面。

图 4-37 收杆时身体失去重心

（5）挥杆平面过于扁平或过于高直

原因分析：除了收杆的最后阶段，理想的挥杆是在大多数时间沿着挥杆平面挥动。挥杆平面与个人的站姿有着密切的关系，每个人都有着自己的挥杆平面。过于扁平的挥杆平面会使运动员过分依赖自己的身体转动，手臂不容易控制球杆，方正击球的难度增大；过于垂直的挥杆平面会使手臂能够较容易地控制球杆，方正击球的难度变小，但转体动作会受到体位的限制，击球后重心的转移变得不再流畅。

纠正方法：

加深对挥杆平面与准备姿势关系的理解，调整站姿，找到理想的挥杆平面。

调整木球与身体的前后距离。

（五）双臂对球杆的调整

理论上讲，在挥杆中让杆瓶底和杆瓶头始终沿着挥杆轨迹行进是最理想的运行方式，但由于人体结构的原因，这一理想的运行方式只能维系在 3：30 方向和

8：30方向的范围内，超出这个范围，很多人都会感到别扭与不舒适，所以在上挥杆的中后期，往往通过内旋左臂、外旋右臂来协调身体，在收杆的中后期，往往通过外旋左臂内旋右臂来协调身体。在3：30方向和8：30方向的范围之外这两个时期，虽然"杆瓶底"和"杆瓶头"偏离了挥杆轨迹，但杆身却一直沿挥杆轨迹行进。我们需要做到的是，球杆回挥进入8：30方向和3：30方向的范围之内时，把"杆瓶底"和"杆瓶头"恢复到挥杆平面上就可以了。

图 4-38　双臂对球杆的调整

三、小挥杆基本技术

小挥杆是指草坪场地的挥杆距离在 25 米以内、沙滩场地的挥杆距离在 15 米以内小力量、小幅度的挥杆技术，在木球比赛中用到的次数最多，是决定比赛成绩的重要因素。与半挥杆和全挥杆相比，小挥杆动作幅度及力度小，挥杆距离短，需要对力度和方向有更精准的把控。

图 4-39 小挥杆

（一）上挥杆

从准备姿势开始，肩、手、球杆固定成一体，头部不动，眼睛盯住木球，两手臂保持自然挺直，先是右手手腕引领球杆启动上挥杆，随即双臂持球杆以脊椎为轴沿挥杆平面向后转动，身体重心开始微向右腿转移或保持不动，左臂挺直，右肘稍弯，平稳匀速挥杆至上挥杆顶点。

整个上挥杆过程杆头速度均匀，各关节运动平缓稳定；眼睛始终注视木球，身体重心平稳。

（二）下挥杆

杆头到上挥杆顶点时，下挥杆随即开始，与上挥杆用力顺序相反，转髋，重心左移，双肩带动双臂转动，最后通过手腕的转动控制球杆以鞭打动作沿挥杆轨迹挥向木球。

（三）击球

击球瞬间确保髋绕左腿转动的轴线、左臂绕脊柱转动的轴线、球杆绕左手腕转动的轴线这三条轴线同时落在球后与目标方向垂直的平面内，杆头中轴线、球体重心点与目标方向在同一条直线上，此时重心向左脚微移，双脚紧贴地面，左腋夹紧，头固定，眼睛注视木球，杆面方正击球。

（四）收杆

击球结束，目光随木球移动，左脚保持不动形成左侧支撑，借助击球后球杆的惯性，继续保持沿挥杆平面随前挥动，杆头挥至约与上挥杆顶点对称的位置停下。挥杆结束，定格在收杆动作，目送木球滚动直至停止。

收杆动作的幅度与挥杆的距离有关，基本与上挥杆幅度相对称。击球距离较短的小挥杆，髋关节基本没有转动，腕关节转动的幅度也较小。

（五）容易出现的错误及纠正方法

原因分析：挥杆力度过大或过小是因为对场地阻力估计不足，对球杆控制不够。

纠正方法：

学会观察场地阻力情况，做出正确判断。

学会用上挥杆幅度和下挥杆速度控制挥杆力量。

挥杆动作要相对固定，预挥杆练习时注意幅度，要与真实挥杆一样。

四、挥杆注意事项

（一）重心的转移

良好的重心转移是扎实有力击球的前提，巧妙地利用双腿和髋部的力量，才可以放松灵活地转移身体重心。正确的重心转移应该是：上挥杆时重心移动到身体右侧，下挥杆时移到左侧，收杆时右脚跟抬起脚尖朝地，重心几乎完全放到左脚上。

（二）用身体打球

下挥杆时，运动员依次通过转髋、转肩、转腕带动球杆挥向木球，两臂领先于球杆，让屈腕动作尽量多保持一会儿，把储存的能量保持到最后释放，形成"鞭打动作"。半挥杆和全挥杆的"鞭打动作"是在髋关节的带动下，双肩带动手臂、手臂带动手腕、手腕带动球杆形成的多关节多部位联动的鞭打，其原动力源于身体，结构较为复杂。小挥杆的"鞭打动作"相对简单，髋部的作用减小，主要是双肩带动手臂、手臂带动手腕、手腕带动球杆形成的鞭打。

（三）握杆力度要适中

握杆既要自然轻松，还得保持对球杆的控制。力度太小难以控制球杆；力度太大则导致双臂紧张，动作僵硬。

（四）注意挥杆幅度

根据场地阻力、挥杆距离的长短来确定挥杆力度，并用挥杆力度来决定上挥杆顶点的高度，切记不要仅仅依靠节奏的快慢来调整力度。收杆的高度与上挥杆的高度基本一致，左右对称。

（五）要有一个良好的挥杆节奏

上挥杆要缓慢平稳，到上挥杆顶点后转到下挥杆要连贯，下挥杆节奏要平稳流畅，收杆动作要自然大方。切记不要在挥杆过程临时改变主意，突然加力或减力，导致挥杆节奏出现问题，影响方正击球。

（六）关于小挥杆

小挥杆动作幅度较小，应该注意控制力度、提高精准度，如，可以适当降低握杆的高度，以提高动作的稳定性。不能因为小挥杆动作幅度小而忽略其规范性，产生不必要的失误。

五、挥杆练习

（一）钟摆练习

准备姿势做好后，两手持球杆轻离地面，以脊椎为轴使双臂持球杆沿挥杆轨迹像钟摆一样左右摆动。刚开始练习的时候，幅度控制在5：00~7：00方向之间，要求注意保持手臂、手腕的形状。钟摆练习是一个最简单的机械运动，主要体会脊椎转动和球杆头沿挥杆平面挥动的流畅性。钟摆练习可在长草区进行，从球杆头撞击草叶的位置和声音来感受挥杆的稳定性和顺畅性。

图 4-40　钟摆练习

简单的钟摆练习掌握以后，逐渐增加动作幅度，上杆时稍加手腕转动动作，注意体会下杆时手腕的鞭打动作。左右挥动的幅度要对称。

（二）移重心练习

两脚左右开立，上体前倾，两腿微弯，保持基本站姿，两手分别握球杆两端，将球杆扛在肩上。保持上体前倾的角度，想象挥杆时的身体姿势，模拟重心的转移。"上挥杆"时，以脊椎为轴带动左手向前下、右手向后上转动，重心逐渐向右腿转移，平稳"挥杆"至"上挥杆"顶点，头部基本保持不动，左肩处于下颌位置，眼睛盯住置球点，身体扭紧，此时身体重心偏于右脚。"下挥杆"时，双腿推动髋关节由右向左转移重心，以脊椎为轴扭腰转肩的转动开始，头保持原位。"击球"结束进入"收杆"阶段，身体重心进一步左移，左脚保持不动形成左侧支撑，身体逐渐左转，最后身体的大部分重心落在左脚上，上身向右侧稍微倾斜，右脚脚后跟轻离地面，右膝向左膝靠拢，身体完全朝向"击球"方向。

移重心练习应从小幅度开始逐渐转向大幅度，从"小挥杆""半挥杆"逐渐过渡到"全挥杆"。

图 4-41　移重心练习

（三）无球的挥杆练习

找一根与球杆差不多长度、重量略轻的木棍或者倒握球杆用来做预挥练习，较轻的木棍或倒握的球杆挥起来会更加流畅。

1.单手无球挥杆练习

准备姿势站好，左手（右手）跟双手握杆姿势一样单手持球杆，右手（左手）背于身后或置于体侧，想象与双手挥杆动作一样，上挥杆、下挥杆、收杆一气呵成，重点体会挥杆的鞭打动作、重心的转移和挥杆的流畅性，可以从木棍的声音判断鞭打的速度。挥杆幅度从小到大，注意身体重心的转移和用力顺序。

图 4-42　右手无球挥杆练习

图 4-43　左手无球挥杆练习

2.分解挥杆练习

把挥杆分解成4部分进行练习，每一个部分做完后停止不动，核验一下动作是否规范到位，如有问题及时调整好，然后再进行下一步练习。具体做法如下。

（1）准备姿势。检查站位、握杆等是否标准。

（2）上挥杆到顶点，稍停顿。检查双臂的动作、上挥杆顶点的位置和杆头姿态是否准确，有必要可以再重复一次，体会上挥杆的杆头轨迹。

（3）下挥杆到击球动作，稍停顿。检查双臂的动作、杆头的位置和姿态是否准确，有必要可以再重复一次，体会下挥杆的杆头轨迹。

（4）收杆时，稍停顿。检查双臂的动作、杆头的位置和姿态是否准确，有必要可以再重复一次，体会收杆的杆头轨迹。

图 4-44　分解挥杆练习

收杆动作幅度从小到大，时间间隔从长到短，逐渐由慢速过渡到正常速度的完整挥杆动作。

3. 挥杆平面的练习

使用挥杆平面练习器进行挥杆。挥杆平面练习器是一种固定在地面的弧曲形轨道，专门用来辅助训练木球运动员达到正确挥杆姿势的器材，能够满足木球新手运动员尽快找到挥杆平面的概念。

（1）练习者在规定位置做好准备姿势，根据自身的站位特点适当调整挥杆平面的角度，运动员从钟摆练习开始，让球杆紧贴轨道滑行，挥杆幅度逐渐加大，注意体会挥杆平面，逐渐形成动作记忆。

（2）练习时注意动作规范性，与挥杆动作一样，尤其注意身体重心的稳定和双手的挥动轨迹。

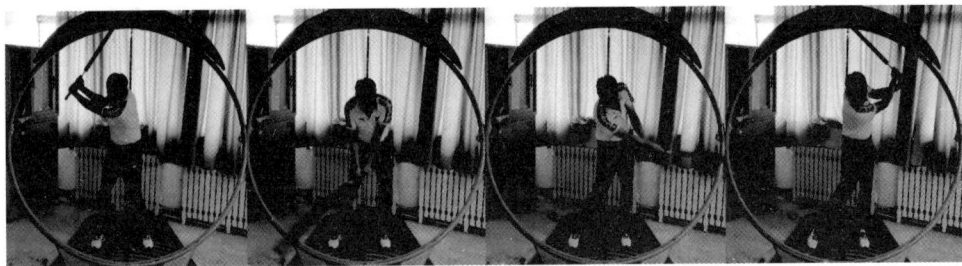

图 4-45 挥杆平面的练习

4. 减重或增重的无球挥杆练习

减重的无球挥杆练习是利用重量较轻的球杆或者卸掉螺旋式橡胶垫的球杆进行预挥练习，由于重量较轻，挥动起来较为省力，主要是体会挥杆的流畅性、鞭打动作、挥杆轨迹等。

增重的无球挥杆练习是利用重量较重的球杆或者特制的重球杆进行预挥练习，主要目的是提高对球杆、身体重心和平衡的控制能力，增强上肢力量。

5.预挥杆练习

手持球杆做空挥球杆练习，主要体会动作的顺畅、挥杆的轨迹等，与真实挥杆的动作一致。预挥杆练习可以让运动员很好地找到挥杆节奏和保持手感，在训练和比赛中经常使用。

（四）小挥杆

由于距离比较近，动作幅度较小，小挥杆对停球点的精准性要求比较高。两人对挥练习效果最佳，一人挥杆；另一人面对挥杆人站立，两脚左右开立大约球门宽度，密切注视挥杆人，及时提示挥杆时出现的问题。要求挥杆人把球挥至同伴两脚之间，做到方向正确，力度适中。

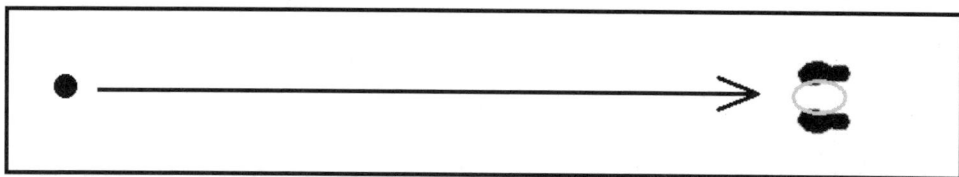

图 4-46　小挥杆

（五）半挥杆

半挥杆要尽量做到方向正确，力度适中不出圈。两人对挥，一人挥杆；另一人面对挥杆人站立，两脚左右开立大约球门宽度，密切注视挥杆人，及时提示挥杆时出现的问题。要求挥杆人把球挥至同伴脚下宽1.5米、长2米的椭圆内。

图 4-47　半挥杆

（六）全挥杆

两人对挥，一人挥杆；另一人面对挥杆人站立，两脚左右开立大约球门宽度，密切注视挥杆人，提示挥杆时出现的问题。要求挥杆人把球挥至同伴前后距离2米的球道内，尽量做到方向正确，力度适中不出范围。全挥杆要用70%~80%的力量。

图 4-48 全挥杆

（六）大力挥杆

大力挥杆指超出运动员最大挥杆距离的挥杆练习，主要是为了提高运动员全挥杆的能力。运动员基本上尽全力挥杆，稳定性不好，在比赛时一般用不到。此练习力求方向正、动作稳定。

图 4-49 大力挥杆

（七）挥杆辅助练习

1. 髋部发力练习

上挥杆到达顶点时，肩部与髋部之间像绷紧的弹簧，感觉像拉满的弓一样，随时准备突然释放。下挥杆时髋部先启动，保持手臂和手被动，右手肘贴近身体，双手和球杆从顶点顺势向下运行。正确的次序是髋、肩、臂、手依次用力使下杆的速度逐倍放大，最后在击球时杆头速度最大。如果在上挥杆顶点时手臂和手主动用力启动下挥杆，会导致挥杆节奏不好，击球效果不佳。

下面的练习帮助你体会正确地用力。让同伴在练习者上杆顶点时握住球杆，练习者体会下挥杆时转髋发力的感觉，这时你身体左侧肌肉会有绷紧之感，这说明你用左臂拉动球杆，而不是身体右侧推动球杆。

图 4-50   正确的用力次序练习

2. 头部稳定性练习

保持头部稳定是完美击球的前提，上杆时不可上下起伏，头部移动幅度过大是导致击球失误的主要原因。下面是保持头部稳定的练习，具体方法是：教练站在练习者体前，把把手轻放到练习者头顶，提示头部要保持不动，眼睛注视木球，上杆和下杆时以脊椎为轴心转动身体，反复练习，击球的稳定性会大大提高。

图 4-51　头部稳定性练习

3.左（右）手挥杆击球练习

将球放在置球点上，只用左（右）手握住球杆。从准备姿势开始，缓缓地上杆到10点钟方向位置，然后在髋、左（右）手臂手腕的带动下平稳地下挥杆击球，不要求挥杆远度，更多关注顺畅挥杆和方正击球，然后利用下挥杆的惯性完成收杆动作。注意体会挥杆节奏。

图 4-52　右手挥杆练习

图 4-53　左手挥杆练习

4.击球身体姿势练习

为了使杆面在击球时回正，杆头沿正确的轨迹运行，在击球时左腕一定要打直，并且球杆与左手臂成一条直线。找一块木桩或者突出墙面，模仿击球动作，并在接触时停止，动作由小到大。接触木桩或墙面的瞬间要求左腕打直，杆面方正对准木桩。也可以把动作分成上挥杆和下挥杆击球两部分练习。

（1）上挥杆到顶点，稍停顿。检查双臂的动作、上挥杆顶点的位置和杆头姿态是否准确，有必要可以再重复一次，体会上挥杆的杆头轨迹。

（2）下挥杆到击球动作，稍停顿。检查双臂的动作、杆头的位置和姿态是否准确，有必要可以再重复一次，体会下挥杆的杆头轨迹。

图 4-54　击球身体姿势练习

5. 模仿优秀运动员收杆动作

击球扎实而又流畅的挥杆必定有完美的收杆动作。正确的收杆动作应该是重心完全移到左脚，皮带扣正对目标，尽可能回转双肩，右肩比身体其他部位更接近目标，平衡良好。优秀运动员的技术稳定合理，收杆动作舒展规整，直接模仿可以更快掌握挥杆技术。练习者模仿优秀运动员做试挥杆的收杆动作并保持几秒钟，直到木球行进停止。收杆动作可以反映挥杆动作的问题，如果收杆站位不稳、不流畅或节奏不好，说明自己的挥杆动作需要做出调整。运动员要多次练习直到找到正确的收杆感觉，挥杆技术一定也会随之进步。

6. 对网挥杆

场地比较小或一人练习挥杆时，可以在距离开球点8米左右的位置挂一张网，在网下方设置一个目标点，对着目标点挥杆，木球撞击网缓冲后停在网前。可准备多个木球，减少来回捡球的次数。此方法安全可靠，密度高，还可以解决场地不足的问题。

（八）挥杆练习组织形式

1. 两人对挥

（1）把球放到球道中间，对着球道中间方向挥杆。

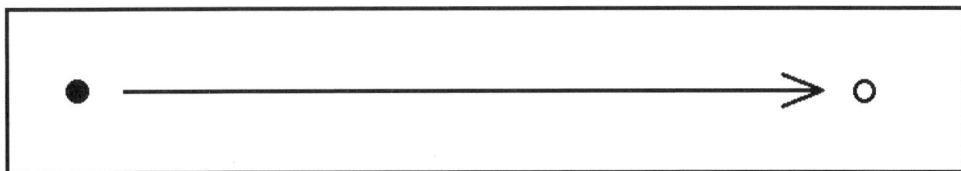

图 4-55 中间挥杆：两人中间

（2）把球放到距离球道边线一球距离的位置，对着球道中间方向挥杆，注意脚的站位和方向的控制。

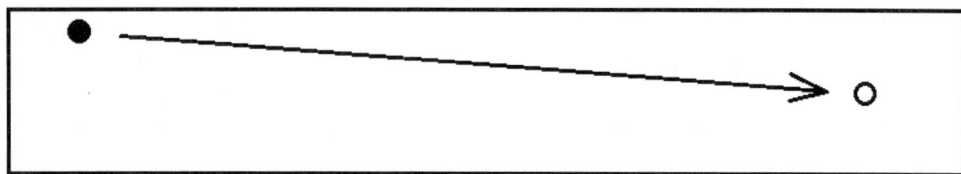

图 4-56　中间挥杆：两人边线

（3）把球放到距离球道边线一球距离的位置，平行球道绳方向挥杆，注意对击球方向的控制。

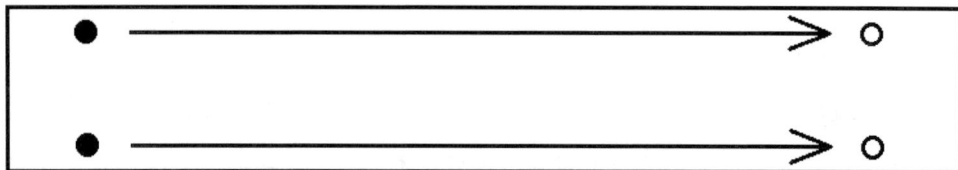

图 4-57　边线挥杆：两人边线

2. 多人斜方向挥杆

注意脚的站位和挥杆方向的控制，可以随时变换角度。

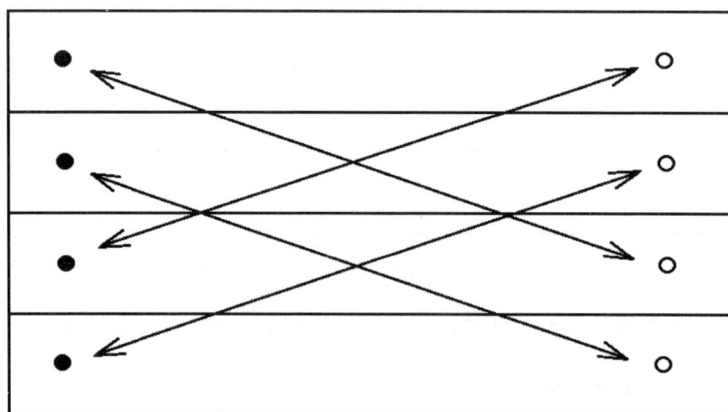

图 4-58　多人斜方向挥杆

3. 多人不等距轮转挥杆

在若干平行球道的场地上，多人练习效果更佳。在球道里设置长短不一的目标点，每个目标点安置一球一人，同一球道两人对挥，每点打一球，两人轮流挥杆，双方队员将球捡回摆至置球点。击球、捡球结束，所有人按照顺时针走向下一球道，如此循环练习。

此练习使运动员每次挥杆都面对不同的条件，可以很好地训练运动员的应变能力和控制力度的能力。

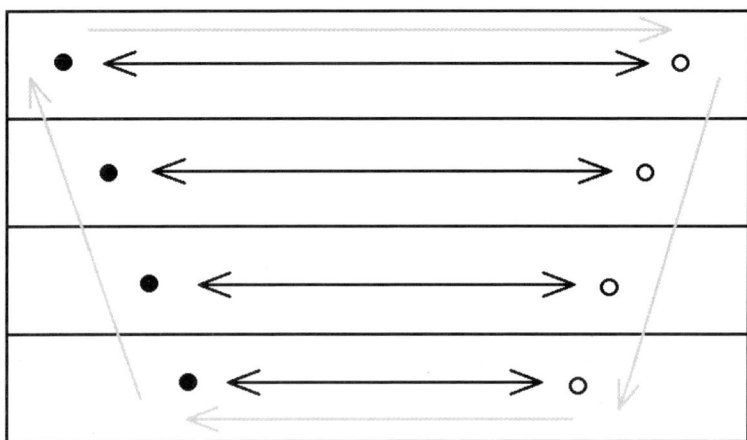

图 4-59　多人不等距轮转挥杆

4. 两人不定点不定距挥杆

甲乙两人一组挥杆，不固定距离不固定地点。乙随机选好目标点后，甲对着乙挥杆，挥杆结束甲随机选择目标点，然后乙对甲挥杆，如此循环。

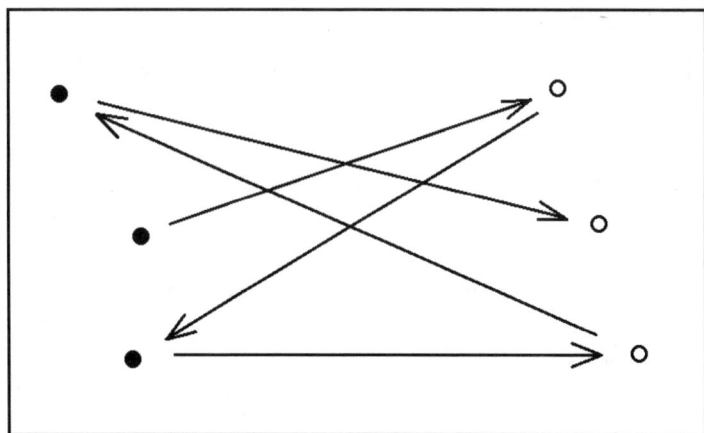

图 4-60　两人不定点不定距挥杆

（九）挥杆测试或挥杆比赛

测试者站在开球区开球，把球打向目标区域，在规定次数内以打进目标区域获得的分数之和确定成绩。开球区可随机变化。

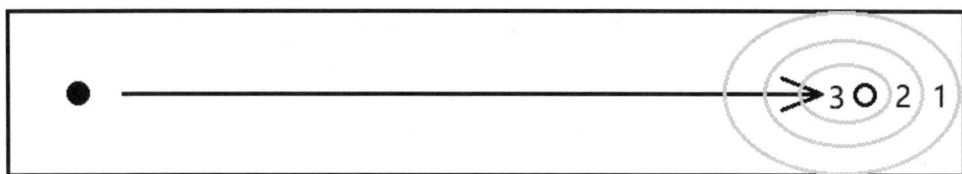

图 4-61　挥杆测试

六、调球及练习

（一）调球方法

木球接近攻门区，如果距离球门较远、位置较偏而存在攻门风险，或者是木球进入攻门区但攻门角度不好甚至是没有角度不能攻门。此时运动员就要选择先要把球打到有利于攻门的区域，然后再进行攻门。我们把这种先将球调整到有利于攻门区域的击球行为叫作调球。

调球时，运动员首先应该对场地状况进行研判，通过围绕球门区的走动观察，从不同视角来分析地形，还可以通过观察先打运动员的木球行进轨迹进一步了解地形，做到心中有数，做出精准判断，然后根据场地的坡度、阻力状况而选择最佳的目标停球区，进而选用稳妥合理的杆法，完成调球。

调球要以稳妥为主。一般来说，木球距离球门较远，目标停球区位置应该稍远一点，木球距离球门较近，目标停球区位置应该稍近一点。切不可过于追求完美而使调球太接近球门，造成没有角度或角度不好无法攻门的现象，亦不可过于小心，使调球离球门太远，导致攻门难度太大。如果攻门区有坡度，须将木球调整到正对门前偏下一点的区域，有利于攻门。

调球的技术动作属于小挥杆。

（二）调球练习

1. 定点调球

（1）无攻门角度的球

无攻门角度的球离球门较近，调球距离相对较小，应选一个好的停球点。场地阻力比较小的时候，注意控制力量，不要发生意外。两人一组，一人调球到门前，一人在门前提示注意事项，评定调球质量，并将球再次打回无攻门区域。10球轮换，如此往复。

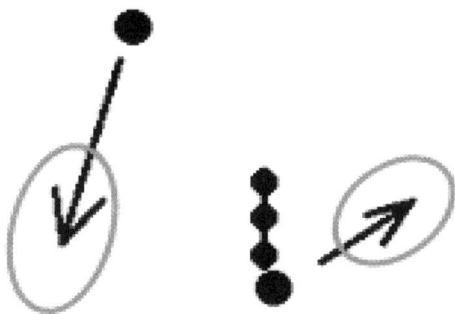

图 4-62 无攻门角度球的调整

（2）正对球门球的调整

需要调球的正对球门的球一般离球门稍远，调球的时候注意对力度的控制，调球距离球门太远攻门难度太大，距离球门太近可能会导致攻门角度太小或没有攻门角度。两人一组，一人调球到门前，一人在门前提示注意事项，评定调球质量，并将门前球再次打回较远区域。10球轮换，如此往复。

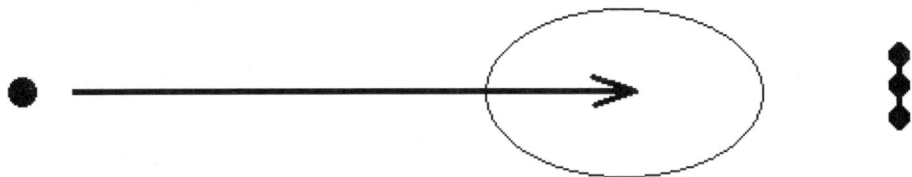

图 4-63　正对球门球的调整

（3）偏对球门的球的调整

偏对球门的球，调球的时候要偏向球门外侧的方向调整。两人一组，一人调球到门前，一人在门前评定调球质量，提示注意事项，并将门前球再次打回偏对球门区域。10球轮换，如此往复。

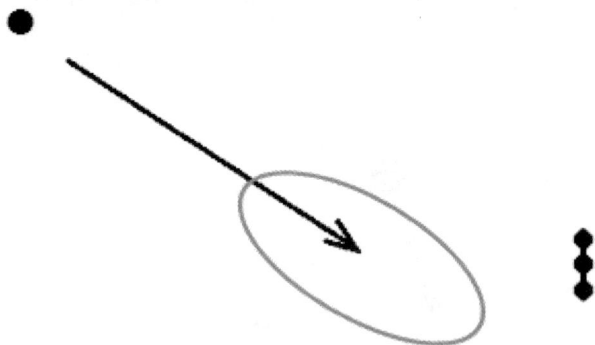

图 4-64　偏对球门球的调整

2. 不定点调球

两人一组，一人调球到门前，一人在门前评定调球质量，提示注意事项，并将门前球再次打到任意无攻门区域。10球轮换，如此往复。

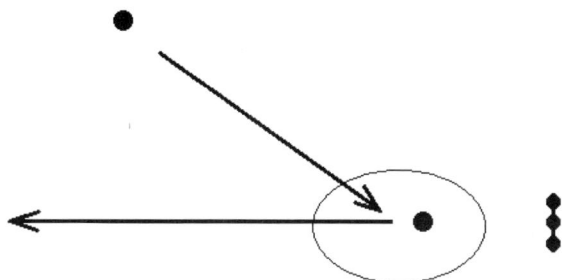

图4-65　不定点调球

3.回形道调球

回形道调球，锻炼运动员精准的方向和力度的把控，要求尽量以最少的杆数完成攻门。可以3~4人一组，以比赛的形式进行。

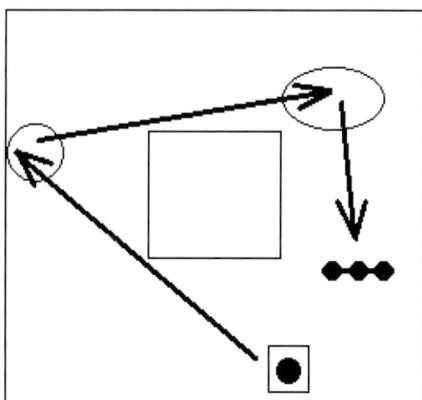

图4-66　回形道调球

4.特殊地形调球

针对坡度、障碍等地形的调球，可以进行有针对性的练习，以熟悉场地情况、提高控球能力。

第五节　攻门技术

　　攻门是运动员运用各种专门、合理的动作击球过门的方法，是木球运动中一项关键性技术，是完成一条球道比赛的最后一个环节。在比赛中，所有优胜者都会有一手出色的攻门技术，而因为攻门不好而导致心理崩溃的运动员也大有人在，所以努力提高攻门技术是提高成绩的最主要途径。攻门时要求冷静、机智、果断、有信心，动作稳定精准，并能随机应变。与全挥杆相比，攻门技术要相对简单很多，很多人不愿在攻门练习上投入过多的时间，而把更多的精力用在了全挥杆上，结果比赛成绩却不尽如人意。据统计，运动员在攻门区所用的杆数占整场比赛的25%~45%。攻门技术是影响运动员比赛成绩的重要因素之一，理应得到重视。

　　一名优秀的木球运动员，拥有高超的攻门技术是非常重要的，这能帮助自己有效降低杆数，提高自信心，打出漂亮的比赛成绩。不过，练好攻门绝不是一朝一夕的事情，不但需要熟记动作要领并养成好的挥杆习惯，更要勤学苦练以形成动作记忆，还需要强大稳定的心理作为支撑。很大程度上，攻门更是一种直觉、一种手感、一种神经的控制能力。

　　攻门技术是极具个性化的，即使优秀的运动员也会各不相同，每个人对攻门都有着不同的理解。但可以肯定的是，门前的策略、稳定的技术和超强的自信心是攻门成功的前提。条条大路通罗马，攻门动作没有哪个比哪个动作更好一说，只能是哪一个动作更适合你。

　　木球的攻门技术包括攻门前的风险评估、攻门路线与力度的确定、攻门瞄球、攻门准备姿势、攻门方法等。

一、攻门前的风险评估

　　并不是所有接近球门的球都可以直接攻门，这要根据具体情况作出决定。距离球门的远近、角度的大小、场地的平整度、自身技术水平、即时的攻门手感等是判断是否攻门的主要依据，球道赛还要根据对手的情况决定是否攻门。综合考虑以上因素，运动员要对攻门后的结果做出预判，斟酌得失，再来决定是攻门还是调整攻门。不要一时头脑发热，只想着自己之前曾经攻进过这样的球而盲目选择攻门，否则得不偿失。稳中求胜是杆数赛的主要策略，球道赛则需要见机行事。

距离、角度是影响攻门成功率的两大客观因素（如下图）。颜色深浅表示攻门的难易程度，从距离上来看，有攻门角度的球，越靠近球门攻门难度越小，越远离球门攻门难度越大；从攻门角度上来看，越正对球门的球，攻门难度越小，越偏离球门的球，攻门难度越大。在球门左右两侧，各有一个没有攻门角度三角攻门盲区。

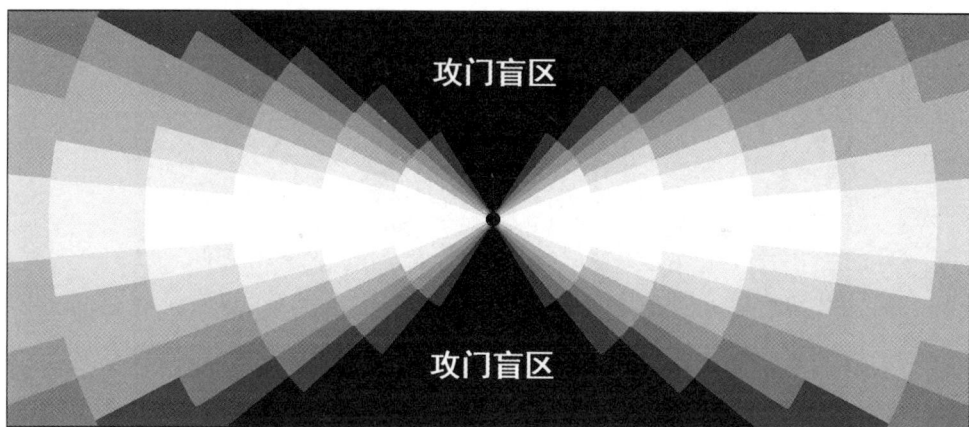

图 4-67 攻门距离、角度与攻门成功率

一般来说，正对球门的球，距离稍远仍可以尝试攻门，即使攻门不进，出现偶然性的概率较小；角度较小的球，距离球门越远，进球的难度越大，出现偶然性的概率较大，应谨慎为之。

二、攻门路线与力度的确定

一旦做出了攻门决定，运动员就要根据地形及地面阻力状况等对攻门路线做出准确判断，预想木球的行进轨迹，确定目标方向和击球力量，做到心中有球路。

正对球门的球进门概率大，偶然性小，攻门力量应该稍大一些，能够确保球滚动的直线性，即使稍偏一点仍可以撞门柱内侧过门；偏对球门的攻门进门概率小，偶然性大，攻门力量应该稍小一些，即使攻不进也不会发生太大意外，利于下一杆攻门。对于偏对球门或者状况不好地面的球，力度应稍微小一些，确保不发生意外。从赛制上讲，杆数赛以稳为主，攻门力量要小一点，球道赛中仅有一次机会的攻门力量应该稍大一点。

三、攻门瞄球

制定好攻门策略后，就进入了瞄球环节。瞄球就是运动员在球和球门之间找到一条虚拟的目标线，让球杆头中轴线、木球重心点正对目标线的过程。

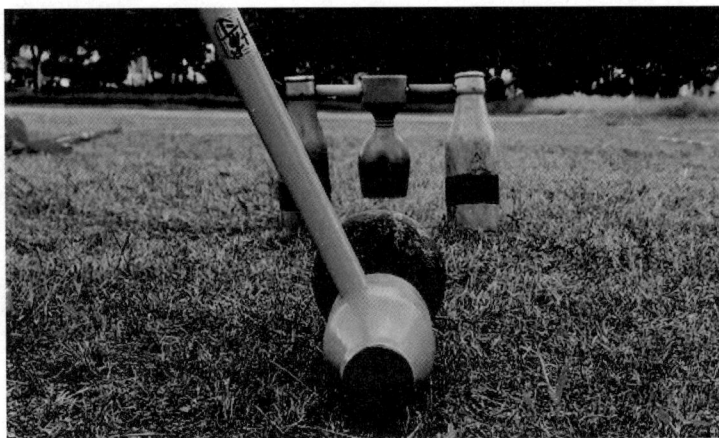

图 4-68　瞄球

攻门的瞄球方法除了使用挥杆技术的瞄球方法外，还可以用以下两种方法。

（一）去偏向瞄球法

运动员攻门脚位站好后，在球后朝向目标方向斜置球杆，眼睛在球杆头和木球的上方，通过调球杆头位置与角度，使球杆头中轴线、木球重心点、目标方向处于一条直线。瞄球时，可先用杆头中轴线对正木球瞄向左侧球门柱，再调整杆头瞄向右侧球门柱，然后取两条瞄准线路之间的角平分线为瞄球方向。也就是瞄球的方向，既不偏向左侧门柱，又不偏向右侧门柱，瞄准的方向即为球门正中间。

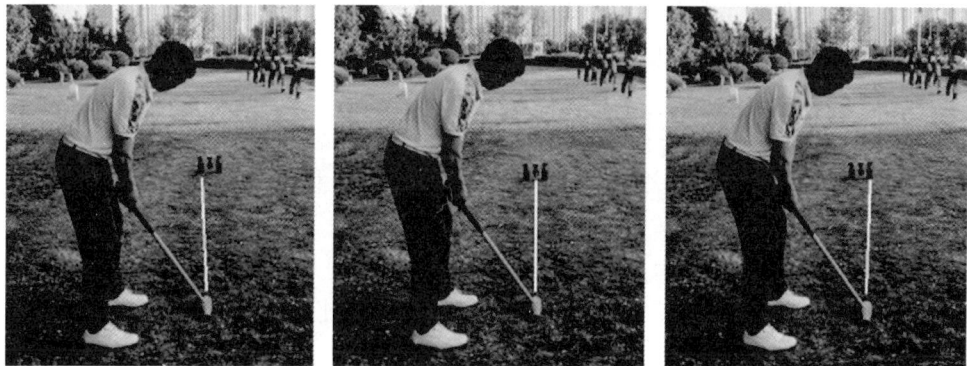

图 4-69　去偏向瞄球

（二）侧位低重心球后瞄球法

运动员攻门脚位站好后，在球后朝向目标方向斜置球杆。右脚右跨一步，重心移动到右脚，降低重心探肩转头至球杆后，从木球后上方看向球门瞄球，调球杆头角度使球杆头中轴线、木球重心点、目标方向处于一条直线，按住球杆不动，调整重心及收回右脚回到准备姿势。此法从木球后上方观察，比较容易瞄准，精准度相对较高，但在调整到准备姿势和脚位时容易引起球杆移动。

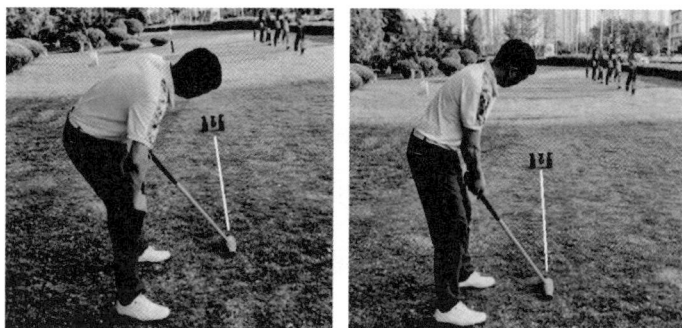

图 4-70　侧位低重心球后瞄球

任何一种瞄球方法稍有不慎都会产生误差，运动员需反复练习才能掌握要领。在实际攻门实践中可以多法并用，选一种方法来瞄球，用另一种方法来进行验证。自信满满地瞄球是运动员攻门技术完美发挥的前提和关键。如果击球之前对自己的瞄球感觉还不是很有把握，可以重新再进行一次瞄球，直至确信自己的判断。

四、攻门准备姿势

攻门准备姿势一般与小挥杆差不多，根据个人技术特点，可稍作调整。

（一）球位

球的位置一般在左脚尖内侧，与挥杆的球位相比，应适当调近球与双脚的距离。

（二）站姿

两脚左右开立与肩同宽或微宽于肩，双脚尖、双肘和双肩与目标线平行，脚底踏实，全脚掌贴紧地面，身体重心平均落在两脚，适当加宽双脚的站位和降低双手握杆的位置可以提高攻门动作的稳定性。这样的姿势可以让练习者有一个很好的身体平衡。按照站姿高低，可分为高姿势技术攻门和低姿势技术攻门。

（三）握杆

可以选择不同的握杆方式，握杆时两只手紧靠在一起，尽可能保持双肩水平，双手配合稍握紧球杆，使手臂和球杆形成一个整体；双肘微屈稍贴近身体侧面，手臂和双肩形成一个相对稳定的三角形状。

运动员准备姿势站好后，使双脚尖的连线与攻门的目标线平行。双眼的位置在球的正上方，保证可以清晰地观察到球杆头中轴线、木球重心点正对目标线。击球的整个过程眼睛要紧盯木球，确保球杆头沿挥杆轨迹方正击球。

五、攻门方法

（一）直臂式攻门

头部保持不动，眼睛紧盯木球，手臂自然伸直，也可以略弯曲，保持双肩与两手臂为固定三角形不变，双肩以脊椎为轴控制双臂及球杆沿着球与球门的目标线直线挥动，挥杆一定要匀速或平稳加速，击球瞬间手腕保持不动，双臂保持挺直，杆头通过挥杆轨迹最低点在刚开始向上的时候击球，双眼紧盯木球，要确保击球时杆头方正击球。击球后继续沿挥杆方向向球门方向送杆，随后再转头目送木球过门。

图 4-71　直臂式攻门

该攻门动作结构相对比较单一，仅仅是双肩带动双臂双手携球杆以脊椎为轴的钟摆运动，手腕几乎不动。该技术挥杆节奏和速度平稳，能够较好地形成方正击球，挥杆的方向性好，适合小力量的攻门。

（二）挥杆式攻门

准备姿势站好后，头部保持不动，眼睛紧盯木球，两手臂保持自然挺直，髋部保持不动。上挥杆时，在双肩带动双臂持杆的钟摆动作的基础上，手腕沿挥杆平面向后稍转动至上挥杆顶点；下挥杆时双肩带动双臂转动，通过手腕的转动的鞭打动作击球；击球结束后，杆头保持沿挥杆平面随前挥动，目送木球过门。

该动作与小挥杆相似，可以在小挥杆的基础上稍加改进即可。为增加稳定性，可适当降低站姿。由于有了手腕的鞭打动作，力量较足，适合各种距离攻门。

图 4-72　挥杆式攻门

（三）抖腕式攻门

准备姿势两脚开立稍大，重心稍低，双手握杆稍靠下，头部保持不动，眼睛紧盯木球，髋部保持不动，上挥杆时，两手臂保持自然伸直，以手腕为支点，右手手腕发力向后引杆，下挥杆时手腕发力回挥击球，目送木球过门。

抖腕式攻门主要由手腕发力，参与攻门的关节少，动作简单，整个击球动作短促利落，力量较足，攻门有气势。该动作需要有较强的手腕力量和球杆控制能力，强调杆面的指向性要准确，确保方正击球。

图 4-73　抖腕式攻门

六、弓步式攻门介绍

正对球门方向，两脚前后站立成弓步，间隔约为一脚至一脚半距离，左腿在前，大小腿弯曲成 90~130 度角，左腿自然弯曲，球体在右脚右侧前方。左手持球杆上端固定于右肩前，右手拇指和食指握杆中下部，其余三指自然弯曲贴于球杆后方，使球杆和手臂连接为一体，屈膝下蹲，杆头对正木球指向球门，将木球、球杆、球杯连成一线。攻门时以右肩关节为轴，右手向球的正后方引杆至适宜位置，随即向前推球杆沿攻门目标线挥动，完成攻门。

图 4-74　弓步式攻门

此种技术从门球技术中转变而来，中老年运动员使用居多，攻门方向容易把握，稳定性较好。由于该技术结构有别于传统攻门，击球速度相对较慢，容易造成犯规争议，使用时应多加注意。

七、攻门注意事项

（一）放松心态调整情绪，不受外界影响

攻门是每一条球道比赛的终结，攻门的成功率将会影响到运动员的比赛成绩。正因为如此，在处理一些关键攻门时，球场上的很多状况都会给运动员造成心理上的变化。比如，一些不现实的想法，以及来自对手、裁判员、观众的压力，还有环境的影响等，这些心理的波动很容易影响到技术动作的发挥。攻门不仅仅是一种技术，还是一次次心理的挑战。运动员要学会通过自我暗示、注意力的转移、深呼吸等调整自己的心理状态，静下心来，尽快找到比赛的感觉，做足准备后完成最后一攻。

（二）规范动作，保持身体稳定性

攻门动作幅度小，身体的微小变化都会影响到攻门的准确度，因此保持身体的稳定性至关重要。反复进行专项练习，规范攻门动作。精准地控制力度与幅度，使其成为肌肉记忆。建议可以在球击出后再抬头看球，以免影响挥杆轨迹。

（三）注意控制攻门力度

攻门力度与场地的阻力状况、球门角度、攻门区的地形、比赛的赛制、个人打球风格等因素密切相关。因此，根据实际情况作出决定。攻门前仔细分析，并通过预挥确定挥杆幅度和力度，以确保万无一失。

八、攻门练习

（一）试挥练习

试挥练习是队员按照攻门动作要领进行的无球挥杆攻门练习。试挥练习的技术动作与有球攻门一样，主要作用是帮助队员更好地找到挥杆节奏，体会攻门的轨迹，有利于队员迅速找到手感。两人一组，一人进行空挥练习，另一人提示注意事项和评定动作质量。10次一组轮换，如此往复。

（二）攻门练习方法

1. 正对球门攻门练习

正对球门的攻门角度大，进门概率大，出现意外的概率小，攻门力度应该稍大一些。

（1）正对球门固定点攻门

正对球门固定一点，进行攻门练习。此练习相同动作重复性大，旨在体会攻门力度、动作的连贯性，巩固自己的攻门动作。两人一组，一人在固定点攻门；另一人在门前评定攻门质量，提示注意事项，并将攻门球打到固定点。10球轮换，如此往复。

图 4-75 正对球门固定点攻门

（2）正对球门距离渐远攻门

从正对球门 1.5 米处开始，向远离球门方向放好 5 个各间隔 80 厘米的木球，从最近点开始攻门，距离逐渐变远逐一完成。此练习旨在使练习者体会攻门力度、方向、动作的连贯性，巩固攻门技术以形成肌肉记忆。两人一组，一人攻门，另一人在门前评定攻门质量和提示注意事项，并将攻门球置于对侧相同的 5 个置球标记点，然后交换角色进行。完成一组攻门轮换，如此往复。

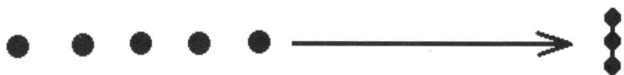

图 4-76 正对球门不定点攻门

2. 斜对球门攻门练习

斜对球门的球攻门角度越小，进门概率就越小，出现意外的概率就越大，攻门力度应该稍小一些。

（1）斜对球门固定点攻门

斜对球门固定一点，连续数次攻门练习，旨在体会攻门力度、动作的连贯性，巩固自己的攻门动作。两人一组，一人在固定点攻门，另一人在门前评定攻门质量，提示注意事项，并将攻门球打到固定点。10 球轮换，如此往复。

（2）斜对球门距离渐远攻门

从斜对球门 1 米开始，向远离球门方向放好 5 个间隔 80 厘米的木球，从最近点开始攻门，距离逐渐变远逐一完成。此练习旨在使练习者体会攻门力度、方向、动作的连贯性，巩固攻门技术以形成肌肉记忆。两人一组，一人攻门，另一人在门前评定攻门质量和提示注意事项，并将攻门球置于对侧相同的5个置球标记点，然后交换角色进行。完成一组攻门轮换，如此往复。

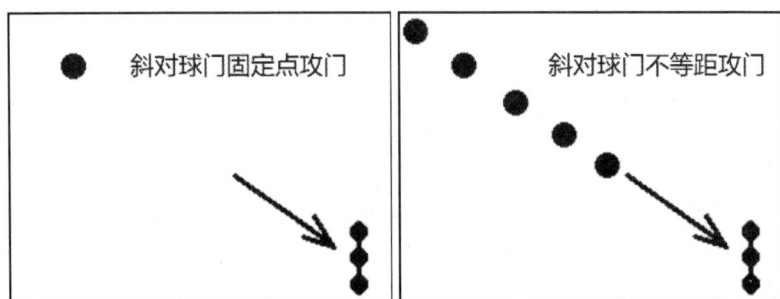

图4-77　斜对球门攻门

3. 平行线连续攻门练习

与球门平行间隔20厘米摆放若干球，逐个进行连续攻门练习。此练习旨在体会攻门角度不同站位的调整，提高应变能力。两人一组，一人进行攻门，另一人在门前评定攻门质量和提示注意事项，并将攻门球打回到不同的置球标记点。完成一组攻门轮换，如此往复。

4. 不等距不同角度攻门练习

球门前边随机摆放若干球，距离、角度各不相同，逐个进行连续攻门练习。此练习旨在体会攻门角度不同站位的调整以及攻门力度的变化，提高应变能力。两人一组，一人进行攻门，另一人在门前评定攻门质量和提示注意事项，并将攻门球随机打回到不同的位置。10球一组，完成一组轮换，如此往复。

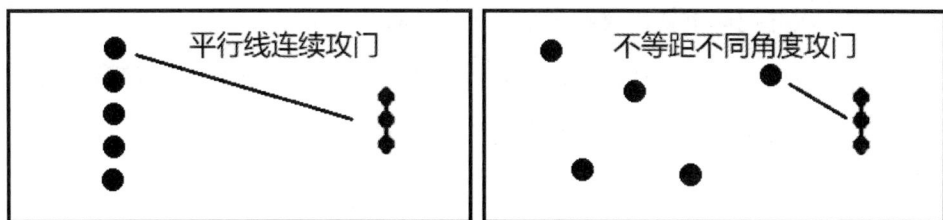

图 4-78 平行线连续攻门、不等距不同角度攻门

5.远距离攻门

远距离攻门练习可以提高攻门动作的稳定性和对攻门方向的把控能力，提高自信心，尤其是在球道赛中，成功的远距离攻门可以起到先声夺人、提升士气的作用。远距离攻门角度不宜太小。两人一组，一人进行攻门，另一人在门前评定攻门质量和提示注意事项，并将攻门球打回到置球标记点。5球一组，完成一组轮换，如此往复。

（三）攻门测试或攻门比赛

队员具有一定攻门能力以后，适当进行攻门测试或攻门比赛，可以检验队员攻门水平、提高练习兴趣、锻炼心理素质，提高训练效果。具体形式如下。

1.定点攻门

队员每人一球轮流在固定点攻门，按照约定攻门次数完成攻门后，计算过门个数评定胜负。可以采用分组进行团体对抗。

2.选点攻门

队员1、2、3、4排序，从1号队员开始自行选择攻门地点攻门，其他队员依次跟随在该点完成一次攻门；然后，2号队员自行选择攻门地点攻门，其他队员依次跟随在该点完成一次攻门；如此循环，结束后，计算过门个数评定胜负。也可以采用分组进行团体对抗。

3.轮转攻门

同方向球门一字排开，每球门两侧各站一人，按要求在固定点摆放一球，所有人攻门一次并把球重新摆放到固定点上后，按照顺时针旋转换位到下一球门，进行下一次攻门。如此循环，攻门一圈后，计算每人过门个数。可以采用个人或团体为单位进行比赛。攻门固定点由教练统一指定，完成一组后更换位置。

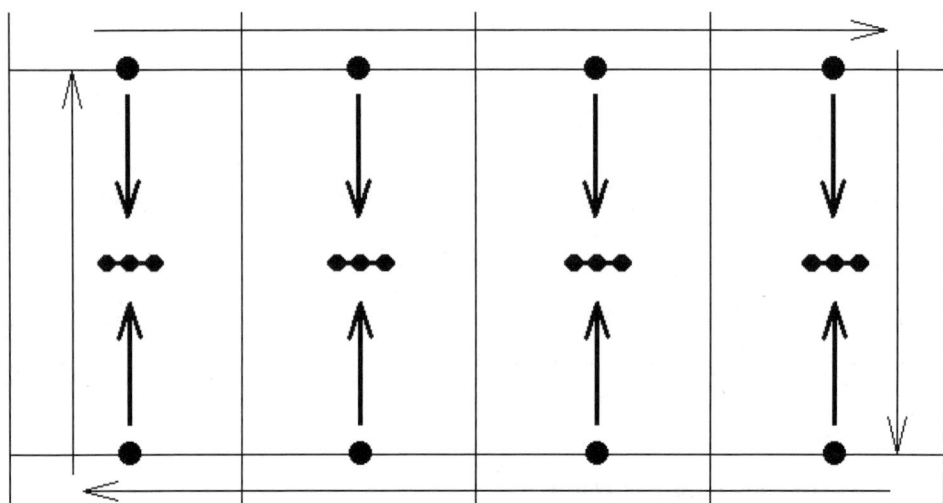

图 4-79　循环攻门

4. 攻门淘汰赛

以4门8人为好，1、2、3、4号球门一字排开，按照抽签每球门两侧各站一人，摆放一球，同一球门的两人对决，按照约定固定摆放位置及攻门次数，两人轮流攻门，一侧攻门结束后交换场地，再进行另一侧攻门，计算过门个数，决出胜负。第一轮3、4球门胜出者分别到1、2球门与胜者进行第二轮对决，1、2球门负者分别到3、4球门与负者进行第二轮对决。第二轮2、4球门胜出者分别到1、3球门与胜者进行第三轮对决，1、3球门负者分别到2、4球门与负者分别到3、4球门与负者进行第三轮对决，第1球门决1、2名，第2球门决3、4名，第3球门决5、6名，第4球门决7、8名。

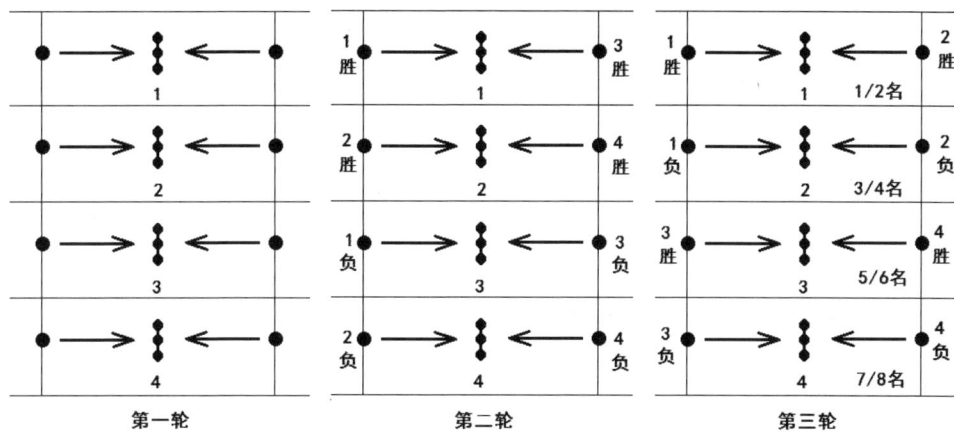

<table>
<tr><td>第一轮</td><td>第二轮</td><td>第三轮</td></tr>
</table>

图 4-80 攻门淘汰赛

第
五
章

木球战术
教学与训练

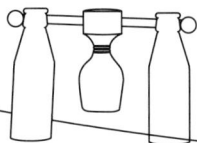

　　木球看起来似乎是再简单不过的一项运动，挥杆、调球、攻门，仅此而已。每一位初次接触木球的人经过简单的培训或练习之后，很快就能打出一些令自己满意甚至引以为豪的球。以至于很多人坚信用不了几天，自己就能步入高手行列。然而事实并非如此，很多时候我们不得不直面这样一个事实：在木球这项运动面前，似乎我们都是一个孩子，永远有犯不完的错。众多钟情于木球的铁粉，他们花费了数年甚至数十年的努力去精心雕琢自己的球技、丰富自己的比赛策略、磨炼自己的心智，力求使自己做得更加完美，但每次从赛场上走下来也都会列举出一大堆不尽如人意的表现，即使他获得了冠军。出问题，改正，再出问题，再改正，让人既爱又恨，或许这也正是木球运动的魅力所在吧。

　　那么，如何才能成为木球场上的强者呢？有些人说球技很重要，有些人认为策略很重要，也有些人则认为取决于人的心智。事实是这些说法都有一定道理，但又都不全面。如果一个运动员想成为顶尖的高手，精湛的球技是至关重要的，但是稳妥的策略和冷静的头脑也都是必不可少的，只有这样才能把自己的能力发挥到极致。

　　木球不同于体能类的篮球、拳击、柔道等有直接身体对抗类的项目，也不同于排球、网球、羽毛球等隔网对抗类的项目，它没有直接或间接的身体对抗，不需要根据对手的行动做出必须你来我往的即时回应。在杆数赛中，运动员面对的对手不只是同组的选手或者是某一个具体的选手，而是同一组别的所有选手，运动员在比赛中需要专注于自我比赛策略的执行和调整；在球道赛中，对手固定而单一，需要根据对手的表现做出战术决定，然后完成自己的战术决定就行了。

　　木球战术是指运动员在比赛中为战胜对手或为获得期望的比赛结果而采取的策略和行动。战术是竞技比赛中不可缺少的方法和手段，是运动员竞技能力及其表现的重要组成部分，体现的是运动员用脑子比赛的能力。如果运动员战术运用得当，就能够更好地发挥技术、体能等特长；相反，则会抑制技术、体能的发挥。运动员的战术能力是一种心理动作能力，可以在打球过程中培养和发展，随着各种能力的提升而不断丰富和提高。

木球战术从赛制上可以分为杆数赛战术和球道赛战术两种，从比赛形式可分为个人、双人和团体战术。

第一节 木球比赛的战术基础

木球是技能主导类的竞技体育项目。随着技术的发展更新、训练水平的提高，顶尖运动员竞技水平越来越接近，单凭体能、技术水平、士气或者运气战胜对手的概率越来越小，在比赛中运动员战术运用得合理与否，已成为决定比赛胜负的关键因素。从某种程度上说，赛场的战术意识是衡量运动员水平高低的重要条件之一。在木球比赛中，优秀的运动员总能根据自己和对方竞技能力的表现、场地、裁判、观众、气候等客观因素，选择运用最合理、最适合自己的战术策略。因此，对比赛诸多客观因素的综合认知是制定战术的前提。

一、木球战术构成

木球竞技战术由战术观念、战术思想、战术意识、战术知识和战术行动等构成。

木球战术观念是运动员、教练员以竞赛经验、知识结构为基础对木球不同战术的应用条件进行分析后形成的概念；木球战术思想是整个战术内容的核心，是在充分认知战术规律的基础上，提出的战术行动方案的理论依据；木球战术意识是运动员心理活动在战术行动上的反映，体现了运动员在复杂多变的比赛环境中，及时准确地观察场上的情况，迅速地决定自己战术行动方案的思维活动；战术知识是掌握和运用具体战术的基础，制定的战术方案效果主要取决于战术知识的水平；战术行动是运动员战术观念、战术思想、战术意识、战术知识在比赛中的综合体现，反映运动员体能训练、技战术训练、心理训练及运动智能训练等水平。战术行动是完成战术的具体方式，通常是由一系列技术动作组成，组成的形式取决于战术的目的与任务。任何战术都是通过战术行动来完成，并通过战术行动来检验的。木球战术具有可变性、预见性等特征，这些特征符合木球比赛的本质，可变性特征突出其谋略性，预见性特征体现其目的性。

二、影响木球战术的因素

木球战术影响因素包括对球杆与木球撞击的认知，对场地条件的分析，特殊的天气状况，技术风格等。

（一）对球杆与木球撞击的认知

击球过程中球杆与木球的撞击形式比如杆头的方向、挥杆轨迹和击球时杆面的位置等会直接影响到击球效果，任何一个因素的变化都会对挥杆的稳定性产生较大的影响。运动员必须正确地理解球杆与木球的撞击原理，学会根据实际情况选择合理的杆法，才能发挥出自己应有的水平，取得满意的成绩。

1. 杆头平行地面击中木球正后方

击球瞬间，杆头平行于地面击中木球正后方中心点，击球方向垂直通过木球的重心点，木球紧贴地面沿击球方向径直飞出，与地面接触后受摩擦影响被动滚动向前，行进路线平直，姿态平稳。该击球方式可以形成方正击球，扎实有力，方向性好，是多数开球、调球、攻门的理想选择。

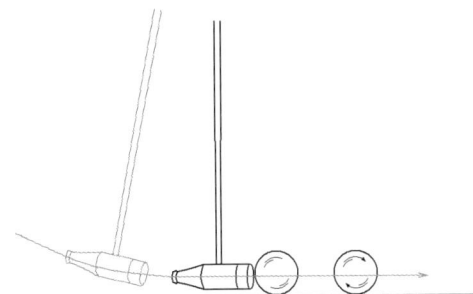

图 5-1　杆头平行地面击中木球正后方

2. 杆头平行地面或略向下击中木球的上方

杆头平行或略向下击中木球的上方，球杆中轴线高出木球重心点，受撞击影响，此时木球会给地面以斜向前下的冲力，力量会消耗很多，木球反弹跃起向前行进，受地面摩擦力影响被动滚动向前行进。在木球的前下方地面会看到明显的撞击痕迹，受地面反作用力的影响，手臂、手腕会明显感觉到由地面传来的震动。与木球撞击的地面状况将会直接影响到木球的行进路线。此种击球方式稳定性较差，出球方向不稳定，行进距离近。

图 5-2　杆头平行地面或略向下击中木球上方

3. 杆头斜上姿态击中木球正后方或稍偏上方

杆头在挥杆轨迹的上升期以斜上姿态击中木球的正后方或稍偏上方，木球会轻盈地跃起稍离地面并主动向前旋转，行进的初期与地面接触少，因此受木球前地面状况影响较小，球的行进也很平稳。此方法对越过较小面积的复杂地形很实用，也能形成方正击球。

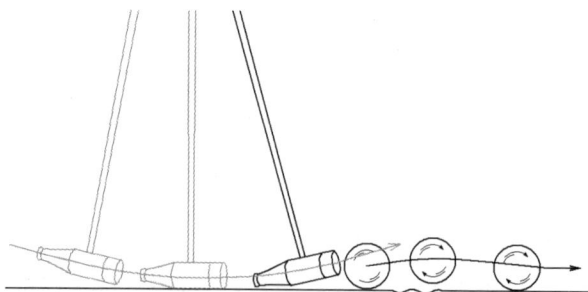

图 5-3　杆头斜上姿态击中木球正后方或稍偏上方

4.斜上击球并快速向上提拉球杆击球

在斜上击球的同时，快速向上提拉球杆，木球会主动跳离地面，向前旋转，对地面的压力较小。此法比较适用于木球在小的坑洼地里或球前有小的障碍时选用，受球前地面影响较小，主动"爬过"或越过小障碍。

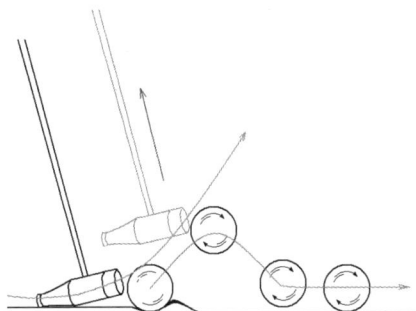

图 5-4　斜上并快速向上提拉球杆击球

5.杆头以较低的姿态撞击木球的后下方

杆头以较低的姿态撞击木球的后下方，受地面挤压的影响，木球会向上腾起做短暂飞行，落地后跳动现象明显，由于木球有"飞行时间"，与地面接触时间少，行进距离较远。但木球每次落地时很容易受到地面不平整的因素（坑洼、突出的草梗等）影响而改变路线，击球完成后在地上一般会留下杆头的打痕。此种击球方式击球距离较远，但稳定性稍差。

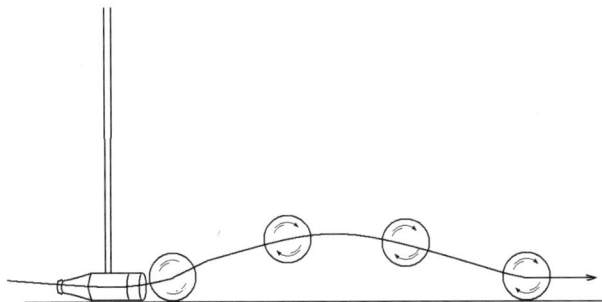

图 5-5　杆头以较低的姿态撞击木球的后下方

6. 杆头斜下撞击木球的后下方

杆头斜下击向木球的后下方，击球瞬间运用手腕的突然转动，快速使球杆头斜向上击球，使木球更容易腾空，击球后容易在地上留下较深的打痕。此杆法稳定性不强，失误率较高，且容易造成杆头损坏。但该杆法用于越过小范围凹凸地、水洼地等效果挺好，应谨慎使用。

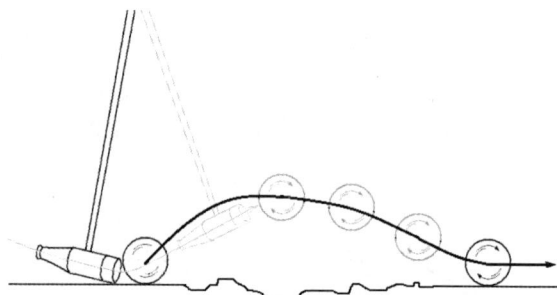

图 5-6　杆头斜下击向木球的后下方

7. 杆头撞击木球的内（外）侧

杆头击中木球的内（外）侧时，木球会由内向外（由外向内）侧向旋转。侧向旋转的木球与地面摩擦会改变方向，越到滚动的后期偏离越明显，如果碰到球道中不平整的因素（坑洼、突出的草梗等）会加速击球路线的偏离。这是很多时候我们看到的木球击出后一开始方向很正但后来却边线出界的重要原因之一。一般来说，运动员都不希望自己打出这样的侧旋球，还是少用为妙。

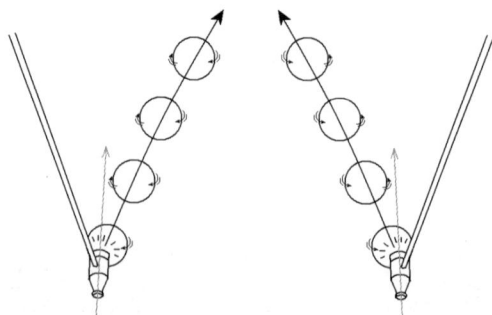

图 5-7　杆头撞击木球的内（外）侧

（二）对场地条件的分析

1. 场地的阻力

正规比赛的场地主要分为草地、沙滩两种。世界上没有两块完全一样的木球场，每一球场都有自己的特点。运动员要熟知场地质地对木球滚动行进的影响，尤其是地形地貌比较复杂的场地。

不同质地的场地对木球行进时的阻力是不同的，一般来说，土质的阻力要小于草地，草地的阻力要小于沙滩，沙滩的阻力要小于水坑。

同类别的场地，阻力状况差别也很大。我国幅员辽阔，不同地域气候差别较大。土质软硬、草的品种、场地平整度等不同，阻力状况也不同。即使是同一块场地，阻力状况也会受季节、日照、温度、场地含水量、使用频率等因素的影响而发生变化。

2. 场地的地形

可用于木球比赛的场地类型较多，有相对平整的足球场、灵活机动的公园绿化场地、富于变化的高尔夫球场和专业木球场等，不同类型的场地在地形上有着较大的区别，对木球行进产生的影响也不同。地面平整、坡形有规律的场地能够打出富于创造性的木球行进线路，但局部坑洼的场地也会使球路产生很多不确定因素。

（1）径直前进的木球在平整场地上的行进轨迹和行进路线

木球在场地上行进像是在打水漂。以平面场地为例，径直前进的木球一开始与地面呈点状接触，落地距离逐渐减小，速度逐渐降低，约在最后 1/4 阶段才会在地面上贴地滚动。

图 5-8　木球在场地上行进像是打水漂

木球行进初始速度快，与地面接触时间少，给地面的压力小，受地面影响较小；后半段球速减小，与地面接触时间越来越长，给地面的压力变大，受地面影响也越来越大。

一般情况下，径直前进的木球在理想的平整场地的行进路线是一条直线。

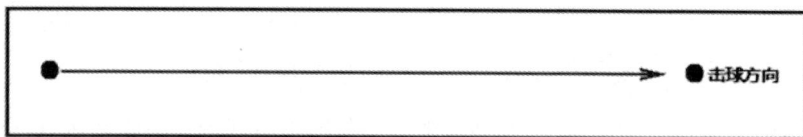

图 5-9　径直前进的木球在平整场地的行进路线

（2）侧旋前进的木球在平整场地的行进路线

向右（左）旋转前进的木球在理想的平整场地行进路线初始是一条直线，末段向右（左）侧呈弧线前进，滚动越远，偏离越多。很多运动员在全挥杆的时候经常遇到这样的情况：打出的球前半程非常直，但到了最后却慢慢地滚出了球道，这很有可能就是与打出的球侧向旋转有关，一开始的时候与地面接触较少，对球路影响不大；等速度降下来，与地面接触多了，就改变了路线。

所以，习惯打右（左）旋球的运动员可以将置球点向左（右）放一点，或者在置球点不变的情况下调整一下击球方向，也可以达到理想的停球位置。

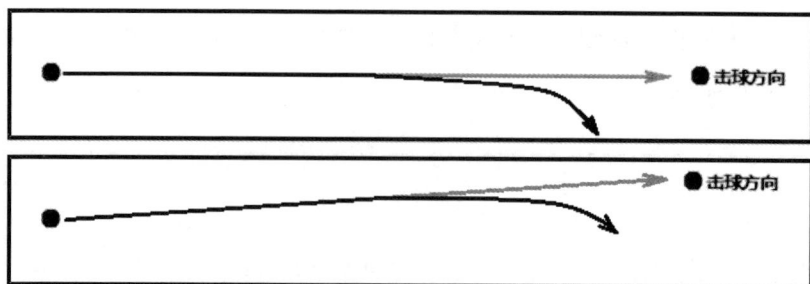

图 5-10　侧旋前进的木球在平整场地的行进路线

（3）径直前进的木球在规则坡面场地的行进路线

①径直前进的木球在规则斜面场地的行进路线的初期是直线，随后逐渐偏向地势低一侧，力量越大，行进距离越远，下滑幅度越大。

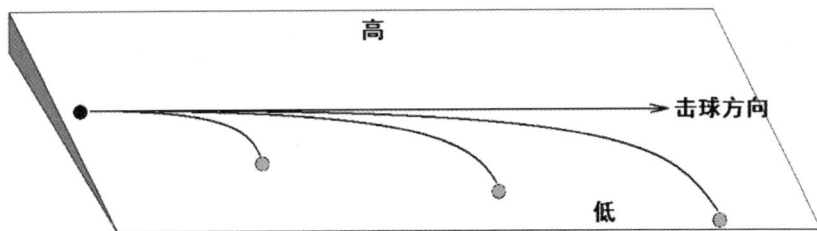

图 5-11　径直前进的木球在坡面上相同方向不同力度的击球

②在规则坡面场地击球，力度相等的情况下，击球方向的不同会出现不同的结果。若向上坡偏出角度太大，则有可能从上坡一侧出界或者停球位置偏高；若向上坡偏出角度合理，球会停到目标区域；若平行或略低于目标区域，则有可能从下坡一侧出界或者停球到偏低位置。

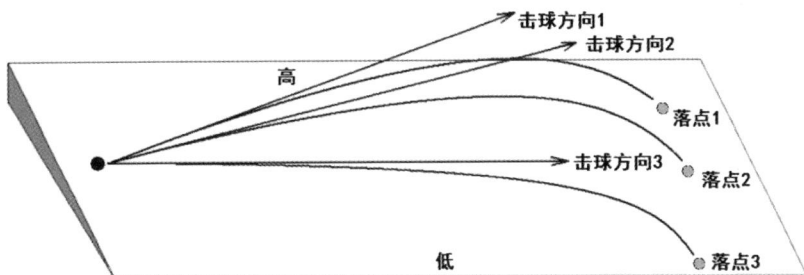

图 5-12　径直前进的木球在坡面上相同力度不同方向的击球

③在规则坡面场地击球，同样的出球方向、不同的力度也会产生不同的结果。

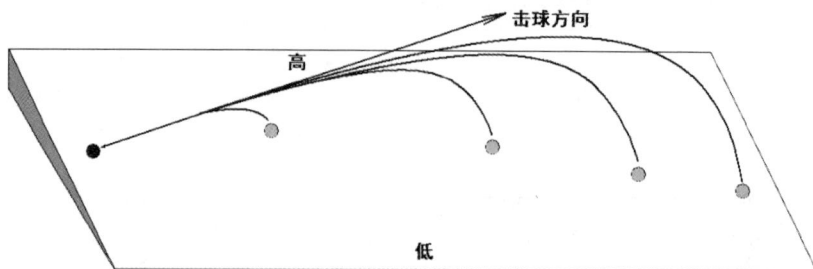

图5-13　径直前进的木球在坡面上相同方向不同力度的击球

④条条大路通罗马。每人都有自己的习惯和技术特点。根据斜面场地的状况，如果角度、力度掌握好的话，很多位置开球都可以到达目标区域。但是一般来说，坡面场地开球时尽量选择地势低的开球点（开球点3），以增加开球的成功率。

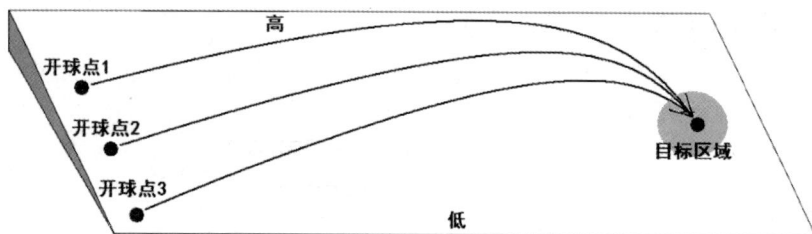

图5-14　条条大路通罗马

（4）侧旋前进的木球在规则坡面场地的行进路线

向右（左）旋转前进的木球在规则斜面场地的行进路线的初期是一条直线，如果是右（左）侧低的斜面场地，末段会加速向右（左）侧呈弧线前进，滚动越远，偏离越多；如果是左（右）侧低的斜面场地，末段侧旋与斜面造成的球路改变会相互抵消一部分。

所以，习惯打右（左）旋球的运动员可以在左（右）侧低的斜面场地将置球点放在球道中间、在右（左）侧低的斜面场地通过调整击球方向，也可以达到理想的停球位置。

（5）凸起的小障碍对木球行进路线的影响

木球从小又硬的障碍（比如石子、凸起的硬草根等）上边通过时，受障碍影响会轻轻跳起并减速，如果是正对障碍，方向不会改变；如果偏对障碍，方向则会发生改变。如果在比赛中遇到此种情况，应仔细分析，尽量躲开为最妙；不能躲开时，要注意击球方向和力度。

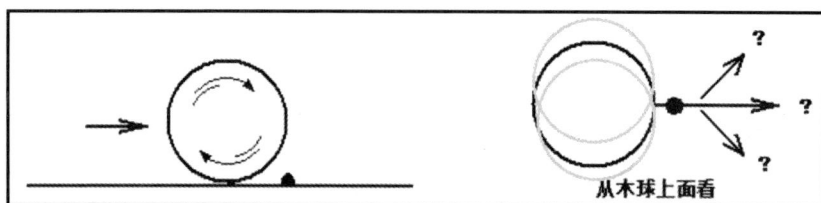

图 5-15　凸起的小障碍对木球行进路线的影响

（6）规则的丘状地形对木球行进路线的影响

①径直前进的木球通过规则丘体正上方时，会保持原有方向前进。

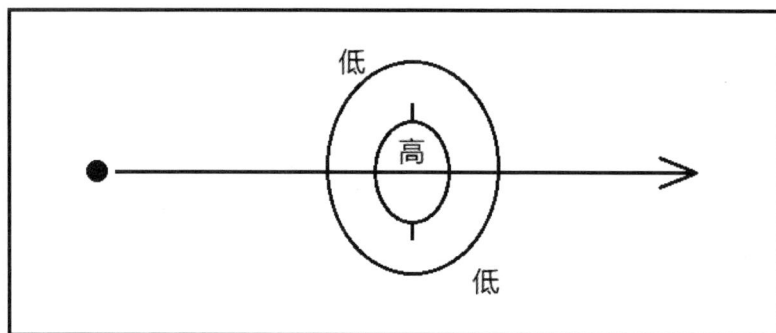

图 5-16　从规则丘体正上方通过

②如果丘体小且凸起明显，木球会跳起，落地后继续沿击球方向行进。受丘

体阻力影响，会有明显减速。

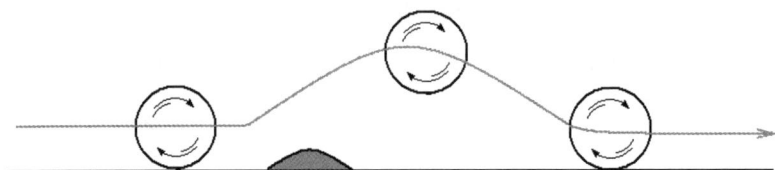

图 5-17　通过小丘体

③如果丘体较大，坡度较缓，木球会贴地面沿击球方向行进，受丘体阻力影响，越过丘体后会有明显减速。

图 5-18　通过大丘体

④行进的球体通过偏对凸起的丘状障碍时，木球会偏离击球方向滚动过坡顶，然后继续沿坡面外侧弧线行进，速度越慢方向改变越多，最终偏向下坡方向。受阻力影响，越过丘体后会有明显减速。

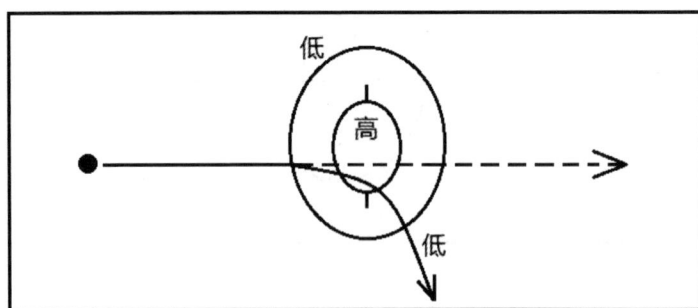

图 5-19　从规则丘体一侧通过

（7）凹陷地形行进轨迹

①木球从规则凹陷地形正中间通过时，会保持原有方向前进。

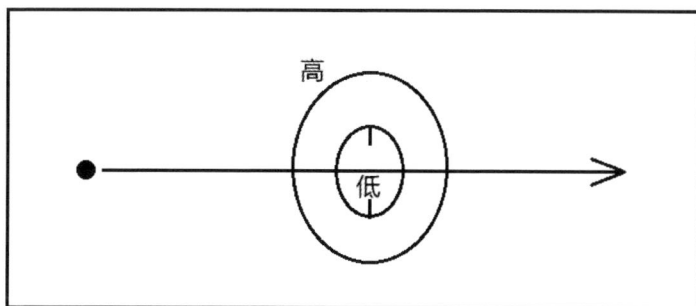

图 5-20　从凹陷地形正中通过

②如果凹陷较小，球速快，木球从凹陷上方通过，腾空越过凹陷后继续沿击球方向行进，基本不受影响。

图 5-21　球体从较小凹陷地形正中通过 1

③如果凹陷较小、球速较快，木球从凹陷正中通过时，经短暂腾空后在另一侧凹陷边沿处落地后弹起，再次落地后继续沿击球方向行进。受凹陷地形阻力影响，木球在越过障碍后会有明显减速。

图 5-22　球体从较小凹陷地形正中通过 2

④如果凹陷较大，坡度较缓，木球会贴地面沿击球方向行进，受凹陷地形阻力影响，越过障碍后会有明显减速。

图 5-23　球体从较大凹陷地形正中通过

⑤行进的木球从凹陷地形一侧通过时，如果凹陷地形较小、坡度较大、球速较快，木球会在凹陷地形短暂腾空后，在另一侧凹陷地形边沿处落地后偏离击球方向弹起，落地后继续沿斜前方向行进。受凹陷地形阻力影响，越过障碍后会有明显减速。

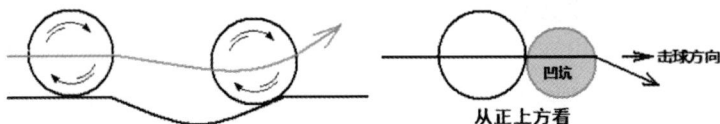

图 5-24　球体从小凹陷地形一侧通过

⑥行进的木球从凹陷地形一侧通过时，如果凹陷地形较大、坡度较缓、球速较慢，木球进入凹陷地形后会偏离击球方向弧线滚动，滚出凹陷地形后继续向斜前方向行进。受凹陷地形阻力影响，越过障碍后会有明显减速。

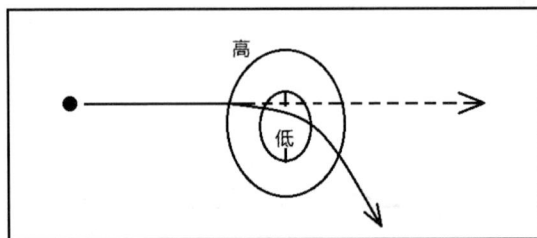

图 5-25　球体从凹陷地形一侧通过

以上所举例的几种情况均是在相对理想的场地进行的。现实中很多场地地形是复杂多样的，比如场地的平整度、草地或沙子状况、斜面坡度的大小、人工和自然障碍的影响、场地存水情况（干燥、潮湿或积水）等，运动员每一杆面对的都是一个全新的挑战。善于观察场地、分析场地、利用地形，正确选择目标点、击球方向和力度，创造性地制定合理的策略，是高手运动员必须具备的一项基本素养。

3.场地的含水量

清晨的草坪一般挂满露水，草叶较硬，阻力大，易于停球，而过了中午经过太阳暴晒的草坪变得干燥和软滑，阻力变小，坡度大点的地方变向明显，且不太容易停球。

干燥的沙滩场地松软阻力大，球出界的概率小；随着水分的增多，场地逐渐变硬而阻力逐渐减小，球出界的概率增大。

同样一块场地，下雨前和下雨后差别很大。若是场地有了积水，阻力大得惊人，运动员只有经历过一次以后才能明白。比赛中不要试图让木球穿越看似不起眼的水洼地，高速行进的木球经过水洼地马上就会停下来；如果木球停在超过2厘米深的积水中，即使用尽全力，也打不了半米远，遇到这种情况，最明智的选择是按照进入障碍处理，加计一杆，将球取出，再重新选择一个新球位继续比赛。

4.场地使用过程造成的影响

球场在使用过程中会造成一些"磨损"，使场地的平整度、阻力状况等发生变化。击球也会留下一些打痕，尤其是在使用频率高的开球区和攻门区会更明显，甚至出现局部地面破损的情况，这将影响到木球行进的路线。木球的滚动、运动员的来回走动会使场地变得越来越光滑，阻力越来越小，要特别注意击球的力度和方向，以防发生意外。

（三）特殊的天气状况

木球是户外运动，因此受天气状况的影响非常大。异常的天气条件会使场地条件变得复杂，有时候还会影响到比赛进程。木球比赛规程里一般都有对极端天气状况的应对说明。例如，2020 年全国木球锦标赛竞赛规程补充通知中规定：若遇小雨，比赛正常进行（各位可预先自备轻便雨具）；如果遇大雨等不可抗拒的因素，导致比赛无法进行，组委会有权根据实际情况修改赛程和赛制，甚至取消个别比赛项目。在实际比赛中，因为极端天气原因而影响赛程的案例非常多。2016 年韩国世界杯木球锦标赛因为连续几天的阴雨天气不得不更改赛制，为了按时完成比赛，组委会临时做出决定，球道赛团体的比赛由 12 球道决胜制改为 2 道决胜制。异常天气会增加比赛的难度，使得比赛结果偶然性增加，因此运动员要做好充分的准备，尽快进入状态，掌控比赛主动。

1. 气温

天气条件还会直接影响运动员的身体机能，进而影响比赛成绩。在寒冷的天气里比赛，运动员要注意做好防冻保暖，以免发生冻伤，尤其注意保护好耳朵和双手；另外，较低的气温使肌肉的黏滞性增加，因此要充分做好准备活动，尽快找到最佳状态；在比赛的过程中要通过来回走动、预挥杆等增加血液循环，以保持良好的手感。2016 年韩国世界杯木球锦标赛期间，就有运动员出现因天气寒冷导致身体不适，最后被送进医院的情况发生。在炎热的天气里比赛，运动员要注意防止中暑、脱水和晒伤，提前准备好防晒霜、太阳帽、护目镜、防晒套袖、太阳伞等物品，随身携带防暑功能饮料。

2. 雨水

夏天是多雨的季节，但如果雨下得不是很大，比赛一般不会停止的。运动员必须做好冒雨打球的思想准备，要提前关注天气，带好雨衣、雨伞和毛巾等防雨装备，以防淋湿身体；注意保持双手和球杆握把的干燥，以防影响手感。雨水使场地和木球变得湿滑，很容易造成出界；同时，雨水使阻力变大，挥杆距离相应减小，运动员应注意及时调整击球力量。

3. 大风

木球自身的重量较大，受到风力的影响较小，甚至是可以忽略不计的。但大风会影响到运动员身体重心的稳定性，有时也能影响到视觉，因此击球时要注意做好调整。

恶劣的天气条件还会对运动员的心理产生一定影响，运动员要做好应对准备，把状态调整到最佳，专注地打好每一次击球。不要因为天气原因而改变自己的击球习惯、缩减步骤或草率完成击球动作，从而避免失误。

（四）技术风格

每个运动员都有属于自己的技术风格。进攻型打法的人球风犀利，开球力量和攻门力量偏重，不会轻易放过攻门机会，果断而有气势，给人留下深刻的印象，"啪啪"的攻门声会让对手不寒而栗，能够博得观众的阵阵喝彩；保守型打法的人则是球风稳健细腻，动作柔和，打球中规中矩，步步为营，每一次击球都准备充分、思维缜密，极少冒险。

两种典型的打法在记杆卡上有着显著的区别。进攻型运动员更可能创造出最低的单轮杆数。中远距离攻门次数多，在一轮 12 球道的比赛中，有时候会不可思议地打出数个低于标准杆的球道，但进攻型运动员在屡屡创造奇迹的同时，也会面临着巨大的风险。有些球道会打出 7 杆或 8 杆以上的情况，轮与轮的杆数差异也较大。而保守型打法的运动员不太可能会创造最低的单轮杆数，也不会有太多的低杆数球道，但不会有太多的意外发生，轮与轮之间的杆数差距不会很大。

两种打法理论上都可能创造优异的比赛成绩，很多人在制定比赛策略时会面临两难的选择，到底是选用哪一种打法更好呢？

首先，这要取决于运动员自身的技术风格，平日里练球是哪一种风格，比赛时就多采用哪一种，用自己最擅长的打法去比赛就是最佳选择，熟悉的打法会使运动员拥有良好的节奏和心态，所以尽量不要去刻意改变。原本稳健细腻的风格突然变得威猛无比，冒险和不计后果想法就会占据上风，一旦出现失误现象，心态就会发生变化，得不偿失；原本犀利果断的球风突然变得小心谨慎，会因为畏手畏尾而失去熟悉的节奏，导致失误不断，失去信心。

其次，要结合具体赛制。杆数赛注重的是稳中求胜，一般情况下运动员必须克制自己的冲动，尽量不要冒险，不要尝试那些把握不大的打法，以减少失误的发生。在球道赛中，运动员需要处理关键球时，应表现得果断一些，甚至不计后果、孤注一掷，因为很多时候已经没有退路可言。

最后，要根据即时比赛的自我感觉和场上形势。杆数赛时，运动员手感佳、信心足，面对好的机会采取进攻策略会让自己的成绩锦上添花，带来意外收获。如果运动员面对较好的机会而一味求稳，又如何能成为顶尖高手呢？球道赛运动员已经取得巨大优势时，就没必要再去冒风险，审时度势，稳上加稳，小胜即可，貌似保守的打法很多时候却不失为精明的策略。

进攻型策略和保守型策略两种打法风格迥异，各有千秋，没有一个比另一个更好一说。运动员应该学会在正确的时间做出合理的选择。在球场上，任何人不要期望有超能力的奇迹发生，每一次击球行为前都要作出风险评估，斟酌利弊，找到属于自己的最佳策略。

三、木球战术方案的制定

木球战术方案的制定是指教练员为了在比赛中取得预期的结果，根据木球项目特点与获取比赛优胜的客观规律，对对阵手双方的竞技能力水平进行充分的分析和判断的基础上，选择和制定能够达到预期比赛效果的最佳战术预案。

（一）赛前的信息收集和条件分析

良好的战术方案需要有可靠的信息资料作为依据来支持。这些信息主要包括比赛的环境条件、对手的实力水平等。要充分了解比赛对手的技术风格、性格特点、比赛的节奏、过往的比赛成绩等，才能有针对性地设计可以应对的战术行动。

（二）赛中战术运用的问题预测与应对措施

赛中战术运用的问题预测与应对措施不是在比赛过程中才进行的，而是在赛前就应该充分考虑的重要内容。木球比赛中出现暂时领先时,需考虑应用合适的战术进行保持;如果暂时落后时,要及时调整战术,努力扭转局面;在双打比赛时,战术的运用还要充分考虑同伴的比赛状态。比赛时还可能突发伤病、出现突然的气候变化等,都要有应对策略。

(三) 充分利用木球竞赛规则

任何战术的运用,都受到规则的制约。因此,在制定战术方案时,必须考虑规则因素。木球比赛中,要充分利用竞赛规则来达到战术目的。

(四) 战术方案的演练

战术方案确定以后,就要制订赛前训练计划,对战术方案进行具体的演练。这一过程是对战术实施方案可行性的初步检验,也是对参与比赛的运动员进行战术行为的体验和预演。

·木球小故事·

令人意想不到的第十届亚洲杯木球锦标赛

宁波市木球协会 邓克洲

2017年第十届亚洲杯木球锦标赛在中国河源巴伐利亚庄园完美落幕。本次亚洲杯,中国队实现在世界大赛中打败具有霸主地位的泰国队、印度尼西亚队、战胜中国台北队的目标争得了荣誉。一路走来,有太多的欢乐、汗水与泪水。本届亚洲杯是一场惊心动魄的比赛,收获最大的是信心。我非常感谢整个团队在赛前的指导与鼓励,特别感谢领队、教练、队友们。我将把这次比赛当作一段宝贵的人生经历,以此为新的起点,激励自己走好今后的路。

第二节　杆数赛战术基本理论

杆数赛是木球比赛中最常用的比赛形式，所有运动员打完一个或多个12球道（沙滩木球6道）后，把每个人所用的总杆数进行比较，杆数少者名次列前。杆数赛是所有参赛选手之间的比赛，比赛最终的胜负往往要在最后一道打完才见分晓，所以运动员需要高度集中注意力，按照自己的计划去完成所有球道的比赛，力争发挥出自己的最佳水平，而不必太过关注同组对手的情况。

杆数赛战术，确切地说，应该叫作杆数赛策略，比赛中运动员之间没有直接对抗，竞争对手不只是同组运动员，而是全部运动员，很少有针对同组运动员表现改变自己战术的行为，只需要把自己最好的成绩表现出来就行了，因此在大部分时间它更多的是"以我为主"的策略。杆数赛成绩是由整个比赛的所有球道的杆数决定的，运动员不能因为前几道打得好就可以放松后面的比赛，也不能因为前几道打得差而把"赌注"全部押在后几道上。运动员要做的就是打好眼前的每一杆，稳扎稳打地完成比赛，要学会去控制情绪和集中注意力，始终保持自己的节奏，坚决执行自己的策略，打好每一次击球。与其说杆数赛是与其他选手的竞争，不如说是运动员对自我的挑战，在比赛中能够调整好心态，思路清晰，发挥出自己最好的技战术水平是获得优异成绩的唯一途径。

杆数赛的竞争并不是面对面直接击败对手，战术体系里没有"兵不厌诈"的策略，更没有"破坏、消灭"对方的手段，有的只是发挥自己最佳水平、减少自己犯错误的策略，所以杆数赛真正的对手是运动员自己。

一、杆数赛战术指导思想

杆数赛战术指导思想是"以我为主，稳中求胜"。

杆数赛战术指导思想是战术活动的核心，是根据运动员自身和比赛具体情况提出的战术运用的活动准则。

（一）以我为主

以我为主是指运动员要结合自己的技术、身体条件、身体素质、心理素质和打法特点等去选择战术，不受对手和其他外界条件的影响。比赛中，运动员要结合本人的特长，保持自己的技术风格，以平稳的心态来打球，而不要被对手的打法和节奏所牵制。自己跟自己比赛是杆数赛的一大特点，运动员只有在比赛过程中用自己最擅长的方式去打球，才能完全发挥出自己的最好技术水平。

（二）稳中求胜

从另一个角度看，木球杆数赛比的不是谁打出了多少个好球，而是看谁的失误更少，只有这样才能把自己的技术完全发挥出来，把杆数控制到最低。稳字当头，首先，运动员要表现出一个稳定的心态，不骄不躁，冷静处理每一次击球。木球是一个容易让人杂念丛生的运动，在比赛中注意力的分散和心理上的波动给运动员带来的影响会被无限放大，如不能及时调整，有可能会失掉比赛。其次，击球策略稳妥合理，不冒进，不冒险，要以稳和准为基本原则，用自己最擅长的方式去打球，每次的挥杆击球都在自己的控制范围之内，不打超出自己能力范围的球。

这一指导思想要求运动员要有强大的认知能力，熟知自身技术的优缺点，熟悉每一条球道的特点和难易程度，在每次击球之前也要仔细地观察场地的地形、阻力、障碍的设置情况等，分析采用哪种策略最为稳妥，避免被一些偶然的因素打乱自己的比赛计划。然后清空所有杂念，专心致志地完成击球，只有这样才能发挥出自己的最佳状态。

二、杆数赛策略

（一）总目标策略

木球比赛场地的有标准杆数的设定。草地 12 球道标准杆一般多为 48 杆，沙滩 6 球道标准杆一般多为 24 杆。运动员根据赛前对场地的了解，结合自身条件、天气状况等，合理制定自己的杆数目标，然后围绕这一目标，针对每一球道的预期杆数制定详细的比赛策略。

总目标是由运动员的能力水平和状态与现实条件相结合所决定的，运动员能力有差异的，手感有好坏，状态有起伏，因此总目标设定也会不相同。总目标是运动员对自己的能力水平的客观设定，使运动员对自己水平有一个清晰的认知，对下一步实施比赛策略有重要指导意义，切勿好高骛远。

总目标与实际的比赛中比赛成绩会有一定的出入，这属于正常现象，运动员要有充分的心理准备，不要让总目标束缚了自己的手脚。手感好、发挥好或者"幸运球"多时，比赛杆数可能会低于目标，运动员不要沾沾自喜，别让暂时的顺利冲昏头脑，稳中求胜、按部就班地打好剩余赛道；手感差、场地条件不好或者"背运球"多时，杆数可能会高于目标，运动员一定不要着急，过去的就让它过去了，及时调整心理，找回手感，按照既定计划完成剩余球道的杆数目标就好了，切不可有"追杆"的冒进想法，否则会自乱阵脚。

（二）发球区策略

发球区是指每一球道第 1 杆球的开球区域，它是一个矩形区域（有时会根据场地有所调整），前面横线两侧有两个发球区标志以示宽度，运动员必须在发球区内发球才能开始该球道的比赛。在一个标准的草坪木球比赛场区中，共有 12 条球道（沙滩木球 6 条球道），运动员共需要开球 12 次（沙滩木球开球 6 次），约占到总标准杆的 1/4，意义可谓重大。俗语说得好，良好的开始是成功的一半。制定合理的开球策略，稳妥地开出第一球，是运动员谋求完美开局、打好后继比赛的关键。在发球区，运动员首要的任务就是根据球道情况来制定自己第 1 杆的打法策略。

1. 杆法的选择

运动员要根据球道的特点和自身的技术能力，选择置球点、确定方向、力度等，预设好最佳的球路和停球区域，然后选择自己有信心打出的杆法。杆法的选择要能够发挥自己的特长，以稳妥为准，不要超出自己的能力范围。

开球距离并不是越远越好。如果球道相对较窄，地形较为复杂，大力地开球会增加木球出界的概率。运动员如果没有把握控制球路，应适当减小力量，稳妥地将球开出，确保木球不出界也是一个不错的选择。

木球比赛中，挥杆距离远的运动员会具有明显的优势，这意味着距离球门区会越近，下一杆调球或攻门的成功率也会越高。如果运动员的开球落后于别人一段距离，下一杆的击球就会稍显被动。挥杆距离远的运动员在心理上也具有较大的优势，他们不仅自己信心十足，也会给对手造成很大的心理压力。

每个运动员都在想方设法提高自己的远距离挥杆能力，很多人都把它作为实力的象征。但随着挥杆距离的不断增加，挥杆的成功率也会逐渐下降。所以运动员不得不面对一个非常棘手的问题，这就是击球距离和稳定性到底哪一个更重要？在难以两全的情况下，运动员应该如何制定自己的开球策略呢？

每个人都有自己最适宜的击球距离，并不是越远越好。

我们做过一次实验，挑选了具有一定水平的运动员12名，共分3组，每组4人，进行三轮6道比赛。场地为标准的田径场草地，场地平整，阻力适中，共6条球道，分别是长直道100米、中直道70米、右L道30米、短直道55米、左L道40米、中长直道85米。

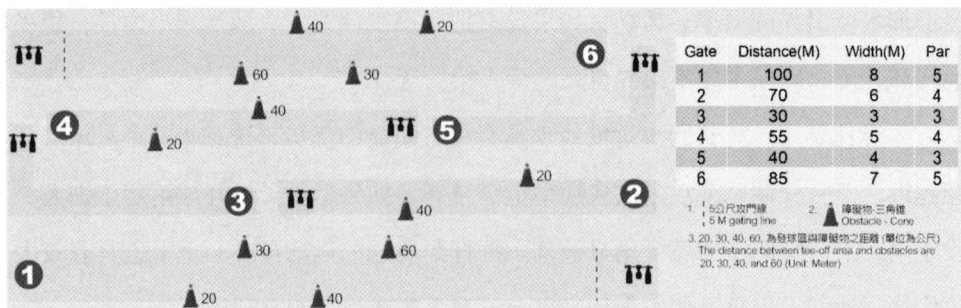

Gate	Distance(M)	Width(M)	Par
1	100	8	5
2	70	6	4
3	30	3	3
4	55	5	4
5	40	4	3
6	85	7	5

1. ⊓ 5公尺攻門線
   5 M gating line
2. ▲ 障礙物-三角錐
   Obstacle - Cone
3. 20, 30, 40, 60, 為發球區與障礙物之距離（單位为公尺）
   The distance between tee-off area and obstacles are
   20, 30, 40, and 60 (Unit: Meter)

比赛中，我们安排运动员在两条长直球道（100 米和 85 米）开球时分别采用三种策略开球：

（1）大力挥杆（90% 以上的力量）；

（2）适力挥杆（70% ~80% 的力量）；

（3）中力挥杆（40% ~60% 的力量）。

比赛共进行 3 轮，各组依次轮换使用 3 种开球策略：

组别	第一轮策略	第二轮策略	第三轮策略
1	大力挥杆	中力挥杆	适力挥杆
2	适力挥杆	大力挥杆	中力挥杆
3	中力挥杆	适力挥杆	大力挥杆

最后，对三轮比赛中运动员在两条长直球道上的数据进行统计，结果如下：

项目	大力挥杆	适力挥杆	中力挥杆
第 1 杆成功率	45.8%	91.7%	95.8%
第 1 杆平均距离（米）	61.2	48.1	29.5
第 1 杆有效平均距离（米）	41.1	42.4	28.4
每球道平均杆数（杆）	5.3	4.3	4.6

实验表明：

（1）从开球成功率上看，成功率与挥杆力量大小成反比。大力挥杆成功率最差，中力挥杆成功率最高。

（2）从开球距离上看，大力挥杆有绝对优势，但这一数据是建立在高失误的基础上的，如果保证不了成功率，实用意义并不大。

（3）从第1杆平均有效距离上看，适力挥杆略高于大力挥杆，中力挥杆距离最短。

（4）从完成该球道比赛所用杆数来看，适力挥杆最好，大力挥杆最差。

从以上不难看出，挥杆力量与动作稳定性成反比。过于冒险的挥杆会存在更多失误，过于保守的挥杆稳定性强，但在长距离球道上并不利于创造优异成绩。用自己最擅长的力量进行长距离的挥杆，无疑是创造优异成绩最佳选择。

面对地形复杂的长距离球道，为了稳妥起见，可以选择一个好停球、有利于第二杆挥杆的停球点。

示例：由于地形的原因，运动员最擅长的挥杆距离不利于停球，甚至会造成出界失误，可以考虑先打到一个利于停球的较近的位置过渡一下，下一杆就会是很容易停球的位置了。

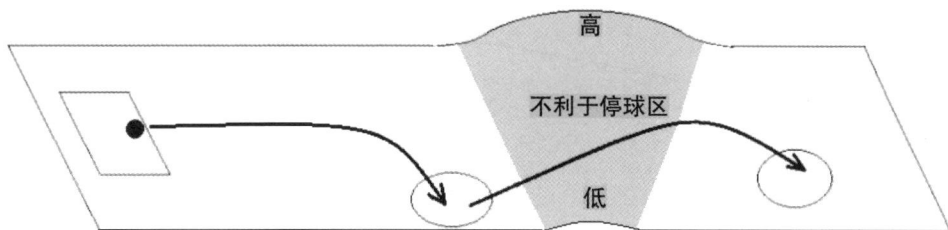

图 5-26　选择理想的第一停球点

2.置球点的选择

置球点是运动员在开球时选择的放球的位置，发球区的任何位置都可以被选作置球点。理想的置球点是开出完美第1杆的前提，运动员要通过对开球区及球道的分析并结合自身技术特点和挥杆习惯来选择置球点。理想的置球点要符合以下几点要求：首先，置球点应选择平坦或者略微凸出的地面，以利于球杆准确地击打木球，而且在木球被击出后在行进的初期受地形的影响较小。其次，置球点附近的地面要相对平坦，可使运动员有一个舒适的站位。最后，从该置球点可以找到理想的球路。

平直的球道，置球点放在发球线后球道中间的位置，可以减少左右边线出界的概率。

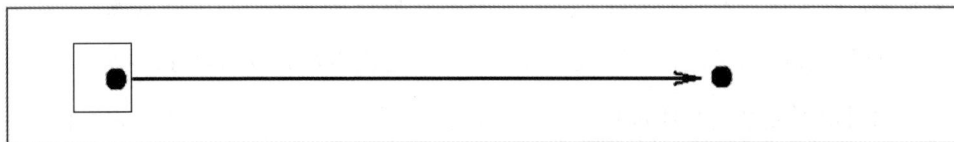

图 5-27　置球点的选择 1

有规律的坡面球道，木球行进的路线是一条平滑的弧线，置球点选在发球区靠下的位置，可以打出理想的球路，从而减小左右边线出界的概率。

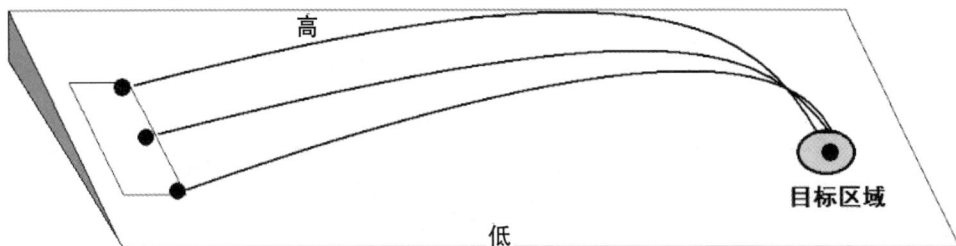

图 5-28　置球点的选择 2

发球区使用频率高，地面上一般会留有很多痕迹，都是其他运动员击球后留下的。打痕密集的区域往往是置球点的理想位置，而且从打痕里还可以找到可靠的击球路线。一个新手，可以通过自己的细心观察找到理想的置球点。

（三）边线出界应对策略

木球球道一般都很细长，边界清晰，运动员在比赛中很容易因为对场地状况分析不足、失误或者是偶遇意外等出现打球出界的情况。出界打乱了原有的战术计划，运动员应立即做出针对性的击球策略调整。

1.过早的边线出界

运动员在比赛中出现了过旦的边线出界，说明挥杆存在较为严重的错误，此时运动员首先要及时找出错误原因，通过反复进行试挥、心理调整，找到正确的挥杆节奏。然后，仔细观察从出界点到目标地点的场地情况，尽快制定接下来一杆的击球策略。置球点的选位要有利于下一杆击球。边线出界会给运动员带来心理上的压力，应尽快平复心情，从失误的阴影里走出来，全神贯注地打好下一杆。如果距离目标区域很远，球道较窄，应适当减小力量，稳妥地完成击球，切勿再次出错。

如果是在下坡过早的边线出界，置球点应尽量选择置球区内利于下一杆击打的位置。从下坡往上坡的挥杆难度相对较小，运动员要考虑好力度和方向一杆将球击入目标区域，以确保有一个相对有利的攻门位置。

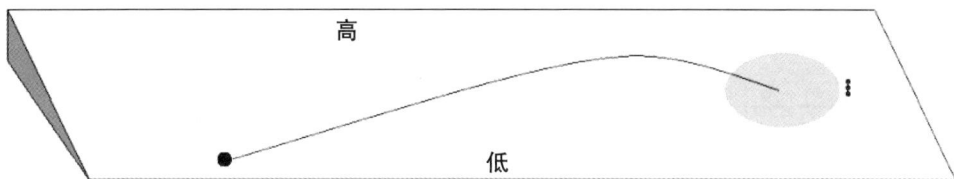

图 5-29　下坡过早的边线出界

如果是在上坡过早的边线出界，想要一杆将球打到门前难度非常大，因此可以选择两杆将球打进目标区域。置球点应尽量选择远离边线的位置（以出界点为圆心，以二个球瓶长度为半径的半圆范围内），以利于挥杆击球。由于置球点位置较高，要考虑坡道对球路的影响，挥杆时应适当缩短挥杆距离，以确保停球在球道靠近低位一侧的理想区域，下一杆就比较容易将球打进目标区域。

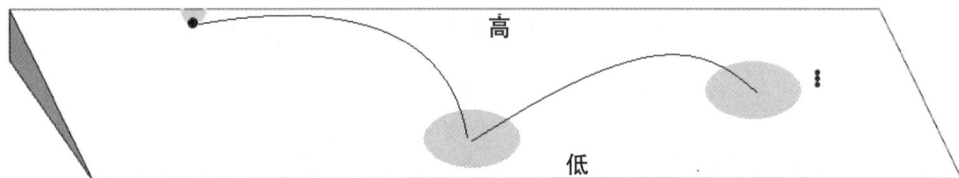

图 5-30　过早的上坡边线出界

2. 靠近球门区的出界

平整球道出界，如置球点离球门距离稍远，直接攻门没有把握，可调整木球至门前 1~2 米的正对球门的区域，力度切勿太大，以防止过于靠近球门而失去攻门角度。

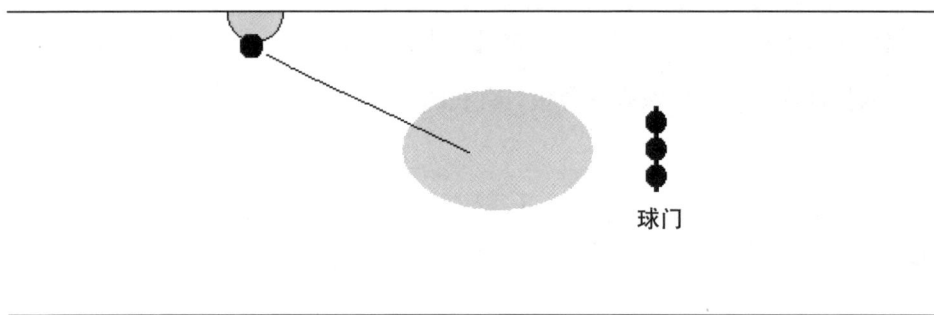

图 5-31　靠近球门区的出界

在坡面球门区，最好将木球调整到门前正中线偏下 1~2 米的区域，以利于攻门。若位置偏上，则攻门难度加大。

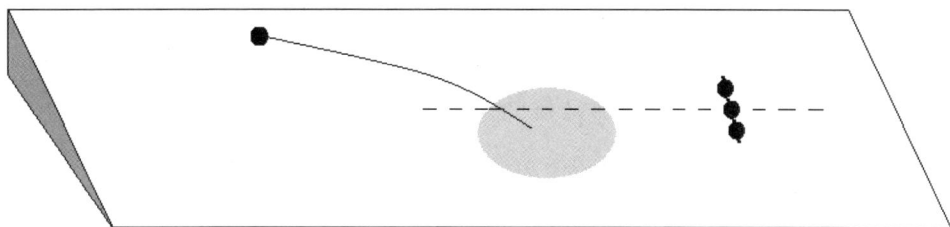

图 5-32　在上坡面球门区附近出界

如置球点离球门距离较近，可选择直接攻门。攻门区如有坡度，处于下坡位置要比处于上坡位置的球攻门成功率高，即使攻门不进大概率会留在门前不远的位置，出现没有攻门角度甚至出界的情况较少；处于上坡的球攻门有一定难度，如果攻门不进留在门口的概率低，导致木球没有攻门角度甚至会撞门从低侧出界，得不偿失，所以攻门时需慎重考虑。

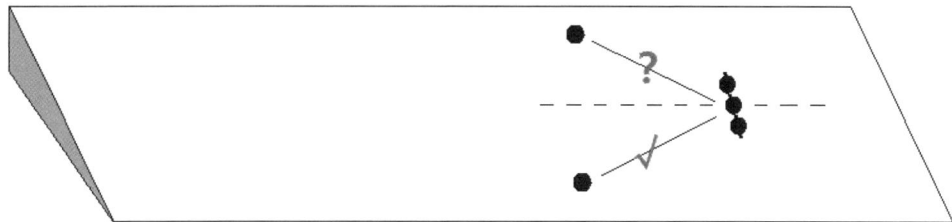

图 5-33　同样的角度，不同的结果

如置球点离球门距离较近，攻门角度小或无攻门角度，则需调整木球至门前 1~2 米的正对区域。调球的方向切勿太靠近球门，以防力度把握不好导致调球失误。

（四）障碍区策略

障碍区是指比赛场地上有别于正常场地、对木球正常行进有影响的特殊地形或地物。可分为自然障碍、次生障碍、人工障碍 3 种。

自然障碍是场地原本就有的障碍，球道设计可以巧妙地利用自然障碍以增加比赛的难度、娱乐性和观赏性。如土坑、凹凸地形、树丛、树桩、球道绳等。

次生障碍是由于天气变化、场地使用等原因造成的。它增加了比赛的难度，使比赛结果的偶然性增加。如水洼地、运动员走动对场地造成的影响、击打痕迹等。

人工障碍是为了增加比赛难度和趣味性而设立的有规则形状的障碍，在相对平坦的田径场场地和沙滩场地较为常见，如跳台、三角锥、人工沙堆等。人工障碍的设置增加了赛道的难度，使比赛区分度增大，而且趣味横生，观赏性会大大提高。运动员除了想办法尽量减少障碍造成的负面影响以外，有时还可以利用形状相对规则的人工障碍，打出有创意的好球。

球场障碍是所有每名运动员都必须面对的问题，比赛中要通过仔细地观察分析，对障碍的位置、形状、特点等有充分的认识。一般情况下，球路设计应以尽量躲开障碍为最妙，稳中求胜，不要试图冒险通过，以免得不偿失。如果实在躲不开，要注意杆法的选择，控制击球的方向和力度，把损失降为最低。但也并不是所有的障碍都只会给运动员制造麻烦，有时运动员可以利用木球与障碍接触后的跳起或路线改变而获胜。

1. 木球打到障碍区后面

如果一不小心将木球打到障碍区后面，挡住了木球前进的路线，运动员要仔细分析障碍区的情况，结合自身水平，确定是调球躲过还是直接越过障碍。如果障碍低平且面积不大，可以利用特殊的杆法让木球短暂飞起越过障碍。此法需要对球杆的精准控制，稳定性不强，容易造成失误，用时需谨慎。

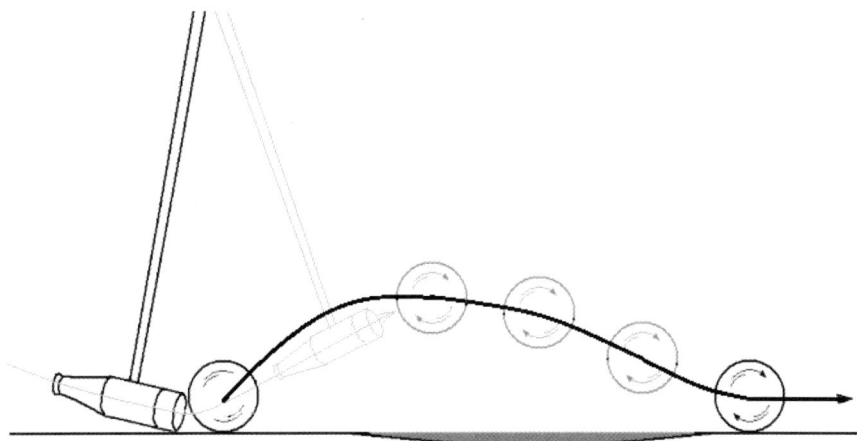

图 5-34 球打到小水洼后面

2. 木球滚入沙滩场地小沙窝

比赛球滚入沙滩场地小沙窝里时,如果凹陷的深度超过球体的1/3,根据规则,可以申请裁判员整理场地后再进行击打。如果凹陷的深度不及球体的1/3,就必须在原地继续进行比赛。小沙窝会对木球行进造成一定阻力,而且沙窝前沿的形状和硬度会决定木球行进的方向,击球时要注意力度和方向。

3. 木球打入障碍区

木球进入障碍区,需要根据实际情况做出选择。规则规定:比赛球如果掉落或进入坑洞、树丛、水塘等障碍内无法击打时,得移出置于障碍物入界点为中心,按界外球处理或无限向后延伸的球道上新球位,但须加计一杆。所以,进入障碍区的木球,如果能够"救出",尽量不要按出界处理。比如,当木球进入小的坑洞,运动员认为自己有能力处理好时,可以选择以合适的杆法、力度将球打出障碍。在击球瞬间,双手沿球杆柄上提,击打木球中部偏上,让木球主动向前滚动出凹陷地形,这样木球跳动较小,行进相对平稳。凹陷前沿的形状会对木球行进的方向有影响,请注意观察凹陷前沿的形状。

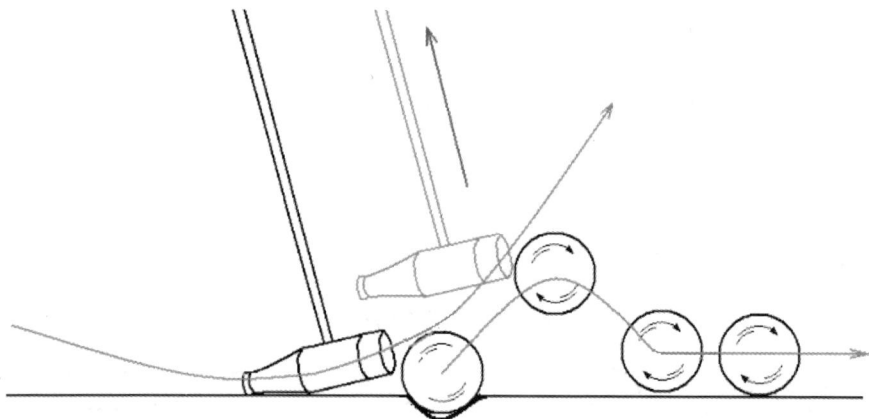

图 5-35　球打入小的浅坑

比赛球掉落在树丛等障碍里，无法采用常规的动作击打时，运动员可以利用反架或改变挥杆动作，但应注意不要造成击球犯规。

但如果一杆很难将球打出障碍区，运动员尽量不要去冒险，否则得不偿失，选一个好的位置加计一杆，也许是一个最好的选择。

（五）球门区策略

所谓球门区，是指每一球道末端，以球门中心为圆心，以5米（沙滩场地为3米）为直径的圆形区域。部分球道受地形影响，可不受直径5米（沙滩场地为3米）的限制。球门区的地面一般平坦无障碍，但山地球场和新建球场的球门区，可能会设在有坡面或平整度稍差的地方，给攻门造成一定难度。如果是沙滩场地的球门区沙面不平整，运动员可要求裁判员进行平整，而草地攻门区不平整却不能改变，需要运动员根据情况制定策略。球门区策略的制定和运用是否合理，是衡量运动员战术能力的重要指标之一。

1. 球门区的研判

球门区的研判是指运动员对球门区的坡度、平整度、阻力状况以及球门状态（位置、方向、稳固程度）等进行的分析和识别。对球门区状况的正确评估，是制定球门区策略的主要依据之一，也是顺利完成攻门的重要保障。

运动员可以通过围绕球门区的走动观察，从不同视角来分析场地情况，结合适应场地时的了解，还可以通过观察先打运动员木球的行进速度和路线，进一步熟悉地形，做到心中有数。

2. 调球策略

面对进入球门区的木球，运动员首先要做出理性分析，是攻门还是调球？若选择攻门，进门的概率是多少？风险、意外有哪些？综合权衡利弊以后，再做出合理的选择。对于位置不好的球，应果断作出调球处理的决定，切不可存在侥幸心理。

靠近球门的球调整时应注意方向和力度，调球方向呈斜线，调球位置应在门前 0.5~1 米，呈三角状调整，切勿太靠近球门，以免力度太大或太小出现无攻门角度的意外。

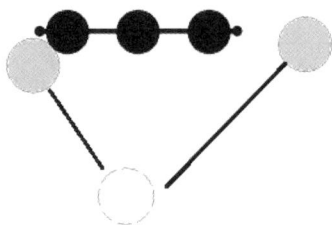

图 5-36　靠近球门球的调整

距离球门较远、攻门角度不是很好的球，调球位置应在门前 1~2 米，以利于攻门的区域。切勿太接近球门，以免力度太大导致无攻门角度，或力量太小距离球门太远。如果球门区在斜面上，调下不调上，须将木球调整到球门前偏下 1~2 米的区域，以利于攻门。

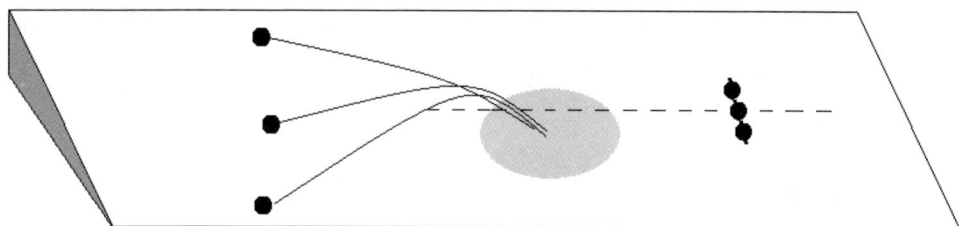

图 5-37　距离球门较远球的调整

对于距离球门较远的坡形球道调球，如果门前和门后的场地状况差不多，调前不调后，尽量选择距离较近的门前，因为木球滚动越远，偏离调球方向越多，偶然性也会越大。

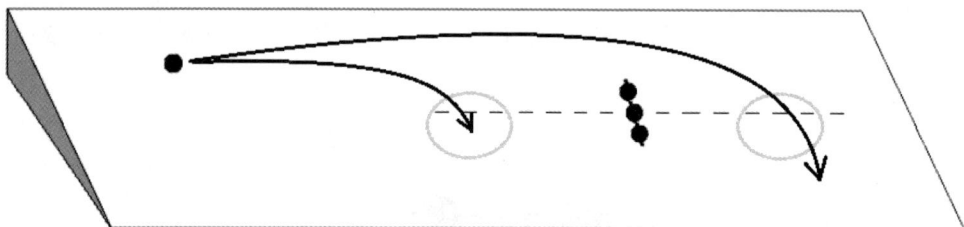

图 5-38　坡形球道调球，调近不调远

对于坡度较大，阻力较小、极不容易停球的场地，在调球时一定要注意力度和方向。球在上坡调球区在下坡的，切记不要垂直下坡调球，否则力度不好控制，很容易将木球打过停球区；球在下坡调球区在上坡的，尽量要垂直上坡调球，球停止滚动时的位置即是停球点。

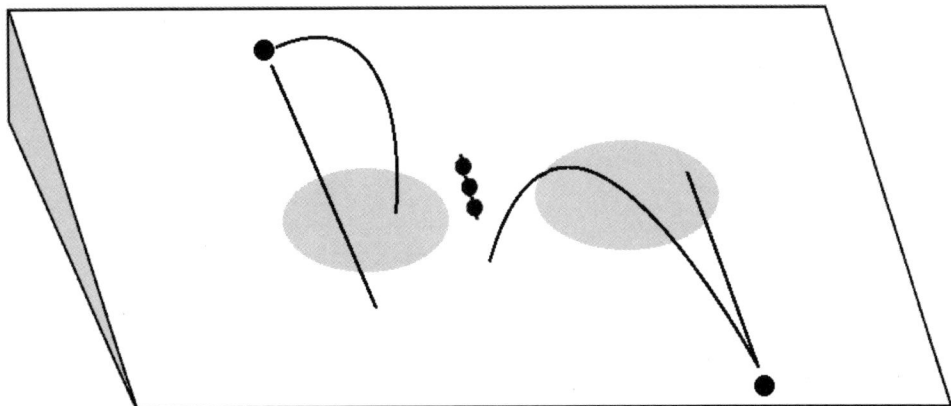

图 5-39　坡度大、阻力小的场地调球

3.攻门策略

球场上，有人攻门犀利干脆，气势满满，有人细腻柔和，稳定有加，都会给人留下深刻印象。攻门是运动员完成每条球道比赛的最后一个环节，开球区的潇洒一挥、攻门区前的调球，都是为了最后的成功攻门做准备。攻门表现的好坏，会直接影响到运动员计杆卡的数据。

球门状态决定了攻门的成功率是受木球在球门前后的位置决定的，并不是距离球门越近越好，很多时候角度远比距离重要。在平整的球门区，木球所在的位置决定了攻门的难度，距离球门较近、正对球门的球攻门时相对容易，远离球门、角度越偏的球攻门时难度也越大，出现偶然性的概率也越大。攻门前，运动员必须仔细地研究攻门区，并根据自己的能力作出最佳的决定。

在坡度球道挥杆力度的大小决定球的行进方向。攻门力度大，木球的行进路线接近一条直线；攻门力度小，受重力影响，木球呈弧线前进。因此，同一位置攻门，力度不同选择的击球方向也会不同。

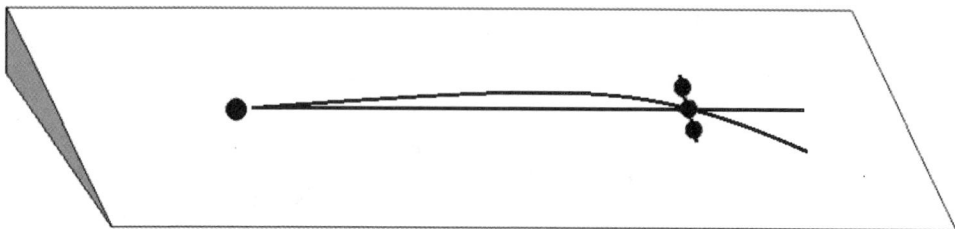

图 5-40　同一位置攻门，力度不同选择的击球方向也不同

　　带有坡度的攻门区，球在上坡位置攻门难度相对较大，若攻门不进，球停到门前的概率较低，有的甚至在撞门柱后从低侧边线出界，所以在上坡攻门需谨慎；球在下坡位置攻门难度相对较小，即使攻门不进，停球的位置一般不会太差，很多仍有攻门机会。

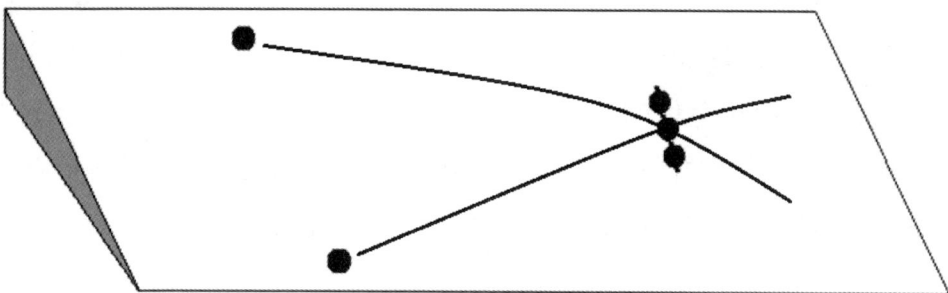

图 5-41　同样的角度，下坡球机会好于上坡球

（六）针对对手表现的策略

　　杆数赛在大部分时间里是"以我为主"的战术，但也并不是完全不留意对手的成绩。在决赛阶段，运动员都会比之前有压力、有想法，因为参加决赛的运动员少，而且成绩接近的运动员会分在一组，各组运动员在附近相邻的赛道比赛，也能够比较容易地获得他们的比赛信息。如果比赛还剩下两三条球道的时候，运动员就有必要关心一下对手的成绩了，因为他们的表现将关系自己的排名，有些

时候可能要对自己的策略作出适当调整。

1. 较大优势领先其他选手

较大优势领先其他选手，这种情况下，运动员需要做的就是按部就班、稳中求胜，不要主动失误，不打冒险球，关键时候宁可调球多打一杆，也不去打难度过大的球，只要看住对手守住优势就可以了。

2. 略微领先其他选手

在略微领先其他选手的情况下，运动员需要做的就是稳中求胜，因为一不小心就会被别人超越，但是也不能过于保守，要根据对手的表现和自己木球所处的情况做出正确的选择。在对手有高光表现或者自己有失误而被超越时，切记不要冒险追赶，要量力而行，因为稍有不慎，将会被更多的人超越。因此摆正心态非常重要，不受他人影响，不要主动失误，按照自己的计划和策略，扎扎实实地完成每一次击球，打出最好的杆数，只有这样，才能圆满收官。

3. 跟多名运动员比赛成绩不相上下

跟多名运动员比赛成绩不相上下，此时每个人都有机会成为冠军，接下来的表现将会决定最终的排名。运动员需要保持平常心态，根据自己的实力，稳妥地打好每一杆，不主动失误。好的机会摆在面前的时候一定要抓住，该出手时就出手。切不可自乱阵脚，否则成绩会惨不忍睹，给自己留下很大的遗憾。

4. 稍落后于其他选手

稍落后于其他选手，这时运动员再按部就班、稳中求胜的策略就不会有突破。适当的时机放手一搏，敢打敢拼，也可能会有意想不到的收获。

5. 远落后于领先选手，稍领先于其他选手

远落后于领先选手，稍领先于其他选手。这时再努力也不会有超过领先选手的可能。运动员需要做的就是按部就班、稳中求胜，看住自己现在的名次，不要主动失误、给后边的选手留下可乘之机就行了。

6.远落后于所有选手

最后几道远落后于所有选手。这时运动员再努力也不会有超过其他运动员的可能。索性放开手脚，打出自己的风格，去享受比赛就可以了。

（七）杆数赛的心理战术

杆数赛中的对手是所有的选手。在预赛阶段，各单位运动员都分布于各组，实力相当的选手多数都不会碰面，因此谈不上什么针对性的心理战术，运动员只要做好自己就可以了，在多数时间里贯彻的是"以我为主"的战术。首先要搞好与裁判、运动员的关系，检录的时候主动打招呼相互认识，给对方留下好的印象，比赛过程中文明参赛，当同组选手打出好球时真诚地表示祝贺，形成一个和谐的竞争氛围，有利于保持良好的比赛心态。但这也不能排除外界干扰，比如打球时有同组选手喋喋不休的语言干扰，对自己的出界点、杆数、击球时间表示质疑等，企图通过这些"小动作"制造影响。所以，在比赛时一定要有心理准备，心平气和地解决这些问题，而不是陷入敌对与争吵。一旦被卷入，肯定会受到影响。还有就是遇见裁判员的误判、态度不好等，要冷静地与裁判交涉，如不能更改，就欣然接受，因为这也是比赛的一部分，如果因此受影响就得不偿失了。

在决赛阶段，各组选手技术水平势均力敌，与预赛阶段相比，竞争会更加激烈，比赛氛围会更浓烈一些，甚至每一杆球都能影响到排名的升降。运动员的心理状态就成为决定胜负的主要因素之一。首先，运动员要保持高昂的斗志，信心十足、坚不可摧，让对手感到压力重重，从而掌握比赛的主动权。其次，充分利用规则，维护自己的利益，对对手投机取巧、违反规则的行为请求裁判坚决予以纠正。不违反规则的基础上，在挥杆节奏、准备程序上坚持甚至夸大自己的习惯和风格，迫使对手改变自己的节奏。最后，排除来自对手的干扰，不要轻易中招。只要自己不受影响，受影响的就是对手了。

心理战的使用要符合规则和道德准则，让对手心服口服。使用不文明的手段影响对手，即使取得了胜利，也不会得到别人的尊重。

（八）杆数赛实战策略举例

1.短距离直形球道策略

短距离直形球道一般是指草地 50 米（沙滩 35 米）以内，标准杆为 3 杆的直形球道。短距离直形球道对于绝大多数运动员来说，第 1 杆挥杆距离不成问题，一般都可以从容地将球打到球门区。打好第 1 杆是确保拿到标准杆甚至是 2 杆的前提，当然还有一杆进门的可能。短距离的直形球道开球第 1 杆考察的是运动员半挥杆和小挥杆的稳定性。

策略 1：第 1 杆将木球打到门前，若位置很好有机会打 2 杆，位置不好调整一次，3 杆攻门。这是一种比较稳妥的打法，木球滚动距离越近，偶然性的机会就越小。如果球道是坡道且地面不平整，或者是门后阻力小容易底线出界，采用此法较稳妥。

策略 2：第 1 杆在确保不出底线的情况下将木球打到球门前后的位置，如果力量偏大一点越过球门，就有一杆进门的可能，如果球不进，木球停球位置很好或撞球门后弹出位置很好的话就有机会打 2 杆，若撞球门弹出的位置不好或停球位置没有攻门角度，调整一次，3 杆攻门。如果力度稍小停在门前，位置较好的话有 2 杆攻门的机会，位置不好的话，调整一次，3 杆攻门。这种打法比较适合球门区阻力较大、门后距离底线较远的平整球道采用。

策略 3：第 1 杆对着球门方向挥杆，力量稍大，一杆进门的可能性会更大一些；若撞球门弹出位置很好有机会打 2 杆，位置不好调整一次，3 杆攻门；若木球在门后停球位置好有机会打 2 杆；底线出界，3~4 杆。该策略看似有些鲁莽，但如果球门前地面不平整不利于调球和攻门、门后阻力较大的情况下，力量稍大一点也是一个不错的选择。

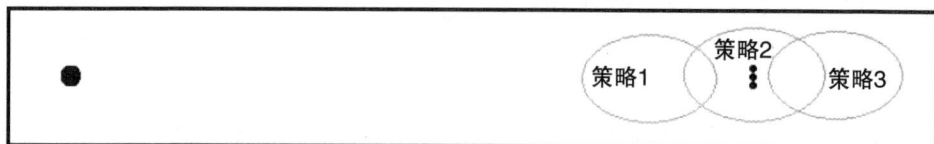

图 5-42　短距离直形球道策略

2. 中距离的直形球道策略

中距离的直形球道，一般是指草地球道长度 > 50 米且 ≤ 80 米（沙滩球道长度 > 35 米且 ≤ 55 米），标准杆为 4 杆的直形球道。对于绝大多数运动员来说，全挥杆的距离草地场地一般都在 60 米左右，沙滩场地一般都在 45 米左右，第 1 杆直接打到攻门区还是有一定难度的。打好第 1 杆才能确保拿到标准杆 4 杆，甚至是 3 杆。中距离的直形球道开球第 1 杆考察的是运动员全挥杆和半挥杆的稳定性。

策略 1：第 1 杆将木球打到球道 1/2 距离处，在此基础上选择短距离直形球道战术之一继续进行。对于全挥杆能力较差的运动员，选择该策略更能稳定发挥自己的水平，可以中规中矩地打出 4 杆的成绩。

策略 2：第 1 杆将木球打到球道 4/5 距离处，在此基础上选择调球战术继续进行。具有一定全挥杆能力的运动员采用此法，较容易打出 3 杆的成绩。

策略 3：第 1 杆将木球打到球门附近，也有一杆进门的可能；若木球位置很好有机会打 2 杆，位置不好调整一次，3 杆攻门。该战术适合全挥杆能力突出者采用。对于全挥杆能力不强的运动员来说则要量力而行，切不可盲目发力，以免得不偿失。

图 5-43　中距离的直形球道策略

3.长距离的直形球道策略

长距离的直形球道，一般是指草地球道长度 > 80米(沙滩球道长度 > 55米)，标准杆为5杆的直形球道，这个距离所有运动员都不能一杆打到球门区。长距离的直形球道开球第1杆考察的是运动员全挥杆的能力。

策略1：第1杆将木球打到球道1/3距离处，在此基础上选择中距离直形球道战术之一继续。对于全挥杆能力相对较差的运动员，选择该策略更能稳定发挥自己的水平，可以中规中矩地打出5杆的成绩。

策略2：第1杆将木球打到球道1/2距离处，在此基础上选择短距离直形球道策略之一继续。具有一定全挥杆能力的运动员采用此法，较容易打出4杆甚至是3杆的成绩。

策略3：第1杆将木球打到球道2/3距离处，在此基础上选择短距离直形球道策略之一继续。该战术适合全挥杆能力突出者采用，这种策略可能打出3杆的成绩。

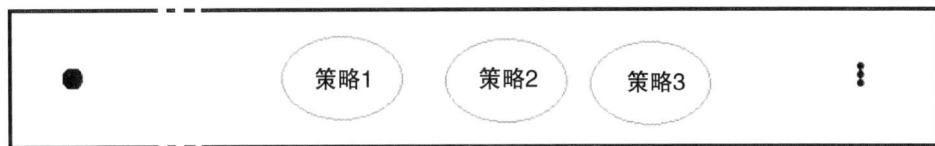

图 5-44　长距离的直形球道策略

4.坡形直道

较短的坡形球道，第1杆比较容易挥到球门前，应将球打进正对球门前偏下的区域，以利于攻门。

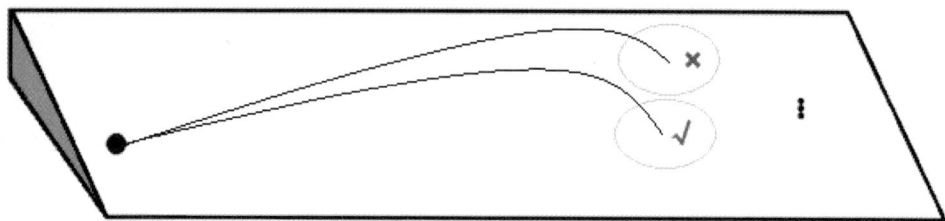

图 5-45 坡形短直道策略

对第 1 杆球如果不能打进攻门区域时，则第 1 杆的策略主要是为更好地打下一杆球做准备，目标区域应设在较低一侧，以利于下一杆击球。

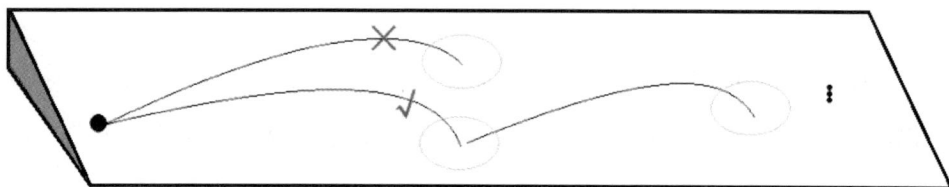

图 5-46 坡形长直道策略

5. "L"形球道策略

（1）拐角后球道距离球门较近的"L"形短距离球道

拐角后距离球门较近的"L"形短距离球道，标准杆一般设为 3~4 杆，考察的是运动员小挥杆、半挥杆以及调球的能力。此种球道对于运动员来讲挥杆距离不是问题，需要的是对挥杆力度的控制，第 1 杆挥杆力量宁小勿大，切勿底线出界。力量稍小，调整好球后仍有打 3 杆的机会；若底线出界就只能打 4 杆了。

策略 1：如果能把置球点选得靠外一点，贴拐角打出第 1 杆，力度合适的话第二杆可以有攻门的机会，但这种策略对杆法的准确性特别高，而且第 1 杆距离球门的距离相对较远，攻门仍有一定难度。注意球路不要太靠近拐角，以防发生意外从拐角出界；若力度太小，没有到拐角，第二杆也很难将球调到距离球门很近的位置。

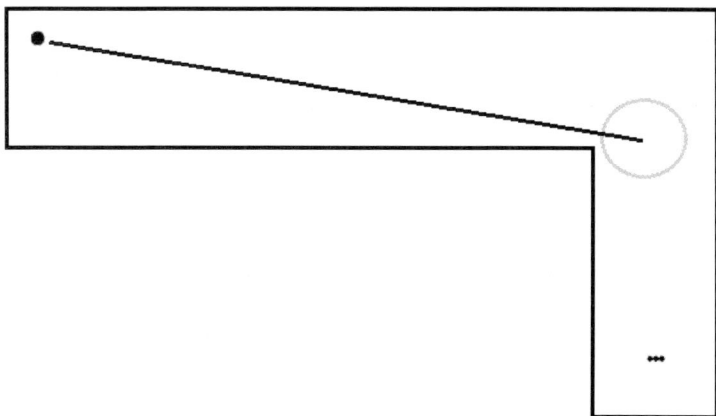

图 5-47 拐角后球道距离球门较近的 "L" 形短距离球道

策略 2：目标方向偏外一点，稳妥地打出第 1 杆，即使力量有点小，由于位置好，第二杆就能比较容易把球调到球门前，非常稳妥地完成 3 杆。

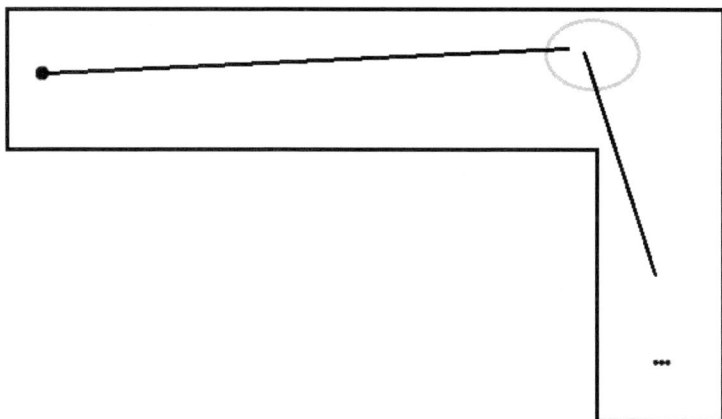

图 5-48 拐角后球道距离球门较近的 "L" 形短距离球道

（2）拐角后球道距离球门较远的 "L" 形球道

拐角后球道距离球门较远的 "L" 形球道，标准杆一般设为 4 杆，考察的也是运动员小挥杆、半挥杆以及调球的能力。

第 1 杆策略：此种球道对于运动员来讲第 1 杆挥杆距离不是问题，需要的也是对挥杆力度的控制，选择一个最舒服的置球点，稳妥地将第1杆挥出，力量宁小勿大，切勿底线出界。因为拐角后距离球门较远，不能直接攻门，所以球路不要太靠近拐角，以免发生意外。

第1杆力度偏小的调球策略：在调球的时候，切勿太追求贴近拐角，因为即使木球调整得再完美，过拐角后也不能直接攻门。这种情况下，要一个稳妥的、有利下一杆挥杆的位置，远比冒险挥一个较长距离贴拐角通过的靠近边线位置好得多，太靠边线的调球只是多了一些冒险，并没有得到多少利益。

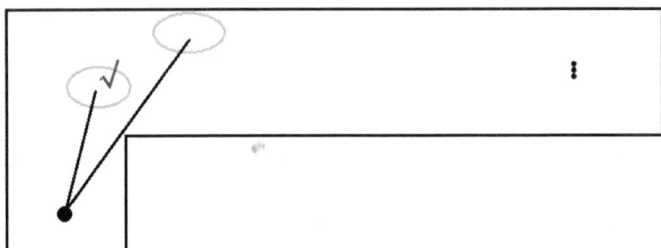

图 5-49 拐角后球道距离球门较远的"L"形球道

（3）距离较短的"L"形坡形球道

距离较短的"L"形坡形球道，可以巧妙地利用地形，打出完美的弧线球路，如果力度合适，有可能2杆完成；如果位置不好，第2杆调球可以调到球门，有3杆完成的机会。

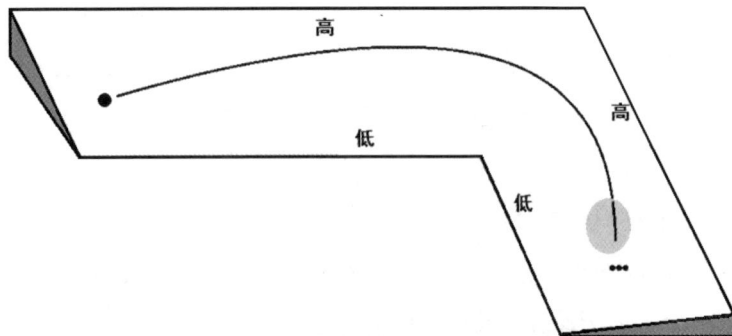

图 5-50 拐距离较短的"L"形坡形球道

（4）第一段距离较长的"L"形坡形球道

第一段距离较长的"L"形坡形球道，如果运动员挥杆距离打不到拐角，则需要稳妥地打出第1杆，然后在此基础上巧妙地利用地形，打出弧线球路，如果力度合适，有可能3杆完成；如果位置不好，第3杆调球可以调到球门，有4杆完成的机会。

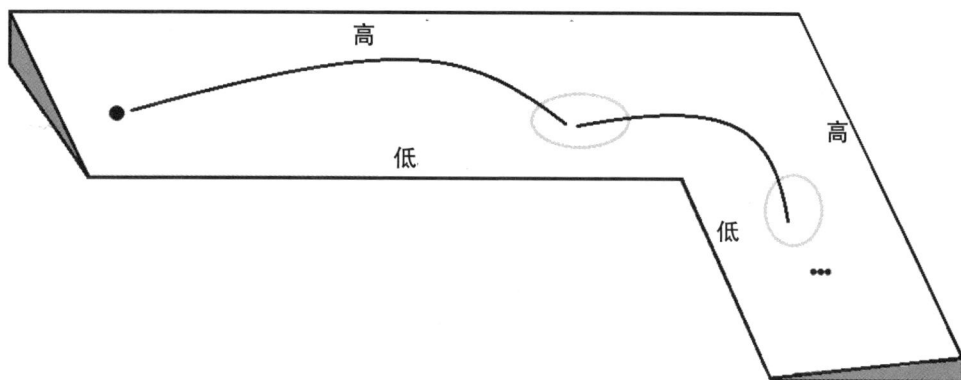

图 5-51 第一段距离较长的"L"形坡形球道

杆数赛策略没有哪一个比另一个更好一说，只有哪一个比哪一个更适合自己。运动员要遵循"以我为主，稳中求胜"的指导思想，在比赛中要根据自己的能力、比赛的客观条件等做出正确的选择。

·●木球小故事●·

第一次参加全国赛的惊喜

商丘师范学院 司钦如

2013年7月，第一次参加在三亚举办的木球全国锦标赛，因为是第一次参加比赛，又是在美丽的三亚举办，心情非常激动，也很期待可以取得好的成绩。

在比赛中，我在前五道都是正常发挥，来到第六道，总长度为 65 米。裁判提醒本道为一杆过门奖赛道，大家都很兴奋，因为当时的规则是每个场地只有一道直道设为"一杆过门奖"赛道，一杆过门后会有相应的奖金，与在任一赛道一杆打进都会有一杆过门奖的现行规则相比，还是有很大难度的。轮到我开球了，我稍做准备，开始置球挥杆，木球像安装了导航装置，直奔球门而去，裁判员做出了球通过的手势，并大声喊道："球进了！"当时的我由于太兴奋，久久难以平静下来，接下来的比赛竟连连失误，痛失好局。

这么多年过去了，现在想想，这就是木球运动的魅力。打球总有一定的运气成分，但是更重要的要有过硬的技术，在比赛中要心平气和，过度的兴奋和紧张都会影响比赛成绩。

第三节 球道赛战术基本理论

球道赛是木球的另一种比赛形式，目前在各大赛事中都有其一席之地，以惊险刺激的对抗和扣人心弦的比赛节奏吸引着人们的注意，在很多赛事里都成为吸引众人围观的压轴大戏。球道赛的赛制下，参赛选手两人（个人球道赛）或两对（双打球道赛）进行一对一对抗，在规定球道内获胜道数多者为胜。如果按照赢一球道1分、平一球道各得0.5分、输一球道0分的积分方法计算的话，率先得到半数以上（草地木球6.5分、沙滩木球3.5分）的选手胜出。如果双方打平（草地木球6：6、沙滩木球3：3），则需要以加赛一道的形式，直至决出胜负。

球道赛和杆数赛两种赛制在规则方面的差异，归根结底是由于它们胜负机制的不同。球道赛是"一名（对/队）运动员对抗另一名（对/队）运动员的比赛。比赛是以球道为单位进行的"，而杆数赛则是"运动员完成规定一轮或数轮中所有球道的一种比赛方式。杆数赛中，任何一名（对/队）运动员都在同时对抗其他的每一名（对/队）运动员"。两种赛制的胜负机制主要表现在对抗形式和胜负评价方法的不同。球道赛是一方对阵另一方，比赛结果只与双方有关系，而与第三方无关，双方在比赛中保护着各自的利益，区分胜负的方法也相对容易，把所有球道胜、平、负结果累加起来，胜出球道数多的获胜，而不是具体的杆数。杆数赛则不同，在杆数赛中，每一名（对/队）运动员不但要与同组的每一名（对/队）运动员对抗，他同时还要和所有其他参加比赛的每一名（对/队）运动员对抗，即使他们在比赛中并没有相遇。区分胜负的方法是把所有的运动员（组合/团队）在规定轮数的总杆数进行比较，杆数少者名次靠前。

在杆数赛中运动员只要专心致志地打好自己的比赛就行了，绝大部分时间里不能也不必去关注对手的表现。但球道赛的情况却截然不同，因为是每道论输赢，运动员必须时刻关注对手的表现，明晰场上形势，灵活地调整比赛策略，做到每球必争，才能赛出最优的球道赛成绩。

正是这两种风格迥异赛制的共存，凸显了球道赛较强的对抗性，其比赛激烈程度和可观赏性是杆数赛无法比拟的，几乎每一杆球都跟比赛局势息息相关，时刻扣人心弦。双方在场上斗智斗勇，战术变化更加灵活，处处充满看点。在球道赛中，运动员的球风时而犀利果断，时而不计后果，时而稳定有加，不冒一点风险。球道赛不但要求运动员具有稳定的技术和强大的心理，而且在比赛策略上比杆数赛丰富很多。

一、球道赛战术思想

（一）不打无准备之仗

对场地环境、对手和自己能力水平及技术特点的了解，是运动员确定战术行为的主要依据。

首先，运动员在赛前要通过了解、观察、现场适应场地仔细研究场地的地形、阻力、障碍的设置等，了解天气状况、不同时段对场地的影响，熟知场地情况，结合自己技术特点制定出详细的打球策略，把自己的长处发挥到极致，同时很好地掩饰住自己的弱点，并对可能出现的意外情况做出演练，找到最好的应对方案，避免一些偶然的因素打乱自己的比赛计划。对赛场情况越熟悉、比赛策略制订得越详细，运动员就会拥有越多的竞争优势，胜算就越大。开赛之前场地条件熟记于心，哪些球道在开球时需要注意什么、哪些球道容易边线或底线出界、哪些球门区前边不容易停球，以及需要躲避的球道里的"陷阱"，等等。把这些详尽的信息熟记于心，或者做好提示卡带在身上，比赛过程中随时可以查看，检查整理好自己的球具，根据天气情况带好服装装备，做好防晒，准备好补给。所有这些准备工作会解决运动员的后顾之忧，使运动员安心去比赛。

其次，运动员还要充分了解自己和对手的技术和心理特点，扬长避短，才能制定出最优的战术策略。"知己知彼，百战不殆。"对对手和自己的技术特点和心理品质要有充分的了解，知道双方的优势和劣势所在，学会以己之长，攻人之短，才能获得最大的胜算。对手打出惊艳的好球、发挥出自己的特长要理性接受，想办法用自己的特长来回应；在对手露出"短板"的时候，要抓住机会，打其七寸。对自己技术和心理上容易出现的问题要找出应对的办法，必要时制作提示卡带在身上，及时提醒自己减少失误，切勿慌乱。

最后，要做好充分的心理准备，比赛过程、比赛形势复杂多变，运动员要学会应对，要有打艰苦比赛的准备。设计好自己打球前的心理准备程序，稳妥地完成每一杆击球，不给对手留破绽。领先时不要沾沾自喜，稳中求胜，不给对方以喘息的机会，持续对对手施压守住优势，赢下即可；比分胶着时需要保持冷静，稳扎稳打，不主动失误，遇到机会要抓住，该出手时就出手；暂时落后时要有坚韧的毅力，敢于突破，不输士气，不轻言放弃，积极寻找机会放手一搏。

（二）用自己最擅长的打球方式去比赛

比赛中，运动员要积极利用自己的技术特长和打法参加比赛，发挥自己的技术风格，按照自己的节奏去比赛，不受对手和其他外界条件的影响，不要被对手的战术和节奏所牵制。以己之长，攻人之短，去跟对手比赛，才能完全发挥出自己的技战术水平。

（三）冷静乐观，专注比赛，充满自信

在球道赛场上与运动员对抗的不仅仅是对手，还有自己的心理。获取胜利需要的是稳定的挥杆、明智的策略，而稳定的挥杆需要运动员注意力高度集中，明智的策略则需要运动员稳定的情绪和强大的内心。比赛中积极自信的情绪给运动员带来的体验是振奋、乐观、荣誉感，消极悲观的情绪让运动员倍感焦躁不安和恐惧。一个优秀的球道赛运动员应该学会在各种情况下主动控制和调节自己的情绪，全神贯注地投入比赛。

不要过于关注对手的击球，那会让自己难以集中精力来打好自己的比赛。对手挥出一记精彩的全挥杆，没什么大不了，要相信自己的能力同样可以做到。运动员只能靠自己的表现赢得每条球道，而不是把希望寄托在对手的失误上。

　　领先时不沾沾自喜，不放松警惕，全神贯注去打好每一杆，做到步步为营，沉稳冷静。如果对手出现问题，比如说首先开球出错、过早出界，此时对自己来讲是一个绝好的机会。但千万不能高兴得太早，而是要沉着冷静，采用比较谨慎稳妥的打法更为合适，因为优势在你这一边，没必要再去冒险。假如因为大意而错失好局，对于自己的心理也会产生不利的影响。落后时不急躁，等待时机，机会来了要善于抓住，该出手时就出手。如果运气不佳，出现了严重失误，而对手占据了明显的优势，此时不要轻言放弃，不妨放手一搏，反正输掉这个球道的可能性已经很大。倘若博得平局或反败为胜的话，对对手的打击肯定是沉重的。

　　斗鸡场上，两只斗鸡要经历"你死我活"的殊死搏斗，直到其中一只受伤无法战斗或认输，没有退路可言。可在有些时候，决斗没开始之前就已经预料到了结果，昂首挺胸、气势逼人的斗鸡往往能笑到最后，而毫无斗志、士气低落的斗鸡注定要落败。球道赛又何尝不是这样呢？在比赛中，双方竞争的直接体现是每一杆的击球效果、每一球道的杆数乃至整场比赛成绩，而运动员在球场上心理素质的表现则是间接的、隐蔽的竞争。对于技战术水平相当的运动员来说，心理素质好的运动员能完全发挥自己水平，获取最终的胜利。

　　运动员的自信来自平时扎实刻苦的训练，来自娴熟稳定的技术，来自对场地、对手的熟知。自信是一种气势，比赛中善于用犀利的球风抓住对方的短处穷追猛打，用霸气的庆祝动作和吼叫声提振士气，它就像一个强大的"气场"环绕在运动员的周围，使对手倍感压迫。自信是每一名优秀运动员所必备的品质，是确保完全甚至是超水平发挥自己能力的先决条件，是球道赛取胜的决定因素。

二、球道赛战术

（一）把压力甩给对手

　　在球道赛中，双方竞争的直接体现是每一杆的击球效果、每一球道的胜平负结果乃至整场比赛胜负结果，而运动员在球场上心理的较量则是间接的、隐蔽的竞争。球道赛的对抗性表现在比赛场上不仅仅是技战术的博弈，还有深藏在运动员内心的心理的较量。很多时候比赛的压力和胜负的悬念会在每一次击球后相互切换，这对于技战术水平相当的运动员来说，心理素质尤为重要，甚至更具有决定性的意义。压抑沮丧的心态丝毫不会带来好运，相反，会使运动员的思路越来越狭窄，变得心烦意躁，注意力难以集中；阳光乐观的心态能让运动员更加专注地进入比赛状态，思路更加宽广，清晰地执行比赛策略。保持微笑、迈步有力、自我肯定这种良好的自我感觉有助于消除杂念、增强信心。运动员要明晰场上形势，充分利用规则，在战术策略上，每一击球行动尽量让对手处于两难的选择、感觉别扭、心里有压力，"是直接攻门还是稳妥地调球呢？""只有打好这一杆，才能……"，让对手始终处于一个被动的状态。

坚决地贯彻自己的策略并持续给对手施加压力，领先时让对手彻底丧失信心，僵持时让对手心生恐惧，落后时让对手担忧不断。

（二）以己之长，攻人之短

这是指运动员用自己最擅长的打球方式去跟对手比赛。只有掌握比赛的主动，才能完全发挥技战术水平，充分展示自己的优势，在比赛中坚持自己的习惯和风格，把对手带入自己的节奏，进而影响对手，是球道赛取胜的又一密码。

比赛中，运动员常常会遇到比较强势的对手，特别是某项技术优势明显的对手，这会使自己心生不安。如果不自觉地跟对方较劲，就会被带入对方的节奏，从而失去了自己的特点和风格，用劣势去跟对手强势去比，将会极其被动。比如，对手先开球打出一记漂亮的远距离挥杆，博得了现场观众的喝彩，为了不输士气，自己决定要打一记距离更远的挥杆，而忽略了能力水平，结果却陷入窘境。运动员一定要清楚比赛的目的是获得胜利，而不在于谁的挥杆动作更优美、距离更远，所以不要抱有侥幸心理，去盲目地尝试超出自己能力的击球。当对手开球比自己远了 10 米的话，这意味着他可以用更短的调整杆把球打到门前。这没什么大不了的，自己用擅长的调球把球停在更好的位置，可以取得同样的效果，压力就会跑到对手这一边，而如果自己执意大力开球去拼第 1 杆而造成主动失误，胜算离自己就越来越远了。

（三）时刻关注对手表现，随机应变

球道赛是两方的博弈，运动员要明晰场上形势，对手的表现影响自己下一步的策略。对手表现好，自己不示弱，否则这一道就抢不到分；对手表现差，我不逞强，不主动犯错，稳中求胜。在不断变化的比赛环境中，随机应变的能力是高水平运动员所必须拥有的能力之一。切记球道赛是胜、平、负结果的博弈，而不是为了获得更少杆数或者打出绝妙好球，要随时根据形势调整策略，以获取比赛最终胜利为目的。落后时不急躁，不轻言放弃，耐心等待机会，善于抓住机会，该出手时就出手，"搏一搏，单车变摩托"；比分接近时更要小心谨慎，稳扎稳打，毕竟保持现状是可以接受的，遇到机会球处理要果断自信，创造领先优势；领先时不沾沾自喜，步步为营，沉稳冷静不冒进，不给对手留机会，小赢即可。

（四）影响对手的心理技巧

心理战术是指运动员在比赛前或比赛中，有计划地采用各种手段对对手的认知、情感和意志施加心理刺激和影响让其产生一定的压力和错觉，使自己获得比赛利益的策略。球道赛实际上就是一场心理之战，双方每时每刻都在斗智斗勇，干扰和反干扰。球道赛心理战术的博弈主要是通过向对方施加精神压力或采用谋略来影响敌方的心理，涣散对方的斗志。

心理战术的基础是身体素质和专项技术水平。在一场双方体能、技术水平势均力敌的比赛中，彼此的心理状态就会成为决定胜负的主要因素。但如果与对手在身体条件和技术相差甚远的情况下，使用心理战术获胜的概率是很小的。

知己知彼是心理战术合理运用的关键。只有熟知双方的优缺点，才能扬长避短，避实而击虚。这要求运动员在赛前就要做好功课，充分了解自己和对手的行为习惯、性格特点，从对手心理上的弱点出手攻破其心理防线，才能达到自己的目的。比赛时要学会揣摩对方的心理，适当采取一些影响干扰对方心理状态的措施，让对方自乱阵脚，同时还要注意想方设法掩盖自己的弱点，以防被对手抓住。

赛场上双方的士气往往是此消彼长，运动员要时刻保持高昂的斗志，抱定坚不可摧的信心，从而挫伤对手的锐气，消耗对手的精力，动摇其信心，掌握比赛的主动权。

不过，木球是一项文明的运动，运动员在使用心理战时，切不可用那些欺诈的、庸俗的、不文明的方法恶意干扰对方，不能单纯为了取胜而投机取巧，甚至不择手段，否则，即使赢得了比赛，也会输掉了人格，得不到别人的尊重。因此，用心理技巧影响对手要把握好一个度的问题，注意要符合规则和道德准则。那么，如何才能在球场上做到不失文雅地影响到对手，而又让对手心服口服呢？

比如，每位运动员都有自己习惯的挥杆节奏，包括两次击球之间步行的速度、击球前常规准备程序的节奏，有些人喜欢快节奏，有些人则喜欢慢条斯理。在不违背规则的基础上，坚持自己的特点，通过明显放慢或加快比赛节奏来改变对手的打球习惯，当对手不适应或者被迫改变了原有的打球习惯时，很有可能已经受到了影响。同样，也许对手也会用同样的办法来对付你，要保持头脑清醒，不要轻易中招。一旦察觉到对手有超出规则允许的行为，就要立刻请求裁判予以纠正，这反而让他变得很被动。运动员不要惧怕干扰，也不要轻易被干扰。要敢于对不正当的干扰说不，维护自己的利益。

再如，如果你在比赛中领先对手，就要一鼓作气、乘胜追击。严格按照谁远谁先打的原则，不要怜悯对手，除非对手认输。对对手的仁慈带来的是对自己的伤害，所以要保持进攻的态势。继续贯彻给自己带来领先的策略，充分利用规则，毫不留情，直至对手屈服。

心理战术可不是一件想当然的事情，使用需谨慎，并且要注意时机和方法，它是一把双刃剑，用好了收效甚大，用不好反而把自己带入非常不利的局面。

三、球道赛实战战术示例

（一）开球

每一位运动员平时训练时都致力于提高自己的挥杆距离，在球道赛中开球距离比对手远无疑会使自己一开始就占据优势，令对手背负压力。不过，木球球道相对较窄，较远的挥杆距离意味着出界的概率会增大，如果有失误，就会得不偿失，使自己陷入被动。所以，球道赛在应根据实际情况选择自己的开球策略。

1. 先开球

先开球是指按照比赛规定在某一球道比赛时运动员第一个站在开球区开球。不管是刚开始比赛还是在比赛过程中，先开球者肩负的压力要比后开球者大得多。在先开球时，运动员要调整好心理，用最擅长的击球方式稳定挥出第1杆是最重要的。

每场比赛的开始阶段，运动员会相对紧张一些，在先开球时可以适当降低挥杆距离以求稳定，避免主动失误，等过了一两个球道心理恢复平静之后再回到正常的挥杆。

如果运动员的长距离挥杆技术不太稳定，或者对本次挥杆没有信心，那就选择适当减小力量稳妥地开出第1杆，把球留在球道里边一个相对较好的位置，就会给对手带来压力。先开球一定注意量力而行，不要只想给对手下马威而忽略自己的能力，幻想打出绝妙第1杆，刻意去追求更远更难的击球，以免出现失误而陷入被动，把先机拱手让给对手，让对手在战术的选择上变得更加灵活。

如果运动员有长距离挥杆的能力，在开球时打出自己的优势，这样会占得先机而使对手压力倍增。

2. 后开球

后开球是指按照比赛规定在某一球道比赛时，运动员最后第一个站在开球区开球。此时，对手的开球已结束，应根据对手的挥杆情况再结合自己的能力制定开球战术。

当对手先开球把球打到了球门前的有利位置，第2杆很容易就能攻门成功，接下来自己的开球就不能太保守了，因为3杆球显然已经没有什么意义。这时需要做到的就是想办法把球打到和对手的位置相当才行，即使挥到这个距离并不是自己擅长的杆法。

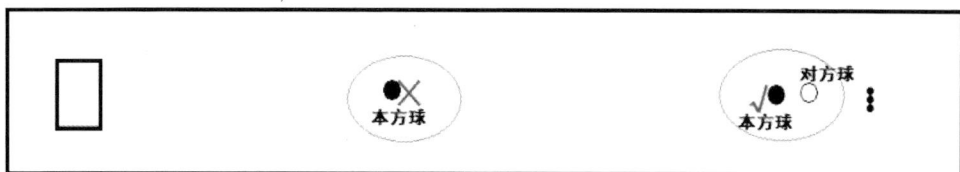

图 5-51 对方开球球门前

当对手在相对简单的短直球道开出一记完美的先开球一杆进门，此时过于保守的战术已经没有意义，对自己来讲只有进和不进两个结果，充分准备尝试一杆攻门就行了。

对手在长直球道开出一记又远又直的好球，但这球仍需要调球才能攻门。此时，假如运动员对自己的长距离挥杆没有把握的话，那就用自己最擅长的方式稳妥地开出第1杆，只要不出现失误就好了，反正下一杆都要调球，而不是冒险去刻意地追求远度。

当对手在难度较大的5杆以上球道开出一记较好的先开球，挥杆距离超出了自己的能力范围，但要完成攻门仍需3~4杆才能完成，此时不要受到对手的影响冒险去拼第1杆，运动员需要做的是用最擅长的方式先把球开好，即使位置比对手相对差一点也无大碍，因为之后的比赛什么情况都可能发生，自己完全有机会重新找回优势。

如果对手在难度较大的标准杆5杆以上球道出现开球失误，你不要沾沾自喜，仍需要稳妥地把球开好，保持优势或寻找机会把优势拉大。因为这一球道的比赛才刚刚开始，局势很有可能会因为自己失误或对手的良好表现而改变。

当对方开球距离不是很远，完全在自己的能力范围内，那就用最擅长的方式开出第1杆，比对手远一点就会占据主动。

如果对手在相对简单的标准杆3杆或4杆球道出现开球严重失误而导致出界，这时胜利的天平会偏向自己这一边，一定要抓住机会，切不可得意忘形，而是要保持平常心，稳妥谨慎地把球开好即可，而不是咄咄逼人地冒险把球开向更远更好的位置，已经拥有了很大的优势，没必要去做无谓的冒险。

（二）木球进入障碍区

木球进入障碍里边是件非常棘手的事情，不管是沙坑、树丛还是积水，这意味着自己将会有 1 杆左右的加杆。再大的困难也得面对，综合分析障碍的状况，把障碍难度界定为稍难（稍有难度，可以将球打出障碍，处理好了跟不在障碍区的击球效果一样）、较难（较有难度，可以将球救出障碍，比移出障碍加 1 杆结果好）、很难（难度很大，理论上可以将球救出障碍，但要冒很大风险）和不可能救出 4 种，区分不同情况予以对待。

对于稍难和较难的情况，运动员通过仔细研究地形，选择适宜的杆法，认真把球打出障碍，不失误就好了，这都比移出障碍加计 1 杆的情况好得多，打得好的话跟没有障碍差不多。

而对于很难的情况，要根据对手的表现做出合理的选择。如果此时自己在该球道还是暂时领先，可以考虑移出障碍，加计 1 杆，不去冒险。如果此时两人杆数相当，移出障碍加计 1 杆后在接下来的比赛中还有获得平局或取胜的机会，就可以考虑不去冒险，接受加计 1 杆的事实，等待机会。但如果对手占得较大优势，面对对手的高光表现，只能放手一搏，"有枣没枣打一竿子"，因为已经没有别的选择。此时要放平心态，仔细分析场地情况，专注地打出这一球，说不定会打出一记超乎想象的好球，扭转颓势。

如果遇到了不可能救出的情况，那就不要有什么想法了，自认倒霉吧，移出障碍，加计 1 杆，在障碍区外选一个好的位置打好下一杆就好了。任何不切合实际的想法都是徒劳，只能让自己的处境和心情更加糟糕。从此不要再对这个"背运"的事情念念不忘，把它抛在脑后。如果因为这次意外而失掉了这一道的比赛，不失风度、欣然接受就可以了。要知道比赛中偶然的事还有很多，或许下一次好运就会轮到自己了，这样想心理就平衡了很多。

（三）出界球

当运动员开球过早出界，而对手将球开到了门口很好的位置的时候，输掉该球道的可能性已经很大，别无选择，剩下的只有攻门了，即使信心不足，即使从来没有打过这样的球，因为其他的行为已经没有了任何意义。集中精力做好最后一攻，如果奇迹出现的话，那将会给对手一个沉重的打击。

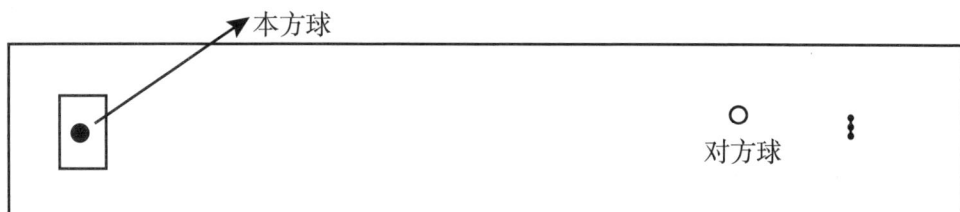

图 5-52 球道赛出界球战术

如果是在 5 杆球道出现过早出界的情况，不要轻言放弃，因为接下来什么事情都可能发生，稳妥地打好下一杆，仍有博得平局或者胜出的可能性。

（四）调球

如果比赛双方之前杆数相等，对手球的位置更靠近球门，但直接攻门尚有一定难度，这时不必紧张，这意味着自己有机会率先把球调整到门前，把压力重新甩给对手。稳妥地把球调到球门前的有利位置，静观对手行动再做决定。对手如果选择直接攻门，会心存担忧，将冒很大的风险；对手如果选择调球，多少会心有不甘，双方就会回到同一起跑线。

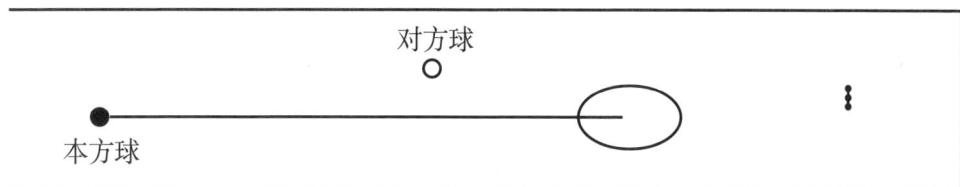

图 5-53 球道赛调球的战术 1

调球位置尽量要比对手更接近球门，以便让对手先击球。相对于后打者而言，先打者的心理压力要大得多，而且先打者先亮"底牌"，后打者可以根据情况做出合理的选择，还可以根据先打者的击球找到自己最合适的球路和力度。

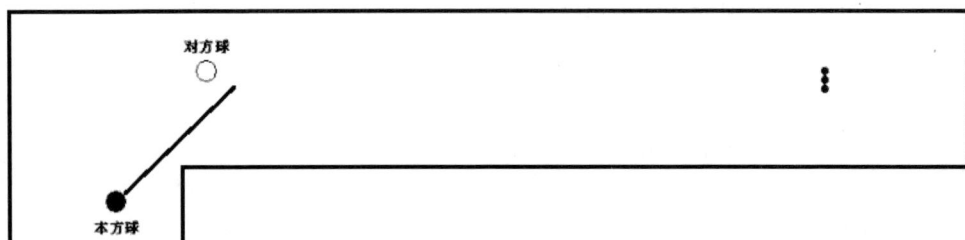

图 5-54　球道赛调球的战术 2

调球示例：在某球道目前双方杆数相等，本方球位置正对球门，但距离稍远，直接攻门有一定难度，对方球无攻门角度，距球门较近（如下图）时，接下来的战术选择，与场上形势密切相关。

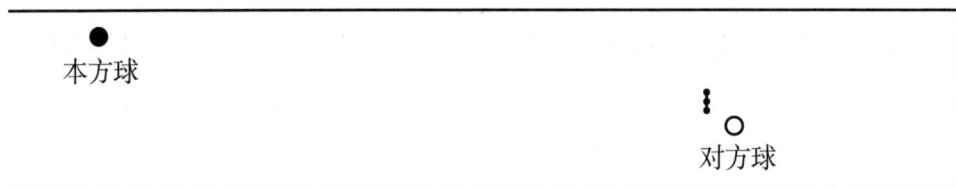

图 5-55　球道赛调球的战术 3

整场比赛大比分领先时，选择把球调至门前较有利的位置，以便下一杆攻门，求平局，稳妥为主。

整场比赛比分相当时，充分考虑场地原因、个人能力等因素，手感好时可以选择攻门，抓住机会，给对手一个下马威；心里没底或手感不好时，也可以选择调球，打平也是一个不错的选择。

整场比赛大比分落后时，选择直接攻门，要敢于突破，同时要注意攻门力度，切勿底线出界，求胜局保平局。

（五）攻门

球门区里的博弈是球道赛决胜的关键，门前不手软，抓住机会，该出手时就出手。相比杆数赛中规中矩、稳中求胜的打法，球道赛的攻门则需要运动员更加自信和犀利。

面对一杆定输赢的局面运动员已经没有退路可言，因为结果只有进和不进两个。树立超强的自信心，做出专注、果断、犀利的最后一击，干净利落地把球打进，彻底击垮对手。错失攻门不仅会将一球道胜果拱手送给对手，还会挫伤自信心，以至于再次遇到攻门都会使自己倍感压力。

如果某一球道胜算已经很小了，面对颓势，运动员要做好准备，自信地完成最后一击，有些时候甚至是不计后果、孤注一掷。输了这道没关系，但是要透露给对手一个信息，自己有一个强大的内心，不会轻易被击垮，等机会来了会干净利落地把他拿下。球道赛运动员关键时刻需要拿出这种气势。

（六）领先与落后

比赛中大比分领先对手，局势对于自己特别有利。对手急于追分，球风会更具进攻性，每一次挥杆都会力求精准到位，远距离攻门次数增多。对手这种打法可能会收到奇效，但同时也存在很大风险。此时，稳中求胜战术是自己的首选，中规中矩，稳妥地打好每一杆球。有好的机会要抓住，维持进攻的势头，扩大战果；机会不好，力求打平，继续保持优势，不要去冒险主动丢分；机会太差，要敢于出手，如有意外收获，对对手肯定是一个重挫；即使偶尔输一球道，也要欣然接受，专注打好后边的比赛就好了。但求稳战术并不是畏首畏尾，有机会时一定要抓住机会，一鼓作气，乘胜追击，不给对手留机会。切不可放松警惕，一旦对手连连得手，气势回升，局面就不好控制了。

比赛中大比分落后时，不要轻言放弃，寻找机会，敢于突破。在球道赛中，大比分领先又被逆转的例子有很多。"不会有比这更差的结果了!"面对对手的高光表现,运动员应该更为冷静,激发出自己最佳的竞技状态,球风犀利,气势咄咄逼人,绝地反击,不断地给对手施加压力,力求扭转颓势,最终让对手自乱阵脚。

四、双人球道赛的配合

双人球道赛是指比赛中两人结成一对组合与另一组合进行对抗,按照一定的顺序轮流击球,最后胜出半数以上球道的组合获胜。组合形式有男双、女双、混双3种。组合的出现,使比赛有了队友之间的配合,变得更有趣味性和竞争性。

(一)彼此信任,相互鼓励,思想高度统一

比赛过程中两人思想要高度统一,是攻是调?调到哪个位置?多大力度?都要经过双方协商确定,一旦确定思路,心往一处想,劲往一处使,共同把它执行好就行了。中途若有人想起更好的策略,需要调整,及时与同伴进行沟通。不能各持己见,最终导致队友之间思想不统一。一般来说,双打配合里应以一名队员为主导,这名队员在球技和比赛经验上都有一定优势,在两人拿不定主意时做出最终决定,然后两人按决定认真去执行,切忌犹豫不决,拖泥带水。即使错了,两人共同承担,不相互埋怨。

(二)注意队友之间的协作

双人赛是两个人并肩作战的比赛,双方要熟知彼此的优缺点和打球习惯,反复磨合,思想高度统一,要把彼此的智慧和长处都发挥到极致,做到各尽所能。两人共同参与制定最佳战术方案并随时根据场上形势作出调整。比赛时分工要明确,一名运动员击球,另外一名队友在一边注意观察并及时提醒在准备姿势、球位、挥杆力度、瞄球方向等的注意事项。打完球后,两人及时总结,好的地方要予以肯定,相互鼓励;差的地方要及时反思和纠正,注意不要再次犯错。队友士气低落要及时加油鼓舞,帮助提升信心,队友得意忘形,要及时敲响警钟,让其回归淡定。两人各自出演自己的角色,配合默契。有时候一个眼神、一次击掌,

会给予对方无穷的力量。

（三）优势互补，发挥各自特长

尺有所短，寸有所长。每个人都有自己的长处，有人在观察地形分析赛道上有优势，有人则更精通于制定战术；有人擅长全挥杆，有人则有一手犀利的攻门……两人通力合作，优势互补，达到 1+1 > 2 的效果，在自己的强项上敢于发挥，勇于承担，把各自的特长发挥到极致。

五、团体球道赛的博弈

团体球道赛是球道赛的又一种比赛形式，两队各有四人上场对抗，分单人、双人、单人三点同时进行比赛。按照单人和双人球道赛的规则进行比赛，获得两点以上胜利的队伍赢得比赛。相对于单人和双人球道赛，团体球道赛取胜机制更为复杂，更需要大智慧的博弈策略。

（一）队员的分工与组合

球道赛团体体现的是团队整体的球道赛能力，要求单人、双人、单人三点组合都要有过强的竞争力，特点鲜明，才能在比赛中占有更多的胜算。两个单人选手要善于"单打独斗"，双打比赛的队员要有合作精神，两名队员中至少有一名经验丰富、沉稳老练的选手，关键时候能起到稳定军心的作用，另一名队员则要求一定是技能过硬、敢打敢拼、冲劲十足。

（二）排兵布阵

团体球道赛要在赛前提供上场队员名单，随即确立了对阵双方单人、双人、单人三点的比赛对阵形势。两队是在互不知情的情况下上报名单的，因此双方的排兵布阵显得有些神秘，成为决定比赛结果的重要因素之一。中国历史上有个著名的典故叫"田忌赛马"，说的就是如何善用自己的长处去对付对手的短处，从而在竞技中获胜的案例，这个理论用于球道赛团体再好不过了。

实力强劲的团队兵强马壮，三点实力自然是都很强。没有弱"点"，使他们在比赛中无惧任何对手。在排兵布阵时，通常不考虑对手的情况，而是随意排定自己的第一单打、双打、第二单打阵容。一般来说，他们最强的选手应该是一名单打选手。

对于实力略逊一筹的团队来说，对阵强队根本不敢奢望全取三点，因为他们有个别队员实力不济。这时他们会选择性地"放弃"一点，组合最强两点对抗对手。他们在排兵布阵时会考虑到对手的阵容，猜测对手的最强点是在第一单打还是第二单打，期望自己的弱点能碰到对手的强点，这样自己的剩下的最强两点取胜的概率就会大一些。一般来说，他们最弱的点应该是一名单打选手。

对于实力相对较弱的团队来说，对阵强队胜算不大，因为他们队员整体实力都弱于对方。这时他们一般会优先组合自己的双打，以期战胜对方的双打。他们在排兵布阵时会考虑到对手的阵容，猜测对手的最弱的单打是在第一单打还是第二单打，期望自己的稍强的单打能碰到对手的稍弱的单打，并期望自己的单打超常发挥拿下这一点，这样自己一方才有取得两点胜利的机会。一般来说，他们最强的一点应该是双打组合。

当然，以上是从理论上分析不同实力的木球队如何去排兵布阵，基本上是用"算数"的方法予以推理的。球道赛比赛结果存在着相当大的偶然性，赛前教练员战术的制定和思想动员、运动员在比赛中的临场发挥等会影响和改变着场上形势，在以往的比赛中就有过很多以弱胜强的实例。所以，排兵布阵只能算是纸上谈兵，真正的强者是用行动来证明的，或许这正是团体球道赛的魅力所在。

六、球道赛队员的选拔策略

正是球道赛和杆数赛两种赛制在规则和比赛风格上的差异，决定了运动员的选拔也有很大的区别。球队里最好的杆数赛运动员不一定是最好的球道赛运动员。同样，最好的球道赛运动员也不一定是最好的杆数赛运动员，两类选手风格迥异。优秀的球道赛队员有着鲜明的特点。

（一）心理素质过硬

与杆数赛相比，球道赛更凸显心理的博弈。比赛中双方斗智斗勇，胜算在你来我往的较量中来回切换，气势往往是此消彼长。纵观历届球道赛的比赛，获胜的选手不一定是最顶尖的木球运动员，但必定是心理素质过硬的。球道赛运动员在赛场上必须具有坚韧不拔的意志品质、舍我其谁的斗志、敢打敢拼的作风、高度集中的注意力。

（二）相对稳定的技术能力

虽然球道赛偶然性比较大，但冠军绝不是凭借偶然性一"黑"到底取胜的，所有取得大赛球道赛冠军的运动员，其杆数赛的成绩一定也是名列前茅的。运动员必须具备相对稳定的技术能力作为基础，其心理素质优势才能得到发挥。

（三）比赛经验丰富

优秀的球道赛运动员必定是经过多次历练、有着丰富比赛经验的运动员。思维敏捷，能够应对瞬息变化的场上形势做出果断而又准确的决定，坚决执行自己的战术，以我为主，有较强的抗干扰能力，不轻易受他人影响。

（四）技术风格独特，球风犀利

大凡在球道赛有所成就的运动员都具有自己独特的技术风格，要么有一手长距离挥杆的能力，要么有一手犀利的攻门能力。赛场上果敢顽强，咄咄逼人，领先时气势如虹，不给对手留一点机会；落后时不急不躁，耐心寻找机会，敢打敢拼。犀利的球风在比赛中会转化为一种强大的心理优势，每一次出手都会使对手倍感压迫。

第
六
章

木球运动员
心理能力训练

第一节　木球运动员心理概述

近几年，随着木球项目在国内稳步推广和发展，我国木球人口逐渐增多，全国锦标赛规模一度达到了 600 多人，其中也涌现出一大批具备了较高运动能力的优秀运动员，却很少有人能够在国际大赛中脱颖而出成为世界一流运动员，或者偶尔取得优异成绩也是昙花一现，很难保持很久。难道我们与国外优秀运动员之间的差距仅仅是比赛成绩表现出来的那样吗？这里边恐怕还有一些很重要的问题我们没意识到，或者没有引起足够的重视。本人一直在一线做教练，同时也参加过很多国内外比赛，自我感觉这几年技术水平一直在提升，但是比赛成绩却很难达到一个理想的高度。多年的经历让我逐渐意识到这样一个事实，所有取得一定成就的运动员，必须要有强大的心理力量作为支撑。这种力量在比赛中表现为面对压力和意外事件时的沉着冷静、面对挫折和成功时的从容释然、面对起伏情绪的自我控制，同时也包括挑战自我的勇气、对胜利的渴望、个人价值的追求。这种看不见但又能切切实实感觉到的无形力量，让运动员带着理想、信念、价值、荣誉感走上赛场，专注、沉稳、睿智、坚毅，融入挥动的球杆，凝集成一个坚不可摧的强大气场，支撑着运动员一步步迈向成功。

在当今国际木球界，印度尼西亚的 Ahris Sumariyanto 几乎无人不知。他曾经被称为"印尼神童"，多次荣获国际大赛冠军，连续多年保持着世界排名第一，尤其是在含金量较大的世界杯、亚洲沙滩运动会上屡次斩获第一。在顶级的木球赛场上，来自泰国和中国台北等地的优秀运动员比比皆是，随便说出一名运动员取得冠军大家都不会觉得惊讶，很多人都具备了冲击冠军的实力，但这种冠军的机会更多地集中到一个人身上，就值得我们深思了。在比赛中，Ahris Sumariyanto 可以长时间保持一种心理优势的状态，这种源于运动员内心的心理优势正是创造奇迹的源泉。

运动竞赛是一个庞杂的操作系统。刘建和的研究表明，运动竞赛具有"边界的相对开放性""影响因素的随机性""结果的不确定性"特征，表现出强烈的"生物复杂性""机械（物理）复杂性"和"社会复杂性"。尽管运动训练也是一个开放的系统，但是比起运动竞赛而言，其受到不可控因素的影响的范围和强度都要相对小一些。

表 6-1　运动训练与运动竞赛不同

范畴	训练	参赛
演练内容	分散的或完整的练习	完整的竞技行为
演练形式	可重复练习	一次性演练
状态要求	起伏变化中提高	展示最佳状态
负荷量	主观选定，常大于比赛	固定区间，常小于训练
负荷强度	不同要求，常低于比赛	多为最高强度
教练员指导方式	直接指导	直接/间接指导

有研究数据统计，在重大比赛中，能够正常或超常发挥竞技能力水平的运动员只有 32.35%，高达 67.65% 的运动员不能正常发挥自己的水平。面对日益激烈的竞赛环境，运动员能否根据竞赛的需要调控和把握自己的心理，就成为大家关注的一个焦点。[①]

国内外运动训练学领域专家学者把运动员在比赛中无法正常发挥的现象，称作为"Choking"现象（亦即崩盘或者翻盘）、"克拉克"现象（重大比赛中，夺冠呼声最高、成绩最好的运动员没有获得奖牌或者发挥正常水平的现象）、"黑

---

① 刘敏，陈亮.高水平木球运动员竞赛焦虑与运动成绩相关关系研究[J].当代体育科技，2021，11(16)：79-83

马"现象（赛前不被看好或者是没有被关注过的运动员，超水平发挥）等。运动心理学家 Danid M. 借用医学中描述人体生理上突然窒息现象的"Choking"一词来描述运动员在比赛时突然间感觉消失，出现"神"操作。"Choking"是一种意识状态发生变化的现象，运动过程中认知的压力或焦虑（即意识状态）导致了注意朝向无关任务的暗示，使运动员不能捕捉到有关任务的信息，"在感知的压力下"，焦虑水平的升高导致运动执行过程发生严重衰退。[①] 例如：美国射击选手埃蒙斯在 2004 雅典奥运会、2008 年北京奥运会 50 米步枪三姿比赛中，都在最后一枪出现严重失误，一次是脱靶打在别人的靶子上（打了一个 10.6 环），一次是不可思议地打出了 4.4 环的成绩，遗憾地折戟而归，"成就"了我国的贾占波和邱健。2012 年伦敦奥运会，在第 9 枪还领先 1 环多的情况下，也是最后一枪出现重大失误，只打出 7.6 环（8.0 以下属于业余水平），将冠军送给韩国选手金钟铉，他仅获得第三。人们"戏称"他为"偏向埃蒙斯"或者"错靶马修"，他患上了"失败综合征"，运动员的一种创伤后应激障碍。[②]

在木球比赛的赛场上，同样的现象也常有发生。场景回到 2015 年在广东河源举行的第 11 届全国木球锦标赛 B 组男子个人决赛赛场。决赛开始前，预赛排名前 12 名的运动员成绩依次为 91、94、95、99、100、102、102、102、103、103、105、106 杆，从理论上讲，还剩下 12 球道比赛，前 3 名应该是冠军的最有力争夺者，这应该是在决赛前所有教练员、运动员、裁判员的共识。决赛 12 人，分组是 3 人一组，共有 4 组。按照规则，最有希望夺冠的 3 名运动员自然是分在了第一组，可能是大家都有想赢怕输的心态，3 人都相互盯得很紧，以至于这种高压下的心态影响到了运动员的发挥，有人在比赛过程中竟然出现了"摔杆"的动作，技术动作节奏全部被打乱，"表面风平浪静，内心波涛汹涌"，"表面谈

① 刘运洲，张忠秋. 竞赛中的 Choking 现象分析 [J]. 上海体育学院学报，2009，33(05)：77-82.

② 田麦久. 运动训练学理论体系中竞技参赛问题的分野 [J]. 中国体育教练员，2020，28(01)：3-6+17.

笑风生，内心懊悔沮丧"。最终 3 人分别打出了 62、58、61 的糟糕杆数，要知道这个成绩如果是在预赛时，连前 40 名都不会入围。相比之下，第二组中有两名运动员发挥得相对正常一些，3 人分别是 54、62、49，最终预赛的第六名逆转拿到了比赛的冠军，而这个第六名就是著者之一陈亮。比赛结束后很多球友都表示祝贺，有些人还开玩笑地问取胜的"法宝"是什么。事后个人总结了一下，这个"法宝"就是压根儿没有去想过第一名，专注于自己的比赛，拿出自己最好的表现就行了。其实，排名靠前的选手夺冠机会更大，只不过是自己打败了自己而已。

木球运动发展已有 30 多年的时间，国内外很多学者对木球运动进行了研究，大多以技战术、生物力学分析、参与满意程度、场地设施、休闲观光、推广策略等为研究主轴，对木球比赛过程中影响运动成绩的心理因素的研究，目前涉及较少。当下，国内外的木球比赛竞争越来越激烈，运动员想要取得好成绩，除了具备过硬的技战术能力，还需要有超强的心理素质。从一名爱好者成长为一名顶尖高手，会有一段很长的路要走，不仅仅是球技的提升，还需要心理的淬炼。有人做过研究，心理因素对木球运动员临场发挥和比赛结果所产生的影响比例高达 60% 以上，有的甚至会到达 80%。试想一下，如果运动员一看到计杆卡就紧张得无法控制自己的情绪，那么无论花费多少时间去完善球技都是没有用的，因为失控的心理会阻止球技正常发挥作用。著者回顾自己历次失利的经历，多数都与心理素质有关系。

很多人把精力都用在了技术技能的练习上，真正意识到心理因素重要性的却不多，而能够拿出时间进行心理能力训练的更是少之又少！相对于其他运动领域，木球运动心理因素在最近几年才逐渐受到关注。在国内诸多代表队中，北京语言大学算是首家对运动员采取心理干预措施的代表队，曾多次在赛前对队员进行专业的心理辅导，效果甚佳。但更多的运动队只是进行简单的赛前心理调整，或者基本没有什么有效的方法手段。

从近年来的国际比赛来看，中国大陆与台湾、泰国、印度尼西亚等地的优秀运动员之间技战术能力水平差距并不是很大，[1] 而运动员在比赛中心理稳定性上的差异却很明显。与世界高水平运动员同场竞技时自信心不足、负面的情绪较多是影响我国运动员技战术能力正常发挥的主要原因。面对日益激烈的竞赛环境，运动员必须学会根据竞赛需要调控与把握自己的心理，才能完美发挥自己的技战术能力。历数我国世界杯木球锦标赛的表现，也只有在第7届韩国世界杯上女子项目拿到了团体、双打、个人3枚金牌；而在亚洲沙滩运动会木球比赛中，还从未摸过金牌，这也成了老一代木球人一个未了的情结。

表 6-2　世界大赛我国运动员成绩统计

时间	比赛名称	比赛地	成绩
2010.03	第四届世界杯木球锦标赛	泰国	女子团体第四；男子团体第六
2012.08	第五届世界杯木球锦标赛	马来西亚	女子团体第三；男子团体第四；男子双打第四
2014.09	第六届世界杯木球锦标赛	中国三亚	男子团体第二；男子个人第三；混双第二
2016.05	第七届世界杯木球锦标赛	韩国	女子团体第一；女子双打第一；女子个人第一；男子团体第三
2010.12	第二届亚洲沙滩运动会（木球比赛）	阿曼	女子团体第三
2012.06	第三届亚洲沙滩运动会（木球比赛）	中国海阳	女子团体第三；男子团体第三
2014.11	第四届亚洲沙滩运动会（木球比赛）	泰国	女子（杆数赛、球道赛）团体第三；男子（杆数赛、球道赛）团体第三；男子个人第三
2016	第五届亚洲沙滩运动会（木球比赛）	越南	女子球道赛团体第二；男子球道赛团体第二；女子双打第三

最佳的比赛心理不是为了荣耀或胜利而战，而是能够把比分、结果和排名置

① 陈亮. 我国木球运动开展现状与对策的分析研究 [D]. 山东体育学院，2013.

于度外，专注于挑战自我，在比赛中轻易不受外界影响，在不断地进取过程中获得满足感。优秀运动员把每一次挥杆都看作是提高自己、展示自己的机会，把比赛当成表演，享受比赛的同时也实现了个人的价值。这种近乎完美的比赛状态可以让运动员的技战术发挥得淋漓尽致，甚至还可能有超水平的表现。而那些发挥欠佳的运动员可能在时刻关注着对手的成绩，比赛还没结束，他们甚至想到了名次和荣誉，想到了别人对自己赢球或输球的评论，等等。如果这些杂乱的想法充盈着大脑，运动员比赛专注度会大受影响，身体就会被心理负担所绑架，最后失掉比赛也就在情理之中了。

心理素质的重要性对于木球运动员来讲不言而喻，我们理应倍加重视。那么，木球运动员应该具备什么样的心理素质呢？那就是运动心理学家称之为"低觉醒"的人格特质，即心理学中所说的黏液质气质。具有这种气质特点的人具有相当平稳的生理兴奋程度，在行为表现上，它能够使运动员在大赛环境中保持更为平和适中的行为，时刻保持清晰的思维方式。当然，具有良好神经类型或气质类型的人并不一定都心理素质过硬，一个不注意心理调节的人是不会有良好的心理素质的，这对任何人都是一样的。运动员只有从失败和挫折中不断地总结和调整自己的心态，才能成为木球场上真正的强者。

在我们身边有这么一部分运动员，有着相当不错的身体素质和技术，在平时训练中表现可圈可点，是很多人学习的榜样，可是一到赛场就会变得缩手缩脚，状况百出，好像有一种无形的压力降临在他们身上，突然间变了一个人，表现不出自己应有的水平，完全没有了平时的气势和表现力。我们习惯上把这类选手叫做"训练型运动员"。这种无形的压力可能来自对手咄咄逼人的表现，来自众目睽睽的围观，来自关键球的战术抉择，来自想赢怕输的心理。"每当对手打出一记好球，我就会受到很大的影响，接下来的球就打不好了。""当我落后对手较多时，我就只想着赶紧把杆数追回来，结果打得一塌糊涂，接连失误。""一想到自己就要创造最好成绩了，一股莫名其妙的紧张就来了，两手不自主地发抖。""关键时候我能控制自己的话，我应该还能打得更好一些。"……在赛后我们总能听到一火车这样的抱怨和遗憾。比赛不会重来，也没有那么多假设。其实，高手和"莽夫"之间，只存一念之差，任何心理上的一丝波动都会让比赛成绩一落千丈。心理能力训练已成为运动员成长过程中的必由之路。

一、木球运动员心理能力概念

木球运动员心理能力指木球运动员与训练和竞赛有关的个性心理特征，以及依照训练和竞赛的需要把握和调整心理过程的能力，是运动员竞技能力的重要组成部分。良好的心理能力可以帮助运动员更好地掌握各种技能，提升比赛成绩。

心理能力的培养成效会因运动员球技水平的不同而表现出巨大的差异。水平一般的新手，心理能力训练的作用远不如高水平运动员那样明显，对于新手来讲，技战术的提高是提高成绩最有效的手段；而高水平运动员的球技水平已经近乎完美，在赛场上，只要能够将心理状态调整到适合的水平，对球技的发挥可以说是锦上添花。但这也不能因为心理能力的作用效果不同而忽视了新手运动员心理能力的培养或训练，相反，心理能力的培养对于初级运动员同等重要，甚至更为重要，尽早地把技战术和心理的训练同时抓起，会让运动员少走弯路，快速成长起来。

一般来说，高水平运动员对自己的球技水平都比较自信，他们在赛场上对技术的担心小于新手运动员，影响他们的更多是来自心理的问题。而新手运动员则不然，由于对自身的球技水平不够自信，他们在球场上必须面临球技和心理两方面的压力。因此，在比赛中，新手运动员的压力丝毫不亚于高水平运动员，他们关注更多的往往是自己的球技问题，而忽视了心理的问题，或者把原本属于心理的问题也归拢到球技上来了。"稳健扎实的球技和成熟的心理状态"是每一位运动员赛场制胜的法宝。稳健扎实的球技来自长期的刻苦训练，而成熟的心理状态也需要运动员长期的磨炼和积累。

二、优秀木球运动员的心理能力

木球竞技高速发展，竞争越来越激烈，尤其是全国锦标赛、国际公开赛等参与人数较多的比赛，不仅仅是运动员技战术的较量，更体现为心理上的竞争。近年来，优秀运动员之间技战术水平的差距越来越小，竞争日趋激烈，心理稳定、意志顽强的运动员往往能够创造优异的成绩。优秀木球运动员应具备以下主要心理能力。

（一）高度的适应能力

适应是指运动员在变化的训练和比赛条件下能够保持身心状态的正常化。主要包括对天气、场地器材、食宿条件等自然环境的适应，对队友、教练、对手、裁判、观众关系等社会环境的适应，对伤病、疲劳、挫折等职业环境的适应。

（二）顽强的意志力

意志是运动员为实现目标而有意识地克服困难、战胜挫折的心理过程。主要表现为：面对困难的坚韧性、处理问题的果断性、执行制度要求的自觉性、面对诱惑和伤痛的自制性，以及训练学习的主动性。

（三）精确的运动感知觉能力

木球运动员是通过多种感知觉对自身的行为、球具等客体作出高度敏锐的识别，如肢体对球杆的控制能力和木球在场地运行的速度、方向等变化的感知觉，也就是我们常说的"球感""杆感""肌肉力感""方位感"等。运动感知觉是学习和掌握技术动作的基本条件，通过长时间的系统训练，运动员这种能力逐渐达到高度自动化的程度，做到人杆一体。

木球运动员思维的敏捷性和灵活性是很重要的思维品质，主要表现在快速的反应和判断能力、随机应变能力、善于迅速地发现和解决问题能力、创新能力、合理地运用技战术和适应环境的能力。

（四）高度集中的注意力

注意是运动员的感知觉有选择性指向并深入运动中（对其他因素的排除）。指向性和集中性是注意的两大基本特征，主要体现在注意弹性、注意强度、注意选择性、注意持续力方面。[①] 运动员良好的注意力包括 3 个方面。

1. 注意的指向性集中

木球比赛场上形势瞬息万变，要求运动员能够排除各种干扰，把注意力集中到接下来的比赛行为上。

2. 注意的持久性稳定

木球一轮比赛的时间一般在 1.5~2.5 小时，很多时候运动员一天要进行数轮比赛，这就要求运动员要有较好的注意力保持能力，特别在连续作战身心疲惫的情况下，注意的持久性稳定显得尤为重要。

3. 注意快速性转移

注意的转移是指根据新的比赛任务，运动员主动地把注意力从一个比赛行为转移到另一个比赛行为或从一个比赛情境转移到另一种比赛情境的现象。比如，调整球结束接下来就要进入攻门环节，此时注意要立即转移到攻门行动上，而不再去想有关调整球的问题。比赛中，当运动员出现消极情绪时要及时把注意力转移到其他方面上；当场上形势、对手表现以及场地等比赛环境和条件发生变化时，运动员能尽快转移注意并能迅速适应，及时融入其中，以最佳的状态创造最优的运动成绩。

注意转移的速度与原来注意的紧张程度和引起注意转移的新事物的性质有关，是木球运动员注意转移能力的一个重要指标，在一条球道 4~8 分钟比赛时间里，运动员注意的转移有 10 余次之多，如果注意不能及时转移，将会严重影响比赛成绩。

（五）良好的自我调节能力

木球比赛用时较长，场次、轮数多，有时需要连续比赛两三天。比赛过程中运动员会收到多种信息，很多人特别关注自己和别人的成绩，从而诱发内在的焦

---

① 李佳峰,高中玲,陈亮.优秀木球运动员比赛注意力调查研究[J].科学大众(科学教育),
2016(06)：167-168.

虑，造成发挥失常，技术动作判若两人，这种现象与运动员的自我控制能力有关。优秀运动员在焦虑过于强烈时，懂得如何能够适当降低它的强度，始终保持镇定自若的心态；及时有效地处理突发事件，避免或减少外界因素和自身的干扰；在激烈竞争和压力下保持情绪的稳定，敢于挑战困难、挑战自我、挑战对手；坚信自己的技战术能力，树立自信、自强、自胜的意识。坚韧不拔的意志品质可以使运动员有意识地、自觉地去挑战和应对一切困难，做到顺利时不激动，受挫时不急躁，始终保持心平气和，头脑清醒、冷静，能够自如放松、入静，排除杂念。

三、木球动作技能形成的心理学机制

动作技能，又称运动技能，是人们在体育活动中运用一定的知识经验、依据一定的技术规范、通过练习而获得的完成某种活动的动作方式。掌握木球动作技能形成的一般规律、了解运动员的心理变化、及时采取各种有效的教法和措施、缩短动作技能形成的时间对于实现教学和训练目标具有非常重要的意义。

（一）木球动作技能的形成阶段

动作技能的形成是通过练习从而逐步地掌握某种动作方式的过程。木球动作技能的形成，一般要经过以下 3 个阶段。

1. 动作认知阶段

认知阶段是任何动作技能的学习都必须经历的阶段，是习练者在动作技能的学习初期通过观察、尝试练习和接受他人指导，认识木球动作的基本原理和要求，在头脑中形成最一般的、最粗略的表象的学习阶段。其特点是大脑皮层的条件联系处于泛化阶段，起着主导作用的是习练者的视觉、听觉等外部系统，注意的范围相对狭窄，只是建立动作的概念和体会动作的过程和要领，动作表现紧张、牵强、不连贯，缺乏控制能力，并伴随着一些多余的动作，属于粗略掌握动作阶段。

2. 动作联系阶段

习练者通过反复练习初步掌握了一系列动作，从而不断改进和提高动作的质量，把局部的、个别的动作联系起来，最后形成一个连贯技能的整体。此阶段的特点是条件联系处于分化阶段，习练者的肌肉运动感觉逐渐变得清晰，视觉的控制作用逐渐减弱，肌肉运动感觉的自控作用逐步提高；注意范围有所扩大，过度紧张和多余动作逐渐消失，动力定型逐渐稳定，动作趋向连贯、协调，自我纠错能力也逐步增强。但该阶段各个动作之间的联系尚不紧密，从一个环节过渡到另一个环节时常出现短暂的停顿，如稍有分心，仍会出现错误的动作，属于改进提高阶段。

3. 动作自动化阶段

随着运动技能的巩固和完善，大脑皮质已形成非常稳定的运动动力定型，一长串的动作系列已联合成一个连贯的稳定的整体，整个动作连贯、准确、协调，一气呵成，不用特殊的注意和纠正，自始至终高度自动化。此阶段能够熟练、优美完成动作技能，具有很高的协调性和稳定性，意识的参与减少到最低限度，视觉控制作用减弱，动觉控制作用增强，注意范围进一步扩大，多余动作和紧张状况消失。当动作技能完成出现问题时，能够敏锐识别并予以纠正。在教学与训练过程中，对于自动化的动作，仍然是要注意反复练习和经常运用，以便不断提高动作的自动化程度和机体的能力。

（二）木球动作技能学习的心理学规律

木球动作技能的形成实质上就是习练者运用已有的知识经验，在大脑中枢相应部位建立了复杂的连锁的本体感受性的运动条件反射。技能的掌握受个体知识经验、机体成熟水平和动机水平等内部因素和诸多外部条件的影响和制约。

在动作认知阶段，习练者通过他人指导和示范、自学等途径理解动作概念，在大脑中形成动作表象。研究表明，生动形象的示范和指导要比抽象的言语指导更利于学习和掌握。由于新技能信息的输入易导致信息超载，造成动作表象相互干扰，所以要注意控制信息量，动作示范和讲解应该同时进行，复杂动作最好进行分解教学，影像示范可以通过慢镜头展示逐步进行，帮助习练者准确地理解。需要指出的是，习练者需要在头脑中形成深刻的动作技能表象，依靠大量的练习来形成动作技能。由于挥杆速度和准确性的提高，训练成绩呈现出逐步提高的趋势。此时动作技能的学习进步呈现出先快后慢的规律，表现在练习的初期进步较快，随着技术动作的相对稳定进步速度逐渐变缓。

在动作练习阶段继续进步，需要对现有技术进行精雕细琢，尤其是对于某一技术细节比如挥杆节奏、鞭打动作等，投入大量的精力和时间反复揣摩和练习。此阶段，习练者学习兴趣的下降和技术壁垒的出现，最容易产生进步暂时停顿或者下降的现象，我们通常把它叫作"高原现象"。高原现象是木球动作技能学习动作练习阶段的常客，反反复复，持续很长时间。习练者需要通过提高主观认识、改变旧的技能结构等予以突破。

在动作技能学习的最高阶段，专项技能、心理素质均达到最好水平，运动成绩相对稳定下来。本阶段的任务是进一步优化和保持竞技状态，制定一套完善的训练计划，积极参与训练，继续完善与提高已获得的竞技能力，并通过参加不同级别的比赛调整自己的竞技状态，尽可能将专项技能能力保持下来，力求在该周期最重大的比赛中竞技状态达到最佳。

●木球小故事●

我的木球情缘

浙江长征职业技术学院　王星杰

时光流逝，从第一次拿起球杆的相遇，我和你已相伴了七年多。你虽不曾言语，但使我受益诸多。你让我懂得了信任、担当与坚持；练习场上的刻苦练习、赛场上的努力拼搏，也让我有了更好的心态去面对生活。

一轮比赛，12个球道，几十次挥杆，每一杆都是不同的挑战，每一杆之后都是一个新的开始，不让坏的结果影响未来，不让好的成就蒙蔽双眼。正如我们的人生，时时刻刻都在面临新的挑战，只有脚踏实地，用好的心态迎接，人生才能充满希望。

木球，很高兴认识了你，成为我生命中重要的一部分。在我接下来的人生旅途中，你将持续伴我同行。

从第一次与你相遇，我就深深地被你所吸引，然而成长之路却是坎坷的。练习时连续的攻门不进、调整杆不到位、开球就出界，愣是将我刺激成了球场上的"苦行僧"。经过反复的练习，我也可以打出"负杆数"了。曾以为属于我的"春天"即将到来的时候，痛苦再次不约而至，接连几次大赛糟糕的成绩让我备受打击。我萌生了放弃的想法。教练的鼓励、队友的支持使我重新振作起来。通过不断的坚持，我也取得了些许成绩。"不经一番寒彻骨，哪得梅花扑鼻香？"只要坚持，必定会有收获。

第二节　挥杆心理

挥杆心理是指运动员在挥杆过程中产生的与挥杆动作有关的心理活动。本节重点讨论的是挥杆心理障碍及其调整方法。由于开球具有重要特殊意义，在本节中，著者已将开球心理单列出来进行分析。

一、挥杆心理困惑及其调整方法

挥杆心理困惑是运动员对自己当前挥杆的状态、想法和行为产生的不确定感。运动员如果产生了挥杆困惑，也就意味着他们不知道现在的挥杆方式是对还是错，这种不确定感是导致运动员出现挥杆失误的真正元凶。运动员经常出现这样的想法："最近我的挥杆怎么了？为什么总是击不正球？""这样打不行，那样也不行，我真的不知道自己该怎么办了！""我怎么也找不到自己的动作了！"或者"这段时间我总感到我的动作别扭，却找不到问题出在哪里，急死了！"……像这些都可以归拢到挥杆心理困惑的范畴里。挥杆心理困惑主要包括挥杆感觉困惑、挥杆平衡性、稳定性困惑以及挥杆节奏感困惑。

造成运动员挥杆心理困惑的原因很多，身体、心理、精力、技术、环境都是诱发运动员产生挥杆困惑的因素。总体来讲，身体条件（柔韧、协调、节奏、爆发力等）好的运动员挥杆的心理困惑明显低于身体条件差的运动员，技术动作规范规整的运动员明显低于技术动作粗糙的运动员。那么，在什么具体情境下会遇到何种挥杆困惑，以及如何尽快调整和消除这些困惑呢？特别是在比赛中，如何能尽快找回感觉？这些才是运动员最关心的问题。

（一）挥杆感觉困惑及其调整方法

挥杆感觉困惑是每一位运动员在打球生涯中都要经历过的困惑之一，运动员会莫名其妙地感觉到挥杆感觉突然找不到了，好像不会打球了一样。很多人的挥杆困惑隔一段时间就出现，丝毫没有规律和预见性，就在几分钟前挥杆击球个个扎实稳定，转眼间这种感觉就找不到了。让人困惑的是，有些运动员数周或数月都找不回原来的感觉。

1.常见的挥杆感觉困惑产生原因

（1）运动员挥杆动作还在分化和泛化阶段，尚未达到高度自动化阶段。

（2）运动员这段时间正在调整改进自己的技术动作。

（3）身心疲惫，注意力难以集中。

（4）出现偶然的失误后对自己的技术产生怀疑。

2.挥杆感觉困惑调整方法

（1）第一个问题是练习情境的原因，可以通过反复练习来加以巩固。

（2）第二个问题也是练习情境的原因，可以通过自己查阅观看相关技术资料或视频等加深对动作要领的理解，或者通过优秀教练或高手的指点等，探索适合自己挥杆特点的方法来解决，然后在掌握了正确的方法之后通过反复练习来加以巩固。

（3）第三个问题纯粹是身体方面的原因，休息或暂停几天就可以重新找回感觉。

（4）第四个问题则完全是心理方面原因，必须通过领队、教练等的心理辅导和自我调整，重建挥杆自信才能逐渐找回感觉。

挥杆是一个相对复杂的技术过程，有些人甚至用几年或者数十年去不断地完善和改进着自己的动作。对于初学者来说，应该先从简单的形式开始，不要过分追求挥杆动作的精准性和标准化，等具备一定能力以后再去修正一些细节方面的东西，逐渐找到自己的挥杆感觉。

（二）挥杆平衡性困惑及其调整方法

身体的平衡能力是挥杆稳定性的基础和保证。高水平运动员的上挥杆、下挥杆、击球和收杆动作一气呵成，自然流畅，最后定格在左腿扭紧支撑的收杆动作上，尽管上肢带动上体产生了巨大的扭力，但身体下盘稳如磐石，出色的平衡能力展示出了强大的技术稳定性。拥有完美挥杆的关键就是保持一个有力且稳定的下盘，几乎没有人不明白这个道理，但这也是最容易让人出错的地方，比如很多新手运动员挥杆主要是靠手臂发力，导致收杆动作不完整或者不做收杆动作，身体就会在惯性的带动下失去平衡，进而产生挥杆平衡的困惑。究其原因，除了运动员自身的平衡能力不足之外，更多问题则是发生在意识层面。

1. 产生挥杆平衡性困惑的原因

击球失败原因的不确定是产生挥杆平衡性困惑的主要原因。运动员对自我身体平衡感觉的认识并非直接来自对身体的感觉，往往都从击球效果的好坏来评价，如果击球效果较好的话，一般人根本意识不到身体的平衡问题，只有在击球效果出现较大失误时，才会反思是不是身体平衡性出了问题。站位时双脚间的距离、膝盖和臀部的位置和弯曲度、球位、身体重心在双脚力量的分布不合理，下挥杆时过分用手臂发力打球、错误的挥杆平面、收杆动作比较随意等都会导致身体平衡性出现问题。

2. 挥杆平衡性困惑调整方法

运动员可以通过阅读相关技术书籍、研究自己挥杆录像、虚心请教教练和高手运动员等方法，通过逐一排查，弄清究竟哪一个或几个原因是导致身体不平衡的关键因素，然后对症下药，进行调整和改进。在改进以上问题的同时，击球质量的正向反馈信息也随之在增加，运动员的平衡性困惑就可以逐渐消除，自信心也开始随之增强。

（三）挥杆节奏感的困惑及其调整方法

挥杆的节奏感是指运动员在挥杆过程中对自己身体各部位及球杆运动快慢程度的感受。当运动员技术稳定、有了自己固有的挥杆节奏时，击球扎实稳定，挥杆过程顺畅自然；反之，则会失误连连，挥杆过程就会感觉非常不顺畅。运动员在赛场上节奏感出了问题却不知道如何应对的时候，就会直接影响到比赛成绩，更可怕的是，这种令人不知所措的感觉会让运动员变得更加焦虑和不自信。

1. 运动员产生节奏感困惑的原因

（1）自己的挥杆节奏感没有形成。日常训练中缺乏挥杆节奏感训练的意识，天天努力练习挥杆，注重的只是击球效果，没有把好的挥杆节奏形成记忆。在比赛中一旦出现挥杆节奏问题，运动员就不知从何做起，而是试图用改变用力顺序、调整站位或握杆动作等来进行调整，失误就会接踵而来。新手运动员比较容易犯这种错误。

（2）比赛焦虑影响了挥杆节奏。在木球比赛中每个人都会有比赛焦虑，区别是有多少和严重不严重之分。一杆突如其来的失误、门前的一次不冷静、对手的一个幸运球、成绩差距变大等，都会使运动员心生焦虑，这种情况很多运动员自己并没有意识到，而作为旁观者的教练员和队友则可以清晰地观察到一些细微的变化：眉头紧锁、走路速度加快、打球前的准备不再那么认真、挥杆节奏加快……在这种状态下，运动员思路会变得狭窄，很容易产生"搏回来"的想法，就不自觉地加快了挥杆节奏，导致击球效果越来越差，成绩也越来越糟糕。

（3）过高的期望值会导致挥杆节奏加快。两年以内球龄的运动员容易出现这种情况，上次比赛表现不俗，近期通过刻苦训练，技战术能力又有了很大的提升，自我感觉特别棒，于是给自己制定了"小目标"；或者是比赛中前半段打得顺风顺水，于是对后半段的比赛充满了憧憬。运动员这种过高的期望促使自己每球都追求极致发挥，不自觉地加快了挥杆节奏，一旦有一两球发挥不好或者离自己的"小目标"越来越远时，急躁情绪就来了。

（4）比赛拥堵影响了运动员已有的挥杆节奏。拥堵现象是国内外木球比赛中普遍存在的问题，原因是报名人数较多，比赛时间紧，所有球道都排满运动员；运动员水平参差不齐，新手用的杆数太多，占用球道的时间也长；某一球道设计有缺陷，出界率较高，所有运动员都需要很多杆数才能完成；比赛出现了争议，致使该组比赛暂停。以上现象导致多数运动员在部分球道要等很长时间，在等待的时间里难免会杂念丛生或产生急躁心理，严重影响了运动员已有的打球节奏。

2. 挥杆节奏感困惑调整方法

（1）平时训练中找到挥杆的"适宜速度"并逐渐形成记忆，通过强化练习，建立挥杆的节奏意识。

（2）调整好自己的心态。"有心练功，无心成功，功到自然成。"以一颗平常心去看待比赛，把比赛当成展示自己的舞台，尽善尽美地把训练成果表现出来就可以了，不要把结果看得太重，更不要让名誉、功利成为自己前进的绊脚石。

（3）比赛拥堵是木球比赛的一种常见现象，运动员应该有充分的心理准备，把它视为比赛的一部分，不要把注意力放在拥堵的球道上，这样只能加重自己的心理负担，越来越着急，在等待的时间里多回想一下自己以往精准挥杆的细节，用试挥杆等动作充盈自己的大脑，保持手感的同时避免产生杂念。

二、开球心理困惑及其调整方法

良好的开始是成功的一半。作为一条球道比赛的开始，开球的作用和意义不言而喻，因此大家都格外重视开球，每个人都花费很多的时间和精力去练习挥杆技能，期待自己获得完美开局。能在长直球道打出一记又直又远、位置绝佳的开球，无疑是令运动员心旷神怡、开心无比的事情。但是令人遗憾的是，有研究表明，在比赛中运动员站在长直球道开球区开球成功的概率却是在所有球道中最低的，理想的开球画面对于很多人来讲却只是一种奢望。明明是平时成功率很高的挥杆技能，站到了发球区里却变得状况百出，要么控不住力量，要么打偏出界。最可怕的是变得越来越急躁，越来越不自信，这一定是出现了开球心理困惑。

（一）开球心理困惑产生的原因

1. 第 1 球道开球

相对于另外 11 球道，第 1 球道开球难度最大，原因有两个。

（1）第 1 球道开球是整场比赛的开始，运动员必须迅速地进入比赛状态，每个运动员的心理动员时间不一样，经验老到的运动员很快就能找到感觉，而实战经验少的运动员1~3个球道之后才会慢慢调整过来。准备活动做得充分与否、手感的好坏、赛前场地适应情况也都会影响到运动员的第一道开球质量。

（2）运动员往往对第一次开球充满期待，希望能有一个好的开始。然而，正是这个想法，会使自己压力陡增。

2. 首先开球

一般来说，在某一球道首先开球对运动员来说是件极具挑战的事情，心理压力要比在之后开球的运动员大很多，这是因为：

（1）第一个开球的运动员是最先进入比赛状态的人，他的心理准备时间要比其他运动员短。

（2）首先开球者没有其他运动员的开球情况可参考，作为第一个"吃螃蟹"的人，内心又非常希望自己成为"榜样"的角色，因此很容易产生消极的心理暗示："这一杆会不会出问题？""大家都在看着我呢！""打不好会很没面子的。"

（3）所有人对首先开球的运动员的关注程度要大于其他运动员。

由此可见，运动员第一个开球承担的心理压力要远大于后开球的运动员，只有做好充分的身体和心理准备，才能保证打出高质量的开球，获得先机。

3. 看见长距离球道就想把球打得更远

遇到又宽又长的球道很多运动员都会有想把球打远的冲动，不自觉地加大挥杆力度。发蛮力打球会破坏挥杆节奏，很多人都明白这个道理，但就是一站在开球区就变得控制不住自己了。"我曾经打出过这种超长距离的好球。""错过了这个挥长杆的机会以后就没有了！""我要打出超远开球，给他们一个下马威！"看到长距离球道就想发力、临时改变策略是造成长距离球道开球失误的主要原因。

4. 过分关注别人的开球结果

有些运动员比赛时会紧盯着同组里边的几个"对手"，暗中较劲。当"对手"在之前都有了完美的先开球后，自己压力空前提高。"他们都开好了，我可不能失误啊！""这一杆开不好会很没面子的！"当"对手"开出一记臭球，"逮住这机会，我要开出绝佳的好球，打击一下他的士气！""千万别失误，只要我能把球留在球道里，优势就来了。"木球比赛最主要的是挑战自我而不是盯住他人，有这种过分关注他人的心境出现失误是再正常不过了。

5. 急于追赶的开球心理

由于比赛开局不是很理想，与自己的期望值差距较大，想在后边的比赛尽快"追回来"，于是每条球道都追求近乎完美的开球，力求超水平发挥，这种不切合实际的想法反而使运动员的成绩变得越来越差。

（二）开球心理困惑的调整方法

1. 保持专注

在开球时要保持专注度，心无旁骛地做好挥杆动作。对于脑子里突然冒出来的想法要及时清除掉，专心致志打好球就行了。杂念一多，运动员就会转移注意力，对开球成功率造成影响。比如，运动员在下挥杆的时候感觉有些偏离挥杆轨迹，想到用手臂予以纠正，这一调整会影响挥杆动作的协调性及连贯性，进而造成击球效果不理想。有经验的运动员不会在挥杆过程中刻意调整杆面，而是把注意力集中在保持挥杆节奏上，使杆面自然地在击球瞬间形成方正击球。

2. 利用好预挥杆

有些运动员会在击球等待或准备击球之前做一些预挥练习，目的是保持手感和缓解上肢的紧张。预挥杆的过程也是运动员感受挥杆方向、幅度与力度的过程。当运动员大脑空间被预挥杆动作的感觉充盈时，会大大降低杂念的萌生。

3. 用自己最擅长的方式去开球

刻意加大力量想把球打得更远是运动员在长直球道开球时最常犯的错误，也是导致击球失误的主要原因之一。过分用力强调用手臂发力，破坏了正常的挥杆节奏，很难形成方正击球，而且还容易导致身体失去平衡。运动员在远距离挥杆时用 70%~80% 的力量是最为稳妥的，而且还具备较远的开球距离。用大力、蛮力则摒弃了自己最擅长的挥杆方式，增大了失误的概率。

4.挥杆前的自我心理准备

无论对于高手运动员还是初学者，开球前做好充分的心理准备这一环节都必不可少。我们把这个环节分成3个阶段：第一个阶段是策略制定阶段，根据对场地距离、宽度、方向、坡度、障碍区的位置、球门的位置以及个人的技战术能力进行综合的评估以后，制定出一个合理的击球策略。第二个阶段是试挥阶段，首先依据刚才制定的击球策略，站在开球区冥想规范挥杆场景和感觉，选用一种合适的杆法，通过试挥确认挥杆的方向、力度、动作幅度，获得良好的挥杆手感。第三个阶段是击球阶段，做好击球前的准备工作，排除杂念，放松身体提升专注力，全身心地完成挥杆。不打无准备之仗，不要因为挥杆距离短、难度小而忽略心理准备的过程，时刻保持冷静，步步为营，确保万无一失。

●木球小故事●

心理的较量

临沂大学　陈亮

2015年7月，第9届亚洲杯木球锦标赛在泰国曼谷举行。在球道赛男子团体的比赛中，中国队与印度尼西亚、中国台北分到一组，小组循环赛争夺两个出线名额。当时中国队在小组中实力最弱，中国台北队最强。

第一场比赛是中国对阵印度尼西亚，这是中国队最好的机会，如果赢不了印度尼西亚，对阵中国台北更是希望渺茫，所以大家都非常重视，比赛特别投入。可能印度尼西亚没有把重心放在中国队这边，或者是认为可以轻松赢下比赛，思想上并不是太重视，结果被中国队以2:1胜出。输球后的印度尼西亚意识到了形势的严峻，对阵中国台北必须取胜才能有机会出线，所以铆足了劲儿准备迎接对阵中国台北的比赛。

第二场印度尼西亚对阵中国台北，印度尼西亚火力全开，3:0干净利落地赢下中国台北。从心理的角度上来讲，可能是中国台北有点轻敌，注意力放在了另一个小组的强队泰国队，还没反应过来就输掉了比赛。输球后的中国台北队如梦初醒，也意识到了出线形势的严峻，小组排名第一竟然面临出局的窘境，思想上格外重视接下来对阵比赛。

第三场比赛中国台北队对阵中国队，台北队气势如虹，把输给印度尼西亚的怨气都撒到了中国队身上，轻轻松松以3:0赢下。

结果印度尼西亚和中国台北进入第二阶段比赛，中国队以小分劣势出局。感慨遗憾出局的同时，也意识到球道赛是心理的博弈，偶然中透着必然。只有调整好最佳的竞技状态，才能成为最终的强者。

第三节　攻门心理

　　球门是运动员要攻克的最终目标，除了球道赛已确定胜负不需要再进行以外，运动员在比赛中必须完成攻门，一条球道的比赛才算完成。球场上的球门犹如战场上的一个个"堡垒"，等待运动员逐一攻破。以草地场地为例，比赛场地的一个场区一般为12球道，以48杆为标准杆。那么在球道分布上，一般会有4个3杆球道、4个4杆球道、4个5杆球道。理论上讲，如果运动员获得了平标准杆的成绩，那么球道上大约要用到24杆，攻门区大约要用到24杆，其中直接攻门的杆数不少于12杆。也就是说，球道击球杆数和球门区击球杆数基本对等，有至少25％的比赛杆数来自攻门。运动员在攻门区的表现与比赛成绩密切相关。

　　很多人认为，就攻门而言，心理比技术更重要。这种观点有一定道理，但并不完全正确，这要因人而异，不过，攻门中心理的重要作用却是真实存在的。这么多年来我们都在技术层面研讨攻门技术，并日复一日地训练和改进攻门技术。然而，很少有人重视攻门的心理能力训练。前段时间，著者之一陈亮在校队训练时做过一个有趣的比赛，把队员按照能力均分成两个组在距离球门4米正对球门的点上轮流攻门，要求是每人在5秒钟之内必须完成，当一方攻门时，另一方可以用语言予以干扰，输的一方每人要做10个俯卧撑。活动进行得激烈而紧张，结果却令人吃惊，双方的过门率都低于20％。要知道，这么低的命中率在平时训练中都是不可能的事情。是不是大家都没重视起来？于是我又组织大家重新进行了一次比赛，并加大了筹码，输的一方每人要做20个俯卧撑。结果是成绩略有提升，但也都在20％左右。很显然，当运动员心理受影响的时候，是很难做好一件事情的！

　　解决攻门问题的途径有3条：一是掌握攻门技术；二是培养攻门感觉；三是建立攻门意识。攻门技术是纯粹的技术问题，相对直观一些，可以通过加强练习予以提高，而攻门感觉和攻门意识则明显是心理问题，有些抽象，看不见摸不着，所以需要先弄清楚是哪方面的问题，才能有针对性地展开训练。

一、攻门意识

攻门意识是指攻门的思维操作。研究攻门意识的主要目的是让运动员了解攻门前和攻门中意识的影响作用。如果将运动员的攻门按意识控制程度来分类，那么有两类因素具有明显的代表性，一类是受先天身体条件所限，不易被意识控制的因素，如涉及整体效果的平衡性、流畅性等；另一类则是可以通过意识来控制的因素，如阅读场地、站姿、攻门节奏、攻门力度、攻门幅度、杆头轨迹等。由于攻门动作的绝大多数因素都具有意识的可控性，因此，探讨攻门意识的内容就具有明显的应用价值。攻门意识的主要包括以下内容。

（一）阅读场地意识

所谓阅读场地意识，指的是运动员观察和研判攻门区地形的意识。运动员是否有强烈的阅读场地意识和能力决定着他的攻门水平。一般来说，近距离攻门时木球的行进受地形影响较小，攻门路线比较容易确定，而且球门的宽度允许攻门有一些误差，即使稍有偏离，撞到门柱内侧也不影响进门；而远距离攻门时木球的行进受地形影响较大，不确定因素多，攻门路线的确定有一定难度，稍有不慎就会有出现较大的误差。

运动员在阅读场地时先要从多个方位对球门区进行观察，必要时还得用手和脚感知一下场地细节，以确保研判的准确性，然后再根据攻门区的坡度、阻力等结合自己的攻门技术综合客观地确定攻门策略。如果研判出现偏差，大脑就会接收到错误信息，最终影响攻门成功率。

（二）站姿意识

站姿意识主要包括双脚站位稳定、脚尖连线与攻门方向平行、重心略微下降保持稳定、双肩放松、双手放松握杆、双眼注视木球的后方等保持准备姿势标准规范的意识。

（三）攻门节奏、力度、幅度意识

这包括上挥杆和下挥杆的快慢节奏、下挥杆杆面平顺击球的节奏、杆头的速度、上挥杆顶点和收杆的高度等意识。

（四）对杆头轨迹的意识

这包括杆头是否沿挥杆平面挥动、是否形成方正击球等意识。

（五）向其他运动员学习的意识

向其他运动员学习是一类典型的心理意识，注意观察其他运动员在攻门区的表现，可以帮助自己更好地完成攻门。如果有同组运动员的攻门线路跟自己相似并且先行攻门，一定不要错过这个大好的学习机会，直接获得场地的阻力状况、坡度等信息。如果对方攻门成功，其攻门力度、路线可以借用；如果对方攻门失误，则可以引以为戒，避免踩雷。

以上因素均可以通过运动员的意识来控制，在平常做攻门练习时，要针对每一项意识内容进行系统的练习，最终把攻门意识融入技术，形成高度自动化的条件反射动作。

二、攻门感觉

攻门感觉是指攻门中的身体操作，研究攻门感觉的主要目的是让运动员体会实际攻门过程中身体感觉和攻门效果的关系问题。

多数攻门动作力量不大，也不需要过多的下肢配合。攻门动作和小挥杆动作的共同点是通过双手、手腕、手臂和双肩的动作完成，不同点在于攻门只需要传送感觉。

攻门感觉可分为两大方面：一是力度感；二是方向感。力度感指的是人体对攻门力度大小及攻门距离远近的认知，通过上肢的力量控制来体现；方向感指的是人体对攻门路线精确性的感觉。在攻门过程中，运动员是凭借挥杆感觉达到控制力度和精确性要求的，所以攻门特别要求身体放松、尽量简化挥杆动作。这样才能减少攻门过程中的动作变化因素，从而将积累起来的感觉转化成精确的力度感和方向感。

当然，在攻门过程中运动员要保持高度的注意力。只有这样才能排除外界干扰，捕捉到最佳的攻门感觉，确保攻门思维操作和攻门身体操作高度相符，完成攻门。运动员如果长期不进行攻门训练或比赛，攻门感觉就会相应减弱或消失。

一般来说，运动员通过以下方法找到攻门感觉。

第一，在注意力最集中的时候练习攻门，摘去手套，让双手直接接触球杆杆柄，使手掌能够获得更直接的攻门感觉，体会攻门的力度和方向感。

第二，在攻门准备过程中调整自己的站姿，可以适当降低重心，降低双手握杆的高度，以提高攻门动作的稳定性。稳固放松的准备姿势可帮助运动员找到平稳顺畅的攻门感觉。

第三，很多运动员喜欢捕捉杆头有节奏的、稳定的左右摆动的钟摆感，以此来获得攻门感觉。

第四，用挥杆的幅度控制攻门力度。每个运动员都有自己的攻门习惯，有的喜欢力度略大，简单直接，气势满满，有的则习惯于用轻柔的力度，谨慎稳妥。根据自身情况，运动员可以通过不同距离的攻门练习逐渐找到挥杆幅度和攻门力度之间的关系，一般是距离由近及远，幅度由小到大。

第五，方正击球是保证击球方向的重中之重，攻门瞬间特别要注意杆面的指向性。

三、运动员常见攻门心理

每个木球人都会有很多关于攻门的刻骨铭心的记忆。这些记忆中，有的是值得自己吹嘘一辈子的绝杀攻门，干净利落，有的是不可思议的失误，明明是正对门前不到一米的球，却离奇偏出。小小的攻门区，既可以成为运动员展示自我的舞台，也可能成为失意之地。运动员在攻门时往往会有如下典型的心理表现。

（一）紧张

运动员一进入攻门区就紧张得不得了，甚至出现身体发抖的情况。这种状态下，运动员思路会变得狭窄，视野变小，担心自己出现问题。严重的，会丧失自信心，导致动作变形，最终影响攻门策略的实施。

（二）沉着稳定，注意力集中

思路清晰，沉着冷静，能根据场地情况、球与门的位置关系、自身能力水平、比赛形势等而采取合理的攻门策略。这种状态下运动员能够精准地控制自己技术动作，发挥出自己应有的水平。

（三）盲目自信

一旦盲目自信，运动员会过高地估计自己的能力，攻门不计后果。对于一些位置不好的、距离较远的球也会选择攻门，结果无外乎出现两种情况：攻进，痛快过瘾、气势大振，助长了盲目自信；攻不进，则会消沉懊恼、后悔不迭，对比赛失去自信。

四、攻门心理困惑及其调整方法

攻门无疑是木球比赛最令人难忘的体验，运动员信心满满地开出第1杆，又稳妥地把球调整到门前，接下来干净利落地把球攻入球门就完美了。然而，这看似简单的一攻，却令很多运动员们心生恐惧，状况不断。著者调查过很多木球运动员，有半数以上的人在攻门的时候会感到有压力，特别是遇到关键球。在平时练习中，我们总是能信心满满、不假思索地把球攻进球门，但是站在比赛的球门区上，球杆在手里却不听使唤……

（一）攻门心理困惑产生的原因

1. 来自球门区的压力

木球比赛约一半的杆数来自球门区，运动员在球门区的表现将决定最终的比赛结果。正因为球门区的重要性，很多运动员到了球门附近就会变得紧张不安；球门区往往是失误率最高的地方，一些失败的经历会给运动员形成负面心理；临门一攻需要精准的控球能力和更为周密的准备，来不得半点闪失，由此产生的压力会明显增加；从击球价值上讲，攻门的价值往往是显而易见的，错失了位置绝佳的攻门，意味着杆数至少会增加 1 杆甚至是 2 杆，如果是球道赛的话就等于拱手把胜利送给了对手。所以，运动员在球门区承受的心理压力比在其他区域大得多，这是造成运动员产生攻门心理困惑的主要原因之一。

2. 想得太多

很多运动员把攻门过程看得十分复杂，认为准备工作必须做到面面俱到，才能确保万无一失，于是进入球门区先想到的是首先要制订一个周密的攻门计划，并随着时间的推移不停地丰富和调整着已经形成的计划。例如，"让我再来仔细研究一下球门区，左门柱一侧地势偏高一些，所以我要瞄球的方向应该偏左一点，大约对准左门柱内侧。""力度适中，既要保证能够过门，还要让木球的行进路线向右侧划弧；之前攻门我已经吃过这样的亏，所以攻门不能太轻，但也不能用力太重。""攻门路线上的地面有些不平，方向、力度都需要重新考虑……"结果越调整心里越没底，准备击球了，内心还在作斗争。最终攻门还是出了状况，与精心设想的结果相差甚远……"唉！我真的有点蒙圈了。"实际上，这是犯了一个思维习惯错误。由于攻门区地形、阻力状况等各有不同，加上时间限制，在每次攻门之前都制订详尽的计划既不现实，也不具有代表意义。运动员要做的应该是建立固定的攻门准备程序。也就是说，用一套统一的攻门准备程序代替杂乱无章、毫无系统的攻门计划，以不变应万变。其实，攻门是再简单不过的挥杆技术了，站稳、瞄准、打直，仅此而已。如果将攻门过程想得过于复杂化，不但将大量的精力耗费在烦琐的计划制订上，而且它还会增加内心的不确定感，从而埋下隐患。

3. 滋生杂念，产生消极心理暗示

进入攻门区，绝大多数运动员都会有尝试攻门的冲动，在这种想法的驱使下，期望值会陡然增加，"这么短的距离，如果失误了，实在太吃亏了！"压力就会随之而来。此时，最容易受到消极心理暗示的干扰。"如果这球攻进，就会突破 50 杆了！""千万别像上一次一样打偏啊！""这球要是攻不进，大家一

定会嘲笑我的。"运动员一旦出现了消极心理暗示，失误率会大大增加。如果在一场比赛中类似的情况多次发生，将会严重影响技战术的发挥，甚至导致整场比赛崩盘。

4. 球和球门的位置关系

木球球门特殊的结构决定了木球只能从球门前后通过球门。一般来说，正对球门距离较近的球容易攻进，距离较远、位置较偏的球攻进门的难度会加大，而木球贴靠在门柱外侧，或者处在球门两侧没有攻门角度的位置，则没有办法直接攻门，需要先做调整球才能攻门。面对距离较远或者位置较偏的攻门时运动员往往需要做出选择，是直接攻门还是调整攻门？如果选择直接攻门，进门后不但节省杆数，还会大幅提升士气；攻门不进，木球停在门前的位置较好，下一杆能轻松完成攻门，这也是一个不错的结果；攻门不进，停球的位置不好或者球出界的话，那就得不偿失了。如果选择调球，相对容易把球调整到有利攻门位置，下一杆轻松将球攻进，这虽是稳妥的选择，但很多时候又心有不甘。

5. 对手的高能表现

对手果断犀利的攻门表现得淋漓尽致，让自己感受到了前所未有的压力，于是各种想法就会接踵而来。"他都攻了，我可不能怂！""他攻进了，我要攻不进多没面子？""这么大难度的攻门他攻进了，我该怎么办？"是坚持赛前制定的稳中求胜策略，还是要真刀真枪跟他较量一番？

（二）攻门心理困惑的调整方法

1. 击球前认真做深呼吸

这是一个简单而有效的调整方法。深呼吸就是胸腹式联合进行的呼吸，通过胸部、腹部的相关肌肉、器官得以较大幅度地运动，可以使肺部短时间内吸进较多的氧气，排出肺内残气及其他代谢产物；在高压的环境下专注做深呼吸，运动员可以清晰地感知到胸腔扩展收缩的幅度，甚至可以听到气体通过鼻腔时发出的摩擦声，它能转移人在压抑环境中的注意力，有助于排除杂念，并提高自我意识。

2.确定首要策略并将策略具体化

比赛中的压力会使运动员的思路变得狭窄，大脑里杂念丛生。此时，运动员最需要明确的是接下来自己应该干什么？怎么去完成？虽说条条大路通罗马，很多策略都可以达到目标，但最终只能选一条。确定一个最适合自己的策略，简单直接，排除多余的想法，然后设计好分几步、用什么样的方法来完成这个目标就可以了。

3.遇到不自信的表现或不理想的节奏时，请重新开始

有时运动员在攻门瞬间会产生一些不自信的想法，或者对自己的攻门准备产生怀疑，这些都是心虚的表现。如果这种状态，仓促出手最容易出现失误。还有就是在攻门过程中感觉到上杆挥杆节奏或者挥杆轨迹有问题时，不要试图通过双手去调整或修正，临时做出的改变会使攻门变得更不靠谱。在攻门过程中出现以上类似的状况时，运动员首先要立即终止正在进行的攻门动作，然后梳理思路，按照攻门准备程序重新开始，并进行积极的自我暗示："我肯定能攻好这一杆。"然后信心满满地完成攻门。

4.苦练攻门绝技

攻门感觉的好坏决定了攻门成功率的高低，而勤学苦练是培养攻门感觉的必由之路。在平时训练中，给自己设定的目标越具体，练习的效果就会越好。"胸中有丘壑，下笔若有神。"稳定的技术自然会带来超强的自信，让运动员找到最佳的攻门感觉，形成动力定型。当站在球门前准备攻门的那一刻，目光坚定，充满自信，成功就已经来到了身边。

5.思路清晰、按部就班完成攻门

提前研判地形，确定好自己的攻门准备策略，听到裁判员提示准备击球时，预挥，瞄球，准备姿势，深呼吸，平稳挥杆击球，直到球穿门而过。运动员能够按部就班完成既定的攻门策略，表现出来的是心平气和、思路清晰的心理状态，那么一切都在按照自己的节奏在进行了。

　　杆数赛时运动员在意识上降低期望值，稳中求胜，对攻门的得失做一下评估，不能只记着曾经进过这样的球，要想到进不了会出现什么结果，如果风险大，得不偿失，不妨先把球调整到门前，做好两杆过门的打算。球道赛时需要斟时酌势，权衡利弊，有优势时严谨缜密，细如绣花；有劣势时该出手时就出手，果敢犀利。

第四节　比赛心理

比赛心理是指运动员在比赛期间产生的与比赛有关的心理活动，包括赛前心理、赛中心理和赛后心理。

一、赛前心理准备与调节

赛前心理准备是指从心理上对参加比赛的目标、定位、情绪状态、注意指向、思维内容和参赛信心等方面作好准备。充分的比赛心理准备对于增加自信心、集中注意力、缓解压力、调整情绪等有着积极作用，可以使运动员从容不迫地应对比赛中的各种挑战和困难，以便形成最佳竞技心理状态，确保技战术水平的正常发挥。

（一）赛前心理准备的内容

1.设置适宜的比赛目标

每名运动员在赛前都会对自己的比赛充满期待，希望获得一个理想的成绩，但这一切都要基于自身的能力水平。运动员要从技战术能力、心理素质、比赛能力等多方面进行自我评估，综合分析自己的能力，优势有哪些，缺点是什么，切不可盲目自信或者自我否定。运动员需要明确比赛的任务，然后根据自己和对手的情况客观分析，确定比赛目标。目标的设定要客观实际，多强调过程目标和绩效目标，少强调结果目标。杆数赛时降低一下期望值，把自己摆在一个稍低的适宜位置，然后稳扎稳打，一步一个脚印去完成。如果目标太高，当成绩不如意时，可能会导致心理的压力大而失掉比赛；如果目标太低，则又缺乏挑战性。球道赛时要信心满满，对胜利充满渴望，知己知彼，学会用自己的优势去打球。

（1）目标设置的原则

短期目标与长期目标相结合。短期目标更容易完成，能够使运动员在训练过程中不断有成功的体验，看到自己的努力和成绩进步的因果关系，从而提高运动员的自我效能感。一个个的短期子目标就形成了长期目标，要实现长期目标；就必须以完成短期目标为基础。

目标具有挑战性和可操作性。运动员的目标要量身定做，所设置的目标是自己一定能够控制的，如果目标定得过高，可望而不可即，容易挫伤运动员积极性，使其失去信心；如果目标定得过低，很容易就能完成，没有挑战性，对运动员的能力提升没有太大帮助，运动员就不会有充足的干劲。所以目标设定过高与过低都不能产生最佳的激励作用，应该根据运动员现有能力设置水平高又相对现实、具有挑战性的目标，才可以激励运动员全力以赴，勇于挑战自我，实现自我价值。

目标设置要明确具体。目标设置尽量是具体的、数量化的，比如"12 球道用 48 杆来完成"，只有这样目标的积极效果就越大，运动员才可以找到努力的具体方向，才能衡量目标是不是已经实现。

（2）目标设置的具体步骤

自我分析。设置目标前，运动员通过对自己体能、技战术水平和心理素质 3 方面进行剖析和定位，结合跟教练员以及其他运动员咨询探讨等，明确自己具备的实力，为确定合理、具体的训练目标做好准备。

制订目标和计划。根据收集整理的信息，科学地确立自己的训练目标，并制订一份详细的计划，包括达到训练目标的具体途径、方法及时限等。

计划实施。严格把制订的目标计划付诸实践。

反馈完善。在训练实践中随时根据运动员的行为表现和努力程度进行总结和评价，必要的话适当调整和完善目标设置，直到达到最终目标。

2. 树立坚定的比赛信心

必胜的信心是比赛成功的基石。运动员的自信心来自扎实的基本功、稳定的球风、合理的战术、适宜的期望值。所以，赛前要加强技战术训练，在模拟比赛中提高运动员临场适应性，对弱项多做针对性的练习；制定一个明确和适宜的目标，相信自己一定能够完成；赛前多去回想之前成功的比赛经历，通过回忆那些获胜的情景、自信的体验，从而使自己受到鼓舞、树立自信心；放平心态，比赛是为了提高自我，不论输赢，把自己真实水平表现出来就好了，学会心平气和地处理一切突发状况，真正做到享受比赛；运动员要相信自己的技术和能力，肯定自己的优势，多采取积极的思维方式，树立坚定的比赛信心。如此一来，运动员的自信心也就会随之增强，在比赛中就会有正常甚至会超常发挥的表现。

3. 激活最佳的竞技状态

竞技状态是指运动员在比赛中获取最好战绩的最适宜状态，它主要表现为运动员的身体素质、技战术水平已形成一种较高级的平衡，神经系统调节能力达到最高。适度的紧张状态能使有机体各方面的机能潜力得到最好的动员，从而发挥出最佳的水平。

养兵千日，用兵一时。运动员平日里辛苦训练，就是为了在比赛中实现自我价值，这需要运动员成功地调节和保持好自己的最佳竞技状态。运动员的竞技状态并不都是一直保持在很高的水平上，而是呈周期性的变化。教练员可以根据竞赛计划的安排，有意对运动员的训练过程实施控制，人为地对比赛状态进行干预和调节。临近比赛，要动员全身各有关器官系统进入比赛工作状态，运动员应保持适度的兴奋和紧张感，有效动员机体能量，逐渐进入比赛节奏，逐渐找到比赛的感觉，包括手感、比赛的节奏、比赛时沉稳谨慎的球风等，到比赛期间达到最高水平；保持充沛的精力，注意力高度集中，感觉更为敏锐，在击球动作、击球方向、击球力度的选择做得更加精准；思维更快速清晰，善于根据比赛情况及时调整策略；通过比赛动机激发运动员主动地渴望参加比赛的激情。

4. 做好充分的准备

毛泽东在《论持久战》中说："凡事预则立，不预则废，没有事先的计划和准备，就不能获得战争的胜利。"比赛亦是如此。木球比赛是运动员综合素质的较量，"细节决定成败"，可能比赛中一个细微的因素，都对比赛结果产生深远的影响。因此赛前要充分地做好各种准备，决不打无准备之仗。

（1）设定具体的、符合自身实际的目标，借以激发运动员良好的比赛动机。目标太低，缺乏挑战性，难以激发运动员的比赛动机，也不能挖掘运动员的潜力。目标太高则难以完成，容易给运动员带来心理压力或者使运动员丧失比赛信心。

（2）对运动员相对薄弱的技术加以强化训练，解决在比赛前遇到的各种挫折和不利因素。

（3）赛前要调整好自己的身体，早睡早起，合理饮食，适当安排放松、娱乐活动，从而达到身体和心理的全面放松。

（4）搜集比赛"情报"。通过适应场地、观察他人、请教高手、团队研讨等形式，熟悉球道道形、宽度、长度、地形、阻力状况、障碍等球场信息，了解气候条件，掌握整个球场乃至每一球道的难度、障碍设置特点，以及在不同天气条件下打球的特殊要求等，对球场的地形有充分的了解。球道赛还要研究对手的特点，然后进行针对性的训练，做到心中有数，不打无准备之仗。

（5）要有坚韧的意志和情绪控制力，做好进行艰苦比赛的准备，充分预想比赛过程中的各种困难，并找到应对办法。

5. 模拟训练

模拟训练，又称为适应性训练，是本着"从实战出发"的宗旨，为了提高运动员在竞赛中的临场适应性、熟悉比赛环境和比赛节奏，模拟在相似的比赛条件下，与对手进行比赛的一种针对性极强的训练方法。模拟训练可以使运动员获得特殊的战术能力，减缓甚至消除在比赛中可能产生的心理障碍和不良反应，增强心理稳定性和应变能力，建立良好的生理及心理状态去参加比赛，正常地发挥自己的技战术水平。

（1）模拟比赛环境

在相似的比赛环境下模拟训练或比赛，如场地条件、天气状况、比赛时间、裁判执法、规则要求、比赛节奏等，目的是提高运动员对比赛环境的适应能力。

（2）模拟对手

与相似的对手进行模拟比赛，可让陪练人员充当对手，模仿对手的技战术风格、各种比赛习惯等，目的是让运动员更加细致地了解对手的特点并依此制定相应的对策，提高针对特殊对手的特殊战术能力。如果能结合视频资料以及向他人问询等方式，进一步了解和分析对手，则效果更佳。

（3）模拟观众

有观众是比赛和平时训练的区别之一，在众人的围观下可能会让运动员压力陡增，还可能会受到场外观众的言语和举止的干扰，导致紧张或注意力不能够集中，进而影响比赛成绩。模拟比赛时组织"观众"观看，让"观众"有意做出喝彩、嘘声、鼓掌、语言干扰等动作，模拟真实的观赛情境，以此来培养运动员的抗干扰能力。

（4）模拟特殊比赛情境

比赛中什么意外情况都可能发生，赛前要对有可能出现的特定的比赛情境比如攻门失误、击球出界、球落入障碍、裁判偏袒对手、比赛领先、僵持或落后等进行模拟，以提高运动员对不同状况的应对能力。

6.赛前热身和心理动员

比赛之前的最后一个环节是热身和心理动员。高质量的热身和心理动员会有效地帮助运动员找到手感、快速提升自信心，从而发挥最佳运动水平。因此，赛前热身及心理动员需要运动员和教练员一起根据实际情况来精心设计。用有针对性的准备活动快速使机体进入工作状态，通过进行正确动作或技战术的表象训练找到最佳手感。积极进行心理动员形成最佳竞技状态，信心百倍、斗志昂扬地迎接比赛。

（二）良好赛前心理准备状态的表现

良好的赛前心理准备状态是形成最佳竞技状态的前提，主要有如下表现。

1.神经过程的激活水平适中，既兴奋又清醒，具有良好的控制力，对面临的比赛困难有清醒的认识。

2.具有高昂的斗志、必胜的信心和充沛的精力，对自己的技战术充满信心，有全力以赴参加比赛和夺取胜利的期望。

3.注意力高度集中，注意范围增大，自我调节和排除干扰的能力强。

4.有清晰的比赛行为程序和思维。

（三）赛前非正常状态的调节

1.赛前过度兴奋状态

这种状态又叫起赛热症，主要在年轻运动员或心理负担过重的运动员身上发生，主要表现为中枢神经系统兴奋性过高，生理过程表现出血压升高、心跳和呼吸频率加快等；行为上表现为四肢乏力、动作忙乱、寝食不安、尿频等，导致运动员身体机能下降；心理过程表现为易冲动、注意力分散、思维狭窄、听不进教练的指导等。严重者还会导致身体出现各种异常反应，如体温升高、腹泻、失眠、发抖、出冷汗等。这种现象出现在赛前，赛后自动消失。这是大脑皮层兴奋性过高导致的生理和心理过程的失调现象。

运动员出现了赛前过度兴奋状态，应及时予以调节，调整到适宜的动机和期望水平，培养队员的适应能力和自我控制能力。通过呼吸调节法、暗示调节法、放松训练、音乐调节法、催眠等方法来进行缓解，尽快降到适宜水平。

2.赛前淡漠状态的表现与调节

这种状态又叫起赛冷淡，主要表现为情绪低沉、四肢乏力、缺乏信心、主观上不愿意参加比赛或运动训练、反应迟钝等。一般来说，过度疲劳、长期伤病以及意志力较差的运动员易出现这种状态。

对出现比赛前淡漠状态的运动员应该主要采取激励、动员、积极的语言暗示来调动其比赛的积极性，并通过模拟比赛帮助其找到自信，提升参赛热情。

3.赛前盲目自信状态

赛前盲目自信主要表现为表面兴奋很高，信心十足。但是这种信心是建立在对比赛的复杂性和难度估计不足或是明显高估了自己的情况下，属于盲目自信。所以这些运动员大都对比赛积极准备不够，心理浮躁、注意力涣散、内心空虚、不愿意冷静思考问题。容易造成蔑视困难和轻敌思想，一旦在比赛中出现失利局面就会情绪急躁、束手无策，形成连锁反应，兵败如山倒。

对于运动员出现这种情况，在赛前要加强作风培养和思想教育，明确比赛的角色定位，端正态度；要求队员认清困难，摆正位置，保持清醒头脑，认真做好比赛前的心理准备，详细制定比赛方案。

二、赛中心理控制

比赛中场上形势错综复杂、千变万化，不可控因素增多。运动员也会产生一系列生理和心理上的反应，从而对技战术发挥产生各种影响。此外，一些突发事件也会影响他们的心理状态。

木球比赛是一种独立性较强的比赛，全程贯彻"以我为主"的思想，运动员在大多数的时间里都是独自作战，因此出现状况需要自己去面对。比赛过程中的心理控制主要是以运动员的自我控制为主，必要时结合教练员的指导来辅助实现。

（一）运动员的临赛调整

1. 检录前阶段

即热身活动完成到检录之前。此阶段运动员主要进行念动训练，想象自己完美的技术动作和获胜场景，并结合热身活动，以达到快速找到手感、提高自信心、放松心理的目的。

2. 检录后阶段

检录后阶段，即检录完成后到比赛开始之前，一般距比赛开始还有30分钟左右的时间，这是运动员临赛前身体和心理的重要调整期。此阶段运动员主要进行热身活动的查缺补漏，从心理上慢慢进入比赛状态。运动员通过调整呼吸、自我暗示等手段增强自己的自信心，消除一切不良情绪，逐渐进入比赛的心理状态。

3. 准备比赛阶段

运动员被分组带入比赛场地即进入准备比赛阶段，此时应集中注意力及时进行最后的适应性练习，找到并保持手感，静等比赛开始。有些运动员此时会出现赛前紧张等情况，要注意调整心理，可以用回忆以往取得优胜的比赛过程去找到成功时的身体感觉和情绪体验，这对于集中注意力和提高运动稳定性有很大的帮助。

（二）比赛中不良心理状态的消除

木球是一项容易引起心理矛盾的项目，比赛中的每一次失误都可能会诱发运动员不良心理状态的出现。运动员要善于运用心理学的知识调整自己的心理，从容地应对比赛中出现的各种状况。

1. 比赛中常见的不良心理状态

（1）对比赛结果的恐惧

运动员在赛前制定的比赛目标过高、对比赛结果的期望值过高，导致心理负担过重、焦虑水平过高，或者比赛开始后感到难以完成任务时运动员出现恐惧、担忧和紧张的情绪，导致运动员注意力过度分散或思维过度狭窄。恐惧心理还会造成运动员身体紧张，使技能动作的精确性受到影响。

（2）冲动

稳定的心理状态是运动员打好比赛的一个重要前提。运动员如不能很好地应对比赛中的突发状况或者是比赛成绩与预期相差甚远时，就很容易产生冲动，求胜心切，急于追分，希望奇迹出现，结果导致失误率增高，陷入恶性循环，越打成绩越差，自然就失掉比赛了。

（3）压力过大

大赛中特别是决赛赛场，观众人数多，这种围观的场面可能会给运动员带来压力，影响其发挥的稳定性。运动员在比赛过程中过多地考虑比赛结果，过于在意他人对自己的看法，总认为别人在评价自己的表现，担心在众人面前失误很没面子，影响自己在别人心目中的"形象"。这种想法使运动员不能把注意力集中到赛场上，使决策失误率增加了，从而影响比赛成绩。

（4）缺乏比赛动力

一场 12 球道的比赛一般需要 2 小时左右。如果碰到球场拥堵的情况，时间还会更长，这就需要运动员具有较好的体力和心理耐力。运动员如果不具备足够的体力和心理耐力或者成绩不理想时就很容易失去信心，缺乏继续拼搏的动力。还有的运动员满足于现状，缺乏对自己严格要求，进取心不足也会导致比赛动力的缺乏。

2. 比赛中不良心理状态的调整

（1）合理的呼吸

木球技术需要极高的精确性和稳定性，因此对呼吸方式有较高的要求。在调球和攻门时，要求运动员运用均匀的腹式呼吸，以确保上肢的稳定性。有经验的运动员在比赛中随时调节自己的呼吸节奏，并逐渐把它变成自己比赛的一种习惯。在休息或者等待击球的时间里，运动员运用腹式呼吸可以消除杂念，专注于比赛。

（2）学会放松

运动员在比赛中有压力是一种正常现象，越是大赛，压力会越大。面对压力，运动员要学会放松自己的身心。在常规的训练过程中，教会运动员熟练掌握几种放松方法和技巧并坚持练习，以达到放松的目的。在木球比赛中，由于时间紧迫以及条件限制，运动员不可能在球场上进行长时间的全身放松，而是采用时间短、见效快的方法来进行。运动员可以对容易出现紧张的肩部、手臂等进行针对性局部按摩放松，借以转移自己的注意力，这样节省时间，且不易让对手发现自己的心理状态。在每一次打球之前采用深呼吸放松法，对于解除疲惫、放松情绪非常有作用，还可以稳定心态和增强自信心。

（3）积极的自我暗示

思维决定人的行为，积极的心理暗示可以消除运动员的紧张情绪，提高自信心，使竞技状态达到最佳。消极的心理暗示则会使运动员过度焦虑，产生悲观情绪，从而导致失误的出现。比赛中运动员要多利用积极的自我暗示在大脑中储存积极的心理表象，逐渐建立积极的思维模式。

（4）学会平复自己的心情

比赛中当出现比赛成绩比自己的期望值差距较大时，运动员的心理往往会受到影响，各种不现实的想法会涌上心头。此时运动员需要的是及时调整自己的心态。比如，在走往下一球道的过程中，通过自我暗示等方法尽快把自己从失误的阴影里拉出来，集中注意去打好后面的比赛。当局者迷，旁观者清。比赛的间隙可以听一下教练或队友的提示，或许他的建议可以一针见血地指出你的问题所在。

（5）学会幽默

木球比赛是体能、心理和智能的竞争。运动员要在打球时需要保持高度的注意力，但在一场耗时2小时左右的比赛中全程保持注意力高度集中是很困难的事情，也很容易引起疲劳，这就要求运动员在比赛间隙学会适时地放松自己。在众多的办法中，幽默对于放松无疑是一种非常好的手段。运动员可以在更换球道、一杆打完走向下一杆击球点的过程中跟裁判员或观众幽上一默，比如，调侃一下刚才的进球、吐槽一下糟糕的天气等，以此缓解一下紧张的气氛，达到心理放松的目的。

（6）3R减压法

3R减压法即放松（relaxation）、缩减（reduction）、重整（reorientation）减压法。在比赛中，由于失误等而导致运动员情绪出现波动时，可以立即停止接下来的击球，利用3R减压法通过3个步骤调整自己的心理。

第一步，利用积极的自我对话，从认知上改变对比赛形势的认识，建立一种积极对待比赛的心态："过去的都过去了，纠结过去一点用都没有。""我要稳扎稳打地完成接下来的比赛了。"在木球比赛中，专注地打好下一杆永远是运动员最佳的选择。

第二步，利用放松技术降低生理上的高唤醒水平，使心态快速平静下来。

第三步，等心平气和之后，再重新进入击球的准备程序。

（7）思维阻断

思维阻断是对运动员强迫思维和行为的控制技术，主要用于运动员控制不合理的消极思维，通过外部控制的手段，人为地抑制并中断其思维，进而转向积极思维。如，运动员在一次攻门失误后，在思想中反复呈现失误的情景，不断自责自己的鲁莽行为，纠结为什么失误，痛惜自己错失好机会，这些消极的杂念严重影响运动员后续的比赛。

当运动员出现消极思维或感到心理紧张时，可以采用他人公开地打断、自我阻断和强制转移注意力的方式，来阻断消极思维。比如，当运动员在击球准备过程中出现消极思维的时候，可以用拍击大腿或大喊一声等行动阻断消极思维，把自己的积极思维唤醒。

（8）正确对待输赢，真正做到享受比赛

能在赛场上争金夺银固然是每位运动员的追求，但冠军只有一个。在木球比赛里，可能有永远的冠军团队，却没有永远的个人冠军。运动员在比赛中过多地考虑他人对自己的评价，这种心理状态会让运动员背负很大的心理包袱，导致在比赛中的发挥大起大落。运动员应该认识到这只是一场普通的比赛而已，并不是人生的全部，输赢都是极为正常的事情，尽管做好自己就好了。运动员应该放下包袱，心无旁骛地专注于比赛。敢于竞争，才能充分展示自己的实力，不应过多考虑名次和奖牌。运动员需要抱着轻松的心态去挑战自我、享受比赛，而不是为了夺取胜利，以获得别人的认可。想得太多反而成为思想包袱，顺其自然才是对待比赛的最好心态，即使结果不理想也能欣然接受。木球比赛的最佳状态是把比赛当成一种表演，完全展示自己的训练成果就好了。只有这样，才能保持初心，真正地做到享受比赛过程。

（9）保持比赛激情

木球比赛其实也是一场心理层面上的较量，运动员需要时刻面对比赛压力，还要时刻保持注意力集中。练兵千日，用兵一时。运动员日复一日的高强度训练目的是在比赛中体现自己的价值。有些运动员在比赛中遇到挫折时会丧失信心甚至出现产生放弃比赛的想法，这与赛前摩拳擦掌、势在必得的状态判若两人。这种期望值和比赛成绩的落差是造成运动员丧失比赛激情的主要原因。所以运动员在比赛之前应该确立适宜的比赛目标，明确实现目标所需要的条件，比赛会有很多的不确定因素，不能因为一时不顺就轻言放弃，只要认真按照赛前的要求去做就可以了。运动生涯经历起起伏伏是正常现象，任何人都不可能永远都处于巅峰，可顽强拼搏的精神不能丢。当比赛中出现消极比赛的念头时，运动员要学会自我调整："你在追求成功吗？""这是你努力的样子吗？""我要为集体和荣誉而战！""你在团队的作用自己最清楚，你这样的比赛态度能给大家带来什么？"

（10）行为自我控制

在比赛过程中，运动员会感知到赛场的大量信息，如自己的生理反应、心理状态及行为倾向，对手的竞技能力、比赛状态及临场发挥，赛场的环境、比赛成绩、裁判执裁情况及观众的反应等，所有这些能够在大脑中留有印象的信息对运动员的行为表现都会产生一定的影响。

为了更好地完成比赛，运动员要学会对信息进行管控与处理，去感受那些自己可以控制的信息，如比赛策略、自我比赛行为、与教练员进行的积极交流等，调整出最佳竞赛状态；而对那些自己无法控制的信息，例如天气情况、观众的反应以及对手的表现等信息，不要过分地进行关注或者及时屏蔽，把注意力放在赛场上，以免信心受到打击，影响自身的战术和策略的准备和发挥。

（11）积极的自我对话和自我暗示

在比赛等待的时间里，脑子里最容易滋生杂念，用一些积极的语言暗示进行自我对话和自我暗示，来缓解消极和紧张情绪，端正对比赛的态度，甩掉只想赢或想赢怕输的枷锁，体会挑战的乐趣，这样可以有效地提升自信心，使情绪逐渐稳定。

（12）调整参赛目标和动机

在外在的压力和错误的自我认知下，运动员往往会为自己设置一个较高的参赛目标和动机。当自己无力完成的时候，就会产生巨大的心理压力，形成负面情绪。这时候需要认清自身的实力，摆正位置，及时调整自己的动机和目标任务。调节好比赛心态，卸掉包袱，轻装上阵。胜要胜得精彩，输也要输得坦然，只要打出自己的风采，不在乎结果如何。学会正确对待输赢，运动员比赛不仅仅是为了赢，参与、提升自身能力和展示自我也是比赛的一部分。

（二）教练员的指导

教练员的指导对于运动员比赛过程中的心理控制只是起辅助作用，不能喧宾夺主，所以要注意因人而异，比赛经验丰富的老运动员可以不用指导，不希望别人指导的运动员尽量不要去指导，否则会起副作用。指导要精炼简洁、突出重点，起到画龙点睛的作用，以鼓励和激励为主，以积极的方式处理比赛过程中的突发情况，及时根据形势改变策略。

1. 开场前的指导

教练员在即将进场比赛时对运动员进行指导，主要是讲一些注意事项和激励运动员的言语，简单明了，充满正能量，有时候一个眼神、一个简单的手势就能达到激励作用。

教练员如果发现运动员赛前有不正常的心理表现，应该予以提醒，直击灵魂，起到应有作用。

2. 比赛中的指导

比赛中个别运动员要求予以指导的，教练员要做好明确的安排及应对方案，可以在观赛区利用比赛间隙，通过直接的语言或手势进行直接的指导，给运动员带来动力，消除紧张心理。

有的运动员很希望别人予以指导，感觉有人指导就有安全感，心里踏实，可是又忌惮教练员的威严，这种情况可以由领队或队友来承担。

三、赛后心理恢复

激烈比赛后运动员身心俱疲，比赛带来的心理压力也会在一个很长时间内持续影响运动员，这使赛后的心理恢复显得非常重要，我们应像对待赛前心理训练一样重视赛后心理恢复。赛后心理恢复的主要任务是使运动员迅速恢复到正常状态，同时也利于下一阶段的训练和比赛。常用的物理康复手段比如理疗、按摩、睡眠等，主要是针对机体生理疲劳消除，缓解神经肌肉的紧张性，而不能对中枢神经系统产生直接影响。要根据运动员的心理特点和疲劳情况制定个性化方案，通过运动恢复、呼吸放松等对运动员进行身体和心理的恢复训练。科学地进行心理恢复训练，可以缩短心理疲劳的消除过程，保护和延长运动员运动生涯。赛后心理恢复主要有以下几种。

（一）比赛总结

比赛总结是一种重要的学习和反思方式，梳理本次比赛的得与失，让运动员更加客观地明确自己的优点和不足。正确审视取得的收获和遇到的问题，科学全面地予以总结，好的地方要发扬，差的地方要补强。明确努力的方向和动机，进一步提升竞技能力，向下一个目标迈进。

（二）积极的赛后恢复

比赛期间运动员承受了各种压力，在赛后要进行积极的心理放松，可以通过集体和个人活动的方式进行。比如，可以选择一些环境宜人的地方进行团建、旅游等活动，有利于消除心理疲劳、提升团队凝聚力。此外，每个运动员都会有自己最习惯的放松方式，在保证安全的基础上，可以留出一定的时间让运动员自己支配，做一些喜欢的有利于放松的活动，比如看电影、按摩理疗等。对于问题比较突出、心理压力较大的运动员，必要时还需要找专业的人员对他们进行心理干预和疏导，以利于运动员缓解心理紧张、恢复自信，激励他们训练和比赛的动机，提升健康水平。

1. 认知调节法

胜败乃兵家常事。比赛过后要及时引导运动员尽快摆脱比赛成绩的影响。要教会运动员懂得胜不骄、败不馁的道理，理智看待输赢。胜出者不要沾沾自喜，盲目自大，应再接再厉，继续提高；失利者不要丧失自信心，强中更有强中手，认清自我，找到差距，努力提高，争取下次比赛突破。

2. 想象放松法

运动员处在某种使他们感到轻松、愉快的情境之中，放松平躺、四肢平伸，闭上眼睛想象一些使自己身心愉悦的场面或情境，以此达到缓解压力和焦虑、放松身心的目的。比如，想象自己身处"面朝大海，春暖花开"的情境。想象的生动性和逼真性决定想象放松的效果。

3. 语言暗示放松法

运动员放松状态静坐或者仰卧在安静环境里，闭眼进行自我语言暗示，比如"我感到轻松极了"等，使自己的精神和肌体在语言的诱导下充分放松，并使大脑入静。语言暗示对消除比赛后的心理疲劳起着非常重要的作用。

4. 娱乐法

比赛结束后，运动员可以根据自身情况，适当进行一些健康有趣的文娱活动、郊游、团建等，来消除比赛带来的紧张情绪。

5. 催眠法

催眠法是通过心理暗示的方法诱导运动员进入一种介于觉醒和睡眠之间的特殊心理状态，从而加快心理疲劳恢复和修复心理障碍的方法。催眠主要是通过一些单调、重复、刻板的刺激和反复运用一些标明生理睡眠的词语，使被催眠者放松，听觉、视觉或触觉产生疲劳，诱发不同程度的催眠现象。催眠是一种注意能力集中的状态，在催眠状态下，运动员变得思维狭窄、意识恍惚，能与催眠者保持密切的感应关系并接受其暗示，以唤醒他的某些特殊经历和特定行为。

6. 音乐调节法

音乐能够影响人的大脑和身体，能够使人产生兴奋、镇静、平衡等不同的情绪状态。如果运动员在赛后有异常的情绪表现，可以借助有节奏的轻音乐或喜欢的歌曲就能起到适度的调节作用。运动员在专注于音乐欣赏的同时，中枢神经系统得到良性的刺激，可以有效消除比赛后的心理紧张和心理疲劳。

7. 倾诉宣泄法

与好朋友一起分享你的比赛心得和收获，会使你心情愉悦；对好朋友倾诉比赛中遇到挫折或烦恼，可以如释重负，减少自身心理压力。

木球运动员赛后心理康复的手段还很多，比如组织一些拓展活动、趣味游戏、心理咨询，给运动员提供合理宣泄的机会，释放消极的情绪，达到心理调整的目的。但不论运用哪一种方法，都必须遵循因人而异的原则，有目的地加以运用。

"只有能驾驭自我，才能发挥出最佳的竞技状态，才能有机会成为佼佼者。"技战术能力是左翼，心理能力是右翼，两者缺一不可，运动员只有双翼变得丰满和对称时，才能飞得更高和更远。对于技能水平相当的运动员来说，心理素质好、意志水平高、经受挫折能力强的运动员临场发挥的稳定性就越高，就会在困难面前表现得临危不惧，满怀信心地坚持到最后并走向成功。

第五节　木球运动员心理训练

　　木球运动员心理训练是指根据木球运动的特点和运动员心理活动的规律，有目的、有计划地对运动员的个性心理特征和心理过程实施影响，以达到最适宜的强度、最佳状态的过程。作为木球运动训练的重要组成部分，心理训练和技术、战术、体能训练共同构成了现代木球运动的完整训练体系。心理训练的目的是让木球运动员在紧张的训练和比赛中学会控制和调节自己的心理，长时间保持最佳状态，真正享受木球运动的乐趣。

　　木球是一项体能、技能、心理和智能并重的运动，近几年随着木球运动的快速发展，高水平运动员技战术能力也越来越接近，心理和智能就成了大赛取胜的决定性因素。这就是在当今木坛仍然活跃着一大批元老级运动员的原因，他们虽然在体能和技能上不占优势，但仍可以依靠心理和智能的优势去挑战年轻人。国内越来越多的教练员已经开始意识到这一点，主动采取一些训练手段来提高运动员的心理能力。

一、木球运动员心理训练的意义和作用

（一）促进运动智能的发展

　　心理训练能够提高运动员训练和比赛的积极性，促进专业知识、动作技能的掌握，培养丰富的想象力，加强注意的稳定性，激发思维的创造性，提高思维能力，尤其是在复杂的环境中冷静思考的能力。

（二）提高自控和调节的能力

　　心理训练能促进运动员心理过程的完善，提高运动员情绪调控能力，调节运动员比赛所需的心理状态。一名优秀的运动员可以很好地控制和调节自己的情感表达方式、情绪反应强度、动机的趋向和水平、思维的方向和过程、行动的指

向和方式等，在比赛时表现出思维敏捷、逻辑严谨、举止得体、动机适宜等特点。

（三）增强运动员意志品质和心理适应能力

心理训练有利于运动员良好的个性心理特征的形成发展，培养积极健康的情绪以及良好的意志品质，提高运动员的心理适应能力。当环境发生变化时，能较快地调整自己的应对方式，重新获得良好的适应，不会因为缺乏灵活性而导致身心出现不良反应。心理训练还可以发展运动员临强不惧、沉着冷静等运动训练所需的特殊能力。

（四）有利于训练和比赛动机的形成

心理训练可激发运动员强烈的参赛欲望，培养运动员正确的训练和比赛动机，提高自我控制能力，从而促进运动员自觉参与训练和比赛，提高效率，努力提高自己的技能，树立必胜信念，为训练和比赛扫清一切障碍。

（五）心理训练有利于消除身心疲劳，加速恢复过程

运动员在大强度的训练或比赛中，要消耗大量的身体能量和心理能量，容易造成身体或心理疲劳。心理训练可以加快消除身体或心理疲劳，加速恢复过程，有助于身心健康的发展。

二、木球运动心理训练的原则

（一）长期性系统性原则

心理训练的作用经过长期系统积累才能慢慢形成，进而在比赛的关键时刻起到作用。同样道理，运动员很多的心理问题也不是短期内发生的，只不过是在某一阶段表现得更为突出罢了。所以对运动员的心理干预也应该是一个相当漫长的过程。这就要求我们把心理训练贯穿于长期的专项技能训练全过程，两者相辅相成，互相影响，才能够收到最好的效果。

（二）主动性自觉性原则

心理训练的效果与运动员的自觉积极性高度关联，运动员只有在意识到自己

的问题并积极改正时，心理训练才能产生效果。如果运动员不相信心理训练或者被动接受心理训练，不但没有效果，有可能还会产生副作用。任何的心理训练都不能脱离运动员的自觉配合，如果缺了主动性，根本谈不上什么心理训练。

（三）与专项训练相结合的原则

所谓与专项训练相结合就是要把心理训练的内容合理地融入运动员的技战术、体能、模拟比赛训练中去。有些心理问题只有在专项训练或比赛情境中才会凸显出来，所以要结合专项训练才能解决。心理训练和体能训练都是为最大程度发挥运动员已有技战术能力服务的，偏离了这一目标，所有训练都将失去意义。

（四）区别对待原则

在进行心理训练时要根据运动员的个体心理差异予以区别对待。技战术和体能的训练可以"批量"进行，所有运动员可以无差别地一起训练相同的内容，但运动员的心理训练却不这样，每个运动员都有着自己的个性心理特征，有人性格活泼，有人性格安静，有人成熟稳重，有人容易激动，运动员心理品质的差异决定了心理训练和心理干预必须有针对性。

（五）教练参与原则

"当局者迷。"即使是身经百战的老队员，有时候在面对自己的心理问题也会突然变得执迷不悟，虽然他在分析别人相同的问题一针见血、条理清晰。也有的运动员明明知道自己存在心理问题，却因缺乏专业知识而找不到合理的方法来应对。此时教练员的作用就凸显了出来。在和运动员朝夕相处的训练和比赛过程中，教练员最能了解每一个运动员的个性心理，知道运动员在哪一个时期会出现哪一种心理问题，甚至是对运动员的"小毛病"和"小脾气"都了如指掌。运动员往往也对教练员的指导深信不疑，主动配合去完成各种心理训练。

三、木球运动心理训练的程序

第一，了解、相信心理训练的作用并接受心理训练。

第二，精通木球运动心理训练原理和方法。

第三，制订合理的木球运动心理训练计划。

第四，心理训练计划实施。明确心理训练的长期性和系统性，坚持进行，切勿半途而废。

第五，过程评价和反馈，并根据实际情况适当调整计划。

第六，阶段总结和改进。

四、一般心理训练

一般心理训练是针对所有运动员均应具备的心理素质所采取的训练，目的是获得运动员完成专项运动所必需的稳定心理因素，促进身心健康。该训练贯穿于木球运动员运动生涯的全过程，持续的时间较长，所以又称作长期心理训练。一般心理训练是心理训练的基础，主要包括比赛动机培养、集体责任感培养、知觉过程改善、发展注意力、发展形象思维、稳定情绪训练、意志品质培养以及个性心理倾向的矫正和培养等。运动员的心理调节能力跟技能是一样的，必须经过长期的、系统的训练才能逐渐形成。

（一）动机培养与激发

动机是运动员进行训练和比赛的一种内部驱动力，受到自身和外界的双重影响。端正的动机可以使运动员保持较高的训练和比赛热情，提高训练的效果，创造优异的运动成绩。教练员要理解动机的重要意义，善于培养和激发运动员的动机，才能使训练达到事半功倍的效果。

运动员的动机分为内部动机和外部动机。

内部动机是由内在需要所引发的运动本身就可以使运动员得到某方面的满足，如追求高品质生活、获得运动乐趣、参与竞争、体现自我价值等，是运动员积极训练、乐于参赛主要动力来源，维持的时效也较长。

外部动机是外部诱因引起的动机，比如获得荣誉、物质奖励等，对运动员参与训练的推动力量相对小一些，持续作用的时间也较短。但外部动机的作用不能被轻视，利用外部动机刺激内部动机产生作用还是十分必要和有效的。

动机培养是运动员把社会、训练和比赛的客观要求变为内在需要的过程，而动机的激发是运动员把已经形成的内在需要充分调动起来，深爱木球运动，即使遇到暂时挫折也不会失去信心；甘为木球运动而献身，不畏艰辛，长期坚持训练。动机的培养和激发应从以下几个方面入手。

1. 正确的目标设置

目标是运动员一段时期内对训练或比赛预期结果的主观设想。有了目标就有了努力的方向，运动员会自觉想办法战胜一切困难，实现自己的目标。教练员要帮助运动员设置可量化、有时限且具有挑战性的具体目标，让运动员把完成目标与自我价值、远大理想、集体利益联系起来，从而形成正确的、长远的训练和比赛目标。正确的目标具有持久而强大的动力作用，是激发运动员比赛动机的重要方法和手段，让运动员时刻有紧迫感，自觉参与训练。目标设置应符合客观实际，运动员通过努力就可以实现，否则就会有负面影响。

2. 掌握运动员的需求，激发其内部动机

教练员可以通过和运动员单独交流的形式掌握运动员的需求，并从兴趣爱好、争取集体荣誉、实现自我价值等方面予以引导、扩展、培养、激发运动员的内部动机，使积极训练、乐于参赛成为运动员的需要。运动员所追求的目标如果符合自己正在寻求的情感体验，一旦得以实现，本身就是一种奖励和强化，能够起到激发、培养动机的作用。

3. 提高运动员的自我效能感

自我效能感是指运动员对自己是否有能力完成某一行为所进行的推测和判断，自我效能对运动员来说是一种情境自信。如果运动员认为自己在比赛中能够创造更优异的成绩，就会激情满满地投入训练和比赛。增强运动员的自我效能感可以从设立最适宜目标、成功表现的激励、言语说服几个方面来实现。

4. 营造良好环境和氛围

建立一支积极向上的木球训练团队，培养运动员的责任感，让他们在一起公

平竞争、共同进步；通过举办各类竞赛激发训练的积极性和保持良好的斗志，对运动员的成绩给予评价和表扬鼓励，并及时进行赛后总结；对运动员进行思想教育，强化正确的比赛动机，纠正错误的比赛动机，助力运动员以更大的热情投入训练和比赛中。

（二）放松训练

放松训练是指运动员的身体和精神由紧张状态向松弛状态转化的一种练习过程。放松训练是通过对身体的放松，使机体活动水平降低，最终达到心理上的松弛，从而使机体保持内环境平衡与稳定的过程。运动员在放松状态时，骨骼肌张力会下降，呼吸频率和心率会减慢，血压下降，四肢温暖，思路清晰，舒适愉快。

很多运动员在回想起自己比赛经历的时候，经常说起自己"赛前几天非常紧张，到了场地突然感觉到自己好像不会打球了，怎么调整都感觉到非常别扭"，"那几天睡眠质量特别差，一想到比赛就紧张得不得了"等。这种持续紧张的状态会严重影响运动员体能恢复和储备，进而导致难以发挥自身实力的情形发生。针对这些状况，有经验的教练员会引导运动员进行放松训练，以达到身心放松的目的。

1. 按摩放松法

大脑与骨骼肌肉具有双向联系性。运动员在心理紧张时，机体会不由自主地出现身体紧张状况，一般表现为动作僵硬、肌肉发抖、身体发冷等，而在心理放松时，机体也相对自然松弛。

按摩放松法是用手或器械来回摩擦、揉捏或敲打身体的表面部分的行为，它是一种物理的治疗方法。通过按摩放松，可以起到有效地缓解肌肉紧张、促进血液循环更加通畅、平复和稳定情绪的作用。

2. 深呼吸放松法

呼吸频率是反映心理压力大小的一个直观指标。运动员处于放松平静的状态时，呼吸缓慢而深，并且毫不费力；处于高度紧张、压力山大的状态时，呼吸会变得急促而浅短。

所谓深呼吸就是胸腹式呼吸联合进行，利用胸部、腹部的相关肌肉、器官得以较大幅度地运动，可以吸入更多的新鲜空气和排出肺内二氧化碳，以改善和提高脏器功能，对于解除疲惫、放松情绪非常有好处。具体方法为：

选择空气新鲜的地方，采取舒适姿势，双肩自然下垂，慢慢闭上双眼，采用胸腹式联合的深呼吸，然后慢慢地深深地吸气，达到一定呼吸深度时，屏气几秒钟，逐渐缓缓地将气体呼出。吸气时先使腹部膨胀，然后使胸部膨胀，呼气时则相反。每次 3~5 分钟，反复进行，最终达到肌肉和心理放松。

（三）表象训练

表象训练，亦称"想象训练、念动训练"，是指运动员在训练或比赛中积极地、有目的地在大脑中想象已经形成的运动表象并进行重塑或再创造的过程。所有的击球行为都是由大脑所支配的，当运动员体验或想象正确的技术动作时，肢体就容易做出正确的动作，反之，就容易产生错误的动作。

比如，木球运动员在攻门之前，可以先在脑子里像"放电影"，把攻门过程演一遍，想象攻门时球门区周围的画面，想象流畅的击球动作和球通过球门时与球杯清脆的撞击声……这样，心里就踏实了，然后信心满满地攻出这一杆。

随着智能手机等电子设备的普及，教练员可以在训练和比赛中拍摄一些好的技术动作视频，然后让运动员观看自己的动作。运动员在看完视频后，闭眼在大脑中重新"放一遍"，这样反复多次进行，效果更为明显。

（四）注意集中训练

注意集中训练就是让运动员学会全神贯注于一个具体的目标而不受其他事物的影响，从而提高专注能力和延长注意稳定性的练习方法。注意属于认知过程的一部分，是心理活动对事物的指向和集中。它有两个基本特征：一是指向性，即把注意有选择地集中在活动对象上；二是集中性，即全神贯注于一个确定目标，不为干扰所分心。

一般来说，在木球运动中注意的指向和集中是同时存在的，比如运动员在攻门时，必须全神贯注地盯住木球。在这里，眼睛要盯住木球就是指向，全神贯注做好击球动作就是集中。注意的指向性比较容易做到，要做到集中性却相对较难。

打过木球的人都清楚，击球效果的好坏与注意力是否集中密切相关。高质量的挥杆，一方面需要一个相对安静的环境；另一方面需要运动员专注于自己的挥杆动作。需要注意的是，人的注意力越是高度集中越容易疲劳，保持时间会越短。一场木球比赛一般都会在1.5~2.5小时之间，运动员很难在整个比赛过程里一直高度集中自己的注意力，优秀运动员总能适度地转移自己的注意力，而后又能立即切换回来。

另外，运动员在赛前要把握好注意力集中的时机，过早的注意力集中会让人产生一些不必要的紧张。比如，提前几天就开始集中注意力在比赛上，导致运动员思想上的紧张和疲劳，到了真正比赛的时候反而难以集中注意力；过晚的注意力集中，又会很难使运动员尽快进入状态。

注意力集中训练主要从运动员抗干扰能力的专注度训练和注意时间延长训练两方面进行。具体方法如下。

1. 腹式呼吸训练

采用舒适的仰卧或坐姿，全身放松，吸气时最大限度地向外扩张腹部，横膈膜逐渐下沉，腹部鼓起，胸腔保持不动。维持数秒后进入呼气阶段，呼气时腹部自然凹进，提升横膈膜把所有废气从肺部呼出去，胸腔保持不动。呼吸时注意力放在横膈膜的下沉及提升上，呼吸时尽量达到肺部极限。可以用默数来控制节奏，吸气时可以从1数到4，静止时从1数到2，呼气时则从1数到8，静止时从1数到2，节奏一致，循环往复。

在比赛中，使用腹式呼吸法的最佳时机是在等待入场比赛或者因比赛拥堵等待时，运动员最容易产生杂念，导致注意力分散。通过腹式呼吸训练，运动员可以屏蔽和清除杂念、身心放松，从而使情绪更稳定、思路更清晰。

2. 自然干扰情境训练

很多运动员害怕在阴雨、大风、酷热等糟糕的自然天气里比赛，抱怨注意力难以集中，成绩会受到很大的影响。木球是户外运动，比赛中各种天气状况都可能会遇到的，所以教练员引导运动员首先从心理上坦然接受这些极端天气，把它们看作是比赛的一部分，因为这对大家都是公平的，不能抱怨和抵触，而是积极去面对。然后，根据实际情况在适宜的时机进行模拟训练，对那些易受天气状况影响注意力的运动员实施针对性实战训练，在实际情境中培养自己的抗干扰能力，并结合使用有意忽略训练法、自我暗示法训练法等方法，提高训练效果。

3. 人为干扰情境训练

人为干扰是指在比赛中导致运动员注意力集中不起来甚至分散的人为因素。主要体现在以下几个方面。

（1）赛制赛程原因导致比赛拥堵而影响运动员比赛节奏。目前很多国内比赛报名门槛低，比赛规模越来越大，又加上运动员水平参差不齐，导致造成比赛拥堵，比比停停，节奏被打乱。

（2）其他运动员和观众的蓄意影响，导致运动员难以集中注意力。比如，运动员刻意放缓打球节奏、过多的准备程序试图打乱对手的节奏，或用不当的沟通方式引起对手情绪的变化等。

（3）裁判员的执裁水平影响了运动员正常发挥。国内比赛除了裁判长和为数不多的场区裁判以外，现场执裁的裁判员大都是短期培训的，真正打过木球的很少，或者是对规则理解不是很透彻，执裁时难免会出现不顺畅的情况，而且容易造成漏判误判，这让运动员很不适应。

那么，如何进行人为的干扰情境训练呢？教练员应制订详细的训练计划，区别对待地逐项进行针对性的干预。在日常训练或教学比赛时，有意识制造以上干扰因素的场景，比如，在运动员挥杆或攻门训练时，教练员和队友故意采用说笑、走动、引逗、拍照等手段进行干扰，以此提高运动员的抗干扰能力。当运动员感觉受到外界影响时，可以中断正在进行的击球程序，平复情绪并集中注意力，在确保不受外界干扰的情况下重新开始。运动员在此过程中要学会屏蔽无用信息，专注自己的击球过程。教练员要密切注意观察运动员的心理变化，做好详细记录并及时进行总结，和运动员一起商讨对策和改进意见。

干扰训练采用的手段尽量与实际比赛中的情境相符，切勿过于极端，否则就会失去意义。

（五）专门化感知觉训练

专门化感知觉是人脑对当前作用于感觉器官的客观事物的反映，在长期的木球专项训练过程中逐渐形成的一种精细的综合性知觉，是运动员的运动技术技能达到较高水平的心理标志。高水平的感知觉是由依靠视觉、听觉、肤觉、肌体觉、运动觉、平衡觉等多种分析器的协同活动产生的，通过接收外界或自身的信息，然后作出相应的反应，有的甚至还会有记忆、思维等心理活动同时参与。专门化感知觉训练能够使运动员对球具、场地及挥杆技术的时间、空间特性等有精准的识别与感知。肌肉运动感觉在专门化感知觉的形成中起着重要作用。

1. 对自身的感知觉训练

运动员对自身运动的感知，比如挥杆过程中对身体各部位所处位置的感知，对动作的幅度、力度的大小、节奏的快慢、重心转移的感知等，是完成各种击球动作的前提。

2. 对客观事物的感知觉训练

包括对器械、场地、天气的感知和了解的训练，还有方位感知能力、距离感知能力的训练。运动员只有具备了以上精确的感知能力，才能对客观环境条件作出敏锐和精确的识别和判断，进而采取合理的策略进行击球。

运动员的专门化感知觉是随长期的重复练习而慢慢形成的，一般需较长时间才能达到较高水平。教练员在训练过程中要有意识地进行培养，以加速形成。如果训练停止时间较长，专门化感知觉会逐渐减弱和消退。

（六）意志品质训练

意志是人有意识地、决定达到某种目的、有计划地调节和支配自己行为的心理状态。运动员优良的意志品质是在后天训练和比赛过程中形成的，而非天生就有的。意志品质训练就是对运动员实施有目的地培养意志品质训练的教育过程。意志特征的培养应列为教学训练的常规内容，并且贯穿体能、智能和心理训练的始终。培养良好意志品质可以采用以下几种方法。

1. 确立合理目标

让运动员明确训练或比赛的目的和任务，并根据自身实际确立相对合理的奋斗目标，自觉调动积极性，坚决主动地朝着目标前进。

2. 克服客观困难训练

在训练和模拟比赛中创造复杂困难的环境，比如提高比赛强度、加大比赛难度等，有意识地提高运动员独立克服困难的能力，培养运动员坚定的信心和顽强的毅力。意志品质训练的负荷和难度要与运动员能力相符，应循序渐进。

3. 对运动员果断性的训练

果断性是指运动员在训练或比赛中能够迅速而合理地做出决策并及时采取行动执行决策，它反映了意志的行为价值的效能性。面对瞬息变化的比赛形势，运动员能够清醒地估计出可能出现的结果，敏捷地思考行动的动机、目的、方法和步骤，显示出的是超强的临场决策能力。这与思维的敏捷性、深刻性和判断力等品质有密切的联系。

运动员的果断性是以深思熟虑为前提的，教练员在训练和模拟比赛中有意设置一些瞬息变化的复杂条件，比如面对攻门还是调球的抉择、挥杆力度和方向的确定等，要求运动员能迅速果断地作出决定，以此培养运动员正确估计形势、当机立断的意志特征。

4. 对运动员自制力的训练

自制能力是运动员面对诱惑及冲动时控制和调节自己的情绪、想法和行为的能力，是运动员的重要品质之一。在木球运动中主要表现在两个方面：一是在比赛中努力克制恐惧、犹豫等产生的能力；二是在实际行动中善于抑制冲动、保持稳定情绪的能力。在训练中，主要采用如自我鼓励、自我说服、自我命令以及自我暗示和放松训练等方法培养运动员的自制能力。例如，在运动员准备攻门时，教练员安排同组运动员在一边大声说笑甚至挑逗，企图予以影响，此时要求运动员控制自己的情绪，集中精力、按部就班地完成攻门动作。

（七）暗示训练

每个人都生活在外部和内心两个世界中，在相同的比赛条件下，外部世界对运动员的影响都是一样的，但来自内心的感受却各有千秋。大赛中，有的运动员能够顶住最后一球道甚至是最后一杆的压力，"我一定能行！"稳定一击，夺冠登顶；也有一些运动员最后关键时候心里还在发怵，"我可千万别出错啊！"结果出现致命失误而痛失好局。这些是运动员在巨大压力面前所表现出的心理世界的差异造成的，冷静自信、思维缜密、全神贯注者自然会动作稳定，取得理想成绩顺理成章；慌乱怀疑、思路狭窄、杂念丛生者最终导致动作变形，就会错失好局。从这里可以看出，心理暗示的内容将对行为结果起着决定性的作用。

暗示训练是指为了达到比赛或训练中的某种目的，采用间接、含蓄的方法，通过有针对性的语言、手势、表情等对运动员的心理活动施加影响的过程。当运动员产生焦虑和畏难情绪、习惯性出现错误动作、注意力分散时，可以用暗示帮助他们调整心理、纠正错误动作和集中注意力。

1.语言暗示

语言暗示要到位、简练，铿锵有力。我们要运用积极的语言进行暗示。比如，"我一定能成功！""加油！""我能行！"等积极的语言。避免带有消极词语的暗示，例如，"我不要紧张！""我不能失败！"等。

表 5-1　消极语言暗示和积极语言暗示

消极语言暗示	积极语言暗示
围观的人太多了，真烦人	他们在关注我比赛，我要把我最好的一面表现给他们
落后太多了，没有机会了	比赛还没有结束，这不是最终的结果。每个人都有手顺的时候
一定不要击偏	放松，注意挥杆节奏，保持挥杆顺畅
球又掉进障碍里边去了，真背运	还好，没有出界。我有能力把它处理好
开局这么差，这次我注定打不好了	前面没打好不要紧，比赛是一杆一杆打的，我有信心把后边的比赛打好
别紧张，别着急	放松，稳住
这人打球也太慢了，成心的吧	我不会受他干扰，我只要专注我的比赛就可以了

2. 文字暗示

在赛前把比赛中可能出现的问题用简短的词语总结出来，写在纸片上。比如，具体的战术思想、击球前的具体准备步骤、励志的词句、警醒的语言、易犯错误的提醒等，及时提醒自己，减少失误。

3. 动作暗示

每次漂亮的击球或攻门成功时，都要做出庆祝的动作，比如轻轻挥动握紧的右拳，自信满满地喊一声："耶！"双打时，与搭档击掌庆祝，相互鼓励。这些举动无疑会增强自己的自信心，提升自己的心理力量。

4. 其他暗示

赛前训练时，教练员可以适当降低比赛的难度，比如通过增加球道宽度减少球道长度、加宽球门等，使运动员产生良好的比赛感觉。教练员也多用表扬的语气予以肯定运动员的表现，让运动员获得"成功的体验"。通过这些手段，让运动员产生相信自己状态良好的心理暗示，从而增强在比赛时的自信心。

队友之间要相互鼓励和肯定。队员们强烈的团队意识和取胜欲望会相互感染，成为团队取胜的关键。

五、个别心理训练

个别心理训练是针对个别运动员实施的短期心理训练，目的是纠正和调整有别于其他运动员的心理问题，促使形成适应具体比赛的特殊心理品质和最佳心理状态。个别心理训练方法与一般心理训练一样，这里不再赘述。

教练员设计和规划个别运动员心理训练既要考虑运动员的个体素质，如运动员的训练和比赛动机、集体荣誉感等，又要关注运动员的生理特点和心理素质。因此，安排个别心理训练应注意以下几点。

第一，教练员要定期关注运动员心理变化，研究分析存在问题，打破传统的教学观念，人性化地安排个别心理训练。

第二，个别心理训练要遵循以人为本理念，区别个体差异，重点提升少数运动员的个别技能。

第三，教练员要定期更新自己的训练方法，使训练指导模式形式多样、生动有趣，还要加强与运动员之间的合作沟通，共同促进个别心理训练的顺利实施。

如果把运动员比作飞翔的雄鹰，那么技战术是左翼，心理和智能是右翼，两者缺一不可，只有在双翼变得丰满和对称时，才能飞得更高和更远。对于技能水平相当的运动员来说，心理素质好、能够驾驭自己的情绪、承受挫折能力强的运动员临场发挥的稳定性就越高，就会在困难面前表现得临危不惧，满怀信心地坚持到最后并走向成功。

我与木球

山东省平度市杭州路学校 辛梦瑶

不知不觉已经放下这项心爱的运动五年之久，闲暇时间经常想念当年在临沂大学木球场上的快乐时光，顶着烈日坚持训练、比赛中认真的模样、胜利后激动的泪水，木球这项运动带给我太多太多的收获。

从一开始的心浮气躁到慢慢沉下心来，从一开始参加比赛时的畏首畏尾到后来的从容不迫，四年的木球生涯造就了我现在遇事沉着冷静的品格。在我看来，木球运动员不仅仅单靠技术，还需要强大的内心。比赛中往往只需要沉下心来打好当前一杆，当你想得远了反而容易出问题。还有一点就是，当比赛中出现失误时，不是过多地懊恼埋怨，而是在有限的时间内想办法找到解决方案。总之，木球这项运动带给我的影响将是一生之久。

315

第七章

木球
体能训练

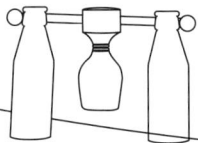

第一节　身体素质训练

体能是以三大供能系统为能量代谢活动的基础，通过骨骼肌的运动所表现出来的人体基本的运动能力，是运动员竞技能力的重要构成因素，它主要涉及身体形态和身体素质这三大方面。木球运动属于技能主导类表现准确性、单一动作组合非周期性的体育项目，对运动员体能要求有着鲜明的项目特点。

很多人认为木球技战术水平对比赛成绩的影响作用要远大于体能水平。确实从项目本身看，精准的球技和完美的战术策略在很多时候是打球制胜的关键，似乎跟体能强弱关系不大。从5岁顽童到80高龄老年人都可以享受木球的乐趣，赛场上身强体壮的年轻一代打不过爷爷奶奶级别运动员的例子也屡见不鲜。但这并不能否认体能的作用，在比赛中挥杆距离远的运动员会占据明显的优势，技战术选择灵活性也较大，而挥杆距离近的则稍显被动；柔韧性协调性差、动作幅度不够大，在技术掌握和临场应变方面存有不足；较强的上肢力量可以让运动员更好地控制自己的球杆；充沛的体能可以让运动员长时间保持斗志；更为重要的是，体能上的优势是形成运动员心理优势的关键因素，而心理优势则是木球运动员取得优胜的密码。良好的体能可以使运动员承受大负荷训练和高强度比赛、在训练和比赛中保持稳定心理，是进行技战术训练的基础。良好的体能还可以促进运动员身体健康，预防运动损伤的发生，进而延长运动寿命。

体能训练的目的是提高运动员的身体素质和机能状况，维持身体健康，有利于运动员更好地学习和掌握技战术，确保在比赛中完美地发挥。运动员体能水平通过速度、力量、耐力、协调、灵敏和柔韧等几个方面运动素质表现出来。

速度方面，主要体现在身体控制球杆在挥杆时的杆头速度，木球运动要求运动员要有较好的动作速度。

力量方面，运动员主要通过较强的腰、背、手臂力量，特别是三角肌和肱二头肌力量，来实现身体对球杆的控制以及对杆头速度的影响，提高击球的精准度和技术的稳定性。同时注重发展小肌肉群，提高核心力量以增强身体控制能力和具备良好的平衡、协调能力。

耐力方面，主要体现在比赛过程中肌肉对抗疲劳的能力，良好的耐力素质是保证运动员适应高负荷的基础训练和高强度的比赛的关键。一场木球比赛用时2小时左右，有时候运动员一天要比赛2~3场，再加上练球和适应场地，运动员一天走动2万~3万步是常有的事，这会消耗大量的体力。另外，挥杆击球和长时间的注意力集中对体能的消耗也较大，因此要求运动员要有较强的耐力素质。

灵敏方面，主要体现在人体在运动中保持身体平衡、随机应变的能力以及大小肌肉群的可操作性与协调性。木球运动要求运动员身体控制能力强、感觉细腻精准、空间感位置感好。

柔韧方面，主要体现在人体在活动时各关节肌肉和韧带的弹性和伸展度。木球运动要求运动员要有较好的肩和腰等部位的柔韧性，动作幅度大而灵活。在障碍区中完成高难度的击球需要具备良好的柔韧素质。

一、速度素质

速度素质是指人体快速运动的能力，包括反应速度、动作速度和移动速度。木球运动中的速度素质更多地体现在动作速度上，是全身协调的转髋拧腰转腕最后带动球杆的鞭打动作，包括挥摆速度、击打速度、蹬转速度等，最终以杆头速度体现出来，是一种全身性的快速运动。木球运动中的速度与人体全身协调用力和挥杆动作速度有关，与人体的位移速度无关。可以通过高抬腿跑、跳绳、举重、短跑、变向跑等发展全身爆发力的综合训练发展速度素质，在训练中以动作速度辅以反应速度和位移速度的训练，全面发展运动员的各项速度能力。

（一）速度训练的方法手段

1.弹力带抗阻原地高抬腿

主要发展上下肢协调配合和快速运动能力，提高腰髋肌群、腿部、踝关节的力量。该练习要求启动速度快、频率快，动作幅度较大。动作方法及要求：

（1）准备姿势：弹力带束腰固定于身后，上体稍前倾，双脚左右开立相距约10厘米，脚尖朝前，双手臂在身体两侧弯曲。

（2）左腿脚前掌蹬地，重心提起，同时右腿积极向前上摆至大腿水平高度，小腿稍折叠跟摆，左臂向前、右臂向后协调摆动做原地高抬腿运动。

（3）在右腿落下的同时，将左腿抬起，与（2）动作相同，方向相反。

（4）双腿快速交替重复以上动作20秒钟（约60次）为1组，组间休息2分钟，完成4~6组。

图7-1　弹力带抗阻原地高抬腿及速度跳绳

2.速度跳绳

主要发展上下肢协调配合和快速运动能力，提高腿部、踝关节的力量。注意动作速度要快，时间不宜太长。动作方法及要求：

（1）自然站立，屈双臂置于身体两侧握绳，用手腕摇绳，摇绳到脚下打地面时起跳，绳子通过脚下后落地，落地时稍有屈膝，前脚掌着地缓冲。

（2）跳起高度一般在3~5厘米，不宜过高，要求尽量以最快的频率完成。

（3）一般采用正摇交换跳和正摇双脚跳。

（4）时长 20~30 秒钟为 1 组，组间休息 2 分钟，完成 4~6 组。

（二）速度练习需注意的事项和原则

1.发展速度素质应结合其他素质练习进行。

2.木球项目的速度素质主要体现在挥杆速度上，具体一点则是指杆头速度。由于挥杆技术相对比较复杂，因此练习时要结合专项技术，注意挥杆节奏、挥杆轨迹等，切不可片面追求杆头速度。

3.发展速度素质的关键时期是 11~13 岁，要尽早进行。

二、力量素质

力量素质是指人体神经肌肉系统在工作时克服或对抗阻力的能力。运动员挥杆击球的动作是单次快速发力，而不是连续性发力，且具有控制动作的起始和终止位置的特点，挥杆动作需要较强的核心力量支持。核心力量主要是肩胛、胸腰椎、骨盆、髋关节及其周围的肌群、韧带和结缔组织相互协作产生的，是维持挥杆平衡性和击球精准度的重要因素。核心力量的训练主要是利用不稳定性因素对肌肉和神经的刺激，从而达到提高核心稳定性的目的。

木球运动员力量素质的练习主要由静力性练习方法、等张性练习方法、等动性练习方法、退让性练习方法、超等长练习方法和组合练习方法所组成。在训练时，前期多以克服自身体重和小负荷的循环训练为主，随着训练时间的推移增加负荷强度。在动作形式上，要用多关节参与的全身协调用力，而不是单关节的重复。

（一）力量素质训练方法手段

1.滚球支撑

有效增强身体核心稳定性，提高核心力量。注意练习时保持腰腹部收紧，避免塌腰，身体保持稳定。

（1）跪立，双手扶健身球于腹前。

（2）收紧腰腹，上体前倾，双手推动健身球向前滚动，身体保持中立位，用小臂及肘关节支撑身体重量，大臂与躯干呈 110° 夹角。

（3）身体绷紧，右小臂及肘关节支撑控制平衡，眼看左手，慢慢打开左臂指向身后。

（4）还原成（2）。

（5）收腹，身体带动健身球收回并还原成（1）。

（6）同样动作向右侧打开右臂。两侧各做4次为1组，组间休息2分钟，完成4~6组。

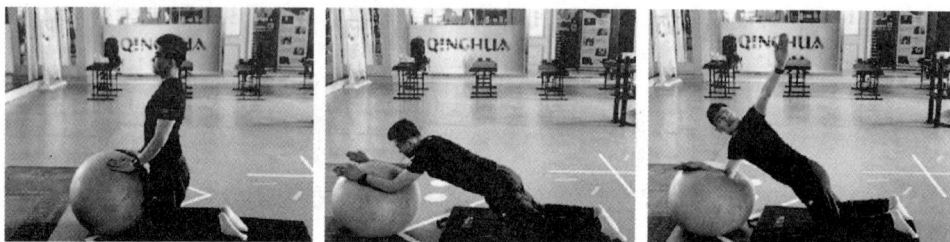

图 7-2　滚球支撑练习

2. 双手挥实心球

发展腰胯、肩部、手臂的力量，控制身体平衡。挥球动作应与挥杆动作相结合，注意节奏和挥动轨迹。

（1）模仿挥杆准备姿势，双手持实心球于腹前。

（2）模仿上挥杆动作，将实心球举于身体右侧。

（3）模仿下挥杆和收杆动作，将实心球沿挥杆平面经腹前挥至身体左侧。

（4）注意动作规范性，做8次为1组，组间休息2分钟，完成4~6组。

图 7-3 双手挥实心球练习

3. 实心球转体

发展腰腹力量，控制身体平衡。转体的幅度要大，速度要快。

（1）臀部着垫，双腿并拢微屈膝抬离地面，腰背挺直稍后仰，双手持实心球放于胸前，利用腰腹力量，保持腿部和上体悬空的稳定姿势。

（2）保持身体姿势，双手持球依次左右转体，以肘关节碰触地面为准。

（3）做30秒钟为1组，组间休息2分钟，完成4组。

图 7-4 仰卧实心球转体练习

4. 仰卧起坐接抛实心球

发展腰腹力量，控制身体平衡。注意抛球要平抛，高度为头上一球高，动作连贯，一气呵成。

（1）运动员面对教练员屈膝分腿坐立，相距6米，脚跟支地，双手成半球形置于额前上方，准备接球。

（2）教练员平抛球于运动员头上，运动员接球后顺势平躺，收腹起身的同时将球回抛给教练员。

（3）做15次为1组，组间休息2分钟，完成4~6组。

图7-4　仰卧起坐接抛实心球练习

5. 弹力带抗阻转体

在平面上做对抗弹力带牵引阻力的旋转发力。需要说明的是，与挥杆动作相似的弹力带抗阻力练习会跟实际挥杆击球的用力顺序及力量大小有所差异，仅仅用来提高局部的肌肉力量，而不能作为技术练习来使用。

（1）弹力带固定于左后上方，模仿下挥杆动作，右手臂置于背后，用左手牵引弹力带沿挥杆平面做下挥杆动作前半段练习（从上杆顶点到9:00方向位置）。

图 7-5　弹力带抗阻练习 1

（2）弹力带固定于右上方，模仿下挥杆动作，右手臂置于背后，用左手牵引弹力带沿挥杆平面做下挥杆动作后半段练习（从 10∶00 方向位置到 6∶00 方向位置）。

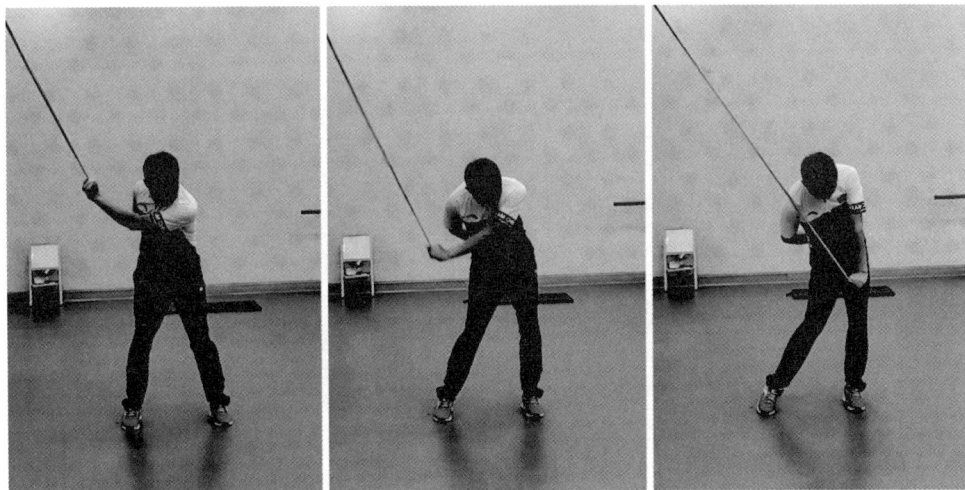

图 7-6　弹力带抗阻练习 2

（3）弹力带固定于右侧，模仿下挥杆动作，用双手牵引弹力带沿挥杆平面做下挥杆动作后半段至收杆动作前半段练习（从 8∶00 方向位置到 3∶00 方向位置）。

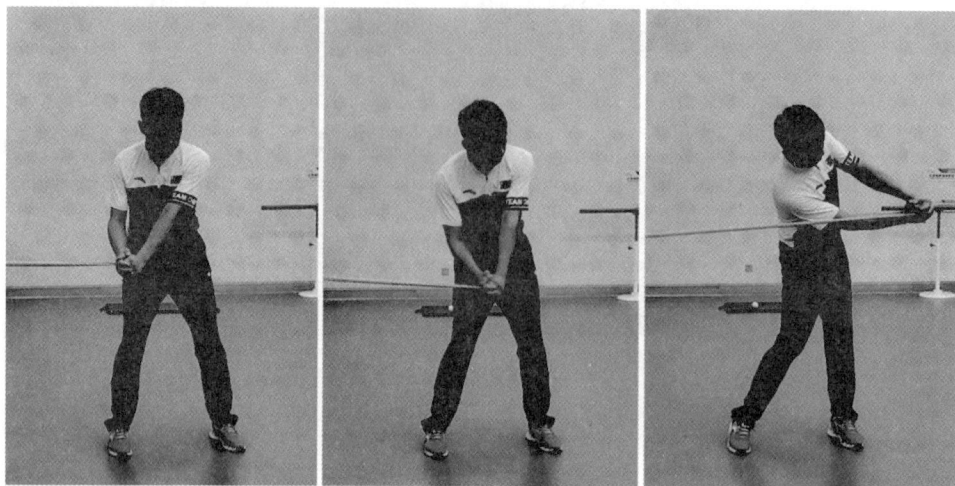

图 7-7　弹力带抗阻练习 3

　　（4）弹力带固定于右侧下方，模仿下挥杆动作，用双手牵引弹力带沿挥杆平面做击球动作至收杆动作前半段练习（从 6：00 方向位置到 2：00 方向位置）。

图 7-8　弹力带抗阻练习 4

　　（5）弹力带固定于身体正前方，沿着挥杆平面，双手牵引弹力带做大幅度挥杆模拟练习（上杆顶点位置到 2：00 方向位置）。

图 7-9　弹力带抗阻练习 5

（6）左腿大腿与地面水平，小腿垂直于地面，右腿单膝跪地，脚背与小腿前侧贴于地面，弹力带固定于身体右侧，两手前平举，掌心向上抓握弹力带，双手牵引弹力带沿着水平平面做大幅度转体练习。

图 7-10　弹力带抗阻练习 6

以上 6 个练习，要依据动作来确定牵引阻力的大小和方向，注意维持身体平衡。每个练习做 15 次为 1 组，组间休息 2 分钟，完成 4~6 组。

为改善和提高某部分肌肉力量，运动员还可以有针对性地做一些如杠铃高翻、杠铃抓举、哑铃划船、哑铃抓举、壶铃蹲跳等器械练习，目的性强，效果明显。

（二）发展力量素质的注意事项与原则

1. 发展力量素质应围绕核心力量展开，以动力性练习为主，并动员多肌肉群参与。

2. 结合挥杆技术，重点进行身体旋转发力的练习。

3. 木球运动属于非对称性运动项目，多年的单一的运动形式会导致习练者身体形态畸形发展、肌肉力量发展失衡。因此运动员在训练过程中要注意身体姿态的规范性和身体素质的均衡发展，特别要注意进行针对弱侧肌群的力量训练。

3. 青少年发展力量素质尽量以克服自身重量的练习为主，不宜进行器械类的负重练习。

三、耐力素质

耐力素质是指机体在一定时间内保持特定强度负荷或动作质量的能力，按人体的生理系统分类，耐力素质可分为肌肉耐力和心血管耐力。木球比赛耗时较长，良好的耐力素质有助于运动员在长时间的训练和比赛过程中始终保持充沛的体力与精神状态，精准地控制自己的挥杆动作。

（一）耐力训练的方法手段

1. 慢跑。心率控制在 130~150 次 / 分钟之间，持续时间 40~60 分钟。

2. 变速跑。慢跑 100 米，加速跑 100 米，交替进行。慢跑时注意速度不能太快，但也不能停下来或者走动，加速跑时最大心率控制在 160 次 / 分钟左右，持续时间 30~40 分钟。

3. 法特莱克跑。利用自然地形，先进行 5~10 分钟的轻松慢跑热身，然后进行 20~30 分钟自由放松的、速度稍快的跑。途中根据实际地形，进行 50~100 米不等距离的上坡加速跑或下坡冲刺跑 8~10 次，接下来做 5 分钟慢跑调整，再进行几组 30~60 秒的快速冲刺跑，最后慢跑 5 分钟。最佳心率控制在 120~165 次 / 分范围内，持续时间以 60~90 分钟为宜。

4.登山运动。心率控制在 120~150 次 / 分钟之间，持续时间 1~3 小时。

（二）发展耐力素质的注意事项与原则

1.耐力素质以有氧练习为主，每次持续时间 30 分钟以上，每周进行 2~4 次为宜。

2.临近比赛期，适当减少练习次数，赛前一周停止练习。

3.青少年发展耐力素质应注意控制运动量。

四、灵敏素质

灵敏素质是指人体在各种突然变化的条件下，能够迅速、准确、协调、灵活地完成动作的能力，是人的各种运动技能和身体素质在运动中的综合表现。木球运动员的灵敏素质表现为精准地控制挥杆动作和身体平衡的能力。平衡能力反映了身体对来自前庭器官、肌肉、肌腱、关节内的本体感受器以及视觉等各方面刺激的协调能力。运动员应多进行核心稳定训练、静态与动态平衡训练，以此来提高挥杆技术的稳定性。在木球比赛中，场地、天气等原因使运动员所处的每一次的击球环境都不相同，无法预测。所站位置可能是斜坡，也可能是酥软的沙地、泥泞湿滑的草地，可能有风雨困扰，还可能身处各种障碍中，给挥杆平衡带来了很大的难度。我们可以通过某些训练方案，改善运动员的平衡和协调能力。

（一）灵敏素质训练方法手段

1.单脚平衡练习 1

（1）两脚并拢站立。

（2）右臂上举，左小腿屈膝身后折叠，左手扳住左脚前掌，膝关节指向地面。

（3）右腿微屈，上体缓慢前倾至与地面接近平行，静止 2 秒钟。

（4）逐步还原成（1）。

（5）双腿交换练习，熟练后可进行闭眼练习。

（6）左右脚各 2 次为 1 组，完成 4~6 组。

图 7-11　单脚平衡练习 1

2.单脚平衡练习 2

（1）右脚单脚站立，膝部微弯，将左脚勾于右小腿后，交叉双臂于胸前。

（2）上体直立，以右脚为支撑，身体左右平转练习，注意保持身体平衡。

（3）双腿交换练习，熟练后可进行闭眼练习。

（4）左右脚各 2 次为 1 组，完成 4~6 组。

图 7-11　单脚平衡练习 2

3. 挥杆平衡练习 1

（1）挥杆准备姿势站好后，调整为两脚并拢在一起，重心均匀落于两脚。

（2）中等或 3/4 幅度挥杆练习，动作要求同试挥杆，注意保持身体平衡。

（3）10 次为 1 组，完成 4~6 组。

图 7-12 挥杆平衡练习 1

4. 挥杆平衡练习 2

（1）挥杆准备姿势站好后，调整为右脚单脚支撑，左脚脚尖身后点地，重心落在右脚上。

（2）中等或 3/4 幅度挥杆练习，动作要求同试挥杆，注意保持身体平衡。

（3）换左脚进行同样的练习。10 次为 1 组，完成 4~6 组。

图 7-13 挥杆平衡练习 2

5. 挥杆平衡练习 3

（1）准备姿势站好后，调整为右脚单脚支撑，左脚脚尖轻离地面，重心落在右脚上。

（2）中等或 3/4 幅度挥杆练习，动作要求同试挥杆，注意保持身体平衡。

（3）10 次为 1 组，完成 4~6 组。

（4）换左脚进行同样的练习。

图 7-14　挥杆平衡练习 3

（二）发展灵敏素质的注意事项与原则

1. 灵敏素质与另外几种运动素质有密切的相关性。发展灵敏素质要和其他素质训练搭配进行，可以结合木球项目的特点，设计切实可行的训练内容。

2. 灵敏和协调是由大脑皮层神经活动过程的可塑性和灵活性所决定的，可塑性表现为对动作的掌握能力，灵活性表现为对参加运动肌群的控制、指挥能力。灵敏素质训练时注意力要高度集中。

3. 灵敏素质训练要在运动员体力充沛的时候进行，重复次数不宜过多，时间不宜过长。要有充分的间歇时间，才能保证训练效果。

4. 灵敏素质训练要经常化，贯穿于木球训练的全过程。

5. 少儿阶段是发展灵敏素质的关键时期，要尽早进行。

五、柔韧素质

柔韧素质是指人体关节活动幅度以及关节韧带、肌腱、肌肉、皮肤和其他组织的弹性和伸展能力，即关节和关节系统的活动范围，分为一般柔韧素质和专项柔韧素质。影响柔韧素质及关节活动范围的主要因素有：关节骨结构和关节周围组织的体积，韧带、肌腱、肌肉和皮肤的伸展性。木球挥杆技术是一个多关节多部位旋转的运动，良好的柔韧素质可以使运动员顺畅自如地完成挥杆动作，减少肌肉对抗以获得高效的动力系统，还可以有效地预防运动损伤的发生。

柔韧素质的训练方法有动力拉伸法和静力拉伸法两种，一般放在训练的准备部分和放松部分来进行。5~13岁是发展柔韧素质的最佳时期。

（一）柔韧素质训练

1. 颈部肌群拉伸

（1）左右开立，与肩同宽。

（2）仰头，手掌根托下巴上顶，拉伸颈部前侧肌群15秒。

（3）低头，手扶头部前扳，拉伸颈部后侧肌群15秒。

（4）头左侧屈，左手扶头顶及头顶后上方头部左侧扳，拉伸颈部右侧肌群15秒。

（5）头左侧屈，右手扶头顶及头顶后上方头部左侧扳，拉伸颈部左侧肌群15秒。

（6）以上方法重复2次。

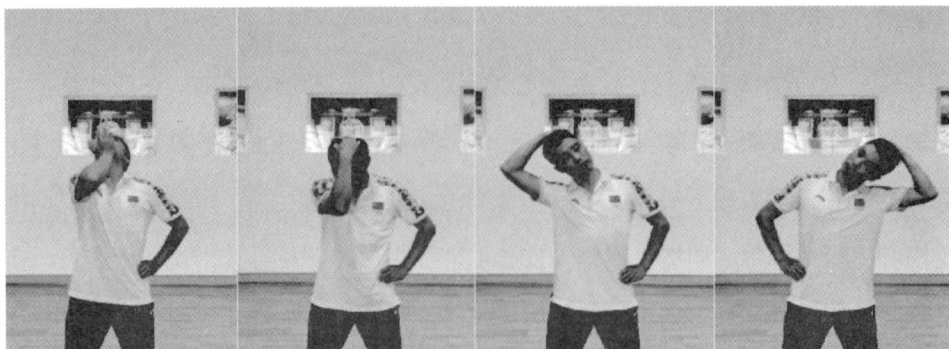

图 7-15 颈部肌群拉伸

2. 手指关节拉伸

（1）左右开立，与肩同宽。

（2）双手五指在胸前一一相对，指间距极限分开，双手紧靠拉伸手指 15 秒。

（3）然后用力握紧双拳 5 秒。

（4）以上方法重复 2 次。

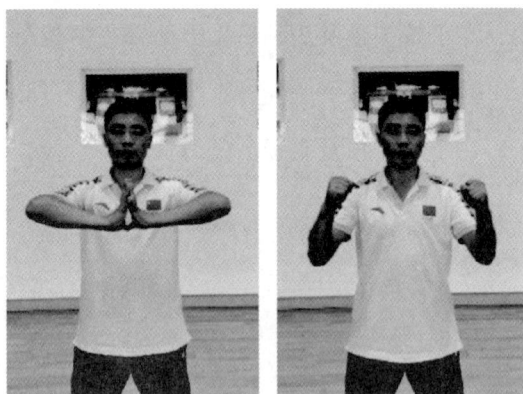

图 7-16 手指关节拉伸

3. 腕关节及小臂拉伸 1

（1）左右开立，与肩同宽。

（2）左手臂前平举，掌心向前，右手向后扳左手手掌，拉伸手掌、手腕及小臂前侧15秒。

（3）左手臂前平举，掌心向下，右手向下扳左手手指，拉伸手腕背面及小臂后侧15秒。

（4）换右手进行练习。以上方法重复2次。

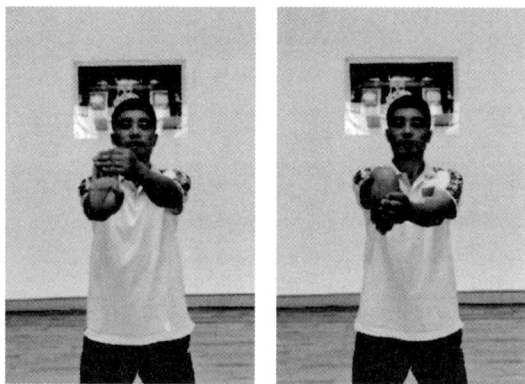

图 7-17　腕关节及小臂拉伸

4.腕关节及小臂拉伸 2

（1）左右开立，与肩同宽。

（2）两臂交叉，向前平举，内旋，左手在上，右手在下，五指交叉握紧。左手臂外旋，拉伸右手背及小臂前侧15秒。

（3）换手进行练习。以上方法重复2次。

图 7-18　腕关节及小臂拉伸

5.肩关节拉伸 1

（1）左右开立，与肩同宽。

（2）左手臂直臂与肩同高，横抬，贴近左肩，掌心向后，右小臂回扳左肘靠向左肩，拉伸三角肌后束、肩袖肌群 15 秒。

（3）换手进行练习。以上方法重复 2 次。

图 7-19　肩关节拉伸 1

6.肩关节拉伸 2

（1）左右开立，与肩同宽。

（2）左手臂屈肘上举，左手掌头后触及腰椎，右手扳左肘向右拉伸肱三头肌、背阔肌15秒。

（3）换手进行练习。以上方法重复2次。

图 7-20 肩关节拉伸 2

7. 肩关节拉伸 3

（1）左右开立，与肩同宽。

（2）上体稍前倾，两手臂伸直置于体后，手指交叉，掌心向后，双臂直臂上抬，拉伸三角肌和胸大肌15秒。

（3）以上方法重复2次。

图 7-21 肩关节拉伸 3

8. 肩关节拉伸 4

（1）马步，两手直臂扶膝盖，背部挺直。

（2）保持两臂挺直，向左侧转体，扣右肩，头部跟随身体左转，斜视左上方 45°，拉伸肩部肌群及背阔肌 15 秒。

（3）同样动作换对侧练习 15 秒。

（4）以上方法重复 2 次。

图 7-22　肩关节拉伸 4

9. 仆步拉伸

（1）右腿屈膝全蹲，右脚和右膝关节外展，左腿朝左侧伸出蹬直，脚尖内扣，脚掌铺平，拉伸左腿大腿内收肌群 15 秒。

（2）同样动作换对侧练习 15 秒。

（3）以上方法重复 2 次。

图 7-23 仆步拉伸

10. 弓箭步拉伸

（1）右腿膝盖跪地，左脚向身前跨出，大小腿成100°。左手扶于左腿膝盖，右手扶髋部，立腰沉髋，收腹挺胸，保持上体直立。重心缓慢前移，拉伸右大腿前侧肌群和髂肌15秒。

（2）同样动作换对侧练习15秒。

（3）以上方法重复2次。

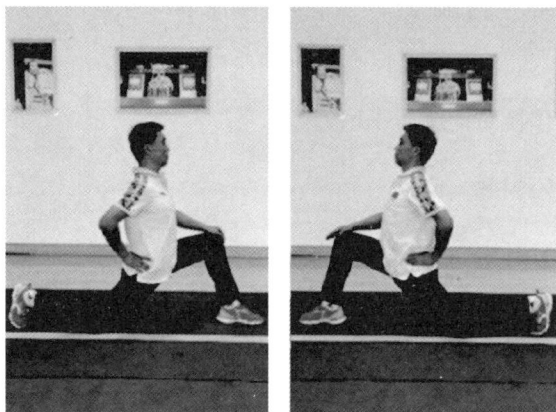

图 7-24 弓箭步拉伸

11. 坐撑转体拉伸

（1）并腿坐姿，右腿伸直，上体直立，左手离臀部30~40厘米体后支地支撑上体，左腿屈膝45°，左脚于右膝外侧全脚掌着地，将右肘抵在弯曲的左膝上，上体及头部尽力左转，目视身后，拉伸腹内斜肌、腹外斜肌、梨状肌和竖脊肌15秒。

（2）同样动作换对侧练习15秒。

（3）以上方法重复2次。

图 7-25　坐撑转体拉伸

12. 仰卧转体拉伸

（1）身体仰卧位，两臂侧平举，双肩着地。

（2）抬起左腿，与右腿呈90度。向右侧转体，左脚内侧支地，拉伸竖脊肌、臀部肌群15秒。

（3）同样动作换对侧练习15秒。

（4）以上方法重复2次。

图 7-26　仰卧转体拉伸

13. 屈膝上扳拉伸

（1）双脚并立开始，上体保持直立，右腿膝关节微屈以保持平衡，左腿大小腿折叠上举，双手手指相扣扳膝盖向胸前靠拢，拉伸左大腿后侧及臀部肌群15 秒。

（2）同样动作换对侧练习 15 秒。

（3）以上方法重复 2 次。

图 7-27　屈膝上扳拉伸

14. 小腿后扳拉伸

（1）双脚并立开始，右手直臂上举，掌心向左，左小腿屈膝向后折叠抬起，左手扳住左脚脚背靠近臀部，膝盖垂直指向地面，拉伸左大腿前侧肌群15秒。

（2）同样动作换对侧练习15秒。

（3）以上方法重复2次。

图 7-28　小腿后扳拉伸

15. 弓步拉伸

（1）墙前弓步站立，左腿弓步在前，右腿蹬直，脚尖冲前，双手扶墙体支撑。上体前倾，左膝前顶，拉伸小腿后侧肌群15秒。

（2）同样动作换对侧练习15秒。

（3）以上方法重复2次。

图 7-29 弓步拉伸

（二）发展柔韧素质的注意事项

1.柔韧素质的提高是一个非常缓慢的过程，而停止训练后消退却非常快，因此要让柔韧素质训练常态化，贯穿于运动生涯的全过程。

2.柔韧素质训练漫长而枯燥，拉伸时会有疼痛感，练习者要有顽强的意志品质。

3.发展柔韧素质要动力性练习和静力性练习相结合，取长补短。

4.柔韧性练习要结合专项技术特点做针对性的练习。

5.柔韧素质练习配合其他素质协调发展。

6.青少年时期是发展柔韧素质的敏感期，要抓住时机。

•木球小故事•

我的个人训练感受

泰兴木球协会　程仕勋

我从 2003 年接触木球。这中间断断续续地参加了一些比赛，获得过几次奖项，从中也得到过乐趣和友谊。我有两点小小的感受。

1.打木球，身体素质至关重要。如果身体体质差，体力不足是力不从心的。我在练球中改变体力是选择哑铃。双手握住哑铃练习挥杆，以挥长杆的标准进行练习。这样会使挥杆时稳得住，站得稳，打出去有力度，方向准。

2.握住哑铃练习攻门。这同样以攻门的标准姿势练习哑铃，最好在地上画一条横线，做练习时左右摆动的参考度。这也同样使攻门有稳定性、准确性，其效果较理想。

这两条虽然有效果，但是确实是个苦差事。年龄大者不宜这样练习，以免受伤。

第二节　身体形态训练

一、身体形态概念

身体形态就是人体各部位形状和特征的外在表现。主要由高度（身高、坐高等）、长度（腿长、臂长、手长等）、围度（胸围、臂围、腿围、腰围、臀围等）、宽度（肩宽、髋宽等）、充实度（体重、皮质厚度等）和重量及其相互关系来表现的。身体形态的一部分指标受先天遗传影响较大，比如身高、上下肢长及比例等，一部分指标可以通过后天训练改善，比如围度、身体姿态、体脂成分等。

多种身体训练的方法都能对身体形态的改善起到积极作用。运动员要根据自身特点制定训练方案，依据专项训练原则，有针对性地改善身体形态指标。

二、身体形态训练方法手段

（一）健身器械训练法

利用哑铃、壶铃、杠铃、实心球、跳绳等健身器材，针对身体的不同部位采用不同的训练方法进行训练，有效改善运动员的身体形态指标。

（二）健身操和舞蹈基本功训练法

健身操和舞蹈基本功是相对成熟的形体训练内容，可以有效地改进和提升姿态、协调能力、节奏等，对身体形态的形成有积极有效的作用。

（三）饮食训练法

提高身体形态指标的手段除了专门的身体训练外，饮食也是影响运动员外部形态的重要因素。特别是有些易胖体质和过瘦体质，必须做好饮食规划。科学的饮食要结合自身体质状况，合理安排饮食，做到营养全面、均衡。

三、身体形态训练的注意事项

第一，身体形态受先天遗传影响较大，但后天训练仍起决定作用。

第二，身体形态训练非一朝一夕的事情，需要坚持不懈。

第三，身体形态练习要结合专项进行练习。

第四，身体形态训练要因人而异，区别对待。

第五，身体形态训练要结合科学饮食。

第六，从小养成良好的修身塑形的习惯，培养优雅气质。

第三节　木球准备活动

准备活动，又叫热身活动，是指练习者在进行体育活动之前，为动员肌体各系统器官生理活性、尽快适应运动强度和预防运动创伤而进行的身体练习。科学合理的准备活动能够提高肌体的温度和适宜的血液流动速度，促进新陈代谢，降低肌肉和韧带黏滞度，提高各器官系统的机能，改善神经肌肉功能，提高反应能力，激活肌纤维活性，防止运动损伤的发生。

需要注意的是，木球运动项目属于技能主导类表现准确性的运动项目，要求运动员有稳定的心理和精准控制动作的能力。所以热身过程和其他技能主导类项目有所不同，它侧重于灵活和伸展，而不是在于增加心速，因为过高的心跳和呼吸的节奏反而会影响运动员的发挥，所以木球项目的热身不能像足球、田径那样具有较高的运动强度，热身活动多以原地徒手活动为主。

准备活动可分为一般性准备活动和专项准备活动。

一、一般性准备活动

一般准备活动用时约为 20 分钟，主要是通过一些综合性身体练习，比如快走慢跑、徒手操、拉伸等，逐步提高大脑皮层的兴奋性，使肌体各系统器官都得到充分的活动，机能水平得到提高。运动员在较冷的天气热身时应该注意多穿衣保暖，适当加长活动时间来进行热身。一般性准备活动起到初步热身的作用，能有效减少运动损伤的发生。主要是通过 3~5 分钟的走动或慢跑、徒手操等运动，适当提高身体温度，加速心率和肌肉的血液流动。

一般性准备活动应结合木球项目特点，以简洁实用、针对性强为好。

（一）拉伸活动

略（详情请看本章第一节"柔韧素质"）。

（二）徒手操（示例）

第一节　颈部运动（4×8拍）

预备姿势：两脚左右开立，与肩同宽，双手叉腰。

第1个8拍。

第1、2拍：肩部以下保持预备姿势不变，向前低头2次。

第3、4拍：肩部以下保持预备姿势不变，向后仰头2次。

第5、6拍：肩部以下保持预备姿势不变，头部左屈2次。

第7、8拍：肩部以下保持预备姿势不变，头部右屈2次。

第2个8拍：同第1个8拍动作。

第3个8拍。

第1~4拍：从低头开始，头部依次左屈、后仰、右屈、前屈绕环一周。

第5~8拍：动作同1~4拍，方向相反。

第4个8拍：同第3个8拍动作。

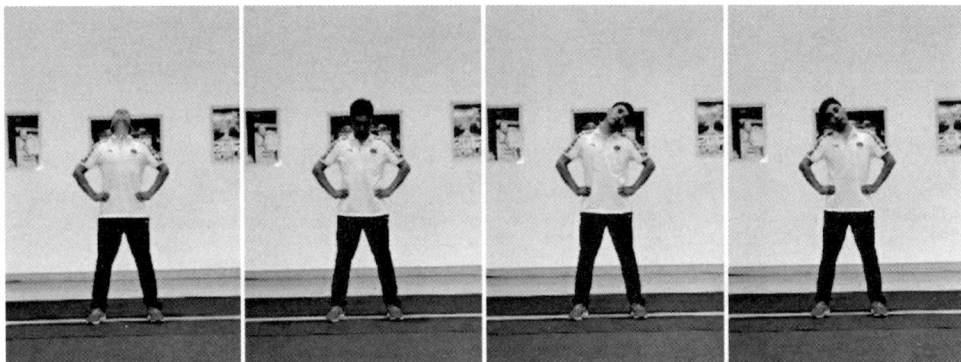

图 7-30　颈部运动

第二节　肩部运动（4×8拍）

预备姿势：两脚左右开立，与肩同宽，屈肘置于身体两侧，双手手指轻触肩部。

第1个8拍。

第1、2拍：保持手臂动作不变，以肩关节为轴，手臂向后、向上、向前、向下旋转一周。

第3、4拍：同1、2拍。

第5、6拍：同3、4拍。

第7、8拍：同5、6拍。

第2个8拍：同第1个8拍动作。

第3个8拍。

第1、2拍：保持手臂动作不变，以肩关节为轴，手臂向前、向上、向后、向下旋转一周。

第3、4拍：同1、2拍。

第5、6拍：同3、4拍。

第7、8拍：同5、6拍。

第4个8拍：同第3个8拍动作。

图7-31 肩部运动

第三节　腹背运动（4×8拍）

预备姿势：两脚左右开立，与肩同宽，上体前倾90°，双臂侧平举。

第1个8拍。

第1、2拍：保持手臂动作不变，以脊椎为轴右臂向下左臂向上转动，同时右手拍击左脚内侧。

第3、4拍：保持手臂动作不变，以脊椎为轴左臂向下右臂向上转动，同时左手拍击右脚内侧。

第5、6拍：同1、2拍。

第7、8拍：同3、4拍。

第2~4个8拍，同第1个8拍动作。

图7-32　腹背运动

第四节　腰部运动（4×8拍）

预备姿势：两脚左右开立，与肩同宽，两手叉腰。

第1个8拍。

第1~4拍：保持双脚和头部位置不变，髋部向右、向前、向左、向后、向右旋转一周。

第5~8拍：同1~4拍。

第2个8拍，同第1个8拍动作。

第3~4个8拍，与第1个8拍动作相同，方向相反。

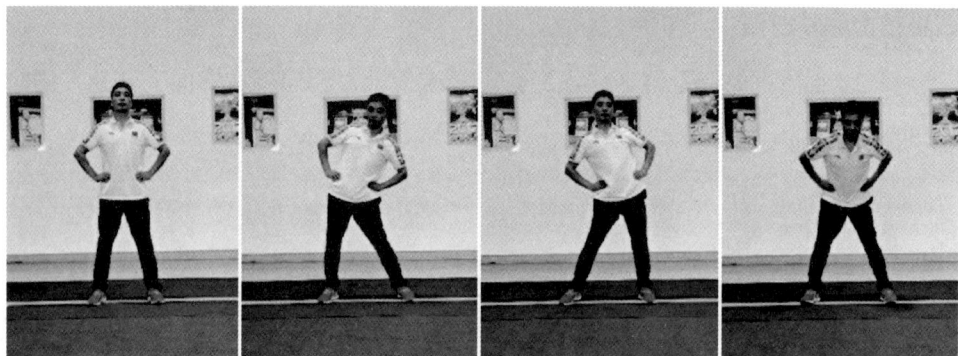

图7-33 腰部运动

第五节 膝关节运动（4×8拍）

预备姿势：两脚并立，屈膝半蹲，两手扶膝盖。

第1个8拍。

第1~4拍：保持双脚和头部位置不变，膝关节向右、向前、向左、向后、向右旋转一周。

第5~8拍：同1~4拍。

第2个8拍，同第1个8拍动作。

第3~4个8拍。

第1、2拍：双手扶膝盖屈膝下蹲。

第3、4拍：双手扶膝盖蹬直双膝，以此类推。

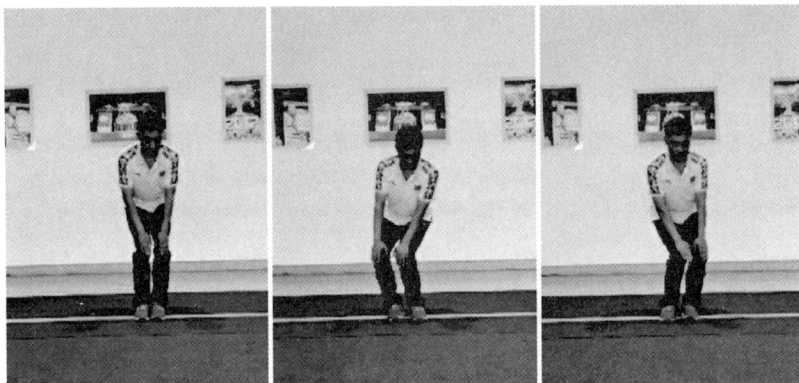

图 7-34 膝关节运动

第六节 踝、腕关节运动（4×8 拍）

预备姿势：两脚左右开立，与肩同宽，左脚脚跟提起，重心落在右脚上，两手放在胸前，手指交叉相握。

前 2 个 8 拍，以左脚脚尖为支点逆时针旋转脚踝，双手配合旋转手腕，每两拍手腕和脚踝各旋转一圈。

后 2 个 8 拍，换右脚进行。

图 7-35 踝、腕关节运动

第七节 弓箭步转体运动（4×8拍）

预备姿势：左脚前跨一大步，下蹲成弓箭步，大腿和小腿夹角稍大于90°，脚尖冲前；右腿蹬直，右脚脚尖向斜前45°，上体保持直立，双手及小臂胸前交叉抬至与肩同高。

第1个8拍。

第1~4拍：保持身体平衡，用腰部的力量向左水平旋转到极限。

第5~8拍：慢慢将身体转回正面，再往右边转。

第2个8拍，同第1个8拍动作。

第3~4个8拍，换右脚进行。

图7-36 弓箭步转体

（三）球杆热身操（示例）

球场上，运动员几乎杆不离手，因此利用球杆热身会更加方便和具有针对性。

第一节 上肢运动（4×8拍）

预备姿势：两脚左右开立，与肩同宽，双手分握球杆两端，两臂伸直垂于体前。

第1个8拍。

第1拍：保持双臂伸直，经体前上举球杆至头上。

第2拍：屈臂，将球杆从头后下拉至肩颈部。

第3拍：还原成第2拍。

第4拍：还原成第1拍。

第5~8拍，与1~4拍动作相同。

第2~4个8拍，与1~8拍动作相同。

图 7-37　上肢运动

第二节　肩部运动（4×8拍）

预备姿势: 两脚左右开立, 与肩同宽, 双手分握球杆两端, 两臂伸直垂于体前。

第1个8拍。

第1、2拍：保持双臂伸直，经体前上举球杆至头上。

第3、4拍：双臂继续向后旋转，左右臂依次翻转将球杆置于体后。

第5、6拍：还原成上举。

第7、8拍：还原成准备姿势。

第2~4个8拍，与1~8拍动作相同。

图 7-38　肩部运动

第三节　体转运动（4×8 拍）

预备姿势：两脚左右开立，与肩同宽，双手分握球杆两端，两臂伸直前平举。

第 1 个 8 拍。

第 1~4 拍：保持双臂伸直，双脚紧贴地面保持不动，水平自右向左转体至极限位置 4 次。

第 5~8 拍：保持双臂伸直，双脚紧贴地面保持不动，水平自左向右转体至极限位置 4 次。

第 2~4 个 8 拍，与 1~8 拍动作相同。

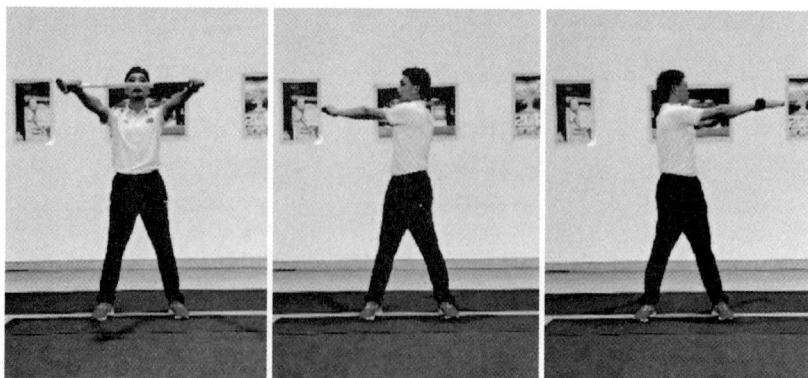

图 7-39　体转运动

第四节 体侧运动（4×8拍）

预备姿势：两脚左右开立，比肩略宽，双手分握球杆两端，两臂伸直上举于头上。

第1个8拍。

第1~4拍：保持双臂伸直，双脚紧贴地面保持不动，上体向左侧屈体至极限位置4次。

第5~8拍：保持双臂伸直，双脚紧贴地面保持不动，上体向右侧屈体至极限位置4次。

第2~4个8拍，与1~8拍动作相同。

图 7-40 体侧运动

第五节 腹背运动（4×8拍）

预备姿势：两脚左右开立，与肩同宽，双手分握球杆两端，两臂伸直垂于体前。

第1个8拍。

第1、2拍：保持双臂伸直，双臂持球杆经体前至头上向后直臂后伸2次。

第3、4拍：保持双臂伸直，双臂持球杆从头顶经体前向脚尖方向屈体下伸2次。

第5~8拍：与1~4拍动作相同。

第2~4个8拍，与1~8拍动作相同。

图 7-41　腹背运动

第六节　提膝转体（4×8 拍）

预备姿势：两脚并立，双手握住球杆前平举，比肩略宽。

第 1 个 8 拍。

第 1、2 拍：保持双臂伸直，水平自右向左转体至极限位置，同时左腿屈膝 90° 抬至水平位置右转，与上肢成交叉。

第 3、4 拍：保持双臂伸直，水平自左向右转体至极限位置，同时右腿屈膝 90° 抬至水平位置左转，与上肢成交叉。

第 5~8 拍，与 1~4 拍动作相同。

第 2~4 个 8 拍，与 1~8 拍动作相同。

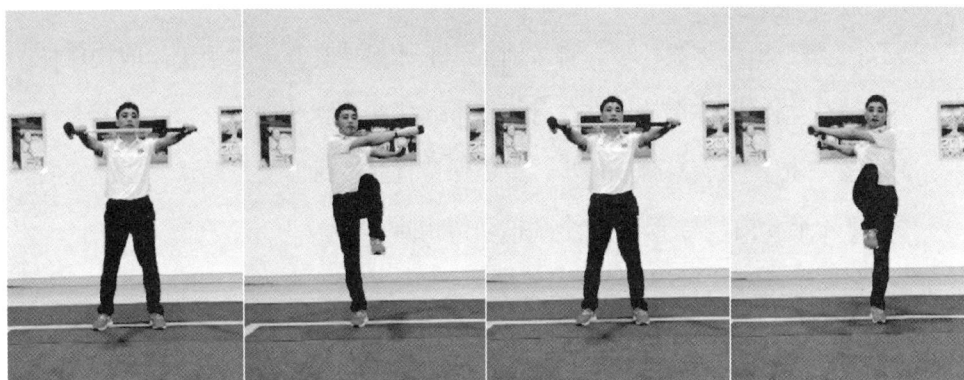

图 7-42　提膝转体运动

第七节　弓步压腿运动（4×8拍）

预备姿势：左脚在前成弓步，上体保持直立，右手于体侧扶球杆末端，左手扶左膝。

第1个8拍，上体保持直立，身体上下起伏，压腿8次。

第2个8拍，自左向右转体180°，上体保持直立，身体上下起伏，压腿8次。

第3~4个8拍，与第1、2个8拍动作相同。

图 7-43　弓步压腿运动

第八节　仆步压腿运动（4×8拍）

预备姿势：出左脚成仆步，脚掌铺平，上体保持直立，双手于体前扶球杆。

第1个8拍，上体保持直立，身体上下起伏，压腿8次。

第2个8拍，换成右脚成仆步，上体保持直立，身体上下起伏，压腿8次。

第3、4个8拍，与第1、2个8拍动作相同。

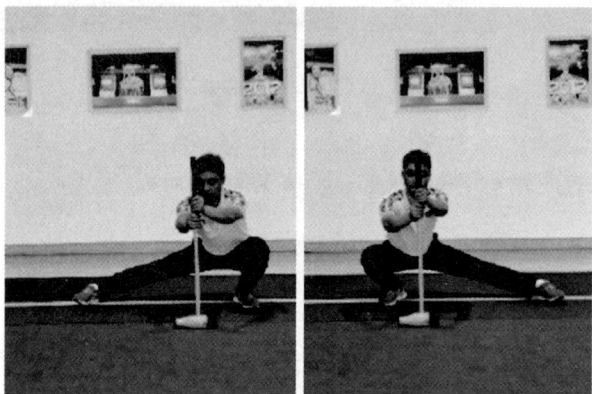

图7-44　仆步压腿运动

第九节　压肩运动（4×8拍）

预备姿势：两脚左右开立，比肩略宽，上体前屈90°，双手扶球杆末端于体前。

第1个8拍，下肢保持不动，上体上下起伏压肩8次。

第2~4个8拍，与第1个8拍动作相同。

图 7-45 压肩运动

第十节 腕部运动（4×8拍）

预备姿势，两脚并立，左臂侧平举，左手抓握球杆中间。

第1个8拍。

第1~4拍：保持左臂伸直，向前内旋手臂至极限位置。

第5~8拍：保持左臂伸直，向后外旋手臂至极限位置。

第2个8拍，与第1个8拍动作相同。

第2~4个8拍，换右臂，与前两个8拍动作相同。

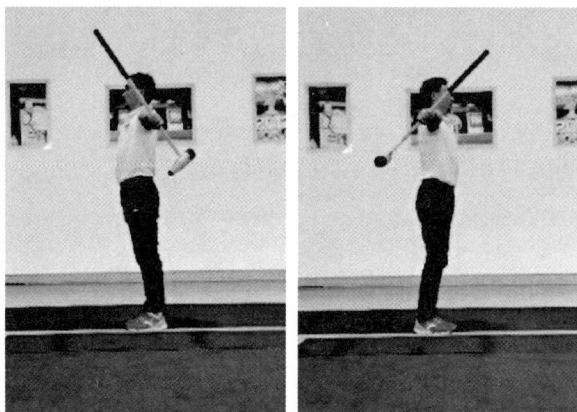

图 7-46 腕部运动

第十一节　划船运动（4×8拍）

预备姿势：两脚并立，双手持球杆（船桨）比肩略宽，向前平举。

第1个8拍。

第1、2拍：屈膝下蹲，上体保持直立，右手在上左手在下从左侧右前至后划船一次。

第3、4拍：还原成准备姿势。

第5~8拍：换右侧进行，与第1~4拍动作相同，方向相反。

第2~4个8拍，与第1~8拍动作相同。

图7-47　划船运动

第十二节　抓举运动（4×8拍）

预备姿势：两脚开立与肩同宽，双手握住球杆两端。

第1个8拍。

第1、2拍：屈膝下蹲，双手握杠，背部保持紧张。

第3、4拍：蹬地，双手握"杠铃"上提，翻腕直臂举于头顶，当"杠铃"提到与胸同高时身体下蹲。

第5、6拍：蹬地起身，两腿收回。

第7、8拍：还原成准备姿势。

第2~4个8拍，与第1~8拍动作相同。

图 7-48 抓举运动

第十三节 挺举运动（4×8拍）

预备姿势：两脚开立与肩同宽，双手握住球杆，比肩略宽。

第1个8拍。

第1、2拍：屈膝下蹲，双手握杠，背部保持紧张。

第3拍：蹬地，上提"杠铃"至胸，翻腕，同时两脚下蹲，将杠铃置于锁骨部位。

第4拍：蹬地起身站立。

第5、6拍：两腿前后分开下蹲，将"杠铃"举过头顶，两臂伸直。

第7、8拍：双臂伸直，上步，双脚并拢。

第2~4个8拍，与1~8拍动作相同。

图 7-49　挺举运动

二、专项性准备活动

专项性准备活动是指与木球项目相结合、与专项技术相类似的身体练习，如钟摆练习、挥杆平衡练习、徒手挥杆、徒手攻门等。专项准备活动是在一般准备活动结束后进行，较一般性准备活动更有针对性，可使练习者在进行专项练习前尽快找到手感，精准控制自己的动作，尽快适应运动强度，提高运动员神经系统的兴奋性，保持专注度，降低失误率，还能让运动员在打球前做好充分的心理准备，有利于运动员创造优异成绩，能有效预防损伤的发生。

（一）体转运动

1.双脚左右开立，与肩同宽，将木球杆横放在腰后臀部上方（或扛于肩上），双手抓住球杆的两端。

2.两腿直立，左右脚固定不动，两手臂带动身体向左转动身体到极限位置。

3.两腿直立，左右脚固定不动，两手臂带动身体向右转动身体到极限位置。

4.左右两侧各做10次为1组，共做2组。

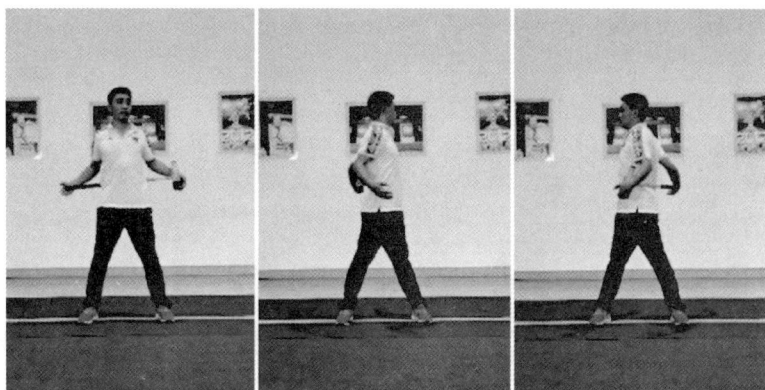

图 7-50　体转运动 1

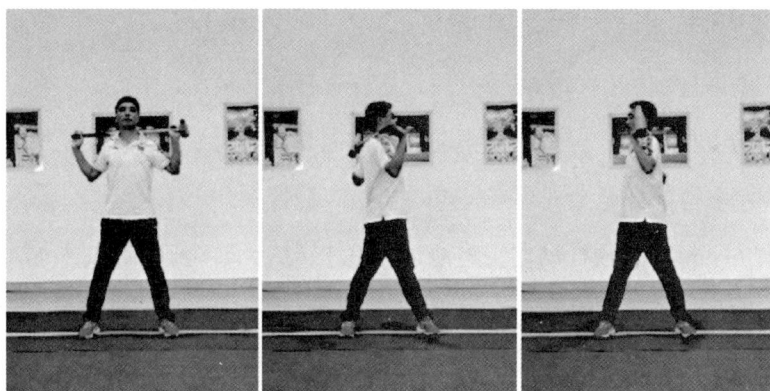

图 7-51　体转运动 2

（二）转髋练习

1.将木球杆横放在头后肩上，双手抓住球杆的两端，下肢和躯干做好挥杆准备姿势的体位。

2.模仿上杆动作，保持头部不动，身体向右侧转动到极限位置，左肩转至下颌下方，重心稍偏向右脚。

3.模仿下挥杆和收杆动作，蹬地，转髋，转肩，重心移向左脚，左脚固定不动，右脚脚跟提起。

4.每10次为1组，共做2组。

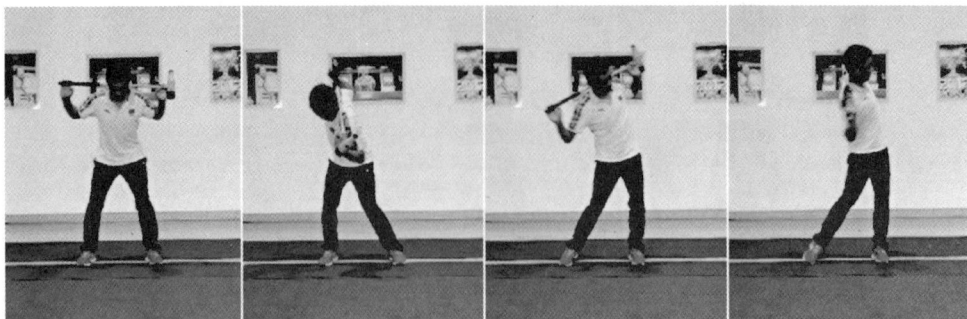

图 7-52　转髋练习

（三）单手倒握挥杆练习

1.左手倒握球杆，右手背于身后，做好挥杆准备姿势。

2.模仿上杆动作，保持头部不动，身体向右侧转动到极限位置，左肩转至下颌下方，左手持球杆至上杆顶点，重心稍偏向右脚。

3.模仿下挥杆和收杆动作，蹬地，转髋，转肩，转腕，带动球杆成鞭打之势击向标志物，重心移向左脚，左脚固定不动，右脚脚跟提起，左手持球杆随挥至左肩上方。

4.持杆手型和挥杆轨迹跟双手握杆时一样，注意体会鞭打动作。

5.换右手进行同样练习。左右两侧各做10次为1组，共做2组。

图 7-53　左手反握挥杆练习

图 7-54　右手倒握挥杆练习

（四）无球挥杆练习

1. 做好准备姿势，从上挥杆开始依次进行下挥杆、送杆、收杆完整的无球挥杆练习，所有动作技术均与有球时一样。注意体会一下动作的幅度、力度、节奏和挥杆轨迹。

2. 可以采用减重法进行练习，比如卸掉球杆橡胶头，这样可以使挥杆更流畅。

3. 每10次为1组，共做2组。

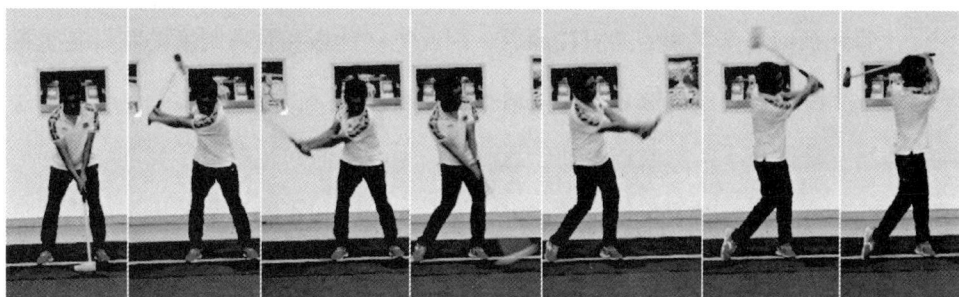

图 7-55　无球挥杆练习

第四节 运动后的恢复措施

在科技和信息高速发展的今天，竞技体育的竞争也越来越激烈，木球项目亦是如此。30多年来，木球运动从无到有，从少到多，从弱到强，经历了脱胎换骨的变化，现如今的中国木球，已不是原来的一家独大、一人独领风骚的局面。各队除了在技战术上精益求精、球队管理趋于专业化以外，训练也越来越系统化和科学化，运动后的身体恢复逐渐被重视起来。

运动性疲劳是由运动引起的正常生理现象，是习练者在运动后运动能力及身体机能暂时降低的现象。木球运动虽然不像其他项目一样有激烈的身体对抗或者大强度的体力输出，但一场训练或比赛下来对体能和精力的消耗还是非常大的，有时还可能会造成不同程度的损伤。有训练就会产生疲劳，有疲劳就要进行恢复，有良好的恢复才会有提高，所以运动员只有解决好训练、疲劳、恢复三者之间对立统一的矛盾关系，才能更好地提高运动能力。运动员如何来减轻和消除疲劳呢？

一、科学训练和比赛

比赛和训练是产生疲劳的直接原因，因此竞训计划和管理制度的制订是否科学、执行严谨与否、过程能否灵活变通等都会对疲劳产生深远的影响。科学安排训练和比赛是指在不同阶段的生活作息制度、运动负荷安排等科学合理，不同运动负荷的各练习休息时间安排科学严谨，课时、单元和年度训练及比赛的运动负荷协调连贯，教练员能够结合实际情况对运动量和强度作出应急调整，能够促进运动员竞技能力的提高和运动疲劳的恢复。

二、合理的休息

(一) 静态休息

消除疲劳的最基本、最有效方法是静态休息，静态休息是最好的自然恢复手段。通过休息，排除人体剩余的代谢物质，恢复消耗的能量。睡眠、静坐、平躺、闭目养神等都可以起到休息的作用。

训练或比赛期间，运动员可以抓住一些机会进行主动休息。比如，打球的间隙躲在树阴处或太阳伞下休息一会儿，少进行无谓的体能浪费，适当补充一些功能饮料等。

卧床睡眠是静态休息形式里一种最有效、最经济的恢复方法。睡眠过程中大脑皮层的兴奋过程降低，体内分解代谢水平降低，而合成代谢过程则相对较高，有利于体内能量的蓄积。充足的睡眠有助于疲劳的消除，运动员养成良好的睡眠习惯尤为重要。在安静舒适的睡眠环境里，睡前听一听轻音乐或看一看书，有利于促进睡眠、提高睡眠质量。大强度训练或比赛以后，每天必须保证老年运动员7~8 小时、成年运动员 8~9 小时、青少年运动员 9~10 小时的睡眠时间。

（二）动态休息

木球运动强度虽然不大，但长时间重复单一动作也会带来局部器官组织的疲劳。相对静态休息而言，动态休息主动性和针对性更强，能够有效地维持机体的血液循环速度，缓解疲劳，加快代谢产物的消除，从而更好地促进体力的恢复。

训练或比赛结束后选择舒缓、动静协调的太极、瑜伽或者与木球运动形式不同的足球游戏等运动，可以有效缓解心理和身体的疲劳。在运动间隙适当做一些积极的动态休息，比如抖一抖酸软的上肢，可以延缓疲劳的产生。另外，训练内容安排一定要科学合理，不同类型的练习要交替进行，组织形式也要富于变化，可以降低疲劳的程度。

三、整理活动

整理活动是指在进行激烈运动后做的放松活动。整理活动可使人体从运动中的紧张状态过渡到平静状态，使呼吸和血液循环畅通，减少肌肉的延迟性酸痛，消除疲劳，促进体力恢复，消除运动对身体所引起的生理变化，避免不良反应的产生。它的意义不亚于准备活动。

木球项目的整理活动要针对运动中主要负荷部位的肌群，形式和内容多样化，一般有走动、慢跑、深呼吸、舒缓的操化动作、拉伸等练习，运动量不能过大，时间一般为 5~15 分钟为宜。

拉伸放松整理活动的方法可参考本章第二节讲的准备活动里的拉伸活动。

四、再生训练

再生训练是指运动后通过有针对性的训练模块，在加速身体疲劳消除的同时，对肌肉和筋膜等软组织进行梳理放松，对受损的超纤维结构进行重建和再生，通过主动恢复获得更快更好的超量补偿，从而达到全面消除神经疲劳和肌肉疲劳、恢复身体平衡的目的。木球运动的特点是挥杆技术占的比重较多，练习过程重复率高，身体疲劳的部位相对固定，大大增加了局部肌肉和筋膜疲劳和损伤的概率，因此搞好再生训练意义重大，是运动员保持和促进运动能力的有力措施。

再生训练在预防运动损伤、延长运动寿命和提高运动员运动能力方面与单一的拉伸相对比，效果更为显著。它主要包括筋膜梳理放松、冰水浴疗法、冷热交替疗法等方法，并配合营养补充等一系列手段，加快机体恢复。

（一）借助泡沫轴使筋膜放松

主要是通过借助泡沫轴梳理肌肉、放松筋膜、消除肌肉痛点等方式促进局部血流和淋巴回流，达到放松肌肉的目的。如梳理过程中遇见硬块或结节等疼痛部位，延长滚动按压时间，可在忍受范围内增加压力。按压速度要缓慢，时间不宜太长。

1. 背部肌群

训练方法：屈腿躺在泡沫轴上，髋部挺起，背部肌群紧贴泡沫轴，利用双脚驱动，使泡沫轴在后背胸椎下部和颈椎之间上下轻缓滚动 8~10 次。滚动过程中如遇疼痛部位，应在疼痛部位持续滚动，直至疼痛减轻或基本消失。

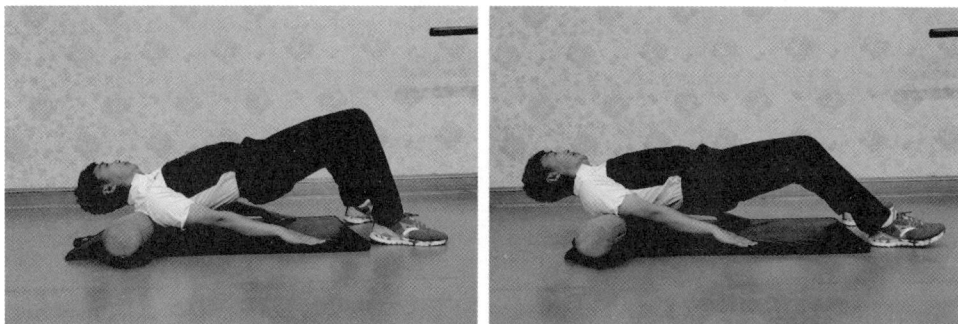

图 7-56 背部肌群放松

2. 体侧局部肌群

训练方法：侧卧，将体侧肩部肌群压在泡沫轴上，利用单腿驱动，使泡沫轴在体侧下部和上臂之间前后轻缓滚动 8~10 次。滚动过程中如遇疼痛部位，应在疼痛部位持续滚动，直至疼痛减轻或基本消失。

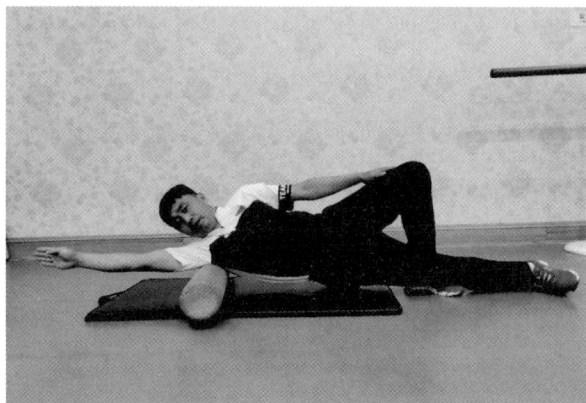

图 7-57 体侧局部肌群放松

3. 手臂肌群

训练方法：双膝跪地，塌腰，双臂伸直趴在泡沫轴上，上臂压紧泡沫轴。利用双膝驱动，使泡沫轴在上臂之间前后轻缓滚动 8~10 次，梳理和延展肱二头肌肉和筋膜等软组织。滚动过程中如遇疼痛部位，应在疼痛部位持续滚动，直至疼痛减轻或基本消失。

图 7-58　手臂肌群放松

（二）借助网球痛点放松

1. 放松大圆肌、小圆肌

训练方法：侧卧，双臂胸前交叉环抱，双手扶住自己的上臂上部，中指指尖下方的位置即为网球放置点。用身体重量压住网球，上下移动身体，使网球滚动，找到痛点后停留、按压20~40秒，如此重复2~3分钟。滚动过程中如遇疼痛部位，应在疼痛部位持续滚动，直至疼痛减轻或基本消失。

2. 放松斜方肌、菱形肌

训练方法：仰卧，双臂胸前交叉环抱，将网球压在肩胛骨内侧偏上的位置，上下移动身体，使网球在肩胛骨周围滚动，找到痛点停留、按压30~60秒，如此重复2~3分钟。滚动过程中如遇疼痛部位，应在疼痛部位持续滚动，直至疼痛减轻或基本消失。

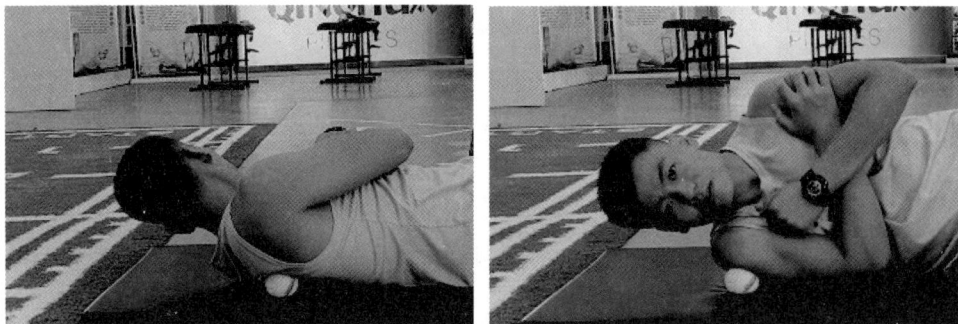

图 7-59 网球肌肉放松

(三) 医学生物学疗法

有条件的运动员可以利用各种形式的水疗法进行放松。温水浴、桑拿浴可以促进全身的血液循环，提高体温，调节血流，促进新陈代谢和体内营养物质的运输，从而尽快消除疲劳、恢复体力。温、热水浴应该严格控制时间，以免过度消耗体力。冰水浴能够缓解疼痛，减轻炎症反应，冷热水交替泡浴则可以使血管扩张，改善血液循环，有促进修复的作用。

另外，还有吸氧疗法和电磁疗法等，效果也非常明显。

五、营养补充

一轮 12 球道的木球比赛运动员至少要走动 2000 米，加上挥杆等练习大约消耗 300 卡路里热量。在一次强化训练或项目安排比较紧凑的比赛中，运动员一天的运动时间会超过 8 小时，走动的距离会在 20000 米以上，热量消耗会超过 2000 卡路里。如果遇到酷热的天气下进行比赛或训练，高热环境使运动员身体代谢速率加快，水分和电解质也会大量丢失。体内能量的消耗是产生疲劳的一个很重要原因，所以补充恢复机体能源物质是补充体力、消除疲劳的有效方法，适宜的营养供给有助于运动员保持健康及运动能力，促进对训练的适应性和缓解疲劳。

通常 3~4 小时的运动量是不需要专门进行营养补给的，运动员只要注意合理膳食就可以了。运动员膳食要按时进行，要求种类齐全、易于消化、富有营养又容易补充体力。各种营养素比例适当，保证有足够的蛋白质，包含一些富含维生素的食物，比如鱼类、深绿叶蔬菜、水果等。如果流汗太多，还应该注意补充富含电解质的饮品。

青少年运动员正值生长发育的关键时期，在训练或比赛期间通常要消耗更多的能源物质和其他营养素，注意及时补给，以免影响身体的生长发育和运动能力的发展。

如果是连续多日的密集强化训练或比赛，对运动员的体能消耗就会特别大，则需要制定科学的营养策略，包括提前开始的膳食干预、运动过程中能量的补给和运动结束后营养的补充等。

（一）糖的补充

糖是人体最重要的供能物质，是最佳的能量来源。在训练和比赛中，运动员每天消耗的能量与运动量和运动强度密切相关，占其总能量消耗的50%~90%。机体所需的大部分能量来自肌糖原和肝糖原，血液中的葡萄糖能够改善运动员的精神关注度，机体里的糖储备耗竭是导致运动中疲劳的主要原因。因此充足的糖原储备是完成训练或比赛任务的根本保证。

在密集强化训练或比赛前，运动员通过提前10天左右进行调节膳食和调整训练，逐渐减少运动量，同时逐渐增加糖的摄入量，尽可能使肌糖原达到超量补偿，以此来提高运动员的最大肌糖原储备。

高强度运动前6小时内要食用含75~150克糖的低脂高糖膳食也可起到提高肌糖原储备的作用。

运动员训练或比赛后糖的补充首先应保证饮食中糖的数量。补糖的时间越早越好，木球项目最佳的补糖时间是在运动开始后2小时，如果运动时间较长，每间隔1~2小时连续补糖。

在长时间大负荷过程中可以通过少量进食高能食物或饮料补充糖，有经验的运动员大都随身携带含糖补给，比如巧克力、小面包、香蕉、功能饮料等。

补糖食物的主要来源是谷物（如大米、小麦、玉米、燕麦等）、水果（如西瓜、香蕉、苹果等）、蔬菜（如胡萝卜、薯类等）、各类功能饮料等。

（二）蛋白质的补充

蛋白质在营养素中的地位非常关键，有多种重要的生物学功能，对人体免疫力起到至关重要的作用。一般成年运动员的蛋白质需要量为每天 1.2~1.5 克 / 千克体重。青少年运动员正处于生长发育的关键时期，应适当增加蛋白质摄入量，达到每天 2~3 克 / 千克体重。蛋白质最好从瘦肉和蛋类中获得，比如鸡鸭肉、鱼肉、牛羊肉、鸡蛋等，还可以从豆腐、豆浆等豆制品获得。

（三）补充脂肪

脂肪是肌肉运动的另一重要能量来源，它供给人类必需脂肪酸，可以促进脂溶性维生素的吸收。木球运动员膳食中的脂肪量为总热量的 20% 左右即可，一般不需要专门补充脂肪。脂肪的摄入来自烹饪的动植物油类、坚果类（花生、腰果、核桃等）和肉类中含有的脂肪等。相比于动物性脂肪，植物性脂肪的必需脂肪酸和脂溶性维生素具有更高的营养价值。

（四）水分的补充

国内木球比赛人数多、用时长，组委会为了如期完成比赛，很多时候避免不了在烈日炎炎的高热环境下进行比赛。高热环境使人体内水分和电解质代谢速度加快，如果运动员出现运动性脱水，身体就会感觉疲劳，导致运动能力下降，体温上升，反应变得迟钝。因此，运动过程中应注意合理补充水和无机盐。

运动员补水要做到未雨绸缪，在运动前适当补液，进行预防性补充，可以防止运动员脱水现象的发生。一般做法是在运动前 1~2 小时饮用 500 毫升左右的运动功能饮料，也可在运动前 10 分钟饮用少量（100~200 毫升）运动功能饮料或矿泉水。

运动中补液要少量多次进行，每 20~30 分钟就要补充一次。运动员在比赛中最好随身携带好运动饮品。

运动后补液更要及时进行，应根据体液消耗的情况来确定补液的多少。循序渐进，切不可暴饮。一次性摄入太多，也会引起身体不适。

运动功能饮料一般都含有糖、电解质等多种营养成分，是运动补液的最佳选择。但对于患有糖尿病、高血压或肾功能差的运动员则会加重机体脏器的负担，可减少饮用量或用淡盐水代替。

需要特别注意的是，剧烈运动后不能进食大量的冷饮，否则会引起肠胃不适。另外，白开水或矿泉水虽然比较解渴，但长期大量饮用会造成血浆渗透压降低、增加排尿量、稀释胃液影响消化，不但起不到补液作用，反而会增加机体负担。

（五）维生素的补充

维生素对于人体代谢过程的调控有极其重要的作用。在水果和蔬菜中含量较多，一般情况下维生素可通过合理膳食得到保障。

六、心理学恢复训练

经过大强度的训练和比赛之后，运动员往往会感到身心俱疲。在物理放松的同时进行心理调整，可以缓解心理的紧张，加速神经系统能源物质的恢复，使恢复训练更加积极主动，效果会更加明显。心理调整方法非常多，比如谈话法、想象放松、心理诱导放松训练、催眠、音乐放松等。现代体育运动中心理学恢复已成为必不可少的手段之一。

（一）意念放松

意念放松是指运动员通过想象达到放松的目的。具体方法是：运动员静坐或仰卧，身体放松，闭上眼睛，想象自己处在一种使他们感到放松和舒适的环境中，比如身处面朝大海、春暖花开的意境，心情愉悦，内心平静。用意识去想象身体各个部位放松，如从后背到手指一点点去冥想，我的腰部放松了，我的肩部放松了，我的大臂放松了，我的小臂放松了……直至指关节，感觉疲劳从躯干一点点驱离自己的身体。每个部位都要想象3~5秒。睡前采用这种方法效果会更好，有时还会起到排除杂念、促进睡眠的作用。

（二）谈话交流

比赛的颓势会对运动员情绪造成影响，导致灰心丧气、士气低落，严重的还会造成心理压抑、情绪失控，此时对运动员的心理疏导就显得尤为重要。谈话交流是进行疏导比较有效的方法之一，教练员通过与运动员交流，使其甩掉心理上的包袱，排除心理障碍，坦然面对各种问题，从而树立起比赛信心。谈话中多用鼓励、疏导的方法，使他们对自己充满信心，心情放松，清醒地认识存在的问题，积极面对一切，从而达到情绪调节的目的。另外，积极的心态还可以帮助运动员促进疲劳的恢复。

（三）音乐放松

听音乐可以缓解压力，放松心情。运动员在聆听自己精心挑选的轻音乐或抒情乐曲时，可以减轻主观疲劳感，从而达到消除压力放松身心的目的。

可以用于心理疲劳恢复训练的方法还有很多，比如自我暗示、观看文娱活动、习练养生功等，运动员应根据情况予以选择。

总之，有运动就会有疲劳，没有疲劳就没有训练，没有恢复就不会有提高，运动性疲劳的产生与运动性疲劳的消除是相互统一的。科学有效的训练是运动能力提高的基础，充分的恢复则是运动能力持续提高的重要保障。教练员或运动员本人只有准确把握运动后机体形态、机能、心理和行为的变化情况和规律，准确地判断运动疲劳的产生时间和程度，进而采取有效的手段对运动性疲劳进行辨证论治，才能够实现科学训练的目标。

第八章

木球规则

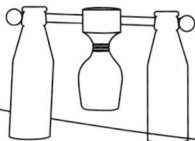

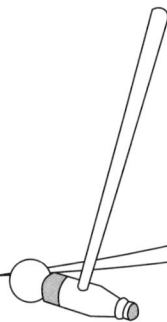

第一节 场地

一、通则

第一，木球场地应设在广阔的草地或泥土地上，并规划比赛球道。

第二，木球场地可利用自然物作为球道障碍物或界线，如树木、树丛、挡墙、土堆等。

第三，球道外可视地形设置参观区。

第四，木球比赛场地，应设有平面配置图，标示球道地形及全景。

二、木球场地规划

每一木球场地规划为 12（或其倍数）个球道；每一木球场的 12 个球道之总长距离至少须达到 700 米；球道地面以平坦为原则；球道依地形规划成直线式球道和弯曲式球道；球道上可设简单障碍物以及临时界线；木球场地视面积大小，规划出长短不等距离的球道，球道长度在 30~130 米之间；如因区域性气候或地形影响，当地主办单位可酌情规定适用规则，但不得违反本规则原有精神；球道界线为 0.5 厘米直径白色或黄色圆绳。

三、木球场地规格

第一，球道应定期保养，赛前应修剪球道上的草及地面之整理。

第二，每一球道宽度，可依地形规划，但最窄处不得少于 3 米，最宽处不得超过 10 米。中距离球道宽度 4 米以上，长距离球道宽度 5 米以上。

第三，球道长度：50 米以下为短距离球道（标准杆：3）；51~80 米以下为中距离球道（标准杆：4）；81~130 米以下为长距离球道（标准杆：5）。

第四，12 个球道中，至少须有 4 个弯曲式球道。其中，2 个左弯道，2 个右弯道。每个弯曲式球道以一个转弯点为限，转弯点至球门中心不得超过 10 米的距离。

第五，12个球道中至少须有2个短距离球道及2个长距离球道。

第六，球道长度之丈量，以从发球线中心点沿球道中央至球门中心点之长度为每一球道的实际距离。

第七，每一球道起端，应设一横线为起点线称为发球线。线长2米，横线两端向后画设3米的长方形范围称为发球区。如下图：

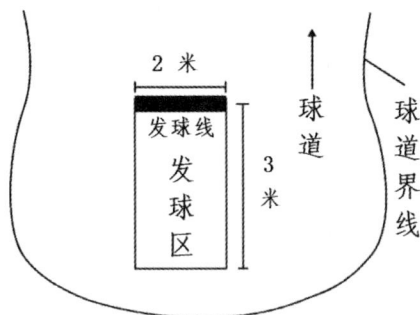

图 8-1　发球区图示

第八，每一球道末端，应设有以球门为中心直径5米的圆形球门区，球门两侧若受地形影响，但不受直径5米的限制。球门区后方距球道边缘界线，应有2米以上之缓冲地面，如下图：

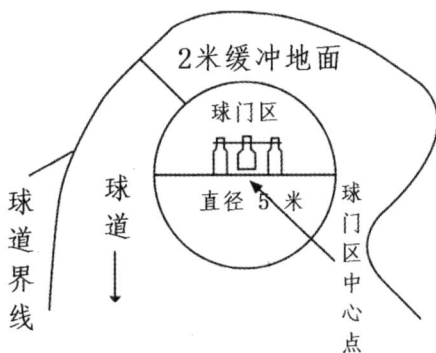

图 8-2　球门区

第九，球门架设在球门区之中心点，球门可朝向球道任何一方向。如上图。

第十，发球区及球门区地面，须平坦无障碍。

第十一，球道上每20米布置蓝色边线旗，弯道转角布置黄色转弯旗，球门后方球道末端布置红色底线旗。黄色转弯旗布置于线上，其余旗帜布置于边线外一个球距以上的位置。

四、球道使用

每一球道在未完成一组比赛前，次一组球员在不影响前一组比赛情形下，始得进场击球；每一球道以4~5人同时进行比赛为原则；比赛进行时，除比赛球员、裁判员外，禁止其他人员进入球道内；球员击球时，其他球员应退至3米外的安全位置；球道上的草皮，因击球而被破坏时，击球后应立即铺平（或踩平）；球员于击球前，不得整理球体前方或后方之球道；球道上设置之障碍物，不可任意移动；如因刮风、下雨等天候因素，致使树枝、树叶、废弃物等硬体掉落在球道上时，球员可以请求清除。

第二节 球具

一、通则

第一，球具含球、球杆、球门等3件。

第二，比赛球具必须为国际木球总会审定标准检定合格之球具，合格球具以当年度国际木球总会公告认证合格品牌为依据。

二、球具规格

(一) 球

1.球须为圆形球体，且为木质制成，直径9.5±0.2厘米；重量350±80克。

2.球体上须标示号码及木球标志。

3.球的形状与规格，如下图：

图8-3 木球

(二) 球杆

1.球杆为T字形，球杆总重量约800克。

2.球杆总长度为85±15厘米（包括握杆和杆瓶部分）。

3.球杆头之杆瓶长为21.5±0.5厘米；杆瓶头直径为3.5±0.1厘米，杆瓶底装置一圆形橡胶垫，圆形橡胶垫直径为 6.6 ± 0.2 厘米，高为 3.8 ± 0.1 厘米。

4. 球杆形状与规格，如下图。

（1）球杆

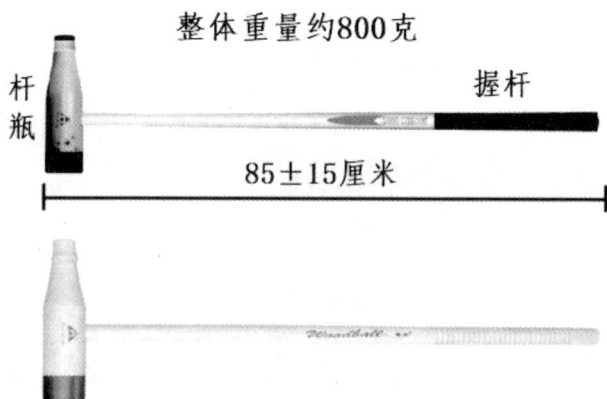

图 8-4　木球杆

（2）杆瓶

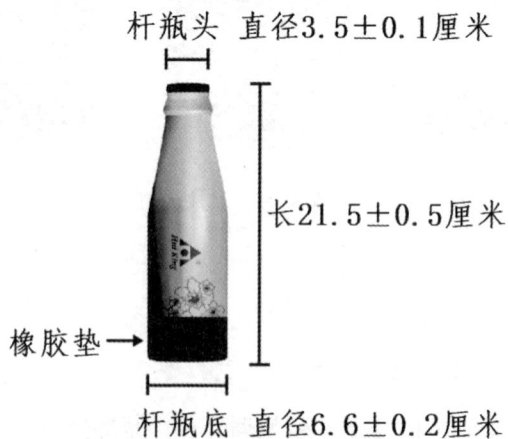

图 8-5　杆瓶

（3）橡胶垫

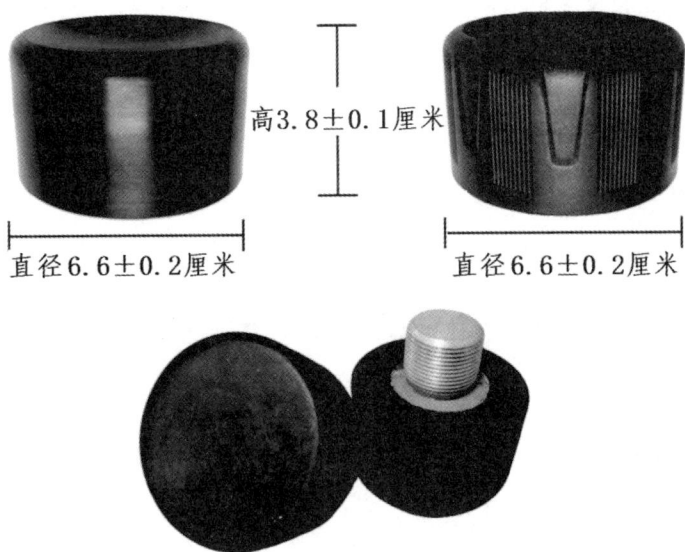

高3.8±0.1厘米

直径6.6±0.2厘米   直径6.6±0.2厘米

图 8-6　橡胶垫

（三）球门

1.球门为"巾"形。附有金属棒、栓头、橡胶管等配件。

2.球门以两支瓶状物为球门柱,固定于地面上,门柱内缘宽度为15±0.5厘米,球门中悬挂一门杯,门杯距地面 5±0.5厘米。

3.球门上得设置旗杆,球门形状,如下图。

橡胶管

栓头

距地面5±0.5厘米

15±0.5厘米

图 8-7 球门

(四) 球门设备规格

球门设备及其规格见下图。

1. 门柱

2. 门杯

3. 金属棒

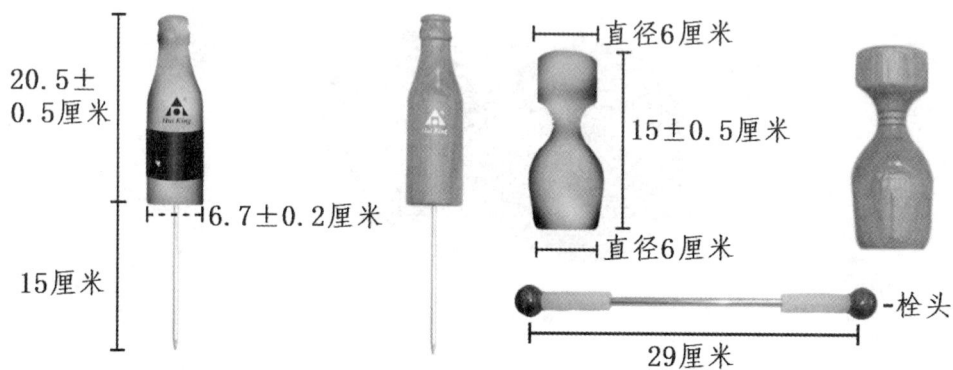

图 8-8　球门设备规格

第三节 球队

一、球队

第一，球队职员：球队职员由领队、教练、管理、队长、队员组成。

第二，每队球员可报名 4~8 人（含队长），4~6 人出赛，取最佳 4 人计算团队成绩。

二、球员

第一，未经报名注册的球员不得参加比赛。

第二，同队球员必须穿着同款式运动服装参加比赛。比赛时球员不可穿着高跟鞋或不适宜运动之服装。

第三，球员出场比赛时，应携带大会制发的球员证，以备资格查验。

第四节　裁判职责

一、裁判长

了解大会竞赛办法和比赛方式；分配裁判员工作及传达注意事项；督导裁判员执行比赛之状况；协助解决裁判员执行时所发生的问题；决赛成绩之核对；如有申诉或抗议案件时，得请求召开审判委员会议，并向委员会报告事情经过；必要时于赛前向球员宣布裁判规则及注意事项。

二、裁判员

核对比赛球员名单及球具检查；宣告每一个球道之比赛开始及球员打击顺序；宣告每一球道比赛结束及参赛球员的击球杆数记录；带领比赛球员依球道号序完成比赛；比赛中违例、犯规等事件之处理，宣告暂停及再开始比赛之事宜；记录球员击球杆数和违规；核对比赛结果以及要求球员签名确认；裁判员在球场上移动或前进路线，必须不影响球员击球；裁判员在球场上伫立位置，必须能明视球员击球及球体前进路线的位置为佳。

三、司线员

比赛须置立司线员，以辅助裁判员判定比赛球是否出界与球出界点位置。

第五节　比赛规则

一、通则

第一，木球比赛应依大会竞赛规程和国际木球规则进行。

第二，每位球员必须赛完第 1 至第 12 个（或其倍数）球道后，依比赛总杆数多寡判定胜负。

第三，球员如有未赛完之任一球道或中止比赛，则不予核计该球员比赛成绩。

二、比赛制度

（一）竞赛项目分为：

1.个人赛：以个人为单位之比赛。

2.双人赛：以两男、两女或一男一女为单位之比赛。

3.团体赛：以每队 4~6 人为单位之比赛。

（二）比赛方法分为：

1.杆数赛：以 12 个球道（或其倍数）击球总杆数低者为胜。

2.球道赛：12 个球道（或其倍数）中获胜球道（杆数低者）多者为胜。

三、比赛进行

（一）比赛开始

1.当裁判员宣布比赛开始，球员应依编配或抽签顺序开始发球比赛。

2.当裁判员宣布比赛开始后，参赛者如迟到超过 5 分钟或拒绝参赛，则取消比赛资格。

3.当球员进入发球区发球时，其他球员应退至发球区后方，以策安全。

4.发球时应将球放置于发球区内，并向球门方向发球。

（二）比赛中

1. 比赛时，比赛球穿过球门金属棒，并位于门杯后方、球体不得接触门杯，即为完成一球道比赛。如比赛球未能过门成功且与门杯仍有接触，该球员直接加记一杆并视为完成比赛，以维护球门于比赛时的稳固。

※ 过门判定补充说明：

倘球通过球门且离开门杯后再滚回接触门杯时，当有裁判员／司线员目击即判定过门成功；无裁判员／司线员目击时以同组多数球员看到即判定过门，球员间如有争议时以球体静止点为判决依据。

2. 比赛中球体落在界线外地面上，即为界外球。

※ 界外球判定补充说明：

倘球离开界线再滚回接触界线时，当有裁判员／司线员目击时即判定界外球；无裁判员／司线员目击时以同组多数球员看到即判定界外球，球员间如有争议时以球体静止点为判决依据。

3. 发生界外球情形，尚未轮到打击顺序时，需先将球拾回并置于出界点线外一颗球距离以外的位置；待轮到打击顺序时再将球置于以出界点为中心，二个杆瓶长度为半径的球道上击球，但须加计一杆。

4. 比赛球如果掉落或进入坑洞、树丛、水塘等障碍内，无法打击时，得移出，置于障碍物入界点为中心，按界外球处理或无限向后延伸的球道上新球位，但须加计一杆。

5. 比赛中，打击者挥杆时，其他球员应退至球道两侧或打击者的后方 3 米以上之安全距离。

6. 球门前方或后方，球道上的球均可直接攻门。

7. 比赛中如因不可抗拒的天然事故，是否继续进行比赛，由大会宣布。

8. 完成一球道比赛后，始能继续进行次一球道比赛，类推至全部球道赛完为止。

9. 次一球道发球顺序，依编配号码顺序轮流发球。

10. 比赛中球员如需更换球具时，球具须经大会检查合格后才可使用。比赛球则须赛完一球道后始能更换（如比赛球损坏时不受此限）。

11. 球员击球时，如在击中球之同时，球杆断裂仍视为完成一次击球，不可要求重新打击。

12. 比赛球被不同球道之球碰击，新停球点为其球位。如球被碰击出界，以界外球处理，但不需罚杆。

13. 球员身体任何一部分或球具都不得触及自己或他人的比赛球及球门。

14. 攻门或击球时，手握球杆不得握触杆瓶。

15. 打击时，球杆不得由双腿胯下击球或攻门。

16. 每一球道距离球门 5 米，如设有标示线，线外直接攻门而完成过门时，该球道杆数减一杆。

17. 中、长球道中如设有 30 米超越线时，球员发球若未超越此线者加计一杆，若 30 米内出界时或超越此线后球再出界时，以界外球处理。

（三）胜负结果

1. 每位球员必须有每一球道的比赛杆数，以及赛完 12 个球道（或其倍数）的总杆数记录，否则不予核算成绩。

2. 胜负判定：

（1）杆数赛：以每位球员赛完每一场 12 个球道（或其倍数）的总杆数判定胜负，以低杆者为胜。若总杆数相同者，得以最后 12 个球道杆数低的球道多者为胜，依此类推；或由大会指定方法判定之；团体赛胜负判定，以团队最佳 4 人总杆数总和低者为胜。若总杆数相同时，以各该队个人总杆数低者为胜，依此类推。若情况完全相同，则由大会指定方法判定之。

（2）球道赛：每一场球赛中获胜球道多者为胜，若相同时，得由大会指定球道加赛至分出胜负为止。

趣味木球一杆进门大奖赛

泰兴市木球协会　廖建国

自 2010 年开始，泰兴市木球协会举办的第一次一杆进门大奖赛，至 2021 年已举办了 13 次，受到广大木球运动员的喜爱和积极参与。其比赛规则有两种。

1. 按进门次数奖励，每进一次奖金 100 元，每个运动员可轮流打 3 次，如无人进球，每人可再轮流打 2 次，再无人进球，则本次比赛结束。这种规则一般在我市木球锦标赛领导开球仪式后进行，让与会开球的领导能看到木球运动的趣味性效果。

2. 按奖金总额平分奖金，每次比赛设总奖金额 500 元 ~1000 元，每个运动员可轮流打 3 次，如无人进球，进入第二轮，每人 20 元可买两次发球权，卖发球权所得的款项加入奖金总额，如还是无人进球，将进入第三轮买发球权，如仍无人进球，则比赛结束，所剩奖金加入下一次大奖赛奖金总额。

按以上两种规则，至今只发生一次无人进球。

第六节　犯规及罚则

一、发球犯规及罚则

第一，裁判员作出打击手势，球员就位后，该球员应在 10 秒钟内完成击球动作，违者警告，再犯时，罚加计一杆。

第二，发球时，球员应将球置于发球线上或发球区地面上，从静止状态下开始击球，违者罚计一杆，重新发球，计第二杆。

第三，发球后，球未能离开发球区应计一杆，再重新发球，计第二杆。

二、击球犯规及罚则

第一，每次击球时，以球杆置于球体后方的静态下开始挥杆打击。不可在行走中击球，违者罚加计一杆，并从新球位击下一杆。

第二，击球时，如因挥空杆或击球前之预备挥杆练习（不得碰触球体），均不予计杆，但不得一而再地练习而拖延比赛，违者警告，再犯时罚计一杆。

第三，轮到打击顺序时，球员不得有拖延行为，应在 10 秒钟内完成击球。违者警告，再犯时罚计一杆。

第四，球员击球时，前方球道上禁止有人穿越、走动。如球员犯规，该犯规球员罚计一杆。

第五，球员击球时，其他球员不得喊叫或有不当言行而影响打击，违者罚计一杆。

第六，击球时，因挥杆而碰触球体或使球体移动，即算一次击球，计一杆。

第七，击球时，须以杆瓶碰击球体，杆瓶头、杆瓶底均可使用。禁止以杆瓶侧面或以握杆击球，违者罚加计一杆，并从新球位击下一杆。

第八，禁止以球杆做持球推送动作，违者罚加计一杆并从新球位击下一杆。

第九，滚动中的球不可连击，违者罚加计一杆，并从新球位击下一杆。

第十，攻门或击球时禁止以手握触杆瓶打击，违者罚加计一杆。若击球过门不算，并从新球位重新击球。

三、比赛时犯规及罚则

第一，球道上的比赛球，依距球门远者先击球或经裁判员指示击球。不可任意击球，违者罚加计一杆，并从新球位击下一杆。

第二，球道上的比赛球，因击球而球体落在球道界线外地面上但未接触界线时，以界外球论，每次界外球，均须罚计一杆。

第三，比赛时，凡有可能妨碍行进路线之球，球员皆可要求先打或拾起，而拾起前应在紧邻球体正后方的球道上先行标记，再拾起球体，但须经裁判员同意后执行，违者罚计一杆。

第四，比赛球如碰撞到作为界线之障碍物再弹回在球道上不以出界论；如碰撞界线外之障碍物，即以出界论，并按界外球处理。

第五，在各种弯曲式球道上比赛时，球体必须在球道上进行，不可截弯取直方式击球飞越界外区，违者以界外球论。

第六，球道上之比赛球，因击球而碰撞时：

1.被他人击中之球未出界者，以新球位为准，如球过门，即算完成该球道比赛，如球出界以界外球处理，但不罚杆。

2.如打击者之球因碰撞而出界，以界外球处理，罚计一杆。

3.如打击者之球因碰撞后仍留在球道上，即以新静止点为准。

第七，比赛进行中，球员、教练或该相关人员如违反运动员精神，警告并要求违者改善，同时罚计一杆。再犯时，则取消比赛资格。

第八，比赛球员身体任何一部分或其所持球具碰触自己或他人所打之比赛球和球门时，罚计一杆，而球之停止点为新球位。

第九，比赛球员未依规定挥杆打击或由双腿胯下击球，罚加计一杆，并从新

球位击下一杆 (过门不算)。

第十，比赛中球员如需更换球具时，球具须经大会检查合格后才可使用。比赛球则须赛完一球道后始能更换(如比赛球损坏时不受此限)。违者取消比赛资格。

第十一，球员于击球前，不得整理球体前方或后方之球道，违者罚计一杆。

四、球门区犯规及罚则

第一，球门区内的比赛球，球道赛时以距离球门远者先打，杆数赛时则以距离球门近者先打，违者罚加计一杆，若击球过门不算，并从新球位击下一杆。

第二，球员不可故意破坏球门，违者警告，并罚计一杆，再犯者取消比赛资格。

第三，球员攻门时，球杆碰触球门者，罚加计一杆。如球过门成功，视同完成该球道比赛。

·木球小故事·

诚信与投机

临沂大学　陈亮

2023 年全国锦标赛男子球道赛抽签时，本人所在的半区高手相对较少，形势较为有利。前半赛程较为顺利，波澜不惊地进入八强。

四分之一开赛不久自己调球失误，靠近球门柱，攻门角度很小。由于求胜心切，头脑一热，在裁判员和对手的注视下，用非常规的方法将球打进，结果被罚杆输掉了该球道。面对年轻的学生对手和裁判员，对自己的做法感到羞愧难当，因为在平时教授学生打球时一再强调要诚实守信，这事居然发生在自己身上，懊恼、自责一时涌上心头，无心恋战，结果一条球道没赢，草草结束比赛。

这事已经过去很久，每每想起却历历在目。今天把它说出来，作为一个反例警示大家。木球是一项高雅的运动，诚信自律是木球精神的核心，也是运动员一种不可或缺的人格力量。所有人都应该对投机行为说"不"，以维护公平公正的体育精神。

附录：

一、记杆卡

（一）木球杆数赛记杆卡（如图）

杆数赛计杆卡

Steoke Competition Score Card

国際木球総會 INTERNATIONAL WOODBALL FEDERATION IWbF

日期 Date：　　　　组别 Category　　　　场次 Order：

地点 Venue　　　　时间 Time：

NO.	Name	Gate No.1	Gate No.2	Gate No.3	Gate No.4	Gate No.5	Gate No.6	Gate No.7	Gate No.8	Gate No.9	Gate No.10	Gate No.11	Gate No.12	TOtal
1		1 2 3 4 5 6 7 8	1 2 3 4 5 6 7 8	1 2 3 4 5 6 7 8	1 2 3 4 5 6 7 8	1 2 3 4 5 6 7 8	1 2 3 4 5 6 7 8	1 2 3 4 5 6 7 8	1 2 3 4 5 6 7 8	1 2 3 4 5 6 7 8	1 2 3 4 5 6 7 8	1 2 3 4 5 6 7 8	1 2 3 4 5 6 7 8	
2		1 2 3 4 5 6 7 8	1 2 3 4 5 6 7 8	1 2 3 4 5 6 7 8	1 2 3 4 5 6 7 8	1 2 3 4 5 6 7 8	1 2 3 4 5 6 7 8	1 2 3 4 5 6 7 8	1 2 3 4 5 6 7 8	1 2 3 4 5 6 7 8	1 2 3 4 5 6 7 8	1 2 3 4 5 6 7 8	1 2 3 4 5 6 7 8	
3		1 2 3 4 5 6 7 8	1 2 3 4 5 6 7 8	1 2 3 4 5 6 7 8	1 2 3 4 5 6 7 8	1 2 3 4 5 6 7 8	1 2 3 4 5 6 7 8	1 2 3 4 5 6 7 8	1 2 3 4 5 6 7 8	1 2 3 4 5 6 7 8	1 2 3 4 5 6 7 8	1 2 3 4 5 6 7 8	1 2 3 4 5 6 7 8	
4		1 2 3 4 5 6 7 8	1 2 3 4 5 6 7 8	1 2 3 4 5 6 7 8	1 2 3 4 5 6 7 8	1 2 3 4 5 6 7 8	1 2 3 4 5 6 7 8	1 2 3 4 5 6 7 8	1 2 3 4 5 6 7 8	1 2 3 4 5 6 7 8	1 2 3 4 5 6 7 8	1 2 3 4 5 6 7 8	1 2 3 4 5 6 7 8	

选手一 签名 Player No 1. Signature：　　选手二 签名 Player No 2. Signature：　　选手三 签名 Player No 3. Signature：　　选手四 签名 Player No 4. Signature：　　裁判 签名 Referee Signature：

图 8–9　杆数赛计杆卡

（二）木球球道赛记杆卡（如图）

图 8-10　球道赛计杆卡

（三）沙滩木球杆数赛记杆卡（如图）

沙滩杆数赛计杆卡

Beach Woodball Stroke Competition Score Card

日期 Date：
地点 Venue

组别 Category
场次 Order：
时间 Time：

NO.	Name	Gate No.1				Gate No.2				Gate No.3				Gate No.4				Gate No.5				Gate No.6				TOtal
1		1 2 3 4				1 2 3 4				1 2 3 4				1 2 3 4				1 2 3 4				1 2 3 4				
		5 6 7 8				5 6 7 8				5 6 7 8				5 6 7 8				5 6 7 8				5 6 7 8				
2		1 2 3 4				1 2 3 4				1 2 3 4				1 2 3 4				1 2 3 4				1 2 3 4				
		5 6 7 8				5 6 7 8				5 6 7 8				5 6 7 8				5 6 7 8				5 6 7 8				
3		1 2 3 4				1 2 3 4				1 2 3 4				1 2 3 4				1 2 3 4				1 2 3 4				
		5 6 7 8				5 6 7 8				5 6 7 8				5 6 7 8				5 6 7 8				5 6 7 8				
4		1 2 3 4				1 2 3 4				1 2 3 4				1 2 3 4				1 2 3 4				1 2 3 4				
		5 6 7 8				5 6 7 8				5 6 7 8				5 6 7 8				5 6 7 8				5 6 7 8				

选手一 签名
Player No. 1 Signature：

选手二 签名
Player No. 2 Signature：

选手三 签名
Player No. 3 Signature：

选手四 签名
Player No. 4 Signature：

裁判 签名
Referee Signature：

图 8-11　沙滩杆数赛计杆卡

（四）沙滩木球球道赛记杆卡（如图）

沙滩杆数赛计杆卡
Beach Woodball Stroke Competition Score Card

组别 Category：
日期 Date：　　场次 Order：
地点 Venue　　时间 Time：

NO.	Name	Gate No.1	Gate No.2	Gate No.3	Gate No.4	Gate No.5	Gate No.6	PK1	PK2	PK3
1		1 2 3 4 5 6 7 8 9	1 2 3 4 5 6 7 8 9	1 2 3 4 5 6 7 8 9	1 2 3 4 5 6 7 8 9	1 2 3 4 5 6 7 8 9	1 2 3 4 5 6 7 8 9	1 2 3 4 5 6 7 8 9	1 2 3 4 5 6 7 8 9	1 2 3 4 5 6 7 8 9
2		1 2 3 4 5 6 7 8 9	1 2 3 4 5 6 7 8 9	1 2 3 4 5 6 7 8 9	1 2 3 4 5 6 7 8 9	1 2 3 4 5 6 7 8 9	1 2 3 4 5 6 7 8 9	1 2 3 4 5 6 7 8 9	1 2 3 4 5 6 7 8 9	1 2 3 4 5 6 7 8 9
球道获胜者 Winner										

成绩 Result	1号胜球道数 NO.1 WIN：	2号胜球道数 NO.2 WIN：	平手球道 Even：	获胜者 winmre：
签名 Signature	1号选手 Player No.1 Signature			裁判 签字 Referee Signature

图 8-12　沙滩球道赛计杆卡

二、裁判手势

第一，比赛开始：手臂伸直向前下斜45°，手掌张开，手指并拢并指向发球线，同时口喊"比赛开始"。

第二，打击手势：手臂前伸与肩同高，掌心朝下，以食指指向该打击者与球门方向做多次水平摆动。

第三，球出界：握拳跷起大拇指，手臂微弯由身体前方上摆过肩至头后方，并做多次摆动，表示球已出界。

比赛开始　　　　　　　　打击手势　　　　　　　　球出界

图 8-13　裁判手势

第四，犯规：手臂靠耳向上伸直，并面向打击者。

第五，暂停：双手掌在胸前做 T 字形，以示暂停。

第六，过门：手臂伸直并竖起大拇指，朝向打击者，以示成功完成击球过门，并予以祝贺赞赏之意。

| 犯规 | 暂停 | 过门 |

图 8-14 裁判手势

三、术 语

场地	Course	球门区	Gate Area
球门	Gate	障碍物	Obstacle
门柱	Gate Bottle	暂停	Time Out
门杯	Gate Cup	打击顺序	Order of Play
球	Ball	界外球	Out of Bounds
球杆	Mallet	标准杆	Par
杆瓶	Mallet Head	发球线	Starting Line
球道	Fairway	发球区	Starting Area
发球	First Shot	边线旗	Borderline Flag
打击	Hitting	转弯旗	Turning Flag
触击	Touch	底线旗	Endline Flag
连击	Double Contact	球门区旗	Gate Area Flag
沙滩木球 20 米超越线		Beach Woodball 20 Meters Passing Line	
木球 30 米超越线		Woodball 30 Meters Passing Line	
5 米攻门线		5 Meters Deduction Line	

四、球道各式旗帜配置图

（一）中、长球道旗帜配置图

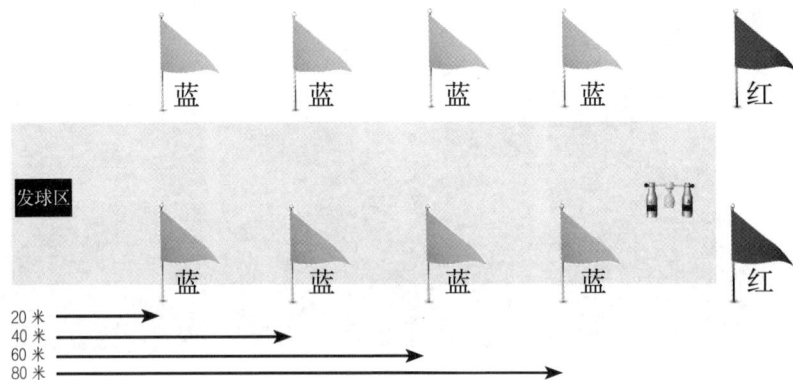

边线旗（蓝）：离球道绳边线之球道绳，一球个以上距离。
边线旗（红）：离底线两个端点之球道绳，一球个以上距离。

图 8-15　中、长球道旗帜配置图

（二）短球道（转弯道）旗帜配置图

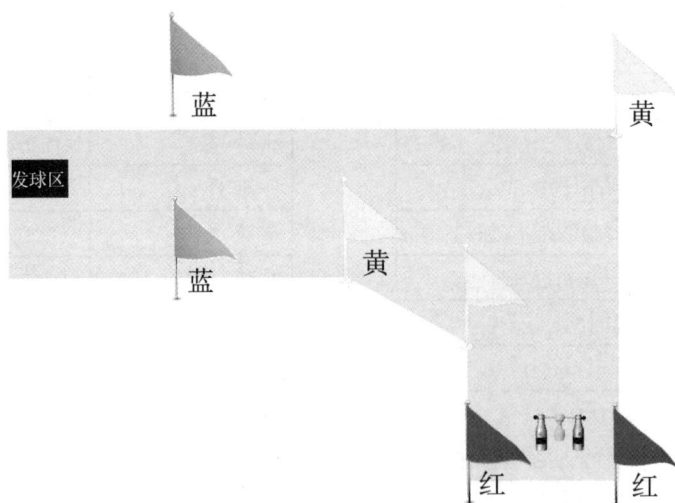

边线旗（蓝）：离球道绳边线之球道绳，一个球以上距离。
转弯旗（黄）：转弯内外侧三个端点之球道绳线上。
底线旗（红）：离底线两个端点之球道绳，一个球以上距离。

图 8-16　短球道（转弯道）旗帜配置图

（三）超越旗配置图

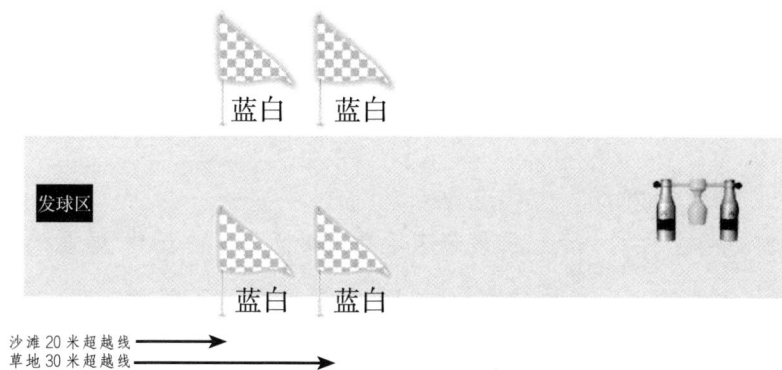

超越旗（蓝白）：离球道绳边线之球道绳，一个球以上距离。

图 8-17　超越旗配置图

（四）攻门旗配置图

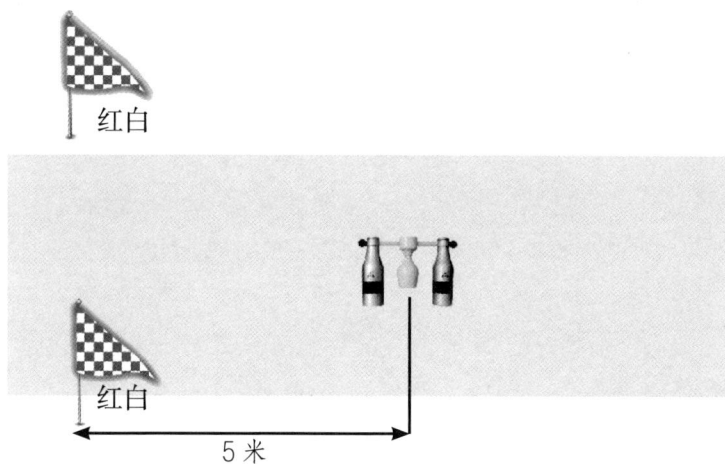

攻门旗（红白）：离球道绳边线之球道绳，一个球以上距离。

图 8-18　攻门旗配置图

雪地打木球

乌鲁木齐西站木球队　齐军盈

前几年，每当冬季下大雪时，我们乌鲁木齐西站木球队就会忍痛停止近半年时间的练球。

2019年12月的一天，早晨起床后看到夜间下了一场约35厘米厚的大雪。队长汪洪洋在群里发出清雪通知，球友们冒着零下20℃的严寒，扛着推雪板到达现场，经过半小时的劳动，清理出了一条约60米长的球道。经过击球检验，球速与弹性等适中，与沙滩木球有着异曲同工的效果。冬季练习木球的难题终于解决了，大家心里非常高兴。

我们球队不论春夏秋冬，每天都练球，已经坚持了数年，队友们的身体素质和球技水平有了明显的提高，更重要的是通过练球，大家充分享受到了木球运动的快乐。

第
九
章

木球运动队管理

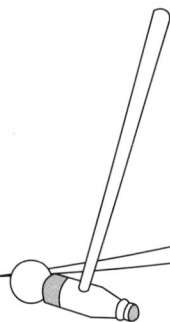

第一节　高校运动队管理基本理论

一、高校运动队建设的意义

普通高校建设高水平运动队的主要目的是引领学校体育课余训练和竞赛发展，为国家培养全面发展的高水平体育人才，完成世界大学生运动会及国际、国内重大体育比赛任务，[①]充分展示我国大学生的精神面貌。2020年，国家体育总局、教育部联合印发《关于深化体教融合，促进青少年健康发展的意见》。其中，关于高校高水平运动队建设方面，文件提出："体育、教育部门推进国家队、省队建设改革与高校高水平运动队建设相衔接，在高水平运动队训练、竞赛、保障等方面给予大力支持，并将其纳入竞技体育后备人才培养序列。"[②]同时，《国家中长期教育改革和发展规划纲要（2010—2020年）》中也指出："克服同质化倾向，形成各自的办学理念和风格，在不同层次、不同领域办出特色，争创一流。"[③]这些都为高校建设高水平、行业特色鲜明的运动队明确了思路，各高校要找准定位、办出特色，[④]这样才能在激烈的竞争中占得主动、有所作为，为我国竞技体育、全民健身、学校体育等诸方面作出贡献。[⑤]

经过多年实践，在我国高等院校建设高水平运动队已经有成熟的模式，比如

---

① 杨国庆.体育院校在竞技强国建设中的使命与担当 [J].北京体育大学学报，2019，42(02)：16-24.

② 国家体育总局、教育部联合印发《关于深化体教融合，促进青少年健康发展的意见》[EB/OL].http://www.gov.cn/xinwen/2020-09/21/content_5545376.html.

③ 国家中长期教育改革和发展规划纲要（2010—2020年）[EB/OL].http://www.moe.gov.cn/Srcsite/A01/s7048/201007/t20100729_171904.html.

④ 刘波，郭振，王松，等.体教融合：新时代中国特色竞技体育后备人才培养的诉求、困境与探索 [J].体育学刊，2020，27(06)：12-19

⑤ 王家宏，董宏.体育回归教育：体教融合的现实选择与必然归宿 [J].北京体育大学学报，2021，44(01)：18-27.

清华大学"自主培养 + 政府合作"的典型模式、南京工业大学"省队校办"的典型模式、常州工学院"省队市办校办模式"等。

"清华模式"：清华大学是在高水平运动队建设上最具代表性的国内高校之一。清华大学 1954 年正式成立体育代表队，1994 年开始试办高水平田径队，1997 年和 1999 年分别建立高水平跳水队和赛艇队。在高水平队伍的发展过程中，科学而有效的队伍管理保证了学生运动员在创造好成绩的同时全面发展，为培养德智体全面发展的国家级学生运动员作出了贡献。[①] 清华大学体育代表队成立时就采取多部门参与的管理体制，逐渐形成了校体委统一领导，体育教研部和学生部（校团委、武装部）直接管理，教务处、有关院系和后勤部门多方参与，各级领导积极支持的具有清华特色的队伍管理体制[②]。

"南工模式"：南京工业大学精心打造的江苏女子垒球运动队，不仅成为学校一张亮丽的文化名片，也向外界提供了一份体教融合的优秀范本。2005 年南京举办全运会，江苏省提出全项目参赛，要求把几个空白的项目建立起来，其中就包括女子垒球。当时恰逢南京工业大学建了新校区，校区的地形也非常适合建垒球场地，于是双方一拍即合。省体育局通过财政拨款建了场地，又招入了一批教练员和运动员，这一模式也是对传统竞技体育办队模式的延伸和补充。在学校与体育局的合作中，体育局主要行使其行政管理职能，比如负责运动队成绩考核、训练经费、伙食费等。学校则主管他们的训练、学习和生活。区别于有些运动队仅仅在高校"挂名"，江苏女垒真正实现了"吃住学训"完全在高校。"把队伍整建制放在学校，是南京理工大学提出省队校办最重要的条件，就是整个运动队一定要在校园里面。南工大的女子垒球运动队打出了名气，运动队所带来的示范效应和溢出效应也显而易见。"一开始学校提出的是'夺标育人'，后来就改为'育人夺标'。把'育人'放在前面，运动员不光要在赛场上争金夺银，还需要

① 刘波，牛犇，詹逸思. 清华大学赛艇队管理分析 [J]. 体育文化导刊，2011(12)：22-24+36.

② 杨国庆. 体教融合背景下我国高校高水平运动队建设：历史考察、经验凝练与优化策略 [J]. 北京体育大学学报，2022，45(07)：33-46.

成为一个全面发展的人。"

"常州工学院模式"：三方共建、以市为主、驻校办队。省体育部门负责手球队的编制管理、日常经费保障、业务指导；市体育部门负责手球队的日常训练与管理。学校成立相应机构，选派手球裁判、骨干教师参与运动队的训练、管理、科研等辅助工作；聘任江苏省手球队主教练、助理教练到校工作；引进手球裁判专业人才，设立手球服务中心等机构，为培育手球特色打下坚实基础。在建设高水平运动队的同时，在公共体育课中开展手球课程，在各二级学院成立手球队。

高校高水平运动队在体教融合中起到融合和牵引的作用，是我国培养优秀运动员的有益尝试和重要平台。通过高校高水平运动队的建设和完善，成为小学、初中、高中整个体育竞赛赛事优秀运动员的归宿之一。普通高校高水平运动队的发展与生源、经费、教练、训练与竞赛制度等一系列问题有关，但非常重要的一点就是队伍管理。队伍的管理水平和队伍管理效果的好坏，直接影响到培养高水平学生运动员的目标能否实现（图9-1）。有人指出：产生一种美德与养成不良的品质，其原因和方法是相同的。管理不好的运动无疑会产生所不希望出现的性格。无论是好是坏，都有迁移效果。

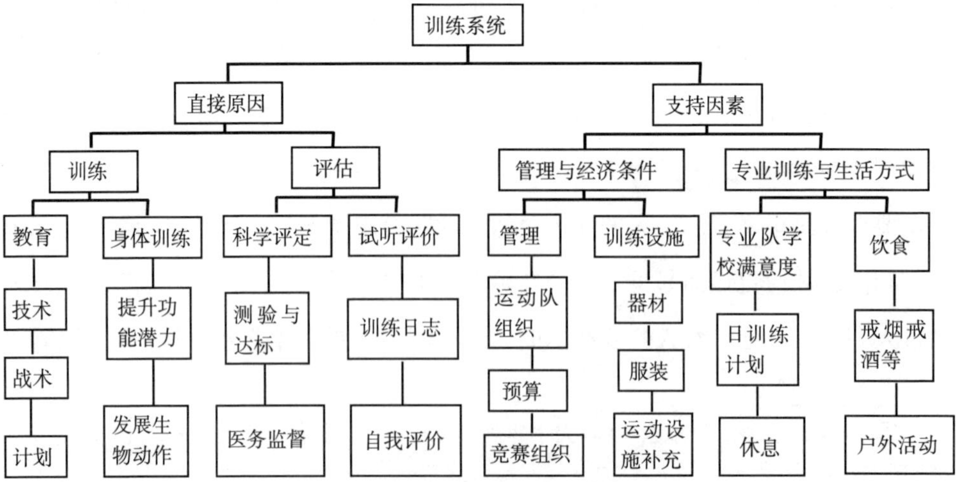

图 9-1　高校运动队训练系统结构

运动队建设是一项极其复杂的系统工程,其训练系统内部各种因素与外部因素相互影响,互相作用,既有可控的事项,也有不可控的指标。整个训练中需要计划性与可变性相结合,训练管理系统高效,有利于优化资源配置,降低建设成本,起到事半功倍的作用。管理若不得法,容易导致重筹划轻过程、重形式轻效果等问题。高校学生运动员培养中如果没有科学而有效的管理,整个训练过程没有可以依存的方向,训练不系统不科学,运动员竞技能力水平很难得到全面提高,在运动成绩上难有更大突破,很难塑造运动员完美人格、树立正确的价值观,高校组织高水平运动队的意义也将无从体现。

二、高校运动队管理目标

管理学认为,目标是指人通过自己的活动所要达到的预期结果和标准。一个运动队只有明确了自己的群体目标,才能激发成功的训练动机、制定长远的宏观的发展规划和短期的具体管理措施,进而朝着既定的目标方向一步步推进。作为高校运动队,队伍管理要围绕培养具有坚定理想信念、扎实综合文化知识水平、较高竞技能力水平等全面发展的学生运动员这个最终目标展开。

(一)要保证运动成绩的提高

运动队伍管理的首要目标是为运动员训练、比赛服务,完善运动队梯队建设,保证运动员新老交替不出现断层,提高运动队整体竞技能力水平,在国内国际的大赛中获取优异成绩。竞技比赛是检验队伍训练成果最好的方法,也是最直接最有效的宣传手段。成功的动机是学生运动员积极参加训练的动力,运动队伍没有优异的成绩就无法起到直观的示范作用,无法吸引更多的学生参与其中。

(二)要保证运动员的全面发展

队伍管理的基本目标是在保证提高运动成绩的同时,采取措施保证学生运动员的全面发展,提高他们的思想道德素质和文化水平。对学校运动队的学生在学业上、思想上要有更严格的要求,制定有针对性的管理制度,采取有效方法,使学生运动员不但能达到较高的运动水平,而且能德才兼备,成为对社会发展有用的人才。

（三）要将运动队塑造成一个团结向上的集体

运动队伍的建设在学校体育文化建设，校园体育氛围的营造中会起到引领作用。队伍管理的最高目标是让运动队团结向上的凝聚力感染每一个学生，为了理想信念积极拼搏，为了集体荣誉添砖加瓦，能担当、有责任心，体现出运动队所具有的示范教育价值。

三、高校运动队管理要求

根据管理学的基本原理和实践的经验，在队伍的管理上有以下5项基本要求。

（一）既要区别于专业队的管理，又要学习专业队的有益经验

专业队的队伍管理主要体现出严格、封闭、单调等特点。正是通过严格、封闭和军事化的管理，我国很多专业队取得了非常突出的成绩。由于管理对象的特点不同，高校运动队伍管理的方式也有所不同。采取封闭、军事化的管理方式是不现实的，更多的要靠教练员、辅导员通过耐心细致、润物无声的思想教育工作、确立符合运动员自身发展的学习与训练目标，制定相关的考核、监督、奖惩等有针对性制度来进行管理。当然，专业队管理的很多经验，如管理人员分工明确、领队协调各种事务，兼做思想工作，教练员团队做好运动员体能、技战术、心理能力训练指导、比赛大数据分析、制定战术决策、实施运动员状态诊断和建立相应的训练目标。科学的训练与严格的管理教育是队伍发展的双翼，高校运动队的管理需要学习其管理成功的经验。

（二）一定程度的集中有利于队伍的管理

大多数高校运动队采取相对分散的管理方式，即训练的时间和地点比较集中，而学习、住宿、课外活动、课外自习等方面都没有统一的要求。这种相对分散的管理方式有利于运动员的全面发展，但管理制度不易落实、环境因素对训练的影响较大。为了解决这个矛盾，采取集中和分散相结合的管理方式，为了不打扰其他不参加训练的同学们正常作息习惯，可以申请把运动队的同学分置在相对集中的宿舍，同时也利于他们在课余时间进行训练方面的交流。同时鼓励学生运

动员在文化课学习、课外活动时融入其他学生中，不断提高自己的综合能力。

（三）注重思想教育和全面培养

注重思想教育是做好队伍管理工作的前提和保证。运动队的管理者都意识到思想教育的重要性。对于高校运动员，除了接受大学生必备的思想教育之外，更要注重培养他们的体育精神，包括公平竞赛、顽强拼搏、集体荣誉感、不弄虚作假、不追求名利和金钱等。

（四）要有严格而又有针对性的制度作保证

在管理制度上，要严格按照学校的管理条例和规章制度来管理，并专门制定符合学生运动员特点的规章制度。没有规矩，不成方圆。要求运动员严格遵守各项规章制度，包括考勤要求、训练课纪律规范、训练场地器械管理与保护、器材室卫生制度、队员关系等。有了制度可以约束学生运动员的行为，更重要的是为他们的全面发展指明方向。运动员管理不仅要有制度，更需要有温度，有效的管理就是最大限度地影响运动员的思想、感情乃至行为，使其全面发展。因此，严格而有针对性的制度是做好队伍管理的必要条件之一。

（五）重视教练员的管理

教练员是办好高水平运动队的重要因素。一方面，教练员的执教水平直接决定了是否能培养出高水平的学生运动员；另一方面，教练员是否理解培养高校学生运动员的目的、能否在管理中运用科学而全面的管理方法，又直接影响到学生运动员能否全面成长。教练员要热爱自己的执教岗位，不断提升专业技术水平和科研能力，谨遵"桃李不言，下自成蹊；德高为师，身正为范"的古训，身先士卒，高标准严要求。

教练员是运动训练科学化的主体，在运动训练过程中起主导作用。以教练员为主导，多学科学术研究参与建立复合型教练组，是运动训练科学化的显著特征。

需要积极协调运动生理学、运动生物化学、运动生物力学、运动心理学、运动医学、运动营养学等多学科的专业教师参与到校队的训练中，全方位发力，为运动员进行专项技术、战术、身体素质、身体机能和心理的科学训练保驾护航。

●木球小故事●

临沂大学木球——我们的精神家园

山东省武城县第二中学　白奎栋

　　木球运动不光教会了我们如何挥杆、如何比赛、如何取得好成绩，更重要的是让我明白怎样去面对生活。在一次又一次的训练和比赛的过程中，我收获更多的是一份师生情、友谊情。是临沂大学木球队让我有机会结识到这么多优秀的老师、同学以及参赛对手。毕业两年，回想起来参与大大小小的训练赛、友谊联赛数不胜数，最让我怀念的还是每年一次的毕业杯！

　　高尔夫练习场、体育场、沙滩木球场、图书馆草坪，还有校园很多草地都留下了我们的身影。甚是怀念冒着雨我们都在坚持训练的时光；怀念老师提前给我们精心准备油炸丸子去沙滩边顶着烈日的时光；怀念我们训练之余一起在校园"摸鱼"的时光！是木球把我们聚到一起，让我们彼此熟悉，让我们像家人一样努力奋斗；尽管现在大家都身处各地，做着不同的工作，但是，我相信一有机会，大家还会回到这个梦开始的地方。

第二节 临沂大学木球队发展历程及管理实践

一、临沂大学木球运动队发展历程

临沂大学于 2008 年引进木球运动，2009 年组建临沂大学木球队。2011 年"中国木球培训基地"落户临沂大学，为学校通过推广普及和提高木球运动，实施《全民健身计划纲要》提供更加宽阔的平台和更加丰富的资源，这也是临沂大学全面实施质量立校、开放强校和特色亮校战略的又一张"国字号"金字招牌。2014 年，国家体育总局社会体育指导中心下发文件对社会体育活动突出贡献单位进行表彰，我校获得"全国木球项目推广贡献奖"。2016 年，本书作者之一陈亮代表国家队参加了在越南岘港举行的第五届亚洲沙滩运动会，并取得了优异的成绩，国家体育总局社会体育指导中心特发"感谢函"，对临沂大学为推动木球运动的发展做出的努力进行了肯定。（图 9-2）

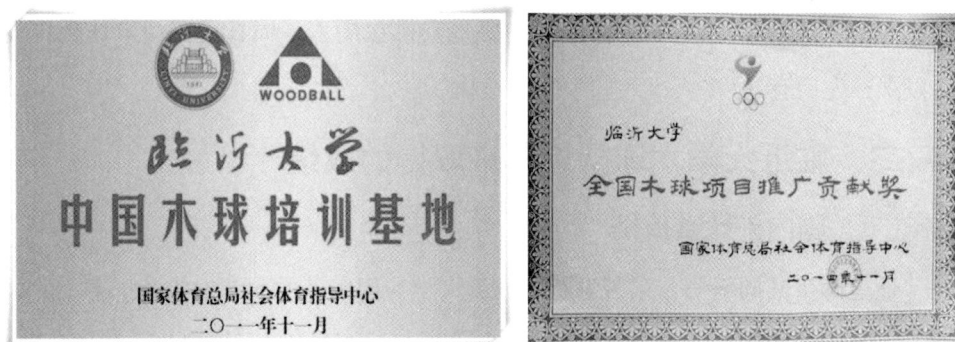

图 9-2　国家体育总局社会体育指导中心授予的匾牌与奖状

（一）临沂大学木球协会

2009 年，临沂大学成立木球协会。2010 年、2011 年，木球协会因为各项工作评比成绩优异,被升为 A 级社团。2010 年,木球协会被评为"临沂市优秀社团"。2012 年,木球协会晋级为临沂大学学生 AA 级社团,同年被评为"全国优秀社团"。木球协会在木球运动推广和木球队的组建上起到了重要作用。

(二)临沂大学"木球"课程

临沂大学的"木球"课程教学主要有两种形式,第一种是针对社会体育指导与管理专业学生开设的专业必修课(2012 年开始),目前参与"木球"课程学习的学生有 1000 多人。第二种形式是面向全校学生的全校性选修课程,教学内容主要是为提高学生木球的基本战术和基本技巧的运用,培养他们对木球的兴趣,为终身体育打下坚实基础,累计选修人数 2000 多人。木球是临沂大学最受欢迎的技能选修课程之一,很多学生"抱怨"抢不到课。

(三)临沂大学木球队

临沂大学木球队成立于 2009 年,每年代表学校参加各级各类比赛,成为学校对外宣传的窗口。成员主要来自临沂大学木球协会和体育与健康学院各专业的学生,运动队的成员也是木球协会的骨干。常规训练结合木球协会训练活动,主要利用早晨和下午的业余时间进行,有时候也会在周末安排教学比赛。在参加大型比赛前会进行 1~2 个月的集训,主要是安排在周六、周日进行。木球队自成立以来,先后有 30 多人次入选中国木球队。

二、临沂大学木球队近年来取得的成绩

(一)国内外比赛成绩

通过师生共同努力,艰苦训练,临沂大学在国内外的大赛中收获了不小的成绩。自 2012 年以来,师生代表国家队参加国际比赛(亚沙会、世界杯木球锦标赛、亚洲杯木球锦标赛、木球公开赛)、代表临沂大学参加国家级比赛(全国木球锦标赛、全国大漠健身运动大赛、全国木球大奖赛),获得冠军 37 项、亚军 27 项、季军 32 项。

2017 年,代表国家队参加了国际木协举办的亚洲杯木球锦标赛。在球道赛

团体比赛中，中国队力克印度尼西亚、泰国、中国台北等强队获得冠军，取得历史性突破。

下表是师生参加国内外大赛前三名成绩统计的基本情况。

表 9-1　2012 年以来木球队比赛获奖

时间	比赛名称	获奖名次	获奖人员
2012.06	亚洲沙滩运动会木球	男子团体第三名	朱作庆
2012.10	第七届全国木球锦标赛	男子团体第一名	朱作庆、许海伟等
2013.06	第八届全国木球锦标赛	A 组男子团体第一名	宋启桂、张新胜等
		A 组女子团体第三名	赵帅、吴良美等
		A 组男子个人第二名	宋启桂
		A 组混双第三名	宋启桂、赵帅
		B 组男子单打第一名	陈亮
2013.10	第三届亚洲杯木球锦标赛	球道赛团体第三名	陈亮、张新胜、宋启桂
		杆数赛团体第三名	吴良美
		女子杆数赛第一名	吴良美
		杆数赛混双第一名	宋启桂
		球道赛混双第三名	吴良美、宋启桂
2013.11	第三届全国绿色运动健身大会	女子团体第二名	吴良美、李溶溶等
		男子团体第二名	何守泰、宋启桂等
		混双第一名	王士柱、杜志娟
		混双第二名	宋启桂、赵帅

时间	比赛名称	获奖名次	获奖人员
2014.06	第九届全国木球锦标赛	B组男团第二名	张新胜、宋启桂等
		C组男团第一名	陈亮、王士柱等
		B组男子个人第二名	张新胜
2014.09	第六届世界杯木球锦标赛	球道赛男子团体第二名	王士柱
		杆数赛男子团体第三名	张新胜
2015.05	第十届全国木球锦标赛	B组男团第三名	陈亮、李治坤等
		C组男团第三名	张新胜、宋启桂等
		B组混双第一名	徐在兴、吴良美
		C组混双第二名	陈亮、高中玲
		C组男个人第一名	王士柱
		C组男个人第三名	陈亮
		C组女个人第三名	杜志娟
2015.10	中国（三亚）国际木球公开赛	球道赛混双第一名	陈亮、辛梦瑶
		球道赛混双第二名	冯建元、邓兴兴
		杆数赛男团第三名	徐在兴、冯建元等
2016.04	2016中国国际木球公开赛	男子团体第一名	马恒、徐在兴等
		男子个人第三名	徐在兴
2016.05	第七届木球世界杯锦标赛	球道赛男团第三名	陈亮、徐在兴
2016.09	第五届亚洲沙滩运动会	球道赛男双第三名	陈亮、司钦如

续表

时间	比赛名称	获奖名次	获奖人员
2016.09	第三届全国大漠健身运动大赛	男子团体第一名	马恒、张子俊等
		女子团体第一名	邓兴兴、王晓瑜等
		男子个人第一名	马恒
		男子个人第二名	陈亮
		男子个人第三名	张子俊
		女子个人第一名	邓兴兴
		女子个人第二名	王晓瑜
		女子个人第三名	孙雪荻
		混双第一名	冯建元、邓兴兴
		混双第二名	孙雪荻
		混双第三名	吴凯辛、梦瑶
2016.12	第十一届全国木球锦标赛	B 组杆数赛男团第一名	陈亮、马恒等
		球道赛男团第一名	陈亮、徐在兴等
		B 组杆数赛男单第一名	陈亮
		B 组杆数赛女团第一名	邓兴兴、辛梦瑶等
		B 组杆数赛混双第一名	李绪彪、孙雪荻
		B 组杆数赛女单第二名	邓兴兴
		球道赛女团第三名	邓兴兴、王晓瑜等
2017.09	第十二届全国木球锦标赛	B 组杆数赛混双第一名	张子俊、刘敏
		B 组杆数赛男团第二名	吴凯、张子俊等
		C 组杆数赛男单第二名	陈亮
		C 组杆数赛混双第三名	陈亮、高中玲

时间	比赛名称	获奖名次	获奖人员
2017.11	2017 中国国际木球公开赛	杆数赛男团第三名	陈亮、张新胜等
		杆数赛男单第三名	陈亮
2017.11	第十届亚洲杯木球锦标赛	球道赛男团第一名	陈亮、张新胜等
		杆数赛男单第一名	张新胜
2018.09	第四届全国大漠健身运动大赛	杆数赛男团第二名	白奎栋、张颜飞等
		杆数赛女团第二名	刘敏、李孝影等
		混双第一名	陈亮
		混双第二名	刘敏、白奎栋
		混双第三名	刘志远、霍硕硕
2018.12	第十三届全国木球锦标赛	B 组杆数赛男团第一名	白奎栋、张颜飞等
		B 组杆数赛女团第二名	姚永霞、屠雯雯等
		混双球道赛第一名	白奎栋、常郝攀
		C 组杆数赛男单第一名	陈亮
		C 组球道赛男单第三名	陈亮
2019.06	第十四届全国木球锦标赛	B 组杆数赛混双第一名	张颜飞、屠雯雯
		B 组杆数赛女团第二名	屠雯雯、姚永霞等
		B 组杆数赛男团第二名	白奎栋、张颜飞等
		C 组杆数赛男团第一名	李治坤、陈亮等
		C 组杆数赛男单第一名	李治坤
		C 组杆数赛男单第二名	陈亮
		C 组杆数赛混双第三名	陈亮、高中玲

时间	比赛名称	获奖名次	获奖人员
2019.09	2019 全国木球大奖赛	C 组杆数赛男团第一名	陈亮
		C 组杆数赛男单第一名	陈亮
		B 组杆数赛男团第三名	郭蒙蒙、张炳杰等
		B 组球道赛男单第三名	李积胜
2019.10	2019 年中国国际木球公开赛	杆数赛男单第一名	王士柱
2020.12	第十五届全国木球锦标赛	B 组杆数赛女团第二名	王敬茹、刘海婴等
		B 组杆数赛混双第二名	刘海婴、赵庆辉
		C 组杆数赛男单第一名	陈亮
		C 组杆数赛男团第二名	陈亮、王士柱等
2023.07	2023 全国木球锦标赛	B 组杆数赛男团第三名	段春磊、孙兆勇等
		B 组杆数赛混双第一名	王博、董帆
		B 组杆数赛混双第二名	段春磊、郭越群
		C 组杆数赛团体第三名	王士柱、陈亮等
		C 组杆数赛个人第二名	王士柱
2023.10	2023 亚洲杯木球锦标赛	球道赛男子团体第一名	王士柱
		球道赛男子双打第三名	王士柱
		杆数赛男子团体第三名	陈亮
		杆数赛男子双打第三名	陈亮

（二）木球队高质量人才培养情况

木球训练的过程也是一个教育的过程，要贯彻学校关于体育专业人才培养目标的基本要求，把培养高素质专业化创新型人才作为主要任务。在木球队训练的同时，要更多地考虑学生毕业的就业问题，鼓励队员在正常的训练之余，要把更多的时间和精力投入自己的学业规划中。

2015 年以来，木球队员考取研究生进一步深造的有 20 多位，考取教师岗位、事业编和公务员的有 30 多位，服务于全国各地部分高校、中小学以及事业单位，工作后在任职学校、工作单位积极开展各种体育活动，包括组建学校木球运动队，担任木球队教练员，真正做到了木球精神的传承、创新与发展。

图 9-3　2019 届考研宿舍木球队员与国际木球总会会长翁明辉先生合影

（三）木球队队员参与社会实践情况

社会实践作为高校学生在第一课堂之外，走向社会、了解社会、服务社会的重要方式，是高校为国家培养各类人才的重要环节。体育院校开展大学生社会实践能够增强大学生的社会责任感，培养大学生的创新精神，提高大学生的实践能力。

"耳闻之不如目见之，目见之不如足践之。""纸上得来终觉浅，绝知此事要躬行。"木球队也非常重视对队员的社会实践能力的培养和锻炼，要求队员积极参加"临沂大学"组织的"三下乡"社会实践活动、赓续红色血脉、追寻"红色足迹"学党史专项实践活动、"青鸟计划"返家乡社会实践活动等，让队员在学思践悟中牢记初心使命，在真学真信中砥砺报国之志；发挥自身专业特长，培养注重实践、知行合一的良好作风。

同时，积极参与木球社会活动。2017年江苏省木球项目一线社会体育指导员技能再培训在南京信息职业技术学院顺利举行，著者与宋启桂、吴凯与张子俊负责此次培训技术教学任务，得到培训学员与组织单位领导的一致好评。

图9-4 2017年江苏省木球项目一线社会体育指导员技能再培训

作为体育专业的学生，除了努力学习专业理论知识、掌握好运动技能以外，更重要的是把学到的专业知识运用到社会实践中去，服务社会体育发展。根据专业特色的实践需要，在学校、学院的大力支持下，队员多次参加了临沂市体育局、市体育总会、市教育局等单位主办或承办的田径、皮划艇、沂河挑战赛、临沂国际马拉松、蒙山体育节等比赛的组织与裁判工作，增强了队员实践创新工作能力，并锻炼了队伍，增强了队伍的凝聚力以及队员之间的协作意识。

三、临沂大学木球队建设基本理念

临沂大学在木球队建设以及学生的管理方面既要学习"清华大学""南理工大学"等高校高水平运动队建设的理念，也要借鉴国外高校的成功经验，同时结合地方高校的发展实际，探索具有自身特色的运动队建设之道。

临沂大学木球队建设是临沂大学发展体育工作的有机组成部分，是学校人才培养工作的重要内容，是促进竞技体育健康、可持续发展的重要途径。坚持以科学发展观为指导，按照学校"区域一流省内一流高水平综合性应用型大学"的战略目标要求，坚持普及与提高相结合，整合资源优势，创新管理体制。

临沂大学木球队建设的定位是：全面提高竞技运动水平，促进学校体育工作的发展，丰富校园体育文化生活，并为沂蒙地区培养优秀体育人才，提高本地区竞技运动水平，促进区域体育事业的发展作出贡献。

临沂大学木球队建设的发展目标是：依托体育艺术类招生平台，建设临沂大学木球队，坚持常年保持科学系统训练，不断提高木球运动训练水平。按照"有所为有所不为"的原则发展木球队伍，力求木球队在3~5年内，男子保持国内一流水平，女子进入国内一流，5~10年内进入国内领先行列。

四、临沂大学木球队管理制度

运动队要加强自身建设和管理，培养教练员严格管理、刻苦钻研、科学训练的教风，培养刻苦训练、比学赶帮的学风，凝练团结协作、相互尊重、遵章守纪的队风。

（一）运动员管理制度

1.学生入队采取自愿报名的方式，由教练员进行考核选拔确定，毕业学生原则上不再进入代表队，而文化课成绩不及格的学生，原则上不得进入代表队。

2.运动员必须树立刻苦训练，顽强拼搏、为校争光的思想和目标。尊重教练，尊重队友，搞好团结，不折不扣地完成训练计划，服从教练员对训练、比赛的安排和指导。

3.运动员的学习管理由临沂大学体育与健康学院教练员、辅导员、班主任等共同负责，三者之间主动沟通、协调相关工作。

4.合理安排作息时间，不因训练而影响学业。

5.运动员请假、考勤制度：

（1）无特殊情况，运动员训练、比赛不得请假。如确实需要请病假或事假，必须由本人提出书面报告并附相关证明，经教练员同意后方能准假，否则按旷训处理。

（2）训练课不得迟到、早退，每次训练后做好训练总结。

（3）运动员纪律涣散、训练不认真、无故旷训、罢赛、运动成绩明显下降且屡教不改的，视其情节轻重给予警告或劝退。

（二）教练员管理制度

1.教练员采用聘任制办法，经过综合考核，能者上；培育团队方向带头人，选送骨干教师及青年教师进修培训，学习先进的教学科研理念，提高团队的教学水平和科研水平。

2.教练员对运动队实行全面管理，并接受学校教务处、学生处等的检查、监督。每学期停训时，要及时上报运动员考勤情况。

3.教练员组织好训练工作。教练员要全面关心队员的健康成长，严格要求，科学训练，做到教书育人。运动队要有完整的训练大纲，大纲的制定要依据各级竞赛时间的安排分阶段实施，每个训练阶段要有起始时间、主要训练任务、重点训练内容、每周训练次数等。

4.注意积累训练数据，进行整理分析，逐步总结经验，提高训练的科学性。根据训练情况对运动员及时进行调整和补充。

5.教练员要组织好比赛工作。参赛前为运动员办理有关运动保险事宜，加强运动员的思想政治教育和日常生活管理，引导运动员搞好团结，加强运动队（运动员）团队精神建设。根据参加比赛的具体情况上报比赛项目的经费预算（如比赛期间的交通、参赛费和药品等费用），比赛后一周内完成报账工作。

6.教练要以身作则，为人师表，切实培养出好的队风，倡导精神文明。

（三）学院对训练队管理制度

1.体育与健康学院和教练员有义务对运动员的学习和政治表现进行监督。对受过纪律处分或学习较差的运动员劝其退离运动队。

2.对在各类竞赛中取得较好成绩，并为学校争得荣誉的运动队和运动员，将依据学校、学院政策给予奖励并进行宣传。

3.积极建立实习实践基地，为提高木球教学与训练水平、学生创新实践能力提供基本保障。主动与临沂市部分中小学、社区联系，争取建立 3~5 个木球实践基地。

4.每学期末，体育与健康学院对训练队的训练计划进行检查、存档，并完成运动员档案管理表的填写工作。

| 管理团队 | 教练员 | 1. 在运动训练科学化系统中占主导作用 |
| | | 2. 负责运动训练、竞赛的计划与实施全过程 |

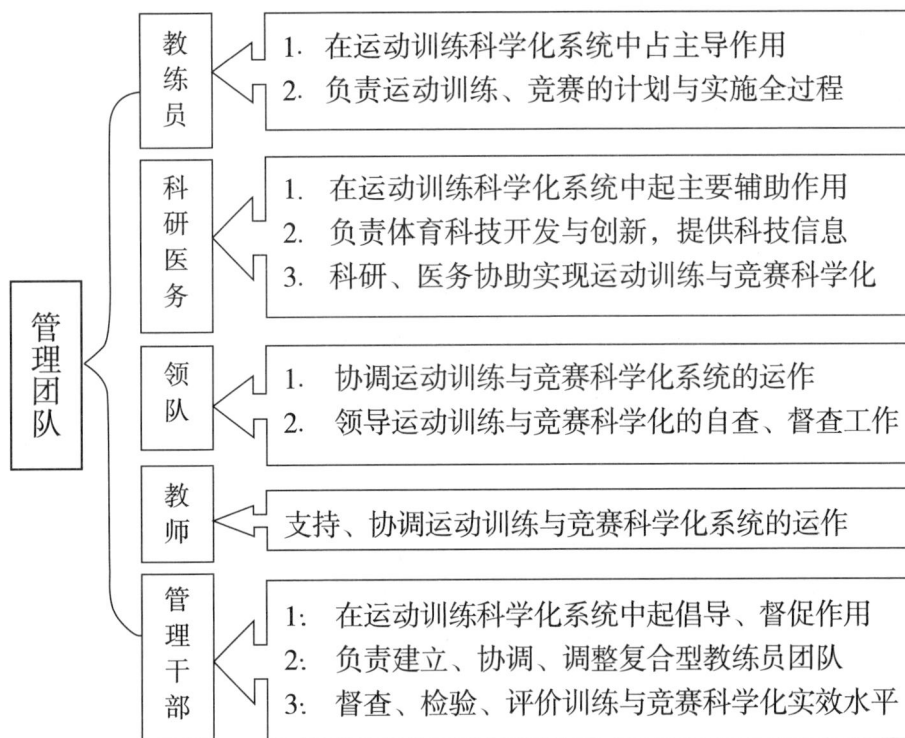

图 9-5　临沂大学木球队管理团队任务

（具体内容见图示）

- **教练员**
  1. 在运动训练科学化系统中占主导作用
  2. 负责运动训练、竞赛的计划与实施全过程
- **科研医务**
  1. 在运动训练科学化系统中起主要辅助作用
  2. 负责体育科技开发与创新，提供科技信息
  3. 科研、医务协助实现运动训练与竞赛科学化
- **领队**
  1. 协调运动训练与竞赛科学化系统的运作
  2. 领导运动训练与竞赛科学化的自查、督查工作
- **教师**
  支持、协调运动训练与竞赛科学化系统的运作
- **管理干部**
  1. 在运动训练科学化系统中起倡导、督促作用
  2. 负责建立、协调、调整复合型教练员团队
  3. 督查、检验、评价训练与竞赛科学化实效水平

五、临沂大学木球队管理实践

（一）思政教育第一课

1. 讲信义，遵规则

木球训练的第一课，给学生讲两个故事："中国球员邓亚萍""白俄罗斯球员萨姆索诺夫"。邓亚萍"两次擦边球，人生的历练"。1988 年菲律宾第六届"乒乓球亚洲杯"，在决赛中，邓亚萍跟对手打得难解难分，关键球时对手回了一个擦边球，裁判没有看清楚，就问她是否擦边，为了赢得比赛，她没有指出这个擦边球，违背了公平公正的体育精神。1990 年北京亚运会上女团决赛中，在双打这一轮乔红／邓亚萍对阵韩国的玄静和／洪次玉，在韩国队 14：13 领先时，对方

一个擦边球，裁判没有看到，邓亚萍主动举手示意，判对方得分，结果输掉那场比赛。两次擦边，两种不同的境界，比获取比赛胜利更重要的是要赢得对手与观众的心。在第49届乒乓球世锦赛四分之一比赛中，白俄罗斯球员萨姆索诺夫对阵我国球员马琳，有一个擦边球被裁判误判为判萨姆索诺夫得分，萨姆索诺夫现场对该判罚提出了质疑，但没有被裁判采纳，随后在马琳发球时，萨姆索诺夫主动接发球"自杀"，回赠马琳一分，以求比赛的公正。"一个球"表现了对对手的高度尊重，对体育公平性的捍卫，他将一种绅士精神带入了乒乓球。竞技场上，应该充分体现体育精神，更高、更快、更强，但更要团结。

2. 参观临沂大学红色馆

临沂大学红色馆充分展现了用沂蒙精神办大学的主题宗旨，涵盖"沂蒙文化·源远流长""抗大基因·播撒沂蒙""沂蒙精神·光照千秋""红色基因·世代传承"4部分，是追溯学校红色办学源头、展示学校传承红色基因成果的重要场馆。红色馆包括山东革命根据地北海银行博物馆、校史馆、王汝涛文史馆、王小古艺术馆、张寿民书法馆、追溯红色校史的溯园，依托沂蒙革命老区红色资源优势，集思想政治教育、革命精神传承、红色文化展示、红色文化研究、红色文化创意、师德修养教育等多种功能于一体，红色校史与党史、国史、革命史深度融合，奠定了师德涵养基地的红色底蕴。

临沂大学木球队就是要弘扬沂蒙革命精神、传承红色基因、赓续红色血脉。第一堂训练课就要给队员心里种下一颗种子，勤勤恳恳训练，踏踏实实做人，积极拼搏、尊重对手。

（二）团队熔炼

团队精神是运动队凝聚力的集中体现，是保持运动队战斗力和促进运动队健康发展的无形动力。团队精神也是队员良好合作的基础，团结合作的氛围有利于提升士气，表现出一种良好的精神风貌，最大化地发挥团队功效。在共同目标与使命感的指引下，使得队员之间关系更加和谐，对团队目标产生责任感，训练效果会大幅提升，共同进步、共同提高，逐步形成团队凝聚力。

教练是团队精神的灵魂，是团队凝聚力的关键所在。教练在修养、专业能力和社交中表现出来的人格魅力会深深地影响整个运动队。教练应模范地遵守运动队的规章制度，以身作则，让队员确实感到教练与自己站在一起，才会口服心服。教练员在制定和执行制度时应公平公正，注意方式方法。

强有力的团队精神必须依附于优秀的团队，要在平时的训练、比赛、学习和生活中加以培养。处理好人际关系，创造和谐的训练与比赛氛围，成员之间融洽相处，使每个人都有归属感，进而建成和谐团队。加强团队意识教育，通过比赛、拓展训练、集体活动、专题会议等使队员建立崇高的理想信念、强烈的爱国主义精神、自我价值的追求、无私奉献的意识。逐步认同运动队共同的目标和使命，心往一处想，劲往一处使，只有这样，才能把运动队做大、做强。

1. 户外拓展训练课

户外拓展是指以自然环境为场地的，带有探险性质或体验探险性质的体育活动项目群。通过户外拓展活动提升和强化个人心理素质，激发团队精神，增强团队凝聚力，融洽群体合作；学习欣赏、关注和爱护自然。户外拓展训练与木球运动在理念与特征方面一脉相承。

每年新生入队适应一段时间，正当入校的新鲜感渐失、打球和学习的注意力有所分散，甚至是有些彷徨和迷失的时候，球队适时开展户外拓展训练。队员通过热身、全身心地投入一个个体验式教育，教练给予导引和点评。户外训练，丰富了队员的业余生活，提升了他们的意志品质、责任心，明确了学习与训练目标，使队员感受到了球队大家庭式的关怀与温暖，重新燃起对木球训练激情，并积极地投入其中。

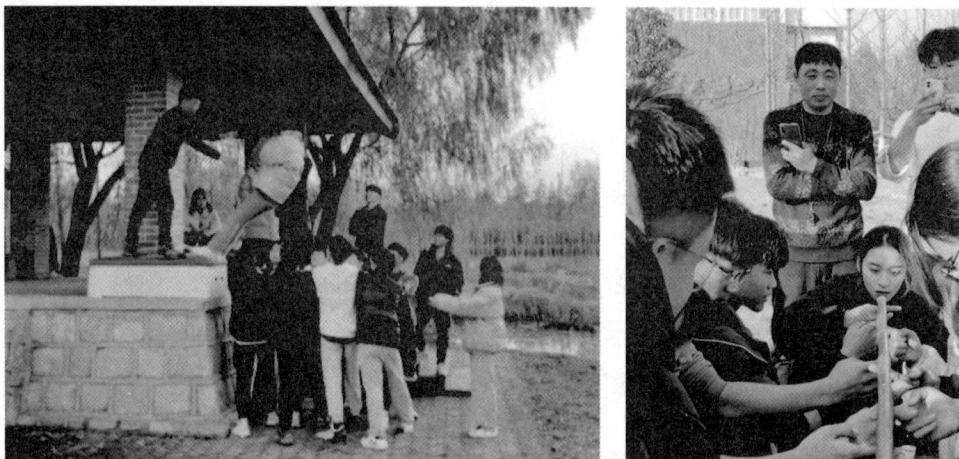

图 9-6　教练员团队带领队员开展户外拓展活动现场

2. 开展毕业杯木球友谊赛

一年一度的毕业杯木球友谊赛是熔炼团队的绝好的题材，比赛日俨然是队员们自己的节日。毕业杯赛内容包括：开幕式、奏唱国歌、师哥师姐寄语、嘉宾讲话、节目表演、比赛、颁奖、欢送晚宴等一应俱全，让低年级的队员筹备策划组织，毕业班的队员则是尽情享受师弟师妹们的倾情表演，满满的仪式感。教练只对活动提出具体的思路，其余的则由队员们自己完成。大家齐心协力，从开幕式程序设计、主持人的排练、师弟师妹的毕业祝词、节目的编导、场地的布置等全部由队员自己完成。毕业杯有一个重要的环节是为即将毕业的木球协会的会员、木球队的队员颁发终身荣誉会员的证书，一张普普通通的证书饱含了学校、学院对同学们在木球这个大家庭里所做的点点滴滴的高度认可，亦表达了对同学们的深深爱恋，四年大学"木球"情，一生"木球"缘不断。活动锻炼了队员方方面面的能力，拉近了队员间的距离，提升了团队的凝聚力，既有友谊的传递，也有运动队文化的传承。

图 9-7　一年一度的毕业杯木球友谊赛活动现场

3. 组织其他校外活动

大学生活是丰富多彩的，闲暇时间，带着队员们到户外进行野炊活动（户外烧烤、钓鱼消遣）、志愿清理环境垃圾，放松一下紧张的学习和训练情绪。队员们自己动手相互配合，体验生活的乐趣，丰富了学生的校园生活，亲近大自然，培养了热爱祖国大好河山的感情，增进了师生情感，强化了团结协作、吃苦耐劳的精神。

图 9-8　木球队员们在野外烧烤

通过团队精神的熔炼，有不良生活习惯、不知道合理安排课余时间、得过且过，组织观念差、作风懒散，不愿吃苦、缺勤较为严重的队员，找到了努力的方向，主动摒弃了不良嗜好，成为品学兼优的模范生。

（三）木球队训练

临沂大学木球队训练主要分为常规训练和赛前集训两种。

常规训练是跟临沂大学木球协会合在一起训练，正常教学时段里，每周训练5次，时间一般是每周一到周四早晨和周五下午，根据气温变化，训练时间会有微调，如有教学比赛时一般安排在周六、周日进行。在教练员带领下，主要进行技战术训练和体能训练，并在训练过程中加强思想教育，树立为校争光的信念。在训练过程中，通过老队员传帮带作用，发现培养潜力队员，培养新生力量，保证球队的健康持续发展。对不同年级的队员需要采取不同的训练方法，低年级的队员需要巩固提高技战术水平，常用重复训练法、间歇训练法、变换内容的训练法、教学性比赛训练法等方法。对于高年级的队员，在原有的训练方法基础上，另外需要应用循环训练法、模拟性比赛训练法、适应性比赛训练法、实战法、程序训练法、心理能力训练法等方法，提高队员适应不同层次、不同比赛环境的能力。

集训一般是在赛前的短期训练，利用周五下午、周六、周日或者假期时间进行的集中训练，训练时间和训练强度都会很大。有时候比赛时间紧，会占用上课时间进行。

集训主要是针对即将到来的比赛进行训练，针对性强，战术和模拟比赛的比重较大，集中攻克难点。集训让运动员可以在一段时间内保持较高的注意力，全身心投入训练，最大限度地利用自己的时间。能够入选代表队的都是能力较强的选手，凑在一起训练，更利于能力的提升。教练可以利用集训更了解队员，制定合理的战术。

（四）木球师资队伍培养及管理

师资方面，聘请国内知名教练陈沂山老师作为我校木球运动长期指导，培养我校优秀中青年教师充实到一线教学，主讲教师陈亮4次获得全国木球锦标赛冠军。学校运动队跟部队一样，铁打的营盘，流水的兵。带兵的将帅，需要一个稳定的团队。木球作为一个新兴休闲体育项目，本身从场地标准设置、竞赛规则、竞赛体制、技战术等方面都在不断地探索，高层次的专业技术人才短缺，临沂大学通过各种级别、层次的培训扩大数量，通过自我造血培养师资队伍。学院鼓励老师们利用业余时间参与木球训练和比赛，长此以往，我们培养了一支技术水平出众、思想素质过硬、敢打敢拼的教职工队伍。老师们刻苦钻研教学教法、认真训练，身先士卒，时时刻刻对学生起榜样作用，兢兢业业指导学生的学习与训练。《孙子兵法》说："视卒如婴儿，故可与之赴深渊；视卒如爱子，故可与之俱死。"这就是孙子的爱兵思想，对教练来说也是十分重要的。拿破仑·希尔博士有句名言："真正的领导能力来自让人钦佩的人格。"所以要求教练员必须以德修身、以德服众、以德领才、以德润才、德才兼备。在共容的教练与运动员的双方关系中，教练员不断地奖励运动员做出的努力和取得的成绩，形成良性互动，增强体育团队的凝聚力。

（五）木球队赛事活动

队员年复一年、日复一日地坚持训练，终极的心理目标，就是能够有机会参加比赛，实现自我的价值，为木球队的发展贡献自己的力量。通过竞赛，一方面检验了训练的效果；另一方面也可以调动队员训练的积极性。所以，学院领导与教练为队员尽可能争取一切可以参加比赛的机会。积极参加国内外木球赛事，并积极组织校际、校内形式多样的木球比赛，营造了良好的木球氛围。最终实现学生从知识技能的拥有者、继承者转变为知识技能的传播者与创新者。

承办了一届全国木球比赛——2010年"全球通杯"第五届全国木球锦标赛，产生了良好的社会效益，为宣传、展示临沂大学的发展成果提供了良好机遇。

2018年，临沂大学、临沂职业学院、临沂高级财经学校三校与来访的北京木球朋友进行了两次北方木球友谊赛。比赛均分为两天进行，第一天是在临沂大学校内草地木球场，第二天是在临沂市阳光沙滩，从早打到晚，基本没有停歇，一轮接一轮，这对每个人的体能和注意力是一个考验。从赛事的策划筹备、场地的设计布置、比赛组织、后勤接待等全由三校木球队成员完成，大家既是运动员，又是组织者，跟高手一起比赛，切磋球艺，队员们收获多多，队伍得到了锻炼。

图 9-9　2018 年北方木球对抗赛

毕业杯木球友谊赛是为欢送毕业生定制的经典赛事，如今已成为传统赛事。有时还会邀请临沂职业学院和临沂市高级财经学校参加。

图 9-10　临沂大家木球协会毕业杯木球友谊赛及其赛事

每次参加校外比赛前，都会按照惯例进行 2~3 次选拔赛，根据比赛地的场地情况尽量选择相类似的场地进行，每次至少进行 3 轮 12 球道的比赛，最后根据排名确定入选队员。

定期进行的校内对抗赛和教学比赛贯穿了整个训练过程，是通过以赛代练，提高队员技战术水平的最佳途径之一。

(六) 木球队员梯队建设

任何一个运动项目的发展都需要进行团队建设，学生运动员梯队发展非常重要，不同年级、不同性别都应按比例尽数发展。充分考虑大一学生刚接触木球运动，基础训练需要 1~2 年才能参加系列比赛；还要考虑学生进入大四，要全力备考研究生、教师编、事业编等情况，所有重要比赛一般都要给其让路。学生技战术的掌握、心理趋于成熟一般集中在大二下学期及大三整个学年度。木球队梯队建设要未雨绸缪，所以新生入学以后，木球协会就立即组织协会纳新、开学季年级对抗赛等活动。

另外，在大一上木球必修课和选修课的同时，根据学生的意愿和任课教师的判断，选择适合加入木球队的一年级同学作为初级培养对象。初期的训练把队员思想品质和习惯养成放在首位，让其逐渐融入团队。大二、大三的队员作为重点训练对象，进行技、战术训练的同时，注重实战经验和心理素质的提升，促进技术风格的养成。

(七) 木球队文化建设

运动队文化是在一定的条件下，运动队运行和管理活动中所创造的具有该运动队特色的精神财富和物质形态。文化是运动队的灵魂，是推动运动队发展的不竭动力。它包含着非常丰富的内容，包括运动队愿景、文化价值观念、运动队精神、道德行为准则、球队传统、运动队制度、运动队活动等。每个运动队都有自己的文化内涵，是有别于他队的个性化的显著特点，也是运动队生存、竞争、发展和传承的精神支柱。运动队文化使团队更具有凝聚力、使命感，是运动队不断发展或前进的动力之源。运动队文化能赋予队员荣誉感和成就感，使队伍更具战斗力，更容易取得好成绩，而且运动队的气质得以在运动员身上体现。文化能加强队员的责任感，队员都深爱自己的球队，以自己是其中的一分子感到骄傲，会用行动捍卫着运动队的尊严，为运动队增光添彩。即便经历多次的队员更迭，老队员会把这些理念传授给新队员，这种文化也会得以传承和发扬。无论是新队员、老队员，还是毕业的队员，都希望自己的运动队发展得更好，更好地将这些文化传承下去。

临沂大学木球队文化由物质文化、精神文化、制度文化三个层次构成。

1. 物质文化

临沂大学木球队拥有自己的办公场所和器材室，是队员们进行各种活动的根据地，各类场地器材充足，墙面有协会及运动队发展简介、光荣榜等。每次比赛都会定制精致的队服、帽子、防晒护具等，上面印有专门设计的队标。

临沂大学木球队队标（男队）　　　　　临沂大学木球队队标（女队）

队标说明：

（1）队标主要由红、绿、蓝、金 4 色构成。

（2）其中，红色寓意临沂大学是一所具有优良革命传统的老区大学，坚持传承红色基因，弘扬沂蒙精神，为党育人、为国育才的使命。

（3）绿色寓意木球是绿色的运动和木球队员拥有蓬勃向上的朝气；2008 是指临沂大学木球始于 2008 年。

（4）蓝色为地球图案，寓意临沂大学木球队冲出亚洲，走向世界宏伟蓝图。

（5）金色寓意胜利，皇冠象征夺冠。金星数量则代表临沂大学获得全国木球锦标赛杆数赛团体冠军的次数。

2. 制度文化

按照学校的部署，临沂大学木球队由分管校长负责，分级管理，确保运动队顺利、高效地正常运行。

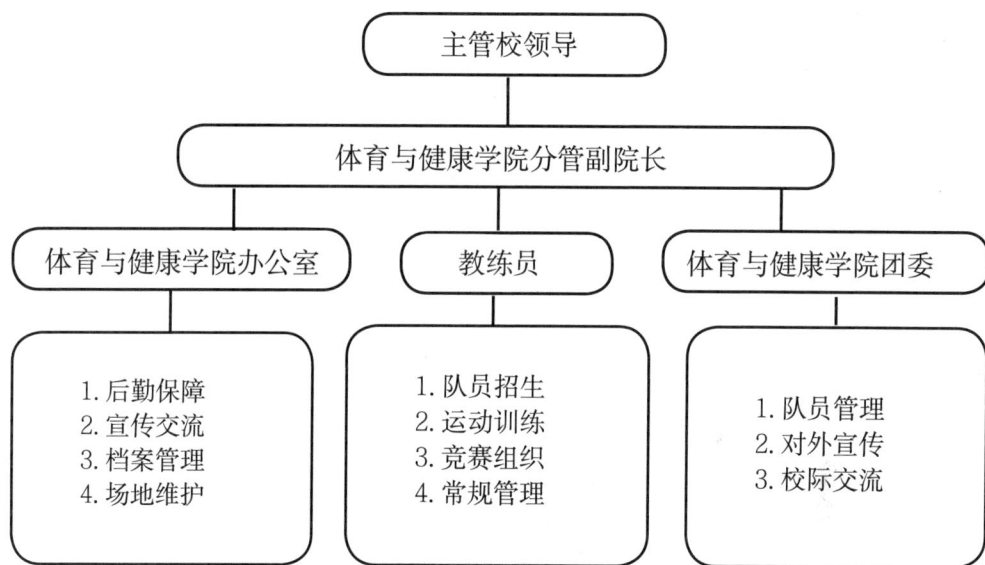

图 9-11　临沂大学运动队管理组织结构图

运动队训练工作由体育与健康学院分管副院长直接领导，在训练过程中进行监督和指导。分管副院长参与设立运动队的目标，完善内部管理机制，调动各方面的积极素质，处理好运动队与外部环境的关系。

教练员是运动队训练管理的重要决策者和实施者，会在各方面对运动队产生深远的影响。教练员要有奉献精神和责任感，不断提高自身修养，规范自己的言行，严于律己，训练以身作则，用自己的威望和感染力影响和改变队员心理和行为，文明执教，严格管理；努力提升自己的执教能力，科学制订各类训练计划，要认真钻研业务，具有过硬的专业能力和理论知识，不断改进和创新训练方法、手段，提高训练质量；注重运动队作风建设，严抓纪律，严格要求队员保质保量完成训练工作。教练员在训练管理上要学会刚柔相济，不放纵队员，该严就严，在不违反原则的基础上还要学会灵活处理队员管理中的问题。强将手下无弱兵。教练员严于律己、以身作则的表率作用，是对队员管理教育最直接的方法。

队长是运动队的核心，思想过硬、技术优秀，要具有高度负责的事业心和强烈的进取精神，与队员朝夕相处，有号召力，是教练员的好助手和队员的主心骨，训练过程中在教练和队员之间起到承上启下的作用，主动协助教练员完成运动队的日常训练和组织协调工作，能够在训练和日常工作中起到带头作用，调动队员训练的积极性。摸清队员的思想动态，积极与教练员沟通，在精神上能带动队友，维系运动队的团结。认真做好考勤工作。

运动队骨干是运动队主力，在训练过程中要以身作则，主动承担组织和场地器材布置工作，为低年级队员进行技战术和心理指导。教练员对于骨干队员的管理既要尊重他们，虚心听取他们的意见，又要严格要求一视同仁。要善于调动骨干队员的积极性，并由此影响全队。

新队员是全队的希望，梯队建设的成功与否决定运动队未来的发展。他们需要快速成长和取得教练员和队友的认可，训练中应以鼓励为主，尽快融入运动队，要让他们建立自信，全身心投入训练，用自己的成绩证明自己。全队上下为他们提供相对宽松的成长环境，并给予更多的关爱，帮助他们尽快地成长起来。

此外，还有《临沂大学运动队建设规划》《临沂大学运动队管理办法》《临沂大学木球协会章程》《临沂大学木球队 ×× 比赛选拔方案》作为制度保障。

3. 精神文化

时代的巨浪瞬息万变，物欲裹挟着世界，但大浪淘沙后留下的精神文化一定是永恒的。精神文化是运动队文化的核心，代表着运动队的信念和追求，是运动队群体意识的集中体现。通过运动队精神文化建设，培育运动队价值观，把团队力量拧成一股绳，为实现运动队目标而奋斗。以人为本，充分调动队员的积极性、创造性。"前进的道路上，要有信仰、有梦想、有目标，更要有付诸实际的行动，还要有面临困境时心理的调整！""人无精神不立，国无精神不强。"共同目标是运动队共同活动的标准和核心动力。每个成员都要自觉把自己的行动依附在共同的目标下。然而在市场经济物质浪潮的冲击下，人变得浮躁和急功近利，如何形成一个人人都能自觉遵守和维护的共同目标，成为凝聚团队精神的首要问题。经过多年的摸索，临沂大学木球队最终形成了"学好习，打好球，做好人"的队训，唤醒队员的主体意识，实现团队目标和个人目标的双丰收。

（1）学好习

高校运动训练是教练员和运动员共同参与下的教育过程。教练员作为队员的人生导师，指导队员做好人生规划是其职责之一，要根据不同队员的志向与特点，做好引领和督促工作，最终使队员成人成才。

木球不同于田径、篮球、排球、足球等传统项目，目前在我国北方属于小众项目，很难在学业和就业问题上对队员起到帮助作用。这个矛盾在球队成立初期尤为凸显，一年级因为好玩和喜欢选择木球训练，可是到了大三，有一个现实问题摆在队员面前："打木球是为了什么？对就业有多少帮助？还要不要打下去？"这个问题困扰了球队三年，严重影响了球队发展，只有解决好这个问题才是搞好木球队的关键。于是作者想到了从学生的"出口"入手，解决学生的后顾之忧。从学生一入队就对队员进行学业规划与指导，根据队员自身特点反复论证，帮助他们确定努力的方向，选择考研、考取教师编、考取公务员或自主创业等最适合发展的路子，明确努力方向。进队初期就会建立学习督促微信群，分类对学生予以指导管理，以学习小组为单位监督学生完成各类学习，坚持每日学习打卡；期末督促队员做好期末复习；三年级开始督促教师资格证笔试准备，指导学生完成教师资格证面试；三、四年级督促学生考研或考教师编的准备工作。该方法效果明显，得到了队员们认可，学习搞好了，队员没有了后顾之忧，打球的积极性有了很大提高。多名队员多次获取国家励志奖学金、校级奖学金、学科竞赛创新创业奖学金、政府奖学金。同时积极参与社会实践活动，申报创新创业项目，发表学术研究论文。

（2）打好球

训练是件很枯燥的事情，最初训练的热情一过，惰性就随之而来。思想工作要常抓不懈，督促也要想尽办法，让队员明确训练动机。对运动员进行集体主义教育，把训练和集体荣誉紧密联系在一起，使运动员树立起为校争光甚至是为国争光的雄心、勇攀高峰的壮志，是运动员积极主动训练的思想动力。训练和比赛的过程也是提升认知能力、完善性格气质及增强意志品质的过程。教练员善于引导队员提高自己的心智，磨炼自己的性子，拓宽自己的视野，努力去实现自己的价值。明确短期目标和长期目标可以大大激发运动员内在的积极性，教练员积极引导教育，也会增强队员的自信心，自觉地参与训练，高标准地完成训练任务，不断提升训练效果。

（3）做好人

训练必先育人，育人首要育德。品德是人的第一智慧。学会尊重他人，遵守规则，谦逊地面对每一位对手；学会诚实守信，不投机取巧；懂得感恩，感恩父母、感恩母校、感恩教练、感恩队友；磨炼脾性，强大内心，冷静地面对一切挑战；培养坚韧不拔意志品质，严于律己，勇往直前；提升协作能力，学会与人交流、收获自信，积极地面对生活，适应社会生存。

（八）木球队管理

临沂大学木球队是一支高校业余运动队，队员大部分来自体育与健康学院社会体育指导与管理专业和体育教育专业本科学生，是通过木球课程和木球协会选材组建而成。临沂大学木球队自2009年组建至今，已在全国木球界小有名气，成为宣传学校的一张名片。俗话说得好，管理出效益，"七分管理，三分训练"，重要性显而易见。经过十几年探索和发展，球队管理模式已逐渐变得科学化和人性化。

球队是由学校学院分管领导、教练员、运动员及其他管理人员等构成。团队目标是通过科学严谨的训练、严格细致的管理，提高运动员的竞技水平，在国内外木球比赛中勇创佳绩，为学校争光，为中国木球队输送人才，进而为国争光。

作为高校业余木球队，学习是学生队员的主业，也是决定队员就业和发展的基础。对于大多数同学来说，学习是改变命运的唯一途径，所以组建学习型球队，做好队员的学业规划，抓好队员学习和就业是球队工作的重中之重。队员解除后顾之忧后，从思想认识上有了较大提升，反过来又促进了训练工作的开展。球队管理要从比赛成绩和学业成绩两个方面入手。

1. 学习管理

新生刚入学，面对学习和生活的节奏改变，很多同学很难适应，找不到方向，迷茫，不知从何下手。针对这个情况，在新队员入队之初，球队首先会进行一个学业生涯规划的专题会议，通过教练员的引导和老队员的现身说法，使每个人都要明确自己的努力方向。暂时没有想法的队员，先引导其从养成良好的学习习惯开始。对于不同目标的队员比如考研、考教师、考公务员、自主创业等，分别予以管理和督促。

（1）以小组为单位建立学习督促群，选出小组长，协助老师进行学习督促。坚持每日打卡，保持学习能力，为考研考编等做好铺垫，对于认真完成学习任务的队员予以奖励；期末督促学生做好复习，力争获得奖学金。

（2）二年级督促队员准备教师资格证笔试，笔试通过后再全力辅导教师资格证面试，一证在手，心里无忧。

（3）三年级督促考研的队员全面投入准备，协助其选择报考学校，指导学生撰写、发表论文，为研究生学习做好铺垫。

（4）四年级督促考教师的队员准备教师招聘考试，并对通过笔试的同学进行面试指导。

2. 训练管理

队员年龄都在 20 岁左右，心智相对不成熟、想法简单，不善于与人沟通。很多人贪玩、不愿意吃苦，缺乏自律，集体观念差，对木球运动没有更深的认知，一开始只为了好玩和新鲜感，一段时间以后，当真正面对重复枯燥的日常训练时就容易产生心理波动。针对以上情况，我们仔细分析具体问题，做出应对，收到了很好的效果。

（1）加强运动员思想道德教育，熔铸优秀团队

坚定以人为本、育人为主的训练理念，狠抓人生观、价值观教育，主要通过专题会议进行教育，用模范人物和优秀毕业队友的事迹激励大家，把提高综合素质、体现自身价值作为努力的方向。在球队中树立模范，通过榜样的力量来影响其他队员。

打造一支阳光、和谐、正能量满满的团队，形成一个良好的队风，把全队的思想统一到团结向上、创优争先上来，使团队精神影响到每一个队员，不仅体现在运动场上，更体现在学习和生活中。把握每个队员的思想动态，相应地调整教育方式和改进训练管理中存在的问题，力争把问题解决在萌芽状态。让积极向上、公平竞争、互帮互助、勤学苦练的团队精神届届相传。

（2）球队管理严格细致、人性化

一方面，球队需要竞赛成绩。从这个角度上讲，训练必须要严格管理，规范队员的训练行为，严格执行《临沂大学木球队训练管理制度》《临沂大学木球队××比赛选拔方案》，提高队员的纪律性。只有这样才能保证训练质量，取得理想的竞赛成绩。但一味对队员采用高压政策，动不动就处罚，会引起队员的抵触情绪，甚至会出现消极训练的情况。教练员应该及时调整思路，在明确坚持训练规章制度的同时，又要做到具体情况具体分析，把规章制度的刚性原则和人性化管理有机地结合起来。例如，曾有一个队员非常喜欢木球训练，天赋也很好，可有一段时间缺勤现象比较严重，训练注意力也不集中，在队伍里影响较坏。经过了解，该队员家庭出现了一些变故，不仅是训练没了兴趣，上课也是无精打采，

人变得消极颓废起来。了解到这一切后，教练就把他约到家里去吃饭，在吃饭时就帮助其调整心理，引导他从困境中走出来。然后安排几个老队员私下关心帮助他，嘘寒问暖。从此之后该队员就像变了一个人似的，训练积极，学习刻苦，成为球队骨干。他还改正了打网络游戏的缺点，主动承担起球队的一些日常工作，成了教练的得力助手。球队管理要从点滴抓起，事无巨细，注意队员思想上和生活上的细微波动，把隐患消灭在萌芽中。

另一方面，学业关系到学生的前途和发展。最初几年球队只管抓训练，到了三、四年级时候很多队员思想波动较大，"打球的意义是什么？""接下来，我应该怎么办？""是时候考虑工作和学业问题了……"如何正确处理训练与学习，是业余训练亟待解决的问题，也是一个关系到业余运动队健康发展的核心问题。近年来，教练员指导每个队员都做好了学业生涯规划，并全程督促他们抓好学习，做到学习训练两不误，在队员产生浮躁懈怠思想时及时予以纠正，使每个队员都学有所成，才能解决队员的后顾之忧。学业上的进步使队员对未来充满了信心，让学生感受到团队的温暖，反过来又促进了训练的高质量完成。

人性化管理并不是要我们违背和曲解管理制度，而是对现有管理制度一种有益的拓展和延伸，是一种大胆创新，使运动队管理更能符合时代的要求。

3. 团结和谐的人际关系有利于运动队管理

运动队中的人际关系，是指运动队成员之间相互联系、影响和制约的关系。主要有教练与队员、教练与分管领导、队员与队员的关系等，是运动队民主管理的情感纽带。在诸多关系中，以教练员与队员之间的关系最为重要和复杂，教练员要饰演好自己的角色，训练和学习管理中是严师，生活中是益友。教练员在训练中要以身作则，善于培养队员的集体主义精神，强化主人翁意识，营造一个团结和谐的球队关系，使球队成为队员们的精神家园，让每一个队员都感受到集体的温暖。

4. 实施透明的激励机制

激励在竞技体育运动队中具有重要作用。科学合理的激励机制能够有效地调动教练员、运动员的积极性和主动性。也就是把"要我练"变成"我要练"，激发他们的创造力和潜能，从而取得理想的竞赛成绩。临沂大学木球队激励可以分为奖学金、学分、评先树优、精神鼓励等。

参与运动训练会占用一定的时间，这些队员将承受学业和训练比赛的双重压力，取得成绩后给予相应的奖励是对运动员的一种肯定。激励要及时、恰当和公平，要区分运动员的个体差异，论功行赏。优厚奖励会让优秀运动员产生作为核心的优越感和危机感，刺激他更加努力提高自己的水平，取得更大的成功，也能够激励其他队员认真地投入训练和比赛，从而形成良好的竞争氛围。灵活使用各种激励手段，掌握激励的艺术，奖出和谐，奖出效益，在实现团队目标的同时，也让运动员的个人价值得到体现。

总之，队员的培养和管理需要管理者用心探索、创新思路，不断完善我们的管理工作，理论联系实际，使之人性化、科学化，以推动学校业余训练队的稳定发展，真正使队员成人成才。

●木球小故事●

我与临沂大学木球

山东省临清市八岔路镇潘彭店小学 冯建元

当一个个瞬间逐渐成为记忆，才知道大学四年时光是多么的弥足珍贵。其间，有拼搏，有努力，有欢笑，也有泪水，当然也掺杂了些许不舍和遗憾。最让我割舍不下的，依然是坚守了四年的木球运动。

刚步入大学，一个偶然机会，我接触到了木球，觉得木球挥杆非常优雅，教练既和蔼可亲又幽默风趣，也

渐渐爱上了这项运动。

　　每天早晨 6 点 30 分开始的训练，使我养成了良好的习惯，也为后来考编奋战打下了良好的基础。大家一起风餐露宿，互帮互助，相处很融洽。老师指导我们训练、比赛、团建、学习以及未来规划，就像是一个大家庭，跟他们一起的日子总是充实愉快的！

　　转眼间从毕业到现在已有五年，过往的青春大电影一帧一帧在记忆的银幕中闪现。虽已离队多年，但还想再以木球队员的身份，痛快淋漓地打一场比赛。

　　学好习、打好球、做好人。时刻谨记队训，做行业的佼佼者。

参考文献

一、著作

[1] 周兵，等.休闲体育 [M].桂林：广西师范大学出版社，2000.

[2] 李相如，凌平，卢锋.休闲体育概论 [M].北京：北京体育大学出版社，2012.

[3] 马红宇.易地参赛环境及运动员的适应性调节 [M].北京：北京体育大学出版社，2005.

[4] 过家兴.运动训练学 [M].北京：北京体育学院出版社，1986.

[5] 田麦久，等.运动训练学 [M].北京：高等教育出版社，2000.

[6] 迪特里希·哈雷.训练学：运动训练的理论与方法学导论 [M].蔡俊五，郑再新，译.北京：人民体育出版社，1985.

[7] 徐本力.运动训练学 [M].济南：山东教育出版社，1990.

[8] 田麦久，刘大庆.运动训练学 [M].北京：人民体育出版社，2012.

[9] 王步标，华明，邓树勋，等.运动生理学 [M].北京：高等教育出版社，1992.

[10] 田麦久.高水平竞技选手的科学训练与成功参赛 [M].北京：人民体育出版社，2014.

[11] 田麦久，熊焰.竞技参赛学 [M].北京：人民体育出版社，2011.

二、期刊

[1] 谢荣.英国竞技体育的崛起探源及其启示 [J].南京体育学院学报（社会科学版），2017，31(01)：75-78+84.

[2] 刘一民.余暇体育：一种文明、健康、科学的余暇生活方式 [J].天津体育学院学报，1996(01)：59-64.

[3] 常朝阳.五年来我国休闲体育研究状况的综述 [J].首都体育学院学报，2006(01)：112-116.

[4] 叶小瑜，李海.中国休闲体育研究进展及热点评析 [J]. 上海体育学院学报，2016，40(06)：37-44.

[5] 于涛.余暇体育？还是休闲体育？关于 Leisure sport 概念和定义的批判性回顾 [J]. 天津体育学院学报，2000(01)：32-35.

[6] 曹卫.体育休闲的理想与现实 [J]. 体育与科学，2004(05)：29-31.

[7] 赵富学，程传银.体育学科核心素养的理论基础及结构要素研究 [J]. 沈阳体育学院学报，2018，37(06)：104-112.

[8] 胡晓强，陈亮，高中玲.木球运动在临沂市中小学开展的可行性分析 [J]. 科学大众 (科学教育)，2016(06)：172+186

[9] 徐大鹏，陈燕.基于就业视角的休闲体育专业与社会体育专业培养方案修订的研究：以首都体育学院为例 [J]. 首都体育学院学报，2017，29(01)：39-45.

[10] 田麦久.先进训练理念的认知与导行：兼论东京奥运会备战与参赛的首选策略 [J]. 上海体育学院学报，2019，43(02)：1-5+48.

[11] 陈亮，高中玲.基于 AHP 方法的优秀木球运动员竞技能力结构评价指标体系构建 [J]. 运动精品，2020，39(06)：63-65+67.

[12] 马红宇，田麦久.易地参赛环境的理论研究 [J]. 北京体育大学学报，2002(01)：138-141.

[13] 董晓冰，代中善.竞技能力结构理论架构 [J]. 北京体育大学学，2010，33(05)：110-113.

[14] 张磊，孙有平.运动训练原则：概念、依据与体系之匡补 [J]. 西安体育学院学报，2014，31(04)：481-487.

[15] 田麦久.关于运动训练原则的辩证思考 [J]. 北京体育大学学报，2010，33(03)：1-9.

[16] 马海峰，吴瑛.基于"竞技状态"的中国特色运动训练过程安排理论 [J]. 上海体育学院学报，2022，46(03)：39-49.

[17] 陈亮.现代运动训练原则的演变 [J]. 体育文化导刊，2011(06)：69-73.

[18] 胡海旭，邱锴，李恩荆，等.论运动训练分期理论与板块周期的关系 [J]. 上海体育学院学报，2013，37(06)：90-96.

[19] 姚颂平,吴瑛,马海峰."运动员培养一般理论"学科的发展与奥运备战[J].上海体育学院学报,2020,44(01):1-11.

[20] 吕季东,杨再淮.周期训练理论的基本原理及研究中的若干新问题[J].上海体育学院学报,2001(01):46-50.

[21] 陈正,陈莉,孙江宁.国家女网周课训练安排及训练效果实时监控分析[J].体育学刊,2007(02):103-107.

[22] 侯桂明,贡新烨,岳建兴,殷劲.对周期训练机能的叠加效应与超量恢复原理的审视[J].南京体育学院学报(社会科学版),2010,24(03):116-118.

[23] 仇乃民.复杂性科学视角下运动训练超量恢复原理的重新解读[J].山东体育学院学报,2018,34(04):99-104.

[24] 田麦久,田烈,高玉花.运动训练理论核心概念的界定及认知的深化[J].天津体育学院学报,2020,35(05):497-505+512.

[25] 田麦久.我国运动训练科学化进程的审视与评析[J].上海体育学院学报,2023,47(02):1-12+36.

[26] 刘敏,陈亮.高水平木球运动员竞赛焦虑与运动成绩相关关系研究[J].当代体育科技,2021,11(16):79-83

[27] 刘运洲,张忠秋.竞赛中的Choking现象分析[J].上海体育学院学报,2009,33(05):77-82.

[28] 田麦久.运动训练学理论体系中竞技参赛问题的分野[J].中国体育教练员,2020,28(01):3-6+17.

[29] 李佳峰,高中玲,陈亮.优秀木球运动员比赛注意力调查研究[J].科学大众(科学教育),2016(06):167-168.

[30] 杨国庆.体育院校在竞技强国建设中的使命与担当[J].北京体育大学学报,2019,42(02):16-24.

[31] 刘波,郭振,王松,等.体教融合:新时代中国特色竞技体育后备人才培养的诉求、困境与探索[J].体育学刊,2020,27(06):12-19

[32] 王家宏,董宏.体育回归教育:体教融合的现实选择与必然归宿[J].北京体育大学学报,2021,44(01):18-27.

[33] 刘波，牛犇，詹逸思 . 清华大学赛艇队管理分析 [J]. 体育文化导刊，2011(12)：22-24+36.

[34] 杨国庆 . 体教融合背景下我国高校高水平运动队建设：历史考察、经验凝练与优化策略 [J]. 北京体育大学学报，2022，45(07)：33-46.

[35] 吴国民 . 论体育院校开展大学生社会实践的途径与策略：以首都体育学院为例 [J]. 首都体育学院学报，2015，27(02)：130-133.

三、网络

[1] 教育部 . 教育部关于全面深化课程改革落实立德树人根本任务的意见 [EB/OL].http：//www.nioe.edu.cn/publicfiles/businesss/htmfiles/moe/s7054/201404/167226.html，2014-03-30.

[2] 人民网 . 中国学生发展核心素养 [EB/OL].http：//edu.people.co/cl053-28714261.m.cn/nl/2016/0914html，2016-09，04.

[3] 国家体育总局、教育部联合印发《关于深化体教融合，促进青少年健康发展的意见》[EB/OL].http：//www.gov.cn/xinwen/2020-09/21/content_5545376.html.

[4] 国家中长期教育改革和发展规划纲要（2010—2020 年）[EB/OL].http：//www.moe.gov.cn/srcsite/A01/s7048/201007/t20100729_171904.html.

四、学位论文

[1] 陈亮 . 我国木球运动开展现状与对策的分析研究 [D]. 山东体育学院，2013.

[2] 代中善 . 对竞技能力构成要素的审思 [D]. 湖南大学，2007.

[3] 陈燕红 . 运动训练中确立身体健康原则可行性和必要性的研究 [D]. 集美大学，2015.

[4] 张魏磊 . 中国女子职业高尔夫球员体能训练体系的构建研究 [D]. 北京体育大学，2021.

[5] 熊焰 . 运动员竞技能力的参赛变异及其成因与对策 [D]. 北京体育大学，2005.

致　谢

在完成本著的过程中，我们经历了许多挑战和收获。当我坐在电脑前，回顾这段不平凡的旅程时，心中充满了感慨。

非常感谢诸多木球同人的帮助和支持，是你们给予我无穷的动力。各位同人对木球运动的感悟如春风化雨，让著作有了深度，更有了温度。在写作的过程中，我发现学术的世界充满了智慧和挑战，需要耐心和勤奋，每一个细微的发现都可能要经过无数次的尝试和修正。通过不懈的追求和探索，我对木球运动有了更深入的理解和认识。本著的完成并不意味着终点，而是新的起点。我希望在未来，木球运动能够得到更多人的关注，会有更多的人参与，为木球运动的发展作出更大的贡献。

最后，要感谢所有帮助和支持本著编写的人。正是有了你们的支持，我们才能够克服困难、不断前进。希望本著能够为各位木球爱好者带来一些启示和收获，也期望中国木球运动发展得越来越好。

陈亮

2024 年 6 月